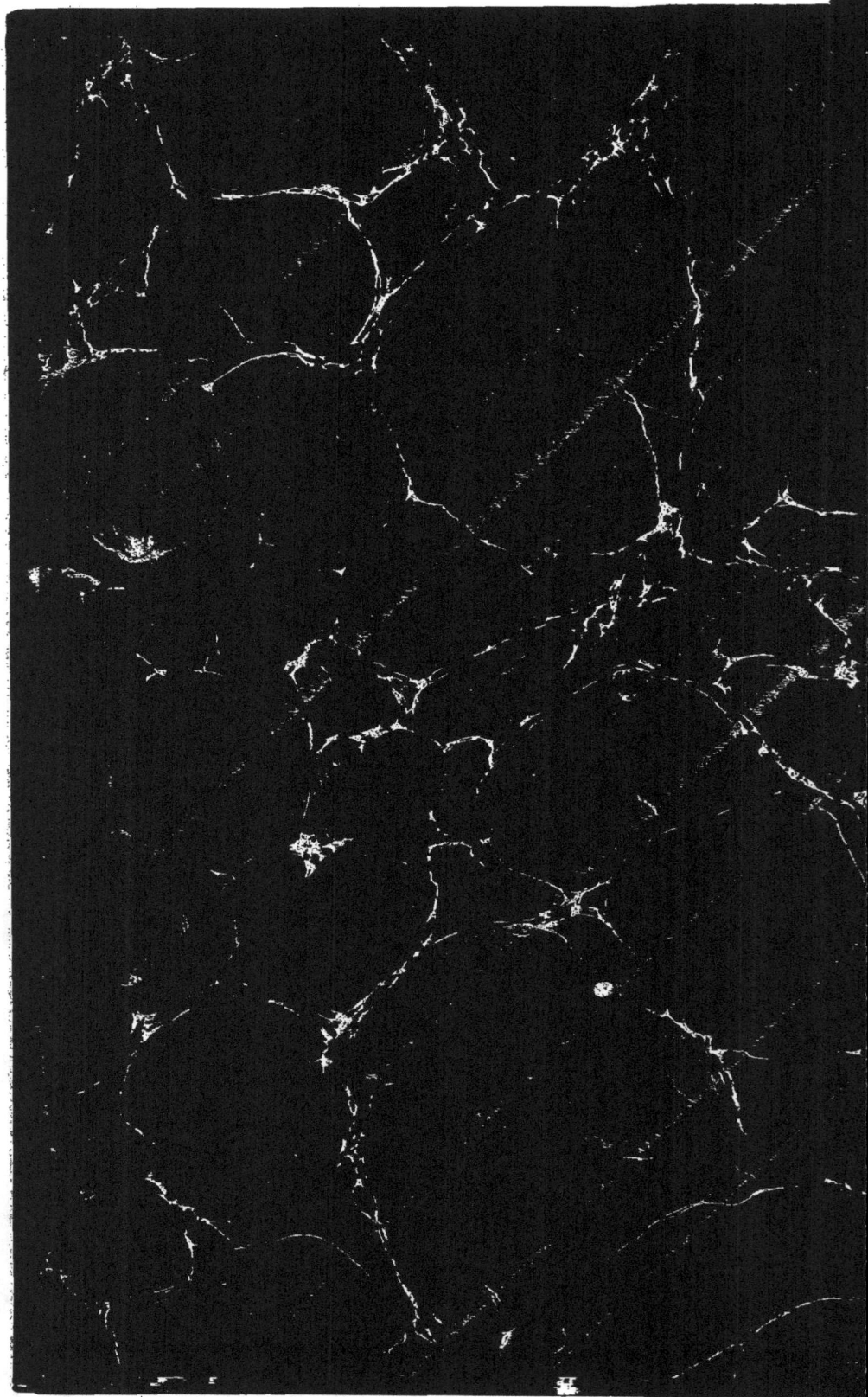

PLAIDOIRIES

ET
MÉMOIRES.

(SUITE).

Ⓒ

ŒUVRES

D'ALEXANDRE FOURTANIER

QUI ONT PU ÊTRE RECUEILLIES

PUBLIÉES PAR SES FILS.

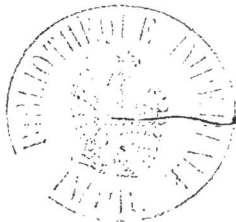

TOME SECOND.

TOULOUSE

IMPRIMERIE PHILIPPE MONTAUBIN

PETITE RUE SAINT-ROME, 1.

—

1864.

COUR ROYALE DE TOULOUSE

(PREMIÈRE CHAMBRE).

PRÉSIDENCE DE M. LE BARON HOCQUART,

PREMIER PRÉSIDENT.

AFFAIRE DE L'ÉTAT

CONTRE

LES HÉRITIERS DE RIQUET *

(PROPRIÉTÉ DU CANAL DU MIDI).

Réplique au nom de l'Etat, prononcée le 21 février 1843,

Par Me ALEX. FOURTANIER.

———

MESSIEURS,

Les héritiers Riquet se plaignent avec amertume des
prétendus blasphèmes de l'Etat contre la gloire de leur
illustre aïeul. A l'appui d'un système dont la condamnation est écrite dans un texte précis de loi, ils invoquent
les sympathies publiques qui, s'il faut les en croire,
n'auraient cessé de les accompagner dans cette enceinte ;
et c'est désormais par d'injurieuses déclamations qu'ils
s'efforcent de réfuter des arguments dont ils essaieraient
en vain de contester la puissance.

------

* Me Ph. Féral était chargé de soutenir les intérêts des héritiers.
Mes Edouard et Alexandre Fourtanier défendaient ceux de l'Etat.
M. le Procureur-Général Nicias Gaillard occupait le fauteuil du
ministère public.

Est-il donc vrai que la vivacité de la défense ait légitimé d'aussi étranges écarts? Personne ici, j'en atteste vos souvenirs, n'a contesté la gloire de Riquet dont le nom sera toujours cher à nos contrées méridionales et à la patrie tout entière. Seulement, est-ce notre faute à nous si, à la place du demi-dieu chanté par ses descendans avec une ardeur que n'inspirait pas seule l'admiration filiale, nous n'avons rencontré qu'un homme, remarquable sans doute par la sûreté de son jugement, l'énergie de son caractère et l'éclat d'une probité sans reproche; mais dont la grandeur n'éclipsait pas toutes les illustrations qu'à cette époque privilégiée enfanta notre féconde terre de France?

A vos exagérations intéressées, il faut attribuer le seul motif des précisions par nous faites pour rétablir la vérité historique et rendre à chacun, dans le grand œuvre du canal des Deux-Mers, la part qui doit lui revenir.

Et voyez, vous, héritiers Riquet, qui voulez nous interdire avec tant de hauteur l'examen de vos titres, à quels égarements la passion vous entraîne, et comme l'outrage se reproduit à chaque instant, et sous toutes les formes, dans vos divers discours !.....

L'Etat réclamant contre vous l'application d'une loi salutaire qui vit s'incliner devant sa toute-puissance le front du grand Condé, c'est l'ancien fisc, à la main de fer, qui, fidèle aux principes de sa rapacité traditionnelle, tente de consommer une spoliation odieuse ! — Que si, à côté de la question domaniale, il place celle de la réduction de vos tarifs exagérés, qui, pour vous enrichir, frappent de torpeur le commerce de nos riches contrées, c'est encore une combinaison spoliatrice; et l'industrie, repoussant ce bienfait que de toutes parts on réclame, vient vous donner le concours de ses ardentes sympathies !

Dans votre fol orgueil vous ne respectez rien, pas même les organes de la loi, le tribunal qui a proscrit vos inadmissibles prétentions ! — Deux hommes se sont rencontrés, dites-vous, qui ont cru mieux comprendre la législation domaniale que les conseils intéressés dont vous produisiez les écrits ; et à côté de ces deux hommes, vous oubliez de ranger en outre le chef du parquet, le procureur du roi, qui, dans un magnifique réquisitoire, fit ressortir avec tant de puissance le néant et la futilité de toutes vos argumentations. Et ce magistrat néanmoins est doué d'un noble cœur qui sait comprendre et sentir les gloires de son pays, comme il possède une haute intelligence qui l'affranchit d'emprunter à vos conseils leur lumière, pour expliquer la loi dont il est l'organe.

Que si d'imposantes autorités contrarient les principes de droit que votre position vous fait un devoir de soutenir, c'est toujours le même système de dénigrement qui vous fournit les moyens d'y répondre.

Merlin ! — tourmenté par ses souvenirs régicides, il cède à ses préoccupations de haine contre la royauté ; comme si l'inaliénabilité domaniale ne fut pas décrétée sous l'inspiration d'une pensée toute contraire.

Favard ! — son œuvre est tombée depuis longtemps dans un discrédit profond. Et quant aux domanistes, c'était l'esprit étroit de la fiscalité ancienne qui dirigeait leur plume ; selon vous, pour agrandir les ressources du trésor, ils se faisaient un jeu de mentir à leur conscience, et de proclamer des principes que condamnaient de concert la raison et la justice des parlements !

Enfin, et si dans le cours de votre discussion, vous rencontrez fréquemment des objections insolubles, votre vanité se console par cette étrange pensée que ces armes victorieuses qui se trouvent dans nos mains nous viennent de vous, et de la féconde mais bien malencontreuse imagination de vos habiles conseils.

Etrange et bien triste aveuglement que le vôtre, et qui désormais doit nous affranchir de répondre à vos offensantes agressions ! L'Etat ne doit point se défendre comme un plaideur ordinaire. Représentant de l'intérêt de tous, réclamant au nom de tous l'application d'une loi vivante qui, sans acception de personne, doit faire peser sur tous son inflexible niveau, il dédaignera des outrages qui ne sauraient monter jusqu'à lui. Sa défense, simple et sévère, ne sortira pas des murs de cette enceinte pour être répétée par les mille voix de la presse périodique, et créer ainsi une opinion factice qui d'ailleurs ne surprendra jamais la raison de nos juges. Il laisse aux héritiers Riquet ces nobles et loyales combinaisons; et pouvant sans efforts combattre avec les mêmes armes, il doit à sa dignité de ne point s'en servir.

Le moment est venu d'entrer dans la discussion du point principal que le procès soulève.

Cette question, en présence des actes divers produits par le domaine, ne paraît susceptible d'aucune controverse sérieuse. Aussi est-il remarquable que les héritiers Riquet ont évité, avec une affectation qui témoigne de leur impuissance, de la soumettre à une discussion spéciale ; ils ont mieux aimé la fondre, pour la laisser passer inaperçue, dans l'examen des autres difficultés que présente la cause. Pour nous, il est au contraire de notre devoir de la détacher du tableau, pour la considérer isolément, et mieux mettre en lumière son incontestable vérité.

Les titres constamment acceptés par toutes les parties comme base et fondement unique de leurs droits respectifs, suffisent seuls pour démontrer l'existence de cette vérité : ce sont les actes de 1668 et de 1677. Le premier, constatant une adjudication aux enchères publiques, pour la première partie du canal ; et le second, une aliénation sans enchères après délibération et règlement du conseil d'Etat.

Toutes les conditions constitutives de la vente s'y rencontrent de la manière la moins équivoque.

La chose ! — c'est le canal parfaitement désigné, et quant à son point de départ, et quant à son point d'arrivée.

Le prix ! — 200,000 fr. pour chaque portion.

Le vendeur ! — c'est l'Etat ou le Roi qui en était la vivante image.

L'acheteur ! — c'est Riquet.

Que si ces deux titres n'étaient point dans leurs mains, les héritiers de Caraman ne pourraient prétendre sans doute à aucun droit de propriété sur le canal des Deux-Mers !

C'est donc là la source et l'unique source de ce droit, qui provient dès lors d'un contrat commutatif consenti par la Couronne en faveur du sujet.

Rien de plus simple, rien de moins contestable que cette proposition.

Cependant, on la repousse ; et, s'il faut en croire les adversaires, ces ventes, ces enchères publiques, ces adjudications, ne sont que des fictions ou des mensonges qu'il faut bien se garder d'accepter comme des vérités acquises. On y avait recours dans un but difficile à comprendre et à expliquer, il est vrai, à cause des deux siècles qui nous séparent de cette époque ; mais dans un but assurément tout autre que celui de transmettre un droit de propriété.

Singulière objection, vraiment, que celle qui nous est faite !

Mais quelle nécessité de recourir à des enchères, si elles n'avaient pas eu pour but de constater une vente ? Leur nature même ne leur permettait pas de constater autre chose. Et ce serait justement cela qui serait exclu par nos adversaires, impuissants d'ailleurs à nous indiquer le motif secret, ignoré d'eux-mêmes, qui détermina le gouvernement de l'époque à y avoir recours.

Le grand roi n'avait-il donc plus confiance dans la souveraineté de son pouvoir, et croyait-il nécessaire d'employer des formes menteuses pour parvenir à l'accomplissement de sa toute-puissante volonté ?

Admettre de telles allégations serait donner un éclatant démenti, non-seulement *aux actes* qui protestent par leur existence seule, mais encore aux souvenirs qu'a laissés dans l'histoire le caractère absolu de Louis XIV.

Qu'on veuille bien y réfléchir d'ailleurs, et l'on verra, sans sortir du procès, que lorsque le roi jugeait convenable d'écarter les enchères publiques, il vendait sans que cette forme, spéciale aux ventes de biens domaniaux, fût suivie.

C'est ainsi qu'en 1677 fut aliénée la seconde partie du canal, qui ne reçut d'autre sanction que celle d'un simple avis du Conseil d'Etat.

Il faut donc bien se résigner à le reconnaître, les enchères qui ont eu lieu, la vente qui a été faite, ne sont pas de pures fictions , mais une bien positive réalité.

Cependant on insiste encore : les héritiers Riquet veulent à tout prix qu'un contrat de puissance à puissance ait précédé les adjudications publiques. Louis XIV livrant les deniers de l'état en échange de la pensée que lui donne un homme de génie, leur paraît une grande et belle chose qui flatte trop leur orgueil et se concilie trop bien avec leurs intérêts, pour que le sacrifice en soit aisément consenti. Portalis, au Conseil des Anciens, le proclamait en un magnifique langage ; Lalande l'écrivait dans les détails historiques qu'il transmettait à la postérité sur la création de ce monument admirable ; enfin, c'était pour eux une tradition de famille empreinte dans leurs souvenirs comme un titre de gloire. — Et cette position, ils ont voulu la défendre avec une énergie nouvelle en dirigeant vers ce but les principaux efforts de la réplique.

Notre réponse sera aussi brève que péremptoire.

Le discours de Portalis ! — c'est une de ces exagérations oratoires qu'à l'instar des poêtes se permettent quelquefois les orateurs pour frapper vivement les imaginations et entraîner les suffrages. Le magnifique contrat dont il a toujours entendu parler, ce sont les enchères de 1668 et l'avis du Conseil d'Etat de 1677. Et à ce compte, il n'existerait pas d'adjudication publique qui ne fût digne d'être aussi pompeusement célébrée. Vous avez du reste fait vous-mêmes la part de ce style hyperbolique, lorsque, en parlant aussi de M. Portalis, dont l'opinion ne vous est point favorable sur une autre des questions du procès, vous dites : « que pour rendre leur pensée plus incisive, plus « saillante, les orateurs cherchent des rapprochements; « et que souvent l'analogie qu'ils choisissent, vraie sous « un aspect, ne le serait pas sous un autre. » C'est ici surtout que doit être appliquée cette observation dont je ne conteste pas la justesse.

L'histoire de Lalande ! — il nous apprend lui-même qu'elle a été écrite sous votre inspiration et avec les renseignements que vous lui avez fournis. Or, nous ne dénions pas que vous n'ayez constamment prétendu à la propriété incommutable du canal, de même que l'Etat, par l'organe de ses officiers, a constamment combattu cette prétention.

Vos traditions de famille ! — elles s'élèvent contre vos assertions ! — De qui en effet cette tradition pourrait-elle émaner ?

De Riquet, sans doute, qui aurait été partie dans ce glorieux contrat, et de son fils Mathias, initié à toutes ses pensées, et par qui furent confectionnés les derniers travaux.

Or, dans aucun des actes émanés, soit de l'un, soit de l'autre, on ne trouve rien de semblable. — Bien au contraire, ils se considèrent toujours comme simples acquéreurs, en prennent la qualité, et ne font remonter leurs droits qu'aux deux actes que repoussent leurs descendants avec une si imprudente témérité.

Riquet, le 6 janvier 1677, alors que la seconde partie du canal ne lui avait pas été vendue, rappelant son titre premier d'acquisition, ne parle pas d'un contrat de puissance qui dès l'origine l'aurait investi d'une propriété exclusive sur la ligne entière que ce cours d'eau devait parcourir ; mais bien seulement de l'adjudication de 1668, qu'il invoque comme son seul et unique titre. — Dans la correspondance dont communication nous a été donnée, cette pensée se trouve plusieurs fois reproduite, dans les termes les plus positifs.

Pour lui donc, il n'y avait point de traité de puissance à puissance, qui fût l'origine sacrée des droits allégués par ses successeurs.

Mathias à son tour, en 1662, quand il présente au Conseil du roi sa requête pour faire procéder à la réception des travaux, prend lui-même la qualité d'acquéreur qu'il précise dans les seuls actes invoqués par son père.

Ainsi les deux chefs de cette famille illustre, ceux que l'on disait avoir été parties actives dans ce chimérique contrat, n'ont jamais parlé de son existence, et n'ont jamais essayé de faire remonter leurs droits à cette fabuleuse origine.

C'est que, dans les temps contemporains de la création du canal, cette prétention eût été plus qu'étrange, et que Louis XIV et Colbert auraient bien su mettre chacun à la place qui lui convenait, si on avait eu la folle pensée d'en sortir.

Laissons à Riquet la gloire qui lui revient dans l'exécution de cet admirable monument ; elle est grande sans doute, et doit assurer à sa mémoire le respect et la gratitude des habitants de nos contrées. Mais tenons-nous à l'écart de ces exagérations qu'excusent à peine l'esprit de famille et les nécessités d'une défense dont nos adversaires ne se dissimulent point les inextricables difficultés.

Ainsi, pourquoi attribuer au génie de Riquet la découverte du point de partage des eaux à la fontaine de Grave, et la pensée d'y conduire le Sor pour l'alimentation du canal des Deux-mers, quand un procès-verbal authentique, à la date de 1662, dépose contre cette assertion et en prouve l'inexactitude ?

Pourquoi ces paroles d'enthousiasme à la vue du bassin de Saint-Féréol dont la pensée grandiose appartient aussi à un autre, et justement à celui dont on s'est efforcé de rapetisser le mérite pour exalter encore davantage la gloire du héros que l'on célébrait ?

N'est-ce pas un outrage à la mémoire de Riquet que de chercher à le grandir aux dépens de ceux qui furent ses collaborateurs, ses conseils ou ses guides ? Il est assez illustre par lui-même pour que la vérité puisse lui être dite avec une entière franchise ; répétons-la donc, puisqu'on s'obstine à la dénaturer.

Nous ne voyons Riquet apparaître sur la scène, que lorsque le moment est venu de creuser la rigole d'essai, de laquelle on attendait la confirmation des preuves que la science avait déjà données sur la possibilité du canal.

Cette entreprise ne fut point faite à ses frais, comme

on avait eu la témérité de le soutenir : ce furent les fonds du trésor qui en payèrent la dépense ainsi que le constatent divers documents authentiques. Le résultat répondit aux espérances que l'on avait conçues. La possibilité du canal se trouva de la sorte matériellement démontrée.

C'est Riquet qui avait conduit ces travaux avec une intelligence et une habileté qui fixèrent l'attention du ministre Colbert; et pour prix de son zèle, il demanda que l'exécution de l'entreprise lui fût confiée de préférence à tout autre. C'est ce dont Colbert lui fit la promesse positive dans sa fameuse lettre du 14 août 1665.

Ainsi, à cette époque dont il importe de bien garder le souvenir, les prétentions de Riquet se bornent à demander la direction des travaux et l'adjudication de l'entreprise. Il n'y a plus en effet qu'à mettre la main à l'œuvre et à ouvrir les vastes chantiers que nécessite l'exécution d'un tel monument. Les études sont faites; la possibilité du canal est reconnue; il n'y a de mystère pour personne ; et il semble que l'exécution matérielle, pour être conduite à bien, ne réclame nullement le concours du génie de l'inventeur.

Telle est du reste la pensée qui préoccupe l'esprit de Riquet quand il sollicite une préférence dont il n'aurait pas eu à s'inquiéter si le choix avait été commandé par la nécessité des choses. — Telle est aussi la pensée qui préoccupe Colbert, lorsqu'il promet, au nom du grand roi, cette préférence demandée, qui n'aurait pas eu de valeur, et aurait été une dérision véritable, s'il n'y avait pas eu de choix possible, et si Riquet n'avait pu être remplacé par personne.

Les enchères qui eurent lieu, les adjudicataires qui vinrent concourir, ne démontrent-ils pas d'ailleurs l'inadmissibilité d'une telle proposition ?

Comment concevoir la possibilité d'une enchère qui nécessairement suppose le concours de plusieurs, s'il s'agit d'une œuvre qui est le secret encore de l'homme de génie qui l'a conçu, et dont l'exécution ne peut être confiée dès lors qu'à lui seul ? Non seulement la forme adoptée sera menteuse; mais la tentative même de la mise aux enchères sera un mensonge qui ne pourra tromper personne, et dont le but sera par conséquent bien difficile à comprendre. Alors, en effet, aucun enchérisseur ne pourra se présenter ; car l'adjudication lui imposerait le devoir de se livrer à la confection d'un ouvrage dont le secret est possédé par un autre, et que l'adjudicataire, aussi bien que l'Etat qui adjuge, ignorent également.

Dans ces hypothèses, on traite directement avec l'homme de génie, qui livre à l'Etat, au moyen d'un prix convenu, la grande pensée dont il est créateur, et l'on ne fait pas un appel ridicule à la concurrence publique.

Cet appel ne peut être motivé même, comme le voudraient les héritiers de Caraman, par le désir de faire bien fixer ainsi la valeur véritable des travaux projetés, et d'éloigner de la sorte la pensée d'une spéculation trop avantageuse dont aurait pu s'alarmer la délicatesse de Riquet. — L'enchère, en effet, ne pouvait, malgré sa publicité et la libre concurrence, amener à un tel résultat, puisqu'un seul homme connaissait le secret de l'entreprise et avait la puissance de l'exécuter. Si les choses eussent été ainsi, et si telle fût la conviction de tous, on était d'avance bien assuré de ne rencontrer aucune prétention rivale ; et la mesure de l'adjudication n'était plus qu'un jeu ridicule dont on porte aux héritiers Riquet le défi de donner une explication raisonnable.

Que conclure de là ? — que l'impuissance dans laquelle ils se trouvent à cet égard provient de la fausse route dans laquelle ils se sont engagés.

La publicité de l'enchère, le fait de l'adjudication, sont aisément compris et expliqués par nous qui ne saurions voir, dans la solennité de ces actes, des formes trompeuses auxquelles rien ne commandait d'avoir recours. Mais s'agissant de travaux d'utilité publique nettement déterminés, dont l'exécution ne pouvait avoir lieu que sous la surveillance d'un commissaire du roi, on devait laisser le champ libre à tous les prétendants. Alors Riquet sollicitait, et Colbert, le 14 août, lui assurait une préférence qui pouvait bien être le prix de services déjà rendus, mais qui n'était pas à coup sûr une nécessité impérieuse, exclusive par sa nature de cette préférence même.

Telle était donc la position de Riquet et du ministre, le 14 août 1665, et il importe d'en garder un exact souvenir pour l'appréciation des faits qui vont suivre.

Dans l'intervalle qui va s'écouler de la date de cette lettre, jusqu'au mois d'octobre 1666 où apparaît l'édit de création du canal, aucun fait nouveau ne se réalise, qui vienne grandir la situation de Riquet et le poser en maître absolu, dominant de toute sa hauteur Colbert et Louis XIV, contraints de subir la loi qu'il lui plaît d'imposer.

C'est ainsi toutefois que nos adversaires le présentent à vos yeux, au moment où va être décrété ce célèbre édit de création, source unique des droits de toutes les parties. Cet édit, on veut que Riquet en ait été l'éloquent rédacteur ; qu'à lui appartiennent les royales pensées qu'exprime le préambule en si noble langage ; que toutes les clauses, toutes les conditions aient été tracées de sa main et acceptées sans contestation par le chef de l'empire, contraint d'incliner ses faisceaux devant ce génie tout-puissant. Et à l'appui de cette inconcevable prétention, on ne craint pas de produire une minute prétendue de l'édit, qui aurait été rédigée sous la dictée de Riquet, et que le Conseil d'Etat aurait servilement copiée. Mais, chose étrange ! sur cette minute, dont les caractères ont été tracés par une main inconnue, ne figure pas, malgré de nombreuses ratures, un seul mot écrit, soit par Riquet lui-même, soit par Colbert, soit par Cambacérès, soit par aucun de ceux qui eurent à s'occuper de cette grande entreprise. Quelle peut donc être la valeur du papessart informe, que les Messieurs de Caraman ont versé au procès comme une pièce tranchante et décisive, qui devait leur assurer la victoire ? Appréciée au point de vue historique, même par les plus chauds admirateurs de Riquet, elle ne pourrait être acceptée comme un document sérieux, digne de la gravité de l'histoire. Considérée sous le point de vue judiciaire et légal, elle ne mérite même pas l'honneur de devenir l'objet d'une discussion spéciale. Que la Cour veuille bien remarquer seulement que *l'invention* de cette note, et sa production dans le débat, peuvent, sur une autre des questions du procès, singulièrement contrarier le système de nos adversaires. On ne trouve pas en effet dans cette minute la clause du rachat perpétuel au moyen de la restitution de la finance, qui a été insérée dans l'édit d'octobre 1666. Cette clause aurait donc été ajoutée au projet soumis à la sanction du Conseil d'Etat ; et dès lors, son insertion, résultat d'un examen approfondi, ne peut plus être attribuée, comme l'avaient prétendu jusqu'à ce jour les héritiers de Caraman, à l'inadvertance d'un expéditionnaire non entièrement initié au secret du fameux contrat de puissance à puissance. S'il y a eu addition d'une condition de cette gravité, ce n'est qu'après un mûr examen que la chose a pu être faite, et l'attribuer à l'irréflexion d'un commis de bureau est désormais impossible.

Quoi qu'il en soit, le 5 ou le 6 octobre au plus tard,

l'édit est décrété; et c'est peu de jours après celui de sa promulgation que se serait accompli le magnifique traité qui excitait à un si haut degré l'enthousiasme de Portalis.

Jusqu'à présent, s'il faut en croire notre contradicteur, toutes les investigations auxquelles on s'était livré, pour en découvrir les preuves ou les traces, étaient demeurées infructueuses. Et cependant, l'esprit oppressé par la conviction de son existence, il avait, lui, la certitude que des recherches plus actives conduiraient à un résultat meilleur. Fouillez, s'écriait-il, sans vous laisser décourager par l'inutilité de vos premiers efforts; fouillez avec une nouvelle ardeur dans vos vieilles archives, et le mystère ne tardera pas à être éclairci! Comment supposer en effet qu'aucun écrit n'ait gardé la mémoire d'une telle convention?

Et l'avocat ajoute que ses conseils ont été suivis; que ses pressentiments se sont réalisés; que sa belle imagination, échauffée par une foi profonde, avait deviné les trésors que recélaient les archives; qu'enfin, de la poussière dont il était recouvert, a été retiré l'acte du 13 octobre 1666, qui jette les plus vives clartés sur cette partie si importante de la cause. Aussi, cet acte du 13 octobre a-t-il été séparément imprimé par les soins des actionnaires du canal, et répandu avec une profusion insolite.

En écoutant ce dramatique récit, j'éprouvais, je l'avoue, une indignation involontaire, mais bien légitime. Comment, me disais-je, a-t-on pu payer d'une aussi injuste défiance, le zèle de l'orateur éloquent qui s'est dévoué avec une si courageuse énergie à la défense des héritiers de Riquet? On a laissé son esprit se perdre longtemps en vagues conjectures. Il a fallu qu'une sorte d'inspiration vînt lui révéler la présence de ce précieux contrat pour qu'on le remît dans ses mains ;... et, avant d'en opérer la remise, on a simulé des recherches et supposé une découverte, bien autrement menteuse que les enchères publiques dont on repousse l'autorité ; car, tandis que le défenseur réclamait hier encore les investigations dont il a cru de bonne foi que la féconde pensée n'appartenait qu'à lui seul, déjà, depuis plus d'une année, le titre était connu, livré à une presse amie, et littéralement transcrit dans l'Observateur des Tribunaux, qui en contient, page 322, une copie fidèle.

Qu'est-ce à dire, Messieurs, et que prouvent toutes ces choses ? — Sans peine vous le devinez. A l'appui d'une cause qui de tous côtés tombe en ruine, on a voulu faire inopinément surgir un titre inconnu, à l'aide duquel on espérait surprendre un adversaire et fasciner les yeux des magistrats; mais le hasard a voulu que cette artificieuse combinaison demeurât frappée d'impuissance, et que des publications trop hâtives vinssent d'avance en paralyser les effets. Aujourd'hui que la ruse est démasquée, en vain chercherait-on, par un désaveu impossible, à décliner la responsabilité qui en résulte. Qu'on ne dise point dès lors que le passage de l'Observateur des Tribunaux a été emprunté à l'histoire des canaux de M. de Lalande ; car dans cette histoire, si l'on trouve une date fugitive, on n'y rencontre pas du moins la teneur exacte et complète de l'arrêt du Conseil d'état reproduit par l'Observateur. Ce dernier a dû nécessairement avoir la pièce originale sous les yeux, et c'est de MM. de Caraman seuls qu'il pouvait la tenir. Ces Messieurs en avaient donc une parfaite connaissance, et l'histoire de sa découverte n'est plus qu'une fable calculée dont personne ne saurait consentir à être dupe.

Et cette première circonstance n'est pas sans une haute gravité pour l'appréciation du mérite de la pièce. N'est-elle pas jugée à sa juste valeur par nos adversaires eux-mêmes, alors qu'ils se bornaient à la citer comme un fait historique, ne supposant pas être en droit d'y puiser une argumentation digne d'être soumise a l'examen de la Cour. Et pourtant les habiles conseils ne leur ont pas manqué ; et *Dupin à l'argumentation si puissante*, et *Berryer avec sa majestueuse parole*, et *Barrot avec sa pensée élevée*, et *Vatimesnil avec sa parfaite intelligence des textes*, et *Duvergier avec son autorité doctrinale*, et *Ravez* signalé comme *le plus grand jurisconsulte de l'époque*, auraient sans doute aperçu la puissance de ce titre, si cette puissance eût été réelle et sérieuse. Pourquoi leurs écrits sont-ils muets à cet égard? — C'est qu'un mûr examen leur avait fait sentir que les questions du procès demeureraient absolument les mêmes, et qu'aucun moyen nouveau ne pouvait en dériver.

Or, ce premier jugement rendu par de telles illustrations dans une cause dont elles avaient pris si fortement à cœur la défense, ne s'effacera pas de la mémoire de nos juges, et devra considérablement amoindrir les éclatants résultats que l'on s'en était promis.

Si l'on veut bien, en effet, soumettre à une rigoureuse analyse les clauses diverses de cet arrêt du 13 octobre 1666, si tardivement mis en lumière, il est facile de voir que, loin de venir en aide aux prétentions des MM. de Caraman, il les contrarie de la façon la plus énergique.

Les premières phrases nous disent d'abord ce qui a été fait par Sa Majesté pour parvenir à la construction du canal des Deux-Mers, et nous apprennent en même

temps les motifs de la préférence accordée à Riquet. Ces
motifs ne sont point la loi imposée par un homme de
génie qui, possesseur exclusif d'une grande découverte,
dicte ses conditions; mais les considérations toutes vulgaires dont jamais on ne s'est écarté en matière d'adjudication publique.

« Sa Majesté, dit-on, ayant fait dresser le devis, et
« mandé plusieurs personnes pour prendre les ouvra-
« ges à prix fait, ensuite des publications qui ont été
« faites, et à eux communiqué les propositions dudit
« Riquet pour trouver des fonds extraordinaires pour
« cet ouvrage ; autre que ledit Riquet ne s'est présenté
« qui ait fait les conditions plus avantageuses, soit pour
« l'entreprise de l'ouvrage, soit pour faire valoir à Sa
« Majesté la finance des affaires proposées, pour le
« fonds être employé sans aucun divertissement au paie-
« ment desdits travaux. »

Dans ce préambule, aperçoit-on même le germe de ce
fameux traité de puissance à puissance que l'on voudrait
à tout prix en extraire! — Mais que l'on veuille bien
un peu réfléchir. Le Conseil d'Etat y parle de publications antérieures, de plusieurs personnes successivement
mandées, pour prendre à prix fait les ouvrages. A ces
personnes qui n'étaient autre chose que des concurrents
de Riquet, on a communiqué les propositions de celui-
ci, pour voir si elles ne consentiraient pas à en présenter de plus avantageuses encore aux intérêts du
trésor public, et de ce concours ouvert, il résulte qu'au
cas où un autre entrepreneur eût fait des propositions
de cette nature, l'adjudication lui serait restée ; car
dans l'arrêt même nous lisons que Riquet ne l'emporte
sur les autres prétendants, que parce que les offres de
ceux-ci seraient plus onéreuses pour l'Etat.

Mais à la simple lecture de ces premières phrases,

que cette fois on ne saurait accuser de mensonge, car elles sont écrites dans le fameux contrat, si miraculeusement découvert par nos adversaires, comment n'ont-ils pas vu que toutes leurs allégations, toutes leurs jactances se trouvaient souverainement condamnées? Comment n'ont-ils pas vu que les adjudications relatives à la confection des travaux puisaient dans cette pièce, dont la mystérieuse apparition est entourée de si bizarres circonstances, un caractère de vérité que désormais ne saurait ébranler aucune des déclamations que nous avons eu à combattre. Il est bien démontré aujourd'hui que Riquet n'était, dans toute la vérité de ce mot, qu'un simple entrepreneur *à la moins-dite* de travaux d'utilité générale, commandés par le chef de l'Etat et payés avec les deniers publics. Ce rôle, si dédaigneusement repoussé en son nom, et qui est loin d'ailleurs d'exclure la gloire, qu'il a su y conquérir, lui appartient sans aucune dénégation possible ; car il lui est attribué, et par les adjudications publiques que l'on disait être de vaines fictions, et par les actes secrets dont on a eu l'imprudence de s'armer contre nous.

Tel était donc Riquet encore le 13 octobre 1666. Entrepreneur plus hardi que ses concurrents, il acceptait l'obligation de creuser la première partie du canal, à des conditions qu'aucun autre n'avait voulu subir. Il avait foi sans doute dans la générosité du grand roi, quand il se livrait avec cette noble énergie à une aussi vaste entreprise ; et cette confiance n'a pas été trompée. Mais toujours est-il que pour obtenir le choix du prince, il dut subir la loi commune qui lui fut appliquée sans aucune faveur.

Au nombre des conditions imposées, se trouvait l'engagement de faire valoir à concurrence d'une somme de

200,000 fr. la finance du fief et du péage déjà créé sur le canal à construire, par l'édit du 5 octobre précédent, par les lettres-patentes du 7 du même mois. Cette somme devait servir, elle aussi, au paiement des grands travaux projetés ; et dans le même arrêt, on trouve le passage suivant qui doit être particulièrement recommandé à l'attention de la Cour :

« Plus, ledit Riquet offre de faire valoir à Sa Majesté « la somme de cent cinquante mille livres, *la vente qui* « *sera faite par lesdits commissaires du fief que Sadite* « *Majesté* crée et érige sur ledit canal spécifié et dénombré « dans ledit édit et lettres de déclaration de Sa Majesté; « et finalement la somme de cinquante mille livres *de la* « *vente qui sera faite* par lesdits commissaires du péage « établi par ledit édit et lettres de déclaration sur ledit « canal, de l'entretien duquel et ses dépendances ledit « Riquet sera chargé, et ses ayant-cause à perpétuité, « pour être en tout temps en état de navigation. »

De cette clause, il ne résulte certes pas que Riquet soit devenu acquéreur incommutable de la propriété du canal, et que ce soit une condition par lui imposée au Prince pour prix de son concours à l'exécution des travaux. Bien au contraire, si l'on se pénètre de l'esprit qui a présidé à la rédaction du contrat, on arrive à cette conséquence manifeste, que l'acquisition prétendue fut une condition imposée par le Prince et subie par Riquet. Cette pensée se révèle dans l'ensemble de l'acte, où l'on voit que la partie des conventions renfermant une véritable stipulation en sa faveur, est celle relative à la subrogation des fermes des gabelles de Languedoc, Roussillon, Conflans et Cerdaigne. Fixé par une longue expérience et par les études de toute sa vie, sur les bénéfices que pouvait procurer l'exploitation de ces fermes, il en réclame la translation comme pouvant

seule le dédommager des engagements qu'il contracte.
Cette translation est le prix de ces engagements eux-
mêmes, et notamment de celui de faire valoir la finance
du fief et du péage de la première partie du canal, jusqu'à concurrence de la somme de 200,000 fr. Il a le
soin de le déclarer en termes énergiques dans l'analyse
de ses propositions ramenées dans l'arrêt du conseil
d'Etat : « Sans laquelle subrogation, y est-il dit, et la
« jouissance paisible tant desdites fermes des gabelles,
« que des regrats, septain, et attributions dont il sera
« ci-dessous parlé, à commencer dudit jour premier de
« ce mois d'octobre, ledit Riquet ne se chargerait comme
« il fait de la construction des ouvrages dudit canal
« depuis Toulouse jusques à Trèbes, spécifiée audit devis,
« pour ladite somme de 3,630,000 liv., *ni ne ferait*
« *tant valoir à Sa Majesté la finance des affaires* ci-
« après énoncées, qui ont été proposées pour trouver
« partie du fonds pour faire ledit canal. »

Dans un traité aussi nettement rédigé, où est pour
Riquet la stipulation, et où se trouvent d'un autre coté
les obligations onéreuses qui en sont le prix ?

La stipulation ! — Elle consiste dans la cession à
lui promise par le roi des fermes et gabelles.

L'engagement ! — c'est de la part de Riquet la promesse de construire la portion du canal dont il devient
entrepreneur au prix de 3,630,000 fr., et de faire
valoir la finance de plusieurs affaires énumérées dans
l'acte, et notamment du fief et du péage créés par le
monarque, jusqu'à concurrence de 200,000 fr.

Tel est le rôle évidemment joué par chacune des parties contractantes, dans ce fameux arrêt du 13 octobre
qui est loin de nous apparaître, d'après cette exacte
analyse, avec ce caractère de traité de puissance à puissance que l'on s'efforçait de lui donner. Là, en effet, nous

ne voyons pas Riquet exiger, comme condition de son concours au grand œuvre, l'assurance d'un droit de propriété incommutable. Homme de gabelles, ce qu'il exige, c'est la cession de la ferme de ces gabelles dont mieux que tout autre il connaît les ressources fécondes. Mais quant à l'acquisition du fief et du péage, il la subit comme une condition qui lui est faite, s'obligeant d'en faire valoir la finance jusqu'à une somme déterminée.

Voilà donc le contrat, sa véritable nature mise à découvert par les clauses diverses qui, d'un commun accord, y ont été insérées ; et dès ce moment doit s'évanouir cette prétendue stipulation du génie qui, avant de mettre la main à l'œuvre, aurait voulu s'assurer la propriété du monument qu'il a conçu.

Que maintenant il soit déclaré dans les clauses qui suivent, que, « moyennant la vente et jouissance desdits « *fief et péage*, Riquet en jouira à perpétuité, incommu- « tablement et noblement, pleinement et paisiblement, « comme de sa chose propre et non domaniale, vrai et « loyal acquêt non rachetable, sans qu'il en puisse être « dépossédé à l'avenir par revente ni autrement, sous « quelque prétexte que ce soit..... »

Cela se conçoit aisément et devait être ainsi déclaré dans l'arrêt du 13 octobre. Il ne faut pas perdre de vue que cet arrêt est postérieur de six jours aux lettres-patentes qui, sous le point de vue essentiel du rachat, avaient si profondément modifié l'édit de création ; et cette date explique le passage dont il vient d'être donné lecture. Ce sont les expressions même des lettres-patentes qui sont passées dans l'arrêt ; et il ne pouvait en être autrement, puisqu'il s'agissait alors de préparer une vente et que le but du rapport partiel de l'édit, comme l'annoncent les lettres-patentes elle-mêmes, fut de parvenir à une adjudication ou à une vente plus avantageuse.

Mais il est au moins douteux que Riquet, dès le 13 octobre, soit devenu acquéreur de la première partie du canal. L'aliénation consentie en sa faveur n'était que conditionnelle : on y avait bien reproduit, il est vrai, tous les avantages et toutes les charges d'une vente définitive, en réglant d'une manière absolue les droits et les devoirs de l'acquéreur ; mais cette circonstance ne saurait modifier la nature de la convention intervenue ; car dans les traités conditionnels, comme dans ceux dont le sort n'est soumis à aucune éventualité future, ce règlement précis des droits et des devoirs des parties contractantes, est toujours d'une nécessité impérieuse. Aussi ne faut-il pas se laisser préoccuper par cette considération qui doit rester sans influence pour l'appréciation des conséquences légales de la convention.

Eh bien ! dans ce contrat, je ne sais pas voir, moi, une transmission actuelle, irrévocable, non subordonnée à des chances à venir, consentie, en faveur de Riquet. J'y trouve seulement une obligation contractée par celui-ci, de faire monter, dans tous les cas possibles, le prix de la vente à une somme de 200,000 fr. ; — par où il devient certain que si les prétendants ne couvrent pas cette somme par des offres plus avantageuses, la propriété lui restera. Ainsi, elle ne lui restera qu'à cette condition, dont l'accomplissement ne pourra être connu qu'après une mise aux enchères publiques, contenant un appel à tous les capitalistes du royaume.

Voyez aussi comment s'exprime Riquet dans ses propositions, et s'il est entendu par lui qu'une vente définitive va transférer la propriété sur sa tête. Son langage est bien différent de celui d'un acquéreur qui va devenir propriétaire incommutable. Il s'engage *à faire valoir la somme de* 200,000 *fr.*, *la finance* du fief et du péage dont la vente SERA *faite par les commissaires de Sa Majesté.*

Voilà son offre. — Est-ce que par là il achète à l'instant l'objet dont il s'oblige de *faire valoir la finance?* Non, sans doute; mais il est désormais tenu de faire monter les enchères jusqu'à ce taux; et si elles n'y arrivent pas, 200,000 fr. seront toujours dus par lui. Voilà pour quel motif il considérait, lui, cette condition, que le monarque lui imposait, comme fort onéreuse, et il n'en trouvait le dédommagement que dans la cession de la ferme des gabelles.

Mais si la chaleur des enchères avait élevé le prix de l'adjudication à une somme supérieure, qui en aurait profité? — Est-ce l'Etat ou Riquet? — Evidemment celui-ci n'aurait pu rien y prétendre, car le fief et le péage n'étaient pas à lui; et en obtenant, par l'arrêt du 13 octobre, la certitude de ne pas l'aliéner au-dessous de 200,000 fr, le monarque n'avait pas renoncé, et n'avait pas pu renoncer à la possibilité d'une vente plus avantageuse.

Donc Riquet, le 13 octobre, n'était devenu que simple acquéreur conditionnel. Cela est si vrai, qu'*une vente devait être faite par les commissaires de Sa Majesté*, dans un avenir plus ou moins éloigné; qu'il parle lui-même dans *ses offres* de cette vente future, et que c'est justement à l'époque où elle devra se réaliser, qu'il remplira l'obligation par lui souscrite de faire valoir la finance.

Mais pourquoi une seconde vente, si une première a eu lieu, et a transmis irrévocablement et sans condition aucune la propriété à l'acquéreur primitif? Pourquoi environner cet acte ridicule et sans résultat possible des formes les plus solennelles? Pourquoi y faire participer les premiers magistrats du parlement de Toulouse, dont les procès-verbaux constituent seuls encore aujourd'hui les titres réels des héritiers Riquet?

Toutes ces choses n'eussent été qu'une injurieuse dérision que ne se seraient pas résignés à subir nos fiers parlementaires, si, dès le 13 octobre, le Conseil d'Etat avait déjà consenti la vente. Le mode employé pour l'aliénation de la seconde partie, nous prouve que ce n'est point la nécessité de se soumettre à l'accomplissement de certaines formalités spéciales qui le commandait ainsi ; car, en 1677, ce fut par un simple arrêt du Conseil d'Etat que fut transmise à Riquet la propriété de la dernière portion de la ligne. Si dès lors on procéda par la mise aux enchères, en 1668, c'est parce que l'arrêt du 13 octobre ne contenait point d'aliénation, et que personne n'y vit, à cette époque, comme la Cour n'y verra aujourd'hui, que l'obligation imposée à Riquet de faire valoir la finance à concurrence d'une somme déterminée ; ce qui n'est point, ce qui ne saurait être la transmission à titre onéreux de la chose dont l'aliénation n'était encore qu'en projet.

Ainsi, ni les termes de la convention, ni son esprit, ni l'exécution dont elle a été suivie, ne permettent d'y voir ce traité de puissance à puissance, dont, malgré leurs infatigables recherches, les MM. de Caraman ne parviendront à découvrir nulle part des indices sérieux.

Mais il est un fait qui suffit à lui seul pour démontrer la fausseté de cette prétention, et la fragilité de la base sur laquelle on voudrait l'établir.

Le traité dont on parle, s'il a existé, doit s'appliquer nécessairement à toute l'étendue de la ligne. On ne comprendrait point que lorsque le génie dictait ses lois, il eût été assez imprudent pour se contenter d'une simple fraction qui aurait enlevé à son œuvre sa belle unité, et qui lui eût ravi les plus précieux avantages de sa magnifique création. Ce monument ne nous apparaît avec le cachet de grandeur qui le distingue, qu'à cause de sa destination première d'unir, par une navigation intérieure et sans danger, les deux mers qui baignent les côtes de France. Sa valeur réelle consiste surtout dans son ensemble; et Riquet, en exigeant une promesse royale qui lui en assurât la propriété, a dû faire porter sa stipulation sur la ligne tout entière. Dans cette convention, de la puissance représentée par Louis XIV, et du génie représenté par Riquet, c'est le canal tout entier que celui-ci aura voulu retenir pour prix de son concours; car l'œuvre était une comme la pensée qui l'avait conçue, et on ne l'aurait pas soumise à un fractionnement ridicule, dans le sublime traité qui aurait précédé son exécution. Il est facile de comprendre que, pour les travaux matériels, il ait été nécessaire de couper en deux l'entreprise; mais dans le contrat dont on allègue l'existence, ce même fractionnement ne peut plus se rencontrer. La pensée de Riquet, qui n'était livrée qu'au prix de la concession, s'appliquait à tout le canal, et c'est tout le canal dès lors qui devait lui être livré en échange.

Si le contrat existe, il doit nécessairement avoir ce caractère de généralité, que commande impérieusement la nature même de la convention qu'il renferme.

Or, n'est-ce pas une chose bizarre, que de voir les pénibles efforts de nos adversaires, pour parvenir à le trouver écrit en traits éclatants dans l'arrêt du 13 octobre?

Mais y a-t-on bien réfléchi? Dans cet arrêt, il n'est question que de la matérialité de l'entreprise, et des moyens mis en œuvre pour se procurer les fonds nécessaires.

Y a-t-on bien réfléchi, encore une fois ? — Mais, dans cet arrêt, on ne s'occupe que du creusement de la partie qui doit s'étendre de Toulouse jusqu'à Trèbes. Et c'est dans un traité aussi restreint que serait contenue la grande convention sur le monument tout entier ? Ce n'est, en vérité, ni vraisemblable ni possible.

Mais voulez-vous une preuve nouvelle du vice flagrant de votre système à cet égard ? Voyez si Riquet se considérait comme ayant un droit quelconque, même éloigné, sur la seconde partie du canal. Lisez sa correspondance : elle vous apprendra qu'il craignait vivement de voir des entrepreneurs rivaux lui être préférés ; et se résignant avec la noblesse des âmes supérieures, il déclarait être prêt à communiquer, à celui qui serait l'objet de cette préférence, et ses idées, et le résultat de ses constantes études. Pour lui, il n'y avait donc ni contrat antérieur, ni promesses qui vinssent placer ses droits sous la protection d'une parole royale. Simple adjudicataire pour la première partie et de l'entreprise et du fief et péage, il avait à subir l'épreuve d'une nouvelle adjudication pour la seconde partie, dont les travaux ne furent commencés que longtemps après. Il eût été heureux, sans doute, de se voir placé encore à la tête de ces vastes chantiers dont il fut le puissant organisateur. Mais de droits, il n'en avait aucun.

Aussi éprouvait-il de sérieuses alarmes, qu'il n'hésitait pas à confier au ministre qui l'honorait de son amitié. Et dans ces sollicitudes, qui n'auraient pu s'emparer un seul instant de son esprit, si un contrat avait d'avance enchaîné le roi envers lui, se trouve la preuve la plus éclatante de la non existence d'un traité de cette nature.

Les actes viennent faire ressortir cette vérité d'une manière non moins irrésistible. En 1677, nous trouvons

la vente de la seconde partie du canal, à des conditions
qu'il est inutile d'énumérer, n'ayant à insister maintenant
que sur le fait de la vente elle-même ; et ce fait de l'aliénation démontre de nouveau que le traité préexistant est
une véritable chimère, inventée par l'orgueil des descendants de Riquet, et dont il ne se douta jamais lui-
même.

Ainsi, l'arrêt du 13 octobre, apprécié à sa juste valeur, ne change rien au procès ; et maintenant que la
discussion en a fait connaître l'exacte portée, la Cour
comprendra aisément pour quel motif les premiers conseils de Messieurs de Caraman n'avaient pas jugé convenable de le prendre pour base de leurs argumentations,
et pour quels motifs aussi, les défenseurs actuels de la
même cause, qui l'avaient depuis longtemps sous la
main, ne l'ont jeté dans le débat qu'au moment de
terminer une réplique dont on s'était promis un tout
autre résultat.

Et c'est pour cela que nous-mêmes nous avons jugé
peu utile d'entretenir la Cour de l'authenticité de cet
acte si tardivement produit. Et toutefois, sans vouloir
adresser des incriminations blessantes à qui que ce soit
dans cette cause, de laquelle se sont occupées, pour les
descendants de Riquet, tant de personnes diverses, il
nous eût été facile de réduire, par un seul mot, nos
adversaires au silence. En effet, la minute de cet arrêt
du 13 octobre 1666 n'existe point dans les archives du
royaume. Les investigations les plus minutieuses, les
plus réitérées, ont été impuissantes pour parvenir à la
découverte de ce monument dont on avait exagéré l'importance. Est-il possible d'admettre qu'elle a été égarée
ou anéantie à dessein? Évidemment non ; car tous les
actes relatifs à la création du canal du Midi ont été
conservés avec une religieuse fidélité. Celui de tous qui,

d'après nos adversaires, était le plus essentiel, n'aurait certes pas été seul perdu. — Et si , de cette circonstance, on rapproche cet autre fait qu'il ne mentionne ni la présence ni la signature des membres du Conseil d'Etat ; qu'il ne porte ni contre-scel, ni sceau d'aucune espèce , ne pourrait-on pas être conduit à penser qu'il n'a aucune valeur légale , et que sa découverte apocryphe cache quelque mystère ?

Mais l'Etat n'a nul besoin d'insister à cet égard et de chercher à pénétrer le véritable motif de ces étranges choses. A ses yeux, l'acte du 13 octobre, fût-il d'une incontestable authenticité, contînt-il même, en faveur de Riquet, une vente actuelle et définitive, la question ne serait nullement changée ; et à moins de vouloir nier l'évidence, il faudrait reconnaître toujours que Riquet n'est redevable de son droit de propriété qu'à l'aliénation volontaire qui lui fut consentie par le monarque.

Or, cette proposition est la seule qui dans ce moment soit l'objet du débat ; et le titre même qu'on nous oppose contient des preuves énergiques de sa rigoureuse exactitude.

De ce titre, en dernière analyse, que pourrait-on conclure ? Une seule chose : c'est que la première partie du canal aurait été vendue le 13 octobre 1666, et non en 1668, comme tout le monde et les descendants du sieur Riquet eux-mêmes en avaient été jusqu'à ce jour convaincus. La date de la transmission de propriété sera différente sans doute ; mais le fait de cette transmission elle-même, avec la qualification légale qui lui appartient, n'en subsistera pas moins dans toute sa première énergie.

Et en effet, qu'offre Riquet ? — De faire valoir la finance de la VENTE qui sera faite, etc.....

C'est donc d'une vente qu'il se préoccupe ; c'est donc

une vente, ou qui intervient dans le moment même, ou qui doit intervenir plus tard. Dans tous les cas, il n'y a aucun doute entre les parties contractantes sur la nature du contrat ; elles lui donnent à l'envi cette qualification dont aucune d'elles ne peut être supposée avoir ignoré la puissance.

Et plus bas, on retrouve cette même expression, répétée avec plus de force encore, dans un passage qui mérite d'être placé sous les yeux de la Cour :

« Et moyennant la jouissance desdites fermes des ga-
« belles, la vente et la revente desdits regrats, septain;.....
« la VENTE *et jouissance* desdits fiefs et péages desquels
« il jouira à perpétuité, incommutablement et noble-
« ment,..... comme de sa chose propre et non domaniale,
« *vrai et loyal acquêt*, etc. »

Qu'on le reconnaisse donc de bonne foi : c'était bien une acquisition qu'entendait faire Riquet, et une vente que le roi entendait lui consentir, quand il déclarait ensuite accepter les propositions de celui-ci. Jamais les expressions d'un contrat ne mirent mieux en lumière l'intention des parties contractantes, et n'exclurent avec plus d'évidence la possibilité d'une controverse quelconque. N'est-ce pas vouloir se mettre en opposition flagrante avec la raison et la vérité, que de venir déclarer que le 13 octobre il n'y eut pas une vente faite, mais bien le traité innommé *do ut facias ?* Il suffit de lire, pour être convaincu ; et la discussion manque de ressources quand le texte est si clair. Que signifieraient ces stipulations de transmission perpétuelle, incommutable, non sujette à rachat ou à dépossession par *revente ou autrement*, s'il n'y avait pas eu *aliénation* dans toute l'énergie de ce mot, et *aliénation* consentie par le chef de l'Etat. Aucun des périls que l'on voulait conjurer par ces clauses nombreuses n'était à redouter dans cette hypothèse, et la pensée de les prévenir ne se serait présentée à personne. Tandis qu'au contraire, ces clauses, dont la vertu d'ailleurs était impuissante, grâces à la sévérité de nos lois anciennes sur l'inaliénabilité domaniale, on les retrouve dans toutes les ventes de biens domaniaux autorisés par les chefs de l'Etat, que des besoins impérieux forçaient d'y recourir. Et de cela seul que l'arrêt du 13 octobre les contient avec un luxe inaccoutumé, on pourrait hardiment induire qu'une vente a eu lieu, alors même que les termes de sa rédaction laisseraient planer quelques incertitudes à cet égard. Mais ces termes sont si explicites et si positifs, qu'en vérité tout commentaire serait injurieux pour les lumières de nos juges.

Cependant nos adversaires insistent. D'après eux, le contrat de vente ne pouvait valablement intervenir ; car le 13 octobre le canal n'était même pas commencé : ce n'était qu'une pensée, qu'un projet, conçu par un génie puissant, mais qui, dans son abstraction, ne pouvait devenir la matière d'un contrat de vente.

Cette objection, que l'on a présentée sous mille formes différentes, et avec une complaisance marquée, n'est vraiment pas sérieuse. Qui ne sait, en effet, que les choses futures peuvent être aliénées, aussi bien que les choses actuellement existantes ? Que celui qui veut créer une usine, creuser un canal, construire un chemin de fer, peut vendre cette usine future avant d'avoir même commencé de mettre la main à l'œuvre ? Si un simple particulier consentait une aliénation de cette nature, elle serait valable, sans aucun doute, et engendrerait des droits et des devoirs réciproques dont le vendeur et l'acquéreur ne pourraient plus se dégager désormais. Les docteurs anciens et nouveaux, le droit romain et la jurisprudence actuelle, sont trop unanimes sur cette question de droit, pour qu'une dissertation spéciale soit nécessaire. Nous posons en principe, et comme un axiome incontestable, que nous défions notre adversaire de nier ouvertement que les choses futures, aussi bien que les choses présentes, peuvent devenir la *cause légale* du contrat de vente, et que le canal pouvait être dès lors vendu avant que le premier coup de pioche eût été donné.

Le Conseil d'Etat, du reste, composé des jurisconsultes les plus éminents du royaume, le pensait ainsi; car ses membres n'ignoraient pas sans doute que le canal n'était pas encore creusé, quand, le 13 octobre, ils acceptaient les propositions d'acquérir faites par Riquet.

Il est singulier vraiment que ce soit nous à qui on oppose ce titre, qui soyons obligés de le défendre contre nos adversaires, dont les imprudentes tentatives ne tendraient à rien moins qu'à en faire prononcer la nullité. Ainsi, à l'instant même où ils le montrent comme dépositaire du contrat de puissance à puissance, et devant trancher le procès en leur faveur, ils le repoussent d'un autre côté avec une inflexible rigueur, et ne veulent pas qu'il ait pu valablement renfermer une vente suivant eux légalement impossible.

Mais ce qu'il y a de plus singulier encore, c'est que, si on ne veut pas qu'une *pensée* puisse être vendue, on consent volontiers à ce que l'autorité royale puisse l'ériger en *fief*, et l'assujettir même à un droit de péage. On reconnaît de plus, comme une chose très licite et très légale, la division du domaine dont cette pensée est susceptible, en domaine utile et en domaine direct; et enfin, l'on proclame, à l'abri de toute critique légale, la vente du domaine utile de cette même pensée.

Et il faut bien que l'on s'assujettisse à soutenir cette doctrine avec toutes ses conséquences ; car c'est dans l'acte du 13 octobre 1666 que ces diverses choses se trouvent réunies. Cet acte contient, en effet, la vente du fief et du péage. Or, le fief n'est autre chose que le domaine utile de l'objet aliéné. Et si alors il n'y avait encore qu'une *pensée*, qu'un *projet*, c'est le domaine utile de cette pensée ou de ce projet qui a été vendu à Riquet, et qui constituait le *fief lui-même*.

Ces différentes précisions font sentir mieux encore la fausseté de la doctrine de nos adversaires, quand ils soutenaient que les choses futures ne pouvaient pas être aliénées, et s'efforçaient ainsi d'effacer de l'arrêt du 13 octobre le mot *vente* qui s'y trouve si souvent reproduit. — Notre système, à nous, est loin de tomber dans des contradictions semblables. Nous disons que les choses futures sont susceptibles d'aliénation, que par suite elles peuvent être valablement érigées en fief par le roi, source de toute féodalité ; qu'enfin, après cette érection, le domaine utile peut en être sans difficulté vendu par le seigneur suzerain.

Et alors, nous demeurons fidèles et à la lettre et à l'esprit de ce même arrêt du 13 octobre, que nous maintenons avec le caractère qui lui a été primitivement donné, et qui incontestablement lui appartient, celui d'une véritable vente.

Quel droit nouveau les héritiers de Caraman peuvent-ils donc puiser dans cette fameuse pièce ? — Leur position a-t-elle le moins du monde changé ? — N'est-ce pas toujours une aliénation souscrite par le monarque, qui est la source exclusive de leurs droits ?

Que la Cour lise leur dernier titre, et prononce ; il n'est pas moins explicite que les procès-verbaux d'enchères dont nous avions primitivement argumenté...

Donc, il est incontestable qu'il y a eu vente par le roi à Riquet du canal des Deux-Mers, dont il était devenu l'entrepreneur à la chaleur des enchères publiques.

Et comment, en effet, sérieusement essayer de prétendre qu'entre le souverain et le sujet n'est intervenu que le simple contrat innommé *do ut facias;* que le souverain s'est borné à livrer, à titre de subvention, quelques trésors à un homme de génie, pour lui venir en aide dans l'exécution d'une vaste entreprise dont le pays tout entier devait recueillir d'inappréciables avantages ? Lorsque les choses se passent ainsi, le créateur du monument projeté n'est pas assujetti à courir les hasards ou les incertitudes de l'enchère. Maître absolu de son projet, à lui seul appartient le droit et le pouvoir d'en suivre l'exécution. Si la générosité du prince ou de l'Etat puise dans les caisses du trésor pour seconder l'accomplissement de son œuvre, c'est une véritable libéralité qu'il reçoit, et non un engagement légal que l'on remplit envers lui. En un mot, il n'y a point de contrat, point de convention ; mais seulement un bienfaiteur et un gratifié. Après l'achèvement de son entreprise, il n'a ni indemnité à réclamer, ni travaux à faire recevoir, ni décharges à solliciter. L'ouvrage lui demeure avec tous les avantages qui peuvent en être obtenus, mais aussi avec tous ses inconvénients ; car c'est à ses périls et risques, malgré la subvention, que le monument a été élevé, ou le chemin de fer construit, ou le canal creusé. Sa position ne change donc pas, quoique les fonds publics soient venus à son secours.

Etait-ce là la position appartenant à Riquet ? Que la Cour veuille bien jeter les yeux sur tous les actes produits, soit par ses descendants, soit par le domaine; et dans tous on verra que Riquet n'apparaît que comme simple entrepreneur, qu'il en subit toutes les conséquences onéreuses, comme il en recueille tous les bénéfices.

C'est d'abord la qualification qu'il se donne lui-même dans l'arrêt de 1677, où il se garde bien de prendre un autre titre. C'est celle qu'accepte aussi Mathias, son fils, dans sa requête de 1682; et dans cette déclaration solennelle, deux fois répétée devant le Conseil d'Etat, se trouve une première preuve dont il faut bien confesser la puissance.

Et puis, ce titre lui appartient si fort, que, dans cette même requête de 1682, il sollicite le monarque de lui accorder *sa décharge*, les travaux se trouvant alors terminés ; et le conseil d'Etat sur cette requête, après avoir fait procéder à l'examen et à la réception des travaux par un commissaire spécial, prononce, en faveur de Riquet, la décharge qui lui est demandée.

Qu'on veuille bien nous dire, si cette requête même, la vérification dont elle est suivie, et la décharge qui termine ce mode spécial d'instruction, ne signalent pas, de la manière la moins équivoque, la présence d'un simple et véritable entrepreneur.

Il y a mieux encore : des travaux imprévus ont été exécutés ; ils ont entraîné des dépenses considérables qui ne sauraient être soldées avec le montant du prix de l'adjudication ; et Mathias en réclame le remboursement complet. — Ce remboursement exigé se conçoit, si Mathias et son père n'ont été que de simples entrepreneurs ; car il n'est point juste que ces dépenses, dont on ne s'était nullement préoccupé lors de la rédaction du devis, demeurent à leur charge. Mais, s'ils n'ont entendu recevoir, et si le roi n'a entendu leur donner qu'une simple subvention pour parvenir à l'accomplissement de leur œuvre, cette prétention sera plus que singulière et ne pourra être écoutée qu'avec une inévitable défaveur.

Qu'arrive-t-il cependant? — Le roi ordonne la vérification de ces travaux extraordinaires par un mathé-
maticien célèbre : leur utilité, leur importance et leur
valeur sont soumises à un examen approfondi ; et,
après un règlement entièrement exact, le roi rembourse
les sommes qui lui sont demandées.

Que conclure de ces faits incontestables , attestés
qu'ils sont par toutes les pièces communes aux MM. de
Caraman et au domaine? — Que Riquet n'était autre
chose qu'un homme de génie subventionné ? — Ce serait
absurde, en présence des faits dont on vient de rappeler le souvenir.

La conséquence irrésistible, c'est qu'il n'était qu'un
simple entrepreneur , devenu adjudicataire comme
ayant fait la condition meilleure, et préféré à tous les
autres concurrents, ou par ce motif, ou par tout autre
puisé dans l'éclat de son mérite et sa haute réputation d'intégrité..... il importe peu..... Toujours est-
il, qu'à moins de donner à tous les documents du
procès un téméraire démenti, il faut reconnaître :

Que, pour les travaux il n'était qu'entrepreneur, et que
son droit au fief et au péage n'a d'autre source que
l'aliénation qui lui en fut faite en 1668 et en 1677,
ou, si l'on récuse la première de ces dates, le 13 octobre 1666.

Cette proposition paraît désormais assise sur des
bases inébranlables.

Seule, elle nécessitait une dissertation spéciale. Pour
les autres, le Mémoire déjà publié renferme l'analyse
complète de nos moyens ; et ce serait tomber dans
de fastidieuses répétitions, que de les soumettre à une
discussion nouvelle qui fatiguerait inutilement l'attention
de nos juges.

COUR ROYALE DE TOULOUSE

(DEUXIÈME CHAMBRE).

PRÉSIDENCE DE M. GARRISSON.

———

AFFAIRE DE LA FAILLITE FORNIER.

(ANNÉE 1845).

———

Le procès actuel mérite, et par son importance et par la nature des questions qu'il soulève, de fixer à un haut degré l'attention de la Cour. Il s'agit de savoir si de malheureux créanciers, représentant une masse de quatre millions huit cent mille francs, seront déshérités de toute sorte de droits sur ce qui compose le seul, le véritable actif de leur débiteur, et si les dispositions législatives, dont la sagesse a voulu que la perte fût égale pour tous dans ces grandes catastrophes commerciales, ne sont pas une promesse trompeuse dont on puisse impunément se jouer. Dans cette cause, la cour voit en présence, d'une part, ceux qui pleins de confiance dans le texte des lois, ont cru à cette égalité du malheur qui leur laissait l'espoir d'obtenir le paie- ment d'une faible portion de leur créance, et de l'autre, deux maisons considérables, engagées pour de fortes sommes dans la faillite Fornier, qui, par des combi- naisons que la morale réprouve, et que le législateur a

d'avance hautement condamnées, essaient de confisquer
à leur profit l'entier actif de la faillite. — De telles
tentatives pourraient-elles trouver grace devant les tribunaux et obtenir leur sanction ?

Il est inutile, sans doute, dans une réplique impri-
mée, qui doit seulement contenir une réponse directe
aux principales objections des parties adverses, de présenter une seconde fois le tableau des faits de la
cause. Il doit suffire de faire remarquer le parfait
accord existant entre la Banque et M. Cibiel, nos adversaires principaux, et le sieur Fornier, qui après avoir
plongé dans la misère tant de familles, dont l'unique
tort fut de se confier à son honneur et à sa probité
commerciale, conspire encore contre ses créanciers si
malheureux, dont il s'efforce de rendre la position
plus déplorable encore. Un tel spectacle est trop affligeant pour n'avoir pas frappé l'attention de la Cour.
Le public honore et respecte l'infortune d'un négociant
dont la ferme probité sait ne point se démentir, même
au milieu des circonstances les plus difficiles, et qui
livre les débris de son patrimoine à ses créanciers,
sans distinction et sans préférence d'aucun genre.
Dans une localité voisine et dans notre cité, nous avons
vu des exemples de cette consolante moralité commerciale. Pourquoi faut-il que lui, avant l'éclat officiel de sa
déconfiture déjà certaine, ait consenti à créer, au profit
de nos adversaires, une position spéciale qui les mit à
couvert des conséquences de cette déconfiture même, et
qui vint enlever à la masse l'unique gage de sa créance ?
— La cause de cet acte de faiblesse ne serait-elle point
la crainte des rigueurs que la loi pénale prononce contre
l'agent de change qui tombe en faillite ? — N'est-ce point
pour éviter ces rigueurs que Fornier a voulu prolonger
artificiellement son existence commerciale déjà perdue, et

qu'il a été contraint de subir les actes spoliateurs auxquels il a donné son adhésion ? — La démission du 12 octobre, et la circulaire envoyée aux créanciers le lendemain de la prestation de serment de son successeur dans les fonctions d'agent de change, démontreraient, au besoin, la vérité de cette conjecture, qui ne serait pas d'ailleurs déniée par Fornier lui-même. Ainsi, la faillite était, à ses yeux, une chose à la fois inévitable et irrévocablement consommée. Son unique pensée était de se soustraire à l'action du ministère public ; et pour atteindre ce but, il n'a pas hésité à sacrifier les intérêts des nombreux capitalistes qui avaient placé dans ses mains leur entière fortune. Déjà il avait eu le soin, par une donation antérieure, de faire passer sur la tête de son fils la maison de la place de la Bourse, qui représentait elle aussi un capital considérable ; et de la sorte son patrimoine s'est trouvé divisé, au jour de sa faillite officielle, entre ce fils, et la Banque et Cibiel, qui voudraient absorber le surplus, en vertu de leurs prétendus droits hypothécaires.

Il était du devoir des syndics, investis du soin de veiller à la défense des droits des créanciers, de s'élever avec énergie contre une aussi injuste spoliation. L'examen attentif et consciencieux qu'ils ont dû faire de la situation financière de Fornier à l'époque où ont été passés les actes dont on voudrait se prévaloir aujourd'hui, leur a donné la certitude que la faillite était déjà constante ; que si son éclat officiel avait été retardé, c'est parce que ceux-là même qui étaient porteurs de ces actes avaient eu intérêt à prolonger l'existence factice du souscripteur, et qu'à cette cause seule devait être attribué ce retard ; mais que pour la Banque et M. Cibiel surtout, l'état réel du sieur Fornier n'était ni ne pouvait être un mystère, puisque leur portefeuille était rempli des effets qu'il laissait en souffrance, ne pouvant les solder à mesure de leurs échéances successives.

Dès l'instant où cette conviction eut été irrévocable-. ment acquise, l'hésitation n'était plus possible, et le devoir le plus impérieux leur commandait de poursuivre. Aussi, et sans se laisser arrêter par la haute position de leurs adversaires, le crédit qui les entoure, l'influence qu'ils exercent dans la cité, la lutte fut résolue et engagée aussitôt. C'est que les syndics n'ignoraient point que, dans l'enceinte des tribunaux, il n'y a ni faible ni puissant, ni riche ni pauvre, et que justice pleine et entière leur serait rendue.

Ce n'est pas aujourd'hui la question de nullité ou de validité des contrats hypothécaires de la Banque et de M. Cibiel qu'il s'agit de discuter et de résoudre ; nous ne venons demander à la cour que la faculté de pouvoir attaquer ces actes devant la juridiction compétente, et d'établir la fraude légale qui les a inspirés. Pour cela, il faut déterminer la date réelle de la faillite, et constater le moment et l'époque où Fornier s'est trouvé dans l'impuissance de satisfaire à ses engagements commerciaux, et avait réellement cessé de payer.

Les syndics soutiennent que déjà, avant le 1er octobre, et tout au moins à ce jour, les paiements étaient suspendus, et la faillite dès lors incontestable.

Comment l'établissent-ils ?

Divers genres de preuves sont invoquées par eux à l'appui de cette proposition.

En premier lieu, les effets de complaisance qu'il lança dans la circulation avec une profusion insolite, et sur lesquels se trouvaient tantôt des signatures d'une insolvabilité notoire, tantôt des signatures surprises à la confiance d'un parent ou d'un ami.

En second lieu, les protêts des nombreuses lettres de change dont Fornier était le débiteur véritable, quoiqu'il n'y figurât que comme premier ou second endosseur.

En troisième lieu, sa correspondance, qui peint si bien l'état désespéré de ses affaires, et l'impossibilité où il se trouve de payer les sommes les plus minimes que l'on réclame en vain de son caissier, dont la caisse est toujours vide.

En quatrième lieu, enfin, les actes hypothécaires obtenus successivement par M. Cibiel et la Banque de Toulouse pour sauver des créances chirographaires, dont le sort était compromis par suite même de la faillite dont on dénie maintenant l'existence.

Mais avant de développer chacune de ces propositions, il importe de préciser en droit les principes qui, dans les matières de ce genre, doivent servir de guide au magistrat chargé de leur application.

§ 1er.

POINT DE DROIT.

L'ancien Code de Commerce avait eu le soin de déterminer certains signes auxquels devait être reconnu l'état de cessation de paiements ou de faillite : c'étaient la disparition du négociant, les protêts ou la fermeture du magasin. Le nouveau législateur a pensé qu'une précision de ce genre pouvait offrir des dangers d'une nature diverse ; que, d'un côté, les signes acceptés par l'ancienne loi pouvaient être trompeurs dans certaines conjonctures, et que, de l'autre, il était à craindre que le magistrat, croyant sa conscience enchaînée par ce texte, ne voulût reconnaître l'état de faillite qu'à ces seuls indices, et qu'en leur absence il refusât de le déclarer. Pour éviter ce double inconvénient, la loi actuelle a rejeté à cet égard les précisions de la législation antérieure, et s'en est entièrement référée à l'arbitrage du juge, appréciateur souverain des circonstances et des faits soumis à son examen. Ainsi, désormais il ne sera plus nécessaire, pour constater la faillite, de produire des actes de protêt établissant le refus de payer des engagements commerciaux. La cessation de paiements pourra être reconnue en l'absence des actes de cette nature, et résultera des autres faits, des autres justifications qui pourront être produites. Le juge n'est lié par aucune règle spéciale; c'est à sa conscience seule qu'il appartient de voir et de juger. Ainsi, la décision qui déclarerait une faillite, dans le cas même où la signature du banquier n'aurait jamais été protestée, ne tomberait point sous la censure de la Cour régulatrice, pourvu que la cessation de paiements fût en fait constatée et reconnue. Telle est la conséquence, non déniée d'ailleurs, des modifications qu'a subies l'ancienne loi commerciale.

Il n'est nullement nécessaire non plus que la cessation de paiement soit devenue *notoire*. L'addition de ce mot avait été proposée aux Chambres législatives qui le proscrivirent après une discussion approfondie. Certains orateurs, et notamment M. Teste, demandaient que la condition de notoriété fût remplie pour la constatation de la faillite; mais cet amendement fut repoussé par la Chambre, et parce que la notoriété est un fait complexe, insaisissable, difficile à établir, qui peut être tour-à-tour vrai ou faux, selon les personnes auxquelles on l'oppose; et parce que aussi le législateur actuel, obéissant à une pensée éminemment morale, a voulu atteindre surtout ce que l'on appelait les faillites *latentes*, c'est-à-dire celles qu'on enveloppe d'un mystère calculé précisément dans le but de préparer des actes frauduleux préjudiciables à la masse. Duvergier, dans la collection de ses lois, tom. 38, p. 369, § 3, présente le résumé de la doctrine qui, à cet égard, prévalut dans les chambres. Il est utile de lire ce passage remarquable où la pensée législative se trouve analysée avec une netteté et une précision qui rendent tout commentaire inutile.

Tel est donc en droit le principe : tous les documents peuvent et doivent être consultés pour la fixation de la date de la faillite, la correspondance, les livres, les refus de paiement, en un mot, toutes les choses propres à faire connaître la situation du failli; et aucun de ces indices ne sera désormais considéré comme signe exclusif de l'état que recherche le juge. C'est dans la combinaison et dans l'ensemble de ces circonstances qu'il puisera les éléments de sa conviction.

Et celui-là surtout qui, par ses rapports quotidiens avec le banquier, par le grand nombre d'effets dont est rempli son portefeuille et dont l'échéance n'amène pas le paiement, était mieux renseigné que tout autre, serait mal venu à exiger la condition d'une publicité ou d'une notoriété qui, relativement à lui, n'était d'aucun intérêt, puisqu'il avait une connaissance personnelle et directe de la situation du failli.

Plus tard, et dans l'application de cette doctrine aux faits de la cause, il faudra voir si telle n'était pas notamment la position de la Banque et de M. Cibiel.

Mais, disons encore avant de terminer sur ce point, qu'en droit ni en équité, ni en morale, on ne saurait considérer comme payant ses obligations commerciales, le banquier qui, se trouvant dans l'impuissance de se libérer à l'époque des échéances, ne satisfait à ses engagements qu'au moyen de renouvellements sollicités de lettres de change échues, ou de revirements d'effets donnés à la place des premiers, lesquels demeurent impayés à leur tour, et sont remplacés par d'autres qui éprouvent le même sort. Celui qui ne solde ses billets que de cette façon, en réalité ne paie point, et sa faillite est d'ores et déjà accomplie, à l'époque où il a eu recours à ces moyens factices destinés à en retarder seulement la déclaration officielle.

Ainsi la raison veut qu'on le décide; et ainsi l'ont jugé la Cour de cassation, le 26 août 1841, Sirey, 41, première partie, p. 713; et la Cour royale de Paris qui, dans un arrêt tout récent rapporté dans la *Gazette des Tribunaux* du 2 mai dernier, première page, troisième colonne, en a fait l'application à une espèce dont l'analogie avec le procès actuel doit être signalée à l'attention de la Cour. Voyez aussi Dalloz, tom. 42, troisième partie, page 128.

Ces principes, au reste, n'ont pas été contestés; et en dernière analyse, on a reconnu comme nous, que c'était bien moins une question de droit qu'une question de fait qui était soumise à l'examen de la Cour.

Voyons donc les faits.

PREMIÈRE PROPOSITION.

LES EFFETS DE COMPLAISANCE.

Au nom des adversaires, on a soutenu deux systèmes dont la flagrante contradiction a dû frapper l'esprit de la Cour. Tout d'abord il a été prétendu que l'existence de ces effets que la détresse du sieur Fornier avait su obtenir de la faiblesse des signataires, loin de justifier sa déconfiture, donnerait, au contraire, la preuve qu'il se trouvait en plein crédit. Et puis, reculant en quelque sorte devant l'étrangeté de cette proposition, on s'est attaché à établir par une discussion spéciale sur chacun de ces effets, que la complaisance n'avait nullement pré- sidé à leur création. Ainsi, à l'instant même où l'on feignait de trouver dans une telle circonstance une preuve servant à repousser toute pensée de faillite, on consacrait de longs efforts à détruire cette preuve à laquelle on aurait dû se montrer jaloux de conserver toute sa puissance, si l'on avait ajouté une confiance quelconque à sa légitimité. C'est, qu'en effet, il est assez peu logique de venir sérieusement alléguer, que le ban- quier qui ne trouve plus, ni dans les mouvements de sa caisse, ni dans les négociations des lettres de change que doit contenir son portefeuille, les moyens de satis- faire à ses engagements, et qui, pour retarder une chute inévitable, va solliciter de porte en porte quelques si- gnatures données par des individus avec qui n'est faite aucune opération de banque ou de commerce, établit d'une manière éclatante, en les obtenant, que sa situation est des plus prospères et son crédit des plus incontesta- bles. Mais comment n'a-t-on pas réfléchi que si la situa- tion était prospère, le recours à la complaisance des tiers deviendrait superflu ? que la signature du banquier jouissant de la confiance du capitaliste et des commer- çants lui procurerait sans efforts tous les fonds dont il pourrait avoir besoin ? et qu'aussi l'on ne descend à des moyens de cette nature que lorsqu'une nécessité im- périeuse vous en fait une loi ?

Que l'on consulte les livres et les écritures antérieures du sieur Fornier, et que l'on y voie si, aux jours de sa prospérité, il avait besoin de mendier les signatures de ses parents et amis, ou de ces hommes inconnus dont la position subalterne ne constituait qu'une garantie trompeuse destinée à surprendre la bonne foi de tous !

Que l'on demande à M. Cibiel, placé à la tête de l'une des premières maisons de Toulouse, s'il emploie des moyens de cette nature pour remplir les engagements commerciaux qui pèsent sur sa tête ! Que l'on interroge sans distinction le négociant le plus modeste, comme celui dont la situation est environnée de plus d'éclat, et qu'on lui demande s'il ne rougirait point de s'abaisser à l'emploi de ces ressources honteuses pour soutenir son crédit ! Et, toutefois, nos adversaires voudraient y voir un signe certain de la confiance générale que l'on accorde à celui qui est forcé d'y recourir ! — Le bon sens de tous doit faire justice de ce sophisme, qui, malgré les honneurs qu'il a reçus d'une triple reproduction de la part de nos trois adversaires, ne méritait pas une réfutation sérieuse. Avec la connaissance parfaite des habitudes commerciales, et cette droite raison qui n'abandonne jamais les hommes versés dans la pratique des affaires, le tribunal ne s'y est point mépris ; et il a signalé comme un indice certain de la décadence de Fornier, cette masse énorme de traites de complaisance qu'à l'époque de sa faillite il lança dans la circulation avec une témérité dont on a peine à se rendre compte !

Le sieur Fornier, à son tour, a compris de la même façon la portée de ce fait. Aussi s'est-il principalement attaché à dénier et à combattre son exactitude. Sous ce rapport, a-t-il été plus heureux ? — Un court examen va nous l'apprendre.

Le premier des souscripteurs des effets de ce genre, est le sieur Recoules. Il est porté par les syndics comme ayant donné sa signature à Fornier, à concurrence d'une somme de 42,864 fr. 65 c.

A ce fait qu'a-t-il été répondu, et qu'est-il possible de

répondre ? — Rien, sans doute, puisque les comptes et les livres peuvent être consultés, et que de ces comptes ou de ces livres résulte la preuve incontestable de l'exactitude du chiffre indiqué.

Et il est remarquable qu'au jour de la faillite, ces traites dont l'origine remontait au mois de juillet 1844, et qui avaient été renouvelées à des époques diverses, étaient dues intégralement, et que les productions ont été faites pour obtenir la part du dividende revenant aux porteurs.

Il n'est pas inutile d'ajouter que M. Ducasse, docteur-médecin, agissant, tant dans son intérêt personnel que pour le compte de sa sœur, créancière comme lui d'une somme de 14,000 fr. dont Fornier se trouva dans l'impossibilité d'opérer le paiement, reçut à la place des fonds, qu'il réclamait en vain, pour 28,000 fr. de ces effets qui n'ont été payés par personne. Dans la plaidoirie de l'un de nos adversaires, il avait été allégué que ce créancier honorable n'avait point exigé le paiement de sa créance personnelle, et qu'il n'avait entretenu Fornier que des sollicitudes de sa sœur. C'était une inexactitude démontrée par les lettres de change même dont il est encore en possession ; et s'il ne fut point fait droit à ses exigences, ce n'est point qu'il rendît sa confiance au banquier qui était son débiteur, mais bien parce que celui-ci se trouva dans l'impossibilité de le faire.

Le sieur Anglade en a souscrit à son tour pour une somme de 6,000 fr., et à ce sujet encore, toute dénégation est impossible, en présence des lettres qui établissent ce fait d'une manière si incontestable.

Il paraît même qu'un terme de convention était employé lorsque des effets de cette nature étaient souscrits par ce négociant. Il y était dit *valeur entendue*, ce qui signifiait, d'après la correspondance de Bors, que les lettres de change ainsi causées étaient destinées à venir en aide à Fornier qui n'en remettait pas la contre-valeur. Du reste, sur ce point, les lettres d'envoi et la correspondance ultérieure, celle même qui, après la faillite, s'est engagée avec les syndics, ne permet d'élever aucune controverse.

Romestin en a souscrit, à son tour, pour une somme de 10,000 fr., à partir du 29 février 1844. Des renouvellements successifs eurent lieu, et comme, malgré la vivacité des instances du souscripteur, ces traites demeuraient toujours dans la circulation, celui-ci, effrayé, exigea que la contre-valeur lui en fût remise. Ses efforts ne le conduisirent qu'à un résultat bien insuffisant. Il se vit réduit à accepter, après une longue résistance, de mauvaises signatures dont la majeure partie est restée impayée, et il se trouve aujourd'hui, à raison de ce, créancier de la faillite, où il a produit pour une somme de 7,481 fr. 30 c.

M. Viguerie aîné en avait également donné pour une somme de 15,000 fr. le 4 février 1844. La lettre qu'il écrivit à Fornier pour refuser un renouvellement qui venait après plusieurs autres auxquels il avait consenti, n'a permis d'essayer aucune dénégation à ce sujet. Mais il est vrai que ces traites ont été retirées, et aujourd'hui aucune production n'est faite à la faillite. Le fait pourtant est bon à constater, car il établit les habitudes de Fornier, à cette fatale époque, et par suite, la fausseté du système de dénégation adoptée par la défense.

Bors fils doit figurer aussi dans cette nomenclature pour une somme de 35,981 fr. 50 c. : au 31 octobre, ce n'était que 28,000 fr. d'effets qui avaient été complaisamment souscrits par cet individu. Au renouvellement du 31 décembre, ce chiffre éprouva une augmentation assez sensible, comme on peut le voir par la comparaison des deux sommes.

Qu'a-t-il été répondu sur cet article dans l'intérêt du sieur Fornier? — Que Bors était débiteur de celui-ci, et que, par conséquent, ces traites étaient remises à titre de paiement et non de complaisance. C'est une erreur. Des comptes existaient bien en effet entre Bors et Fornier ; mais c'est après la balance faite, et en sus de cette balance, que les 35,981 fr. de traites ont été remis. Il est donc impossible d'admettre l'explication présentée. On l'a compris, et Fornier, qui prévoyait la réponse, en a proposé une autre par l'organe de son défenseur spécial. Il a dit que si en sus de la banlance, il a été jeté dans la circulation une quantité de lettres de change, plus ou moins considérables, c'est que les renouvellements destinés à retirer les traites venant à échéance, par exemple au 31 janvier, avaient été négociés dans les premiers jours de ce mois, et que l'éclat de la faillite à la date du 14, avait mis obstacle au retirement projeté, ce qui avait amené de doubles emplois, que, bien à tort, on qualifie de traites de complaisance.

Cette objection n'est pas plus heureuse ; elle est d'ailleurs démentie par les livres. Pour qu'elle fût acceptée, il faudrait que les effets souscrits en sus de la balance des comptes, fussent tous datés d'une époque postérieure au 31 décembre 1844, et que dans les mois antérieurs les écritures fussent parfaitement nivelées ; car ce ne serait que dans le mois de janvier que se serait produite la cause du non retirement des traites renouvelées, ce fait n'étant que le résultat de la faillite. Or, soit pour Recoules, soit pour Bors, soit pour les autres, les dates du 31 octobre et du 31 décembre, ainsi que les comptes courants remis par Fornier, constataient déjà la remise de traites dépassant la balance des comptes respectifs, et qui ne pouvait avoir dès lors pour motif que la complaisance des souscripteurs.

La lettre de Bors versée au procès, et qui offre du *Ziégler* en faisant allusion à l'expression de *valeur entendue* adoptée par Anglade, dissiperait au besoin tous les doutes s'il pouvait en exister.

Mais on insiste en disant que Fornier était créancier de Bors père pour une somme considérable, et que ces lettres de change pouvaient être destinées à éteindre cette vieille obligation.

Est-ce bien sérieusement qu'a été proposée cette réponse ? Mais que l'on cherche dans les livres de Fornier, s'il se constitue créancier de la maison actuelle du sieur Bors fils, des sommes qu'il a pu perdre par suite de ses relations avec Bors père. — On n'y en trouvera même pas une trace éloignée. Et puis, de quel droit aurait-on assujetti le fils, seul signataire des effets, à une telle condition, alors qu'on n'aurait pu même l'imposer au débiteur primitif qui se considérait comme libéré de tous ses engagements ?

C'est donc en vain que, pour contester l'évidence du fait, on cherche à se débattre de toutes les façons ; il n'en reste pas moins au procès, comme une vérité acquise, que les dénégations essayées n'ont fait que mettre mieux en lumière.

Emile Dolques ! On sait les relations qu'il avait avec Fornier, et c'est par suite de ces relations que celui-ci l'amena à lui consentir des effets dont la contre-valeur n'était pas remise, pour une somme de 10,000 fr. Les écritures le constatent, et ces 10,000 fr. sont complétement en dehors des opérations de banque et de négociation qui ont eu lieu entre Dolques et Fornier par suite des relations dont il vient d'être parlé. Aux échéances, les effets remis ne furent point soldés par le véritable débiteur, et il fallut se soumettre à des renouvellements successifs qui bientôt effrayèrent le souscripteur. Il voulut, aux échéances, être garanti des éventualités qu'en octobre surtout il n'était que trop facile de prévoir, et comme le paiement était impossible à obtenir, il dut se contenter de mauvaises valeurs dont Fornier lui fit la remise pour le couvrir à concurrence des sommes pour lesquelles il était en dehors. Ces valeurs mauvaises sont restées presque entièrement impayées, puisqu'il se présente aujourd'hui à la faillite pour 8,036 fr. sur les 10,000 qu'il avait été contraint de recevoir.

Gabriel ! Il a donné des signatures de complaisance pour une somme de 22,000 fr. — On le nie en disant qu'un crédit lui avait été ouvert par Fornier à concurrence de 80,000 fr., et que ces effets, donnés en exécution de ce traité, ne sauraient être attribués à la complaisance du souscripteur. Que Fornier interroge ses écritures et ses souvenirs, et il verra combien cette assertion est contraire à la vérité. Sans doute un acte de crédit existe, et en exécution de cet acte, des traites ont été tirées par Gabriel et négociées par Fornier, qui de la sorte ne déboursait pas un centime, et ne pouvait devenir créancier du tireur qu'autant qu'aux échéances il solderait, comme il en avait contracté l'obligation, ou procurerait le renouvellement des traites revêtues de cette double signature. Mais les effets dont il s'agit maintenant sont étrangers à cet acte ; ils n'ont été souscrits que pour *l'utilité particulière* de Fornier, ce que les syndics ont été obligés de reconnaître, à raison des droits de négociation que l'on voulait tout d'abord faire supporter par le souscripteur. Celui-ci établit aisément que cette négociation ne l'intéressait pas personnellement ; que c'était pour Fornier qu'avait été donnée sa signature, et que c'était lui seul par conséquent qui devait supporter les frais exposés pour ce motif. Cette réclamation a été reconnue légitime, et la nature de ces traites parfaitement examinée et établie à cette occasion. Ce serait donc en vain que l'on essaierait de jeter sur ce fait quelque doute ou quelque incertitude. La démonstration est sans réplique.

Lasserre d'Aussonne ! Il a donné sa signature, à la date du 11 octobre, pour une somme de 21,536 fr., et à l'époque de la faillite officielle il s'est trouvé engagé pour 22,356 fr. L'histoire de ce malheureux père de famille est bien triste et bien simple. Il est médecin et maire dans la commune d'Aussonne, où M. Fornier possède de grandes propriétés immobilières. Accoutumé à considérer celui-ci comme son protecteur et son patron, et comme un homme placé par son opulence à la tête du commerce de Toulouse, il avait en lui une foi, une confiance aveugle. Aussi, lorsque dans le mois d'octobre Fornier lui demanda des signatures, il les donna sans examen et sans discussion. Le jour où chaque semaine le banquier se rendait à la campagne, suivant une vieille habitude que n'a pu rompre le malheur de ses créanciers, il prenait avec lui du papier de dimension, et faisait apposer par Lasserre les signatures dont il avait besoin ; et au jour où a officiellement éclaté la faillite, cet infortuné père de famille s'est vu complétement ruiné par celui qui, la veille encore, s'intitulait son protecteur et son ami.

Qu'a-t-on répondu pour combattre ces faits ? Le défenseur de M. Cibiel, qui a discuté cette partie de la cause avec assez de détail, a gardé un silence prudent. Fornier, moins circonspect, a voulu expliquer ces signatures par une créance antérieure. L'objection n'est pas admissible. Lasserre, il est vrai, était débiteur de

Fornier pour une somme de 7,000 fr., constatée par un acte public en date de 1830. Mais entre le chiffre de cette dette et celui des effets souscrits, il existe une notable différence , qui seule ne permettrait pas de s'arrêter un instant à cette argumentation. De plus, il faut dire que les effets n'ont jamais eu l'extinction de la dette pour objet , et que ce serait en vain qu'aujourd'hui Lasserre tenterait d'éteindre son obligation publique par la compensation. Il n'existe, entre ces deux opérations parfaitement distinctes, aucune espèce de rapport. La première constitue un simple prêt par acte authentique, qui d'ailleurs avait été remboursé par Lasserre à concurrence d'environ 4,000 fr., ce qui ne le laissait débiteur que de 3,000 fr. ; la seconde n'a eu d'autre objet que de procurer à Fornier des signatures dont au milieu de sa détresse absolue il éprouvait chaque jour un besoin plus impérieux pour retarder le dénouement inévitable de cette longue agonie.

Lacroix fils ! Il figure dans l'état des effets de complaisance pour une valeur de 2,584 fr. La valeur de cette signature est connue ; et lorsque Fornier y avait recours, il fallait bien, en vérité, qu'il fût réduit au dénuement le plus profond.

Ferdinand Mazières en a remis à son tour pour une somme de 8,000 fr., comme le prouve sa correspondance et celle de Fornier lui-même. Les échéances étaient en octobre et en novembre..... et à ces échéances diverses Fornier ne paya point. Les menaces de Mazières furent vives et plusieurs fois répétées pour obtenir le remboursement des fonds qu'il se trouva contraint d'avancer ; mais elles restèrent infructueuses. Il se vit, comme tant d'autres, obligé de recevoir des lettres de change sans valeur, qui sont demeurées impayées, et il a produit à la faillite pour une somme de 6,000 fr. environ, qui, pour cette cause, lui sont encore dus.

Petitpied et Lacombe ! Ceux-ci en ont également signé pour une somme de 30,000 fr., que les porteurs n'ont fait faute de produire à la faillite, quelque minime que soit le dividende qui pourra leur revenir. Donc le fait matériel de l'existence de ces traites ne saurait être dénié. Il n'est pas contestable non plus que la complaisance les ait seule inspirées, en présence des comptes résultant des livres, soit de Petitpied, soit de Fornier lui-même.

Mais l'on feint de s'indigner, au nom des adversaires, de ce que l'on donne la qualification d'effets de complaisance aux traites souscrites par cette maison, maintenant faillie. On allègue qu'elle se trouvait débitrice de Fornier, et qu'il est étrange qu'on veuille la présenter aujourd'hui comme s'étant elle-même mise en dehors à l'égard de celui qui est son créancier pour des sommes considérables. La réponse est facile. Entre Petitpied, Lacombe et Fornier, existaient des comptes courants, dérivant des valeurs ou des négociations qui entre eux étaient respectivement échangées. D'après ces comptes, en sus de la balance, Petitpied a remis pour 30,000 fr. d'effets dont il n'a point reçu la contre-valeur. Cette remise n'a eu d'autre cause que le besoin qu'avait Fornier de toute sorte de signatures pour se procurer le moyen de soutenir son existence commerciale profondément ébranlée. C'était donc, non pas un paiement d'une dette qui n'existait point, puisque les comptes se balançaient, que les traites étaient souscrites, mais uniquement par pure complaisance. Et que l'on ne dise pas que Fornier était créancier de la maison Lacombe, à qui des fonds avaient été par lui comptés ; car ces fonds étaient rentrés ou avant ou après cette numération, si elle avait eu lieu, dans les mains de Fornier lui-même, par l'effet de la négociation immédiate des traites qu'il recevait en échange, et qui étaient indépendantes des 30,000 fr. dont s'agit.

Il reste donc que ces traites ont été souscrites pour la cause indiquée, et que, pour celles-ci plus que pour celles de Bors, on ne peut supposer un double emploi occasionné par la faillite..... Les explications déjà données à l'égard de ces dernières y répondraient d'une manière également victorieuse.

Viennent ensuite les billets d'Evesque, pour cent vingt-deux mille francs ; ceux de Driol, pour 36,000 fr., et ceux de M. Roland, pour une somme aussi de 36,000 fr. A l'égard de ces trois sommes, la dénégation n'est même pas possible. Une seule objection a été timidement émise pour amoindrir toutefois l'importance de ce fait. On a dit que c'était un emprunt que M. Fornier avait fait à ces trois individus. Y a-t-il de la sincérité dans cette réponse? La Cour l'appréciera. Elle verra, dans son impartiale sagesse, s'il est possible de qualifier d'emprunt la remise de simples signatures au banquier qui les a négociées, en n'apposant la sienne qu'au second rang et en qualité d'endosseur. Si l'on pouvait, par une telle qualification, arbitrairement dénaturer un fait qui se produit avec une si incontestable évidence, il faudrait dire que, dans aucune circonstance, il ne peut exister de signatures complaisamment données, puisqu'elles seraient transformées aussitôt en un prêt accepté par l'un et consenti par l'autre.

Il n'est sans doute pas besoin de réfuter de semblables argumentations.

On trouve aussi deux effets de complaisance signés par Molas et Ziégler, simples employés subalternes de Bors, à qui, sans nul doute, la valeur des effets souscrits n'a jamais été remise, et qui, pour quelques pièces d'argent, devaient livrer leur signature. Ces effets furent remis au sieur Laporte et au sieur Castelbou, pour les payer de sommes plus considérables qui leur étaient

dues. Il n'est pas besoin de dire qu'à l'échéance le paiement n'en a pas été fait ; qu'ils ont été protestés, et
qu'à l'époque de la faillite les porteurs n'avaient pu
encore rien obtenir.

Il est utile de remarquer enfin qu'un sieur Cadours,
homme sans consistance et sans crédit, était l'endosseur
qui habituellement donnait sa signature et son nom pour
former le nombre d'endossements requis pour la négociation.

Restent les traites de Lafont, se portant à une somme
de 115,000 fr. On sait qu'il avait été ouvert par Fornier
à Lafont un crédit à concurrence de 60,000 fr. ; qu'à
mesure que les traites qui avaient servi à utiliser ce
crédit venaient à échéance, des renouvellements avaient
lieu, et que ces renouvellements étaient remis à M. Fornier par l'intermédiaire de qui les négociations étaient
faites. On sait enfin que, dans les mois qui ont précédé
la déclaration officielle de faillite, les renouvellements se
multiplièrent à l'infini, les effets devant être souscrits
à de courtes échéances. Or, qu'est-il arrivé ? Qu'au moment où la faillite a été déclarée, ce malheureux s'est
trouvé engagé à son insu par des signatures lancées
dans la circulation pour une somme de 175,000 fr. Ce
n'est pas en abusant de sa complaisance qu'on a si
cruellement consommé sa ruine, mais en tendant à sa
bonne foi trompée le piège le plus odieux.

Il semblait aux syndics que le simple rapprochement
du chiffre de l'acte de crédit, et de celui porté dans
les traites revêtues de la signature de cet infortuné,
suffisait pour la démonstration de ce coupable abus ; et
cette démonstration leur paraissait d'autant mieux acquise, qu'en fait il était reconnu par Fornier, et constaté
par ses livres, que Lafont n'avait pas reçu un centime
en échange des nombreuses signatures qui lui furent
surprises.

Qu'a-t-il été allégué cependant ? Que Lafont, en sous-crivant les traites, avait voulu se porter caution de Samie qui, de Caracas où il s'était établi, tirait sur For-nier, pour le paiement des marchandises dont l'expédition lui était faite par des négociants français. Etrange asser-tion en vérité, et qui pour être admise aurait nécessité la production de quelque pièce, de quelque écrit, de quelque lettre émanée de Lafont, où l'on pût puiser au moins une présomption à l'appui de sa vraisemblance ! Or, non-seulement aucune preuve n'est administrée, mais même dans les livres de Fornier on ne trouve pas un mot qui de près ou de loin fasse supposer que les choses ont dû être convenues ainsi.

Et remarquez, en outre, que la dette de Samie ne provient en aucune sorte des lettres de change tirées de Caracas ; qu'elle existait avant son départ, mais avec sa signature seule, pour répondre du paiement. Il y a donc peu de bonne foi à venir prétendre que les engage-ments de Lafont ont eu pour cause le désir qu'il avait d'assurer aux effets venus de Caracas le paiement qui, sans cela, eût été refusé par Fornier. Les faits les plus incontestables donnent à cette allégation un éclatant dé-menti.

Voyez aussi la correspondance de Samie, et quel est son langage quand il apprend l'abus de confiance dont Lafont a été victime. Soit qu'il écrive à Fornier lui-même, soit qu'il s'adresse aux syndics, soit qu'il corresponde avec un négociant, ami personnel de Fornier, son lan-gage est toujours le même. Il déclare hautement que, si Lafont se trouve engagé au-delà des limites posées par son acte de crédit, c'est une indignité, et qu'il a été vic-time d'une tromperie odieuse. Malgré sa position vis-à-vis de Fornier auquel il doit un énorme capital, il s'exprime à ce sujet avec une énergie qui ne peut être que le résultat d'une conviction profonde. La vivacité de ses paroles, et ce témoignage venu de dix-huit cents lieues, vient donc pleinement confirmer ce qui s'évinçait déjà des actes les plus positifs.

Ne se serait-il pas récrié avec plus de chaleur encore s'il avait connu les manœuvres employées par Fornier pour consommer la ruine de Lafont? S'il avait su que la procuration qu'à son départ il laissa à ce banquier, avait été par ce dernier transmise à son employé Baylac, qui signait de la sorte pour le compte de Samie, les traites remises par Lafont en renouvellement, et qui formaient ou constituaient en réalité des valeurs principales et nouvelles. Et pourtant telle a été la conduite tenue, et le mode à l'aide duquel ce malheureux a été précipité dans l'abîme.

Mais, chose étrange! au nom du sieur Fornier l'on dit : puisque Lafont ne se plaint pas, de quel droit faites-vous valoir des considérations de ce genre? Il doit vous être interdit de les invoquer, alors que ni les tiers, ni Lafont lui-même, ne font entendre des plaintes.

Les tiers! — Pour quel motif réclameraient-ils? — Porteurs de bonne foi, les effets de Lafont doivent relativement à eux produire les mêmes conséquences que s'ils avaient été volontairement souscrits par celui dont on trompait la confiance. Leur silence, dès lors, est bien facile à concevoir.

Et quant à Lafont, contre qui voudriez-vous qu'il réclame? — Contre Fornier? — Sa faillite, la plus désastreuse de celles qui, depuis trente ans ont affigé nos pays, rend bien inutile et bien inefficace le recours qu'il voudrait exercer. — Et puis Lafont lui-même n'a plus d'intérêt appréciable à agir, car sa ruine est irréparable et les pertes qu'il a éprouvées sans remède.

Que l'on n'argumente donc point de ces circonstances

si faciles à expliquer, pour en induire que le fait, qui vient d'être si victorieusement établi, manque d'exactitude.

Nous terminerons cette triste nomenclature par les traites signées par Delort, Decamps et Canboue. On sait que ces traites étaient garanties par une hypothèque constituée au profit des quatre maisons de Toulouse, qui avaient ouvert le crédit à concurrence de 200,000 fr.

Fornier y figurait pour un quart seulement. Qu'a-t-il fait après l'épuisement de la somme de 50,000 fr., pour laquelle il figurait dans l'acte? Il s'est fait remettre, par Delort, Decamps et Canboue, des traites qu'il a jetées dans la circulation, avec déclaration qu'elles étaient garanties par l'acte constitutif d'hypothèque; et au jour où dans l'ordre des biens hypothéqués, les productions ont été faites, il s'est présenté des porteurs de lettres de change pour une somme de 102,000 fr. Ainsi, à l'aide de cet acte, et sous la garantie de cet acte, la bonne foi des tiers-porteurs a eté indignement trompée, et ils se trouveront soumis à subir un dividende de 50 pour cent. Ainsi, Fornier, à l'ombre du crédit hypothécaire qu'il avait ouvert, battait la fausse monnaie, et, à la place de sa signature décréditée, qu'un capitaliste prudent n'aurait pas consenti à recevoir, il remettait ces prétendus titres hypothécaires, dont par une fraude, à laquelle il a nécessairement participé, il doublait le véritable chiffre. Et l'on verra plus tard que c'est justement avec ces valeurs frauduleuses qu'il cherchait, au 1er novembre 1844, à satisfaire aux justes exigences de M. Cassaing.

Ce fait donne la mesure des déplorables expédients auxquels, dans cette situation désespérée, il ne rougissait pas d'avoir recours.

Mais ce tableau ne serait pas complet si nous n'ajoutions pas que ces effets si nombreux sont presque tous demeurés impayés, et qu'à l'époque de la faillite, il en était dû pour 464,123 fr. 61 c. qui ont été produits, ou par les souscripteurs eux-mêmes, ou par les tiers-porteurs.

Et maintenant pourra-t-on venir dire que celui qui, pour se soutenir ne pouvait faire usage que des ressources de ce genre, ne se trouvait pas dans la situation la plus désespérée? Que serait-ce si nous le montrions encore sollicitant chez tous les notaires avec qui il avait pu conserver de vieilles relations, le prêt de quelques mille francs pour calmer l'irritation de ses créanciers les plus exigeants, et si nous racontions les refus qui presque toujours répondaient à ses importunités, ou les promesses violées le lendemain qu'il était obligé de faire pour obtenir quelques concessions? C'est là surtout, et dans ces conjonctures, que son dénuement était mis complétement à découvert. Et si l'opinion publique était interrogée pour savoir quelle était à cette époque, sur son compte, la pensée générale, on verrait avec quel imposant caractère se produirait cette notoriété exigée en théorie par nos adversaires.

Cette première proposition demeure dès lors victorieusement établie, et aucun des arguments essayés pour la combattre n'a pu résister à la discussion qui vient d'être faite.

Un second genre de preuve plus immédiat et plus direct est invoqué pour établir la faillite..... ce sont les protêts.

Ils doivent être l'objet d'un examen spécial.

§ 2.

DES PROTÊTS.

Les protêts constituent l'un des moyens indiqués par la raison, et naguère par la loi commerciale elle-même, pour constater la cessation de paiements ou la faillite. C'est donc l'un des indices qui peuvent être consultés avec le plus de fruit pour la fixation de l'époque à laquelle doit remonter la déconfiture du négociant. La jurisprudence les a presque toujours pris pour point de départ de cette déconfiture, alors même que des paiements auraient été faits depuis, si, loin d'éprouver une amélioration quelconque, la position du négociant n'a fait qu'empirer pour arriver enfin à l'éclat de la faillite officielle. C'est qu'en réalité, lorsqu'une première impossibilité de paiements se trouve établie par un acte de cette nature, et que depuis, les embarras et la gêne se sont manifestés sans interruption jusqu'au jour de la catastrophe, il faut bien reconnaître que la faillite existait dès lors, et que les juges doivent, dès ce moment aussi, en proclamer l'existence. Il importe peu que, dans l'intervalle, des paiements aient été faits, si d'ailleurs ils ont été partiels ou incomplets, si des effets nombreux ont été en souffrance, si la situation a éprouvé l'une de ces altérations profondes qui signalent une chute prochaine, si enfin le négociant n'a continué quelque temps encore la vie commerciale qu'à l'aide de ces moyens factices, trop souvent mis en œuvre dans les conjonctures de ce genre.

Mais existe-t-il des protêts contre Fornier ? — Sur un fait matériel il semble que le dissentiment soit une chose impossible ; et pourtant, dans son intérêt, comme au nom de M. Cibiel et de la Banque, il a été soutenu qu'aucun protêt n'avait été dirigé contre lui. La Cour se rappelle quel est le raisonnement invoqué à l'appui de cette dénégation. On dit que la signature directe de Fornier n'a jamais été protestée; que dans toutes les lettres de change pour lesquelles de semblables poursuites ont eu lieu, il ne figurait que comme endosseur; que dès lors l'acte ne pouvait ni le frapper personnellement, ni établir, soit ses embarras pécuniaires, soit sa faillite; que pour conserver les recours garantiques qui lui étaient réservés par la loi et par le rang qu'occupait sa signature, il était tenu de laisser procéder ainsi; et qu'en conséquence, les poursuites invoquées par les syndics en faveur de leur système, ne sont d'aucun intérêt pour la fixation de la date de la faillite.

Telle est l'objection. Une double réponse va en démontrer le peu de solidité.

Et d'abord, n'est-il pas au moins bien singulier de voir, dans le cours des mois de septembre, octobre et novembre, les protêts des lettres de change, sur lesquelles se trouve la signature Fornier, se multiplier de telle sorte, que l'on en compte cinquante-six seulement dans le mois de septembre, et que, dans les mois postérieurs, ce nombre aille toujours croissant avec une progression effrayante? — Quel était donc le papier qu'il négociait dans ces derniers temps? — Il fallait que les signatures fussent bien mauvaises pour que les porteurs éprouvassent constamment de tels mécomptes. Et n'est-ce pas un signe de détresse incontestable que celui-là? Voyez si dans les temps antérieurs les traites dont il faisait la négociation étaient accueillies de cette sorte, et si les protêts venaient, pour le plus grand nombre, en établir le non-paiement. S'il en était ainsi dans les derniers mois de 1844, c'est que déjà il se trouvait en pleine déconfiture; que pour fabriquer du papier d'expédient, il prenait des signatures de toute espèce, et qu'au jour des échéances, ne pouvant payer, il était obligé, contraint de subir les actes qui constataient son impuissance. Vainement aussi rechercherait-on la preuve de ces recours qu'il aurait voulu se ménager, dit-on, en laissant faire le protêt? Dans ses livres, dans ses écritures, on n'en trouvera aucune trace...., et seul obligé par la traite, sans garantie quelconque à exercer, il s'ingéniait seulement pour tâcher d'obtenir que l'on acceptât du papier à la place de celui qui venait d'échoir et qui avait dû demeurer impayé.

Cette masse donc de protêts et d'actes de poursuite, devrait demeurer au procès, comme un grave indice de la véritable situation financière de Fornier, alors même que l'on se trouverait dans l'impossibilité de découvrir le caractère des traites protestées, et le rôle que Fornier y jouait malgré le rang de sa signature.

Mais les syndics ajoutent, et se font forts de démontrer que quel que soit le rang, pour la plupart d'entre elles, c'était Fornier qui était le débiteur réel; que c'était lui qui aux échéances était tenu de payer, et que le non-paiement par suite provenait de son impuissance, et non du désir de se ménager l'exercice d'un recours garantique qui n'existait pas. Si cette proposition est établie, il est hors de doute que les protêts dont s'agit doivent produire les mêmes conséquences que si les traites avaient été tirées par le sieur Fornier lui-même. Pourquoi les invoque-t-on dans les contestations de cette nature? Pour établir l'impossibilité où s'est trouvé le négociant de solder une dette personnelle qu'il avait contractée. Or, si d'un côté, il est constant dans l'espèce que la dette était personnelle à Fornier, et que de l'autre le protêt justifie que le paiement n'en a pas eu lieu, il est de la dernière évidence que la démonstration est faite et que la faillite doit être reconnue à l'époque où ces faits se sont produits. — Devant le tribunal de commerce, on reconnaissait la vérité de ce principe, dont la raison seule proclame l'incontestable certitude. Devant la Cour, on n'a pas essayé de le combattre de front, mais de l'entourer de doutes propres à en affaiblir la gravité. On disait qu'en l'admettant d'une manière trop absolue, on s'exposait à déclarer une faillite, alors qu'aucun acte direct n'aurait fait publiquement et notoirement connaître la situation du débiteur, puisque le protêt semble être principalement dirigé contre celui qui a prêté sa signature, lequel figure comme obligé principal, et l'on reproduisait ainsi la doctrine de la publicité et de la notoriété qui doit entourer l'état de faillite, pour être déclaré par les tribunaux.

Déjà dans la première partie de ce Mémoire, il a été répondu à cette doctrine de la publicité que devrait avoir la faillite pour être reconnue ; on a vu avec quelle énergie fut condamné à la Chambre ce système, qui dans maintes circonstances ne produirait d'autre résultat que d'assurer à la fraude le succès de ses astucieuses combinaisons. Ici de plus la notoriété est certaine : car il ne s'agit pas de quelques effets inaperçus et peu nombreux, sur lesquels le banquier aurait apposé sa signature, mais d'une masse énorme de traites représentant des valeurs pour des centaines de mille francs, qu'il était tenu de payer et qu'il ne payait point ; il s'agit bien souvent de noms, si étrangement choisis, tels que les *Molas*, les *Ziégler*, les *Lacroix* et autres, que personne n'a pu se méprendre sur le rôle qu'ils jouaient dans les effets souscrits, et que sans peine l'on a deviné quel était le débiteur réel à qui le porteur devrait, à l'époque de l'exigibilité, adresser ses réclamations.

Que l'on n'insiste donc pas davantage sur une telle objection destinée uniquement à faire perdre de vue l'objet des investigations de la justice. Que recherche-t-elle ? Si Fornier payait ou non ses engagements personnels, et c'est à ce point seul, qu'ici doit être réduite la question.

Or, les syndics affirment que parmi les traites protestées, il en était un grand nombre qui constituaient à sa charge des engagements personnels, et que néanmoins elles demeuraient impayées.

Cette assertion est-elle établie?

Et d'abord les traites de Lafont, par qui devaient-elles être payées? — Inutile de revenir sur la discussion, qui tout-à-l'heure démontrait si bien l'odieux abus de confiance dont cet infortuné a été victime. Mais de cette discussion, il a dû invinciblement résulter que, quels que soient les effets venus à échéance, le paiement était à la charge de Fornier.

S'agissait-il de ceux applicables à l'acte de crédit ouvert à concurrence de 60,000 fr. ? c'était Fornier qui, aux termes de la convention, devait ou les acquitter ou en procurer le renouvellement.

S'agissait-il de ceux que l'on avait surpris à sa bonne foi, et qui, à son insu, ont si énormément grossi le chiffre de sa dette? L'obligation de Fornier était plus impérieuse encore, et pour ces derniers même, il devait être plus empressé que pour les autres, car il fallait laisser ignorer à Lafont le dol dont il a été la victime.

Les traites de Gabriel ! Par qui devait en être fait le paiement ?

Evidemment aussi par Fornier, et par Fornier seul ; les énonciations qui s'y trouvent signalaient même à tous que cette obligation pesait sur lui.

En effet, Gabriel avait obtenu une ouverture de crédit

à concurrence de quatre-vingt mille francs, et dans les effets tirés pour l'exécution de cet acte, se trouvait mentionnée la convention faite avec Fornier. Or, d'après la convention, c'était celui-ci qui, aux échéances, devait ou payer ou renouveler, sauf l'exercice du droit hypothécaire que, pour sa garantie, lui avait accordé le souscripteur. Si donc il n'a point payé, s'il a laissé protester, c'est qu'il n'a pas rempli, c'est qu'il n'a pas pu remplir son obligation, et cette obligation avait la même force que s'il eût été le tireur principal des effets.

Gabriel, indépendamment du crédit, a donné aussi sa signature à Fornier pour une somme de 22,000 fr.....
Mais ces traites encore dont les frais de négociation sont restés pour le compte de Fornier, dans l'intérêt duquel cette négociation avait été faite, devaient être à l'échéance acquittés par celui-ci qui seul en avait reçu les fonds, et s'il y a eu protêt, c'est son impuissance et non celle de Gabriel qui a été constatée par cet acte de poursuites.

Victor Corail !... C'était encore par Fornier que devait être réalisé le paiement des traites dont il était le souscripteur. Fornier en effet avait reçu de lui, dès le 11 septembre, et l'échéance n'avait lieu qu'au 28 du même mois, les renouvellements qu'il avait acceptés, ainsi que les intérêts à courir pour ces renouvellements même. Il avait fait plus encore, il les avait négociés, et dans sa caisse était entrée de la sorte la somme destinée à former la provision pour le paiement à leur présentation des traites primitives. Est-il contestable après cela qu'il fût tenu à ce paiement ; et s'il ne l'a point fait, peut-on dire que le protêt ne s'adressait pas à lui, et à lui seul ? Il le reconnaissait bien énergiquement, quand dans son agenda il écrivait, le 28 septembre, qu'il avait à payer, ce jour-là même, les 9,000 fr. des traites de Victor Corail.

Pour Marnac, la situation est la même. Le renouvellement avait été envoyé et négocié plusieurs jours avant l'échéance de la traite à payer.

Pour Roumieu et la veuve Mauri, il avait également reçu et négocié à la Banque le renouvellement qu'il avait accepté.

Pour Lacurie et Mingonat, la situation est identique. Le renouvellement avait été, non seulement reçu, mais négocié par Fornier, et les fonds entrés dans sa caisse avant l'échéance de l'effet à payer.

Pour Lacaux, de Verfeil, la correspondance constate quel était l'engagement pris par Fornier ; ce n'étaient évidemment que des effets de complaisance, et aussi Fornier, en renvoyant plusieurs d'entr'eux, prend-il l'engagement formel d'acquitter et de retirer ceux qui restent encore dans la circulation, pour les renvoyer au souscripteur. En présence d'une lettre aussi explicite, tout commentaire serait superflu.

Pour Lasserre, d'Aussonne, on a vu quelle était sa situation à l'égard de Fornier, et si c'était par lui que devaient être payés les effets, au bas desquels se trouvait sa signature.

Pour Delagreverie, la provision destinée au paiement de l'effet qu'il avait souscrit, était faite dans les mains de Fornier, qui à l'échéance néanmoins laissa protester; et Delagreverie se trouve aujourd'hui créancier de la faillite où il a été admis comme tel pour le montant de cette provision même.

Pour Villeneuve, de Tarbes, la provision existait pareillement ; des effets de commerce avaient été envoyés par lui, et négociés par Fornier ; Villeneuve figure en conséquence au nombre des créanciers de la faillite.

Pour Fabre, de Narbonne, la provision était faite aussi, puisque Fornier s'est trouvé son débiteur en des sommes considérables, et qu'à l'époque où il refusait de payer la traite de cet honorable banquier, il avait des fonds plus que suffisants appartenant à celui-ci.

Mais on a dit que ce refus pouvait être le résultat d'une erreur involontaire, et que la preuve même qu'il en était ainsi, c'est que cette circonstance n'a nullement altéré la confiance de M. Fabre, qui avait fait depuis des affaires avec M. Fornier, pour des sommes considérables.

Que les affaires aient continué entre Fornier et M. Fabre, qui, étranger à Toulouse, pouvait ignorer la situation désespérée de son correspondant, la chose est possible et n'affaiblit en rien la gravité du fait relatif au refus de paiement. Si M. Fabre eût résidé à Toulouse, il n'eût pas été probablement compromis dans la faillite, et à l'exemple des principales maisons de la Cité, il aurait pris ses mesures pour retirer ses fonds. Mais, encore une fois, ce fait n'est d'aucune importance.

Ce qu'il y a toujours de certain, ce qui ne peut être contesté, c'est que la traite de M. Fabre est revenue impayée ; c'est que la maladie alléguée par Fornier dans sa correspondance, pour excuser ce tort, est un frivole prétexte dont ne peuvent se contenter des hommes graves. Le banquier a toujours un représentant qui dirige les affaires de la maison, lorsque la maladie ou une absence l'éloigne de son comptoir. La véritable cause du non-paiement, c'est donc celle si souvent donnée par le caissier aux nombreux réclamants qui assiégeaient son bureau, c'est-à-dire le vide de la caisse et l'absence de ressources pour le combler.

Quant à Anglade, il avait lui aussi envoyé les valeurs en renouvellement, et ces valeurs négociées ayant mis à la disposition de Fornier les fonds nécessaires, c'était pour celui-ci que devaient être effectués les paiements.

Le fait a été reconnu sur les insistances d'Anglade devant le juge-commissaire de la faillite, et en présence des syndics qui n'ont pu en contester l'exactitude. En conséquence, les frais de protêt sont demeurés pour le compte de la faillite.

Il est inutile d'ajouter, au surplus, que pour toutes les traites souscrites par les personnes dont le nom vient d'être indiqué, et pour bien d'autres encore, Fornier a gardé pour son compte ces mêmes frais de protêt, si bien il reconnaissait que ces paiements devaient être à sa charge.

Il est vrai qu'au nom de M. Fornier on a voulu combattre cette objection qui a trouvé place dans le jugement attaqué, et que l'on a prétendu que ces mots souvent écrits sur les feuilles de caisse : *A Noël, frais de protêt,* ne voulaient point dire que Fornier était tenu de les subir ; mais que seulement c'était un système de comptabilité destiné à tenir lieu du chapitre des frais généraux qui n'existait pas sur ses livres.

L'argumentation n'est pas heureuse, car elle reçoit, des feuilles de caisse elles-mêmes, un énergique démenti.

Si elle était exacte, en effet, les écritures seraient toujours passées de la même façon, et constamment, pour les frais de protêt, on trouverait des énonciations conçues dans les mêmes termes.

Or, il n'en est point ainsi, et Fornier distingue fort bien le cas où les frais de protêt doivent rester à sa charge, de celui où ils doivent être payés par le souscripteur du billet.

Au premier cas, il emploie la formule indiquée plus haut, dont le tribunal a si bien expliqué la pensée.

Et au second, il ajoute au montant de la traite les frais du protêt dont il ne compose qu'un seul chiffre, pour que le tout soit simultanément payé par le débiteur.

Ainsi tombe cette objection, et l'argument des premiers juges conserve toute sa force.

Dès-lors il est positif que tous les individus dont le nom vient d'être indiqué, et la situation déterminée avec exactitude, n'avaient, quoique souscripteurs des traites, rien à payer à leur échéance, et que Fornier était seul tenu d'y satisfaire.

L'a-t-il fait?

Le tableau suivant, où ne se trouve qu'un résumé bien incomplet des protêts qui ont eu lieu, va édifier à cet égard la religion de la Cour.

On y a rapporté le nom du souscripteur, le chiffre de la somme due et la date du protêt ou de l'exigibilité.

		fr.	
1	Lasserre, d'Aussonne .	500	14 septembre 1844.
2	Lafont.	2000	15 septembre.
3	Lasserre, d'Aussonne .	500	20 septembre.
4	Lafont.	4000	21 septembre.
5	Villeneuve, de Tarbes .	2000	25 septembre.
6	Roumieu veuve Mauri. .	2000	26 septembre.
7	Victor Corail.	9000	27 septembre.
8	Lasserre.	500	30 septembre.
9	Lasserre.	500	30 septembre.
10	Lafont.	1000	3 octobre.
11	Lafont.	1000	5 octobre.
12	Lafont.	2000	5 octobre.
13	Lafont.	4000	8 octobre.
14	Gabriel..	3000	15 octobre.
15	Lafont.	400	20 octobre.
16	Lacurie-Mingonat. . . .	2000	21 octobre.
17	Lafont.	4000	21 octobre.
18	Delagreverie.	3500	23 octobre.
19	Lafont.	2000	23 octobre.

fr.

20 Anglade.	2000	23 octobre.
21 Gabriel..	3000	25 octobre.
22 Anglade.	2020	28 octobre.
23 Gabriel..	2519	30 octobre.
24 Lasserre.	500	1er novembre.
25 Anglade.	1000	1er novembre.
26 Lafont.	4000	5 novembre.
27 Lafont.	6000	7 novembre.
28 Lafont.	3000	8 novembre.
29 Lafont.	1000	9 novembre.
30 Lacaux..	4000	10 novembre.

Nous nous arrêtons à cette dernière date, parce que les protêts qui suivent et qui sont en si grand nombre, ne prouvent qu'une chose incontestée d'ailleurs, et dont la vérité n'a pas besoin de démonstration, à savoir la progression croissante des embarras de Fornier, et la rapidité avec laquelle il marchait vers une catastrophe désormais accomplie, et dont on ne voulait que retarder l'éclat officiel.

Dans ce tableau, comme on vient de le voir, nous n'avons fait figurer que les traites qui, sans controverse possible, étaient à la charge de Fornier.

Et maintenant, comment serait-on bien venu à prétendre qu'il remplissait avec exactitude tous ses engagements ; que ses paiements étaient toujours faits à son comptoir à bureau ouvert, et que sa faillite ne se manifestait par aucun signe qui témoignât de son impuissance ?

Que l'on cherche dans ses écritures, et que l'on voie si jamais dans aucun temps donné, il a été réduit à une détresse semblable.

Que l'on nous dise également, si le banquier placé à la tête d'une maison colossale, qui traitait par année des affaires pour des centaines de millions, dont l'immense crédit, naguère encore, appelait les capitaux de toutes parts, ne doit pas être reconnu en état de faillite le jour où les créanciers se succèdent sans interruption à la porte de ses comptoirs sans obtenir satisfaction.

Nous comprenons que le commerçant subalterne, dont les opérations sont renfermées dans un cercle rétréci, dont le crédit est renfermé dans d'étroites limites, puisse de temps à autre éprouver quelques embarras qui le mettent dans l'impuissance de payer une lettre de change devenue exigible, et de ce fait, surtout s'il continue de rester à la tête de son commèrce, ne saurait être déduit, comme une conséquence forcée, son état de faillite.

Mais il en est autrement, quand il s'agit de ces maisons considérables qui opèrent sur d'énormes capitaux, et qui tombent inévitablement le jour où le crédit les abandonne, le jour où, ni dans leurs ressources, ni dans celles dont elles disposaient autrefois, il ne leur a été possible de trouver le moyen d'acquitter leurs obligations exigibles.

Pour celles-là, elles sont irrévocablement condamnées dès l'instant où le créancier qui réclame n'obtient pas entière et complète satisfaction.

C'est dans cette dernière catégorie que se trouve la maison de Noël Fornier. On a déjà vu par les nombreux protêts qui viennent d'être signalés, s'il était ou non dans l'impuissance de payer.

Comment donc son état de faillite pourrait-il être encore l'objet d'un doute sérieux ?

Toutefois, au nom des adversaires, on oppose de prétendus paiements qui auraient été faits par lui, à concurrence d'une somme de 3,500,000 fr., qui auraient été par lui soldés en beaux écus dans les quatre derniers mois de l'année 1844, et en présence de ce fait, on demande s'il est possible de déclarer failli l'homme qui avait sous sa main ce capital énorme, et qui le consacrait à l'extinction de sa dette ?

Cette argumentation, sur laquelle on a insisté à tant de reprises, et qui s'appuie d'ailleurs sur le rapport de M. le commissaire, exige de notre part une réfutation spéciale.

§ 3.

DES PAIEMENTS PRÉTENDUS FAITS PAR FORNIER.

M. le commissaire, dont on a cru devoir prendre la défense avec tant de chaleur, quoiqu'il n'eût été attaqué par personne, et que l'on se fût borné à dire qu'en sa qualité d'actionnaire de la Banque pour une forte somme, il avait dû s'abstenir le jour où le procès actuel avait été porté à l'audience, a dressé un rapport que nous voulons bien croire être son œuvre personnelle, dans lequel il dit que, dans les quatre mois qui ont précédé le jugement déclaratif de faillite, Fornier a payé une somme de 3,474,537 fr. Cette somme, il l'a relevée sur les feuilles de caisse, où tous les soirs était porté le bulletin des paiements effectués, et où tous les soirs étaient additionnés aussi les chiffres de la colonne où étaient mentionnés ces paiements eux-mêmes. Ce sont ces additions toutes faites qu'il a prises, et avec elles il a composé le chiffre énorme qui résume, d'après lui, la totalité des paiements faits dans le cours de ces quatre mois.

Ne faut-il point qu'il y ait eu de sa part une préoccupation bien grande pour accepter ainsi sans examen un résultat semblable ? La situation de Fornier, ses inextricables embarras, sa gêne si bien établie, reconnue par les adversaires eux-mêmes, les expédients qu'il mettait en jeu pour conjurer la catastrophe qui déjà pesait sur lui, n'auraient-ils pas dû révéler au magistrat chargé de la direction de la faillite, que ce chiffre exorbitant manquait d'exactitude, et qu'avant de le produire avec une telle assurance, il était nécessaire de le soumettre à une vérification scrupuleuse ?

Si cette vérification avait eu lieu, nous n'aurions pas à combattre l'objection actuelle ; mais ce que le juge-commissaire n'a point fait, le tribunal, dans sa sollicitude, a jugé convenable et utile de le faire. Il a eu sous ses yeux et les feuilles de caisse, et les livres qui peuvent servir à les expliquer ; sa sentence fait connaître quelle a été, après cet examen, se conviction à ce sujet. Le témoignage de ces magistrats consciencieux, désintéressés, tous hommes spéciaux et versés dans la connaissance des écritures commerciales, peut bien contre-balancer sans doute les assertions hasardées contenues dans le rapport de M. le juge-commissaire.

Et c'est qu'en réalité, si l'on prend ces feuilles de caisse, si on les examine avec sincérité et bonne foi, il est bien facile de faire justice du chiffre de ces prétendus paiements acceptés aveuglément par le rapport.

Quel était le système de cette partie de la comptabilité du sieur Fornier ? — Il était bien simple, et dans les dernières feuilles surtout, où les opérations quotidiennes sont moins compliquées et moins nombreuses, il se révèle de la façon la plus évidente.

Lorsque les effets souscrits par les correspondants de Fornier, tels que Petitpied-Lacombe, Recoules, Bors et autres, allaient venir à échéance, Fornier, par l'intermédiaire de qui la négociation en avait été faite, et dont la signature y figurait en qualité d'endosseur, s'empressait de demander des renouvellements pour pouvoir les retirer des mains du tiers-porteur au moment où celui-ci se présenterait.

Par renouvellements, il ne faut pas entendre ce qui se pratique dans le cours des affaires purement civiles ; ce n'étaient point des effets nouveaux exactement calqués sur les traites primitives dont l'exigibilité allait advenir, et portant exactement le même chiffre, ainsi que le même nom du tiers à l'ordre de qui ils étaient tirés. C'étaient tout simplement des lettres de change nouvelles que l'on remettait quelquefois au porteur du premier effet, que d'autres fois on négociait pour retirer avec les deniers provenant de la négociation la traite devenue exigible.

Fornier portait au crédit du correspondant, signataire des effets remis en renouvellement, le montant de ces effets qui, de la sorte, étaient passés par compte courant.

Et lorsque l'échéance venue, il échangeait ces valeurs contre les anciennes, ou par un échange pur et simple, ou par une négociation qui, en lançant les effets nouveaux dans la circulation, lui avait donné, sans qu'il puisât un centime dans sa caisse, la possibilité de retirer les anciens, évidemment il ne fesait pas un paiement dans l'acception légale de ce terme.

Sa position demeurait toujours exactement la même. Son passif n'avait pas été amoindri d'une obole ; seulement, il avait mis à la place de l'ancien titre, un titre nouveau d'une égale importance.

Comment, toutefois, passait-il ses écritures pour constater cette opération si simple ?

Il portait en recette de caisse l'effet échu dont le renouvellement avait pris la place, comme si ç'eût été une valeur utile dont il avait la libre disposition. Le caissier, sur les feuilles qui tous les jours étaient dressées pour constater les opérations de tous les jours, s'en chargeait sur la colonne de l'actif où on les voit exactement figurer.

Et puis, sur la colonne de la dépense écrite sur ces mêmes feuilles détachées, pour niveler les écritures, il portait, comme payé pour le compte du souscripteur qui en avait remis le renouvellement, l'effet rentré dont la restitution lui était faite.

De la sorte, et d'après la matérialité des écritures, Fornier semblait avoir payé cet effet qui était porté dans la colonne des dépenses, dont l'addition générale a été prise par le commissaire pour parvenir au chiffre mentionné dans son rapport.

Qu'avait-il été fait toutefois? — Un paiement? — En aucune manière ; mais un simple renouvellement pour lequel le souscripteur avait été crédité par compte courant, et pour lequel, au moment où l'ancien effet retiré lui était rendu, il était débité par caisse, de manière à ce que sa situation qui, dans la réalité ne changeait pas, demeurât toujours la même.

Aussi est-il remarquable, si l'on prend ces feuilles de caisse, que les paiements dont on argumente, et qui sont mentionnés à la colonne de la dépense, sont tous faits, non pas à des créanciers de Fornier, mais au contraire à des débiteurs ou à des individus avec lesquels était ouvert un compte courant, tels que Petitpied-Lacombe, Fouque et Arnoux, Recoules, Bors et autres.

Ce sont en effet les traites de ces divers individus qui couraient en majeure partie sur la place de Toulouse avec la signature Fornier, et qui étaient le plus souvent renouvelées. Or, crédités dans le compte pour le renouvellement qu'ils envoyaient, ils étaient débités ensuite, par caisse, pour l'effet ancien qui venait d'être retiré, lequel était porté à la colonne de dépenses, sur les feuilles, comme payé pour leur compte.

Tel est le mécanisme fort simple de cette opération. Et tout d'abord, on voit ce que devient ce chiffre de 3,474,000 fr. adopté par le commissaire et si justement repoussé par le Tribunal.

Fornier lui-même ne contestera pas sans doute l'exactitude de cette explication.

Que si une dénégation, même timide, était hasardée par lui, nous prierions la Cour de se faire remettre les feuilles, et dans les dernières surtout, où les opérations sont moins compliquées, elle verrait complétement à découvert le système de cette espèce de comptabilité.

Qu'il nous soit permis, dans ce Mémoire, d'en transcrire deux seulement qui donneront une idée complète de toutes les autres.

Feuille du 6 Janvier 1845.

RECETTE.		DÉPENSE.	
	6,601 79 Résidu.	A Cibiel, solde de bordereau (4-30déc.).....	435 00
	9 25 Compte de retour.	A Noyez, solde du 13 décembre.....	182 65
	71 50 Noël.	A Bouscatel, sous traite, 3 courant....	500 00
A.	4,000 00 Banque de Toulouse, sur reçu N° 210 du 4 courant.	A E. Evesque, comptant.........	1,000 00
B.	8,515 55 Banque de Toulouse, sur reçu N° 211.	A Samie, traite Lafont 5 courant.....	2,000 A.
		A Lasserre, sous-traite 3 courant......	2,000 A.
Tot. 19,198 09		A Bors, traite Abadie, échue le 2.....	2,000 B.
		A Petitpied, traite échue le 5.....	2,015 55
		A Fouque-Arnoux, traite Jacomet...	2,500 B.
		A T. Lafont, traite Boubila......	2,000 B.
			14,633 20
		Effets.. 4,422 55	4,564 89
		Espèces. 142 34	
		TOTAL....	19,198 09

Du 7 Janvier 1845.

RECETTE.	DÉPENSE.

	4,564 89 Résidu.	A Noël, cinq bons ordre Evesque	
A.—	25,000 00 Cibiel, cinq billets, ordre F. Evesque.	30 déc. 1844.	6,000 00
		id.	5,000 00
		id.	4,000 00
	300 00 Lafont-Féline, reçu comptant.	id.	6,000 00
	150 00 Recoules reçu comptant.	4 courant.	4,000 00
			25,000 A.
B.—	2,000 00 Banque, reçu nº 212.	A veuve Doumeng, deux ans d'intérêt.	243 03
	300 00 Baquié, reçu le 2 août 1840, à valoir sur 600 fr.	A Ducuing et Tatarau 1 an d'intérêt . .	225 00
		A Samie, traite Lafont 6 courant.	2,000 B
	100 00 Noël, en espèces	Au comité des salles d'asile.	47 00
Tot. 32,414 89		Au protêt.	
		Traite Baquié.. 680	
		— Bernis.. 300	1,280 00
		— Hémet.. 300	
		TOTAL. . . . 28,795 85	
		Effets. . 3,442 52	3,619 04
		Espèces . 176 49	
		TOTAL. . . . 32,414 00	

D'après la feuille du 6 janvier 1845, Fornier aurait payé pour Samie une traite de Lafont

de. . . . . 2000 fr. » c.

Pour Lasserre une traite de. . 2000 »

Pour Bors et Abadie. . . . . 2000 »

Pour Petitpied. . . . . . : . . 2015 55

Pour Fouque et Arnoux. . . . 2500 »

Pour Lafont. . . . . 2000 »

Formant un total de. . . . . 12515 fr. 55

Or, croyez-vous que ces paiements aient eu réellement lieu, quoique acceptés par le commissaire?

Nullement. Portez, en effet, votre attention sur la colonne des recettes; qu'y verrez-vous?

Que Fornier a reçu de la Banque, sur son récépissé

numéro 210, des traites pour 4,000 fr.; ce sont les deux premières qui viennent d'être indiquées.

Que le même jour, il a reçu, d'après son récépissé encore n° 211, 8,515 fr. 55 c., qui sont justement les quatre dernières qui viennent aussi d'être rappelées.

Qu'a-t-il donné en échange? Les renouvellements que Lafont, Lasserre, Bors et Abadie, Fouque et Arnoux lui avaient envoyés, et dont il les a crédités sur leur compte.

Aussi, quand il porte en dépense, comme payées par lui, les traites retirées, il ne fait que compléter l'opération, en portant au débit ce qui a été reçu à la place des effets nouveaux dont la négociation a été faite. Mais dans cette opération il est clair qu'aucun paiement n'a été fait, que pas un centime n'a été donné, et que la situation des créanciers et des débiteurs n'a éprouvé aucun changement.

L'esprit de ces feuilles se révèle d'une manière non moins positive dans celle du 7 janvier. Le premier article de la colonne de la dépense est une somme de 25,000 fr. payée à *Noël*. Que veut dire cette énonciation?

Elle n'est que l'expression du système général déjà précisé par les syndics.

25,000 fr. de bons d'Evesque avaient été négociés à Cibiel. A leur échéance, au 7 janvier, ils furent renouvelés, et les anciens rentrèrent ainsi dans les mains du banquier. Selon son usage, il les porta en recette sur ses feuilles de caisse, et on les voit figurer en effet en tête de la colonne de l'*avoir*. Mais il fallait bien aussi, pour le nivellement des écritures, les faire figurer à la colonne des dépenses, et on les y porte en effet, non pas comme payés pour le compte d'Evesque, qui n'était qu'un souscripteur complaisant, mais comme payés pour le compte de Fornier lui-même, qui en était le véritable débiteur.

Est-il sorti un centime de la caisse pour ce paiement prétendu ? — On ne l'alléguera même point. Tout simplement à l'échéance Evesque a renouvelé, et l'on a retiré les anciennes traites dont les nouvelles ont pris la place. Telle est la seule chose qui ait été faite. Prenez, toutefois, les *caisses* si mal comprises par le commissaire, et ce jour-là 25,000 fr. pour une seule dette auront été comptés par le sieur Fornier.

Il faut penser qu'en présence d'explications si péremptoires, les adversaires renonceront enfin à argumenter du rapport, pour en tirer la preuve de ces paiements prétendus, et qu'ils se résigneront à faire le sacrifice de ces 3,474,000 fr. donnés en beaux écus par Fornier, dans les quatre mois qui ont précédé la déclaration judiciaire de la faillite.

La Cour sait maintenant quelle est la valeur de cette assertion; et qu'elle remarque même, combien doivent être grossières les erreurs commises à ce sujet! Dans ces colonnes de la dépense additionnées par le commissaire, se trouvent souvent des articles qui n'ont été manifestement donnés à personne. La feuille du 7 janvier en contient un exemple. On y voit entr'autres l'énonciation suivante : Au protêt 1280 fr. Qu'a-t-on voulu dire par ces mots ? — Tout simplement qu'on avait envoyé à l'huissier pour dresser le protêt des valeurs pour cette somme. Est-ce là un paiement ? et toutefois l'article fait partie de la dépense et entre dans l'addition générale. A quelles graves erreurs ne serait-on pas dès lors conduit, si l'on adoptait la marche de M. le juge-commissaire.

Inutile sans doute d'insister plus longtemps à ce sujet.

On se bornera seulement à rappeler que dans ces prétendus trois millions, rentrent aussi pour en faire partie intégrante tous les renouvellements d'effets souscrits en faveur, soit de la Banque, soit de M. Cibiel, pour des obligations antérieures aux actes de crédit, que nous aurons bientôt à discuter, mais que l'on dénatura pour que ces actes leur fussent appliqués.

Or, le mouvement d'affaires qui en résulta entre M. Cibiel et Fornier, se porte seul à une somme de 1,300,000 fr.

Celui qui fut la conséquence d'une opération de même nature avec la Banque, se porte à plus de 900,000 fr.

Les effets souscrits étaient à de courtes échéances, ainsi que l'exigeait la délibération prise par la Banque, dont il a été donné lecture à la Cour, laquelle réagissait nécessairement sur tout le commerce de Toulouse, qui ne pouvait accepter lui-même que de courtes valeurs.

Or, à chaque échéance un renouvellement avait lieu, et les anciens effets étaient rendus. Fornier, fidèle à son système d'écritures, portait les traites échues et de cette façon rentrées dans ses mains, comme payées, dans ses colonnes de caisse, ce qui a puissamment concouru, comme on le pense bien, à élever le chiffre de ces paiements prétendus, que l'on donnait comme réels, et qui ne sont que le résultat d'une fiction d'écritures.

Un relevé bien imparfait sur les livres de Fornier, a donné, pour Cibiel seul, le chiffre de 583,000 fr. d'effets rendus impayés, remplacés par des renouvellements, et portés, par voie de suite, sur les feuilles de caisse comme des paiements réalisés.

Pour la Banque, le temps n'a pas permis de faire un relevé semblable; mais on conçoit que pour elle les renouvellements destinés à tenir lieu des lettres de change échues, doivent être en proportion beaucoup plus nombreux, ses délibérations ne lui permettant de prendre que des effets fort courts.

Et pourtant, ce sont là encore des éléments du chiffre

de trois millions et quelques cent mille francs, si étrangement accepté dans le rapport.

Que l'on cesse donc d'argumenter de ce fait, dont la fausseté aujourd'hui ne peut être douteuse pour personne.

Toutefois, une argumentation a été faite par Fornier dans sa première action, et il importe de ne pas la laisser sans réponse, quoique dans sa réplique M. Cibiel ait cru à bon droit ne pas devoir la reproduire.

Il a été dit que les paiements faits par Fornier étaient réalisés, soit en espèces, soit en effets échus qui se trouvaient dans sa caisse, et qui étaient remis comme du comptant aux créanciers dont les titres étaient présentés en recouvrement. C'était, ajoutait-on, des valeurs parfaitement équivalentes à du numéraire, puisque cette traite échue à la main, on n'avait qu'à se présenter au souscripteur, pour en obtenir le paiement immédiat. Du reste, disait Fornier, c'est ainsi que, dans le commerce, la chose se pratique journellement.

On conçoit qu'après les explications qui précèdent, il ne faudra que bien peu de mots pour réfuter ce raisonnement, qui se trouve d'avance combattu par ces explications mêmes.

Et d'abord, il n'est pas vrai que dans l'usage, les paiements se fassent ainsi ; car il pourrait en résulter, pour le garçon de caisse chargé de recouvrer, des inconvénients trop fâcheux. Si en effet, chez le banquier par qui le paiement doit être fait, il recevait des traites échues au lieu de numéraire, il serait exposé à recevoir un paiement de même nature du négociant chez lequel il se présenterait avec les traites qui viendraient de lui être remises, et de la sorte il serait assujetti à des courses dont on ne saurait prévoir le terme. Les paiements se font quelquefois avec des effets échus, quand il s'agit de procurer à un emprunteur, sur son papier, la somme dont il a besoin. Alors le banquier qui accepte la traite de cet individu, lui remet, pour le couvrir, ou du numéraire ou des effets échus, qui, à vrai dire, ont une valeur égale, et peuvent être sur-le-champ réalisés.

C'est à ce cas surtout que s'applique ce mode de paiement.

Mais quant à Fornier, non-seulement il n'était point dans les circonstances où l'on procède de la sorte, mais de plus il ne pouvait ni ne devait le faire.

Quels étaient les effets qui se trouvaient principalement dans sa caisse?

Etaient-ce des lettres de change tirées sur des tiers, dont il pût exiger le paiement en son nom personnel?

En aucune sorte : c'étaient tout simplement des traites dont il était l'endosseur, qu'il retirait de la circulation, avec les renouvellements remis par les souscripteurs principaux, et qu'il était tenu de rendre à ces souscripteurs eux-mêmes, en échange des renouvellements acceptés.

Aussi était-ce à eux, et à eux seulement qu'étaient remis ces effets échus. C'étaient les débiteurs qui les recevaient à la place du nouveau titre par eux donné, et ce ne pouvait être par suite pour en recevoir le montant. Qu'on prenne les caisses, et l'on verra en effet que c'est presque toujours à ces souscripteurs, à Petitpied, Fouque et Arnoux, Recoules et autres, que la remise portée à la colonne des dépenses en a été faite,

Ainsi tombe, comme toutes les autres, cette dernière objection, et pleine justice est faite sous ce point de vue du rapport de M. le juge-commissaire.

Et comment alléguer et sérieusement soutenir la réalité de paiements de cette importance, quand on a vu déjà la détresse de Fornier, et la situation désespérée

où, dès le mois de septembre, il se trouvait irrévocablement tombé ?

En l'absence même de toute démonstration, chacun
était convaincu de l'impossibilité matérielle de ce fait,
et cette conviction va devenir bien autrement puissante
par l'examen de la correspondance.

§ 4.

DE LA CORRESPONDANCE.

Les auteurs, la jurisprudence, et les discours prononcés aux Chambres législatives, enseignent que pour
la fixation de la date de la faillite, la correspondance du
négociant, si propre à faire connaître à tous sa situation
financière, et aussi la manière dont il remplit ses obligations commerciales, ou les causes qui le mettent dans
l'impossibilité d'y faire honneur, peut et doit être con-
sultée avec fruit. C'est en effet l'un des éléments les
plus dignes de fixer l'attention du magistrat, et parce
que la vérité s'y révèle sans déguisement, et parce qu'il
permet à la justice d'apprécier les motifs véritables des
refus de paiement, dont la justification est rapportée.
Sans aucun doute, s'il n'en résultait qu'une gène, un
embarras financier, dont les causes temporaires semblaient ne devoir pas conduire au triste dénouement
d'une faillite, il ne conviendrait pas d'en prendre droit
pour en faire remonter la date à une époque où rien ne
pouvait faire présager la catastrophe qui a eu lieu. Mais
si au contraire, elle constate que des créanciers nombreux, porteurs d'engagements exigibles réclamaient
leur paiement, et que ces réclamations n'ont pas été
écoutées ; s'il en résulte que des obligations échues n'ont
pas été acquittées, parce que le failli se trouvait dès

l'époque de cette échéance dans l'impossibilité d'y satisfaire ; si on en retire la preuve que tantôt il payait par petites fractions, espérant, à l'aide de quelques à-comptes calmer de trop vives exigences ; ou que le vide de sa caisse contraignait les porteurs de titres à recevoir, faute de numéraire, de mauvaises valeurs, qui sont demeurées impayées dans leurs mains..., il est bien positif que, dans cette hypothèse, elle concourra puissamment à prouver la faillite, et que le juge ne peut même s'arrêter à un document plus certain et plus rassurant pour sa conscience.

Or, c'est dans cette dernière catégorie, que se trouve la correspondance de Fornier. Un coup-d'œil rapide jeté sur la série de lettres dont elle se compose va victorieusement l'établir.

La première lettre utile à consulter, est à la date du 22 septembre 1844. Elle est écrite le lendemain du jour où M. Cibiel avait en apparence ouvert ce crédit de 350,000 fr. qui va devenir bientôt l'objet d'une discussion spéciale. Il paraît que cette ressource, qui devait procurer à Fornier le moyen de triompher de tous ses embarras, ne fut pas bien efficace, car dès le lendemain, il se trouvait dans l'impossibilité de payer à MM. Caze et Faure, une faible somme de 3116 fr. 30 c. dont il était débiteur envers eux. Si cependant, il avait eu chez son ami le capital considérable, qui, dans le système des adversaires, avait été mis à sa disposition, il n'aurait fait faute sans doute de remplir son engagement. Et ne pourrait-on pas supposer, en le voyant réduit le lendemain à la même impuissance que la veille, que ce crédit, purement factice, n'a jamais eu pour objet de livrer à Fornier les sommes dont il éprouvait, dans sa situation désespérée, l'impérieux et absolu besoin ? — Mais le moment n'est pas encore venu de discuter cette partie

de la cause. Bornons-nous à constater, et la demande
faite dans les termes les plus vifs, par MM. Caze et Faure,
et la légitimité de leur réclamation, puisqu'ils étaient
créanciers pour une dette échue, et l'impossibilité où
fut Fornier de leur donner satisfaction. Toutes ces
choses sont établies et par les écritures du débiteur, et
par la lettre du 22 septembre où on lit le passage suivant : « Nous venons, avec la même peine, vous réitérer
« combien est fâcheuse la position dans laquelle nous a
« placés notre entière confiance en vous. Nous sommes
« aujourd'hui forcés de vous demander, si nous pou-
« vons compter sur quelques fonds soit lundi, mardi ou
« mercredi prochain. Il est indispensable que nous
« soyons fixés d'une manière positive, etc. »

Comme on le voit, la demande n'était pas faite le
22 septembre pour la première fois ; c'était une réitéra-
tion qui ne venait qu'après de vives et nombreuses instances inutilement essayées. Et malgré la vivacité presque
blessante du style de cette lettre, Fornier ne payait
point, il n'eut de fonds disponibles ni pour le lundi, ni
pour le mardi, ni pour le mercredi. Le mois de septembre
s'écoula tout entier sans que le créancier reçût satisfaction; en octobre, les visites devinrent incessantes, et le
résultat n'en fut pas plus heureux. L'agenda qui constate, dit-on, les réclamations quotidiennes dont un
employé a mission de retenir une note exacte, atteste
que le 30 septembre, le 1er, le 2, le 16, le 17, le 19, le
23 octobre, le 4 novembre et jours suivants, MM. Caze
et Faure se sont présentés pour obtenir le paiement de
leur petite créance, et que ce paiement n'a pas été
réalisé.

Que serait-il advenu, si une poursuite avait été faite,
et si les tribunaux avaient été saisis des plaintes des
réclamants?

N'en serait-il pas résulté une preuve certaine, incontestable d'un refus de paiement, qui à l'égard d'un homme tel que Fornier ne peut s'expliquer que par un état de faillite ?

Encore si ce refus pouvait être motivé, expliqué par une excuse quelconque, on comprendrait à la rigueur la conduite du banquier, et c'est aussi ce qu'en première instance on avait voulu soutenir, en alléguant que MM. Caze et Faure n'étaient pas porteurs d'un titre de créance, et que pour eux il s'agissait simplement d'une négociation promise et non suivie d'exécution.

Il a fallu devant la Cour faire le sacrifice de ce système, dont la fausseté se trouve établie par les livres, desquels résulte la créance des réclamants qui se portait à la somme déjà précisée.

Que l'on recherche dès lors la cause du non paiement... On défie d'en signaler une autre que celle de l'impuissance du débiteur.

Mais pourquoi se livrer à des conjectures à ce sujet, quand la correspondance encore vient si bien l'établir.

Le 16 octobre, MM. Caze et Faure n'avaient pas encore reçu les sommes demandées, et ce jour-là ils écrivent pour s'en plaindre, dans les termes suivants : « Nous réclamons à M. Pons, depuis quelques jours, « les 1,000 fr. sur les 3,000 fr. demandés pour le « 30 septembre dernier. Nos démarches sont inutiles, « et il reçoit *notre employé en disant qu'il n'a pas* » *d'argent*..... Nous nous sommes mis en mesure pour « ne point vous mettre à découvert ; mais, du moins, « que nous puissions compter sur nos fonds. »

Rien de moins équivoque sans doute que ce langage. La vérité tout entière s'y montre à découvert. La caisse est vide, entièrement vide, et c'est pour ce motif que les paiements ne sont pas faits. Le caissier le déclare lui-même aux créanciers qui se présentent... Comment donc le révoquer en doute? — Nous trouverons du reste ces expressions fréquemment dans sa bouche, et tout à l'heure nous allons surprendre Fornier tenant le même langage.

Le 27 septembre, il écrivait à MM. Fouque et Arnoux : « Je prends note de l'emploi que vous avez pour demain « de 500 à 1,000 fr. ; mais je ne promets pas de vous « les donner, ma caisse est vide ce soir, et je ne sais « guère où je trouverai de l'argent demain. »

Dans ces paroles pleines de naïveté et de franchise, se révèle bien à découvert, sans doute, la situation du banquier ; et pour qu'il s'exprime de la sorte, il faut bien qu'il se trouve réduit aux derniers abois. On conçoit maintenant les réponses du caissier à MM. Caze et Faure, et l'inutilité des insistances de ceux-ci. Si les paiements ne se faisaient pas, c'est que les ressources manquaient, et que le crédit ne pouvait plus y suppléer.

Mais, a-t-on dit, la lettre de Fornier peut n'avoir eu d'autre but que de se débarrasser d'un emprunteur fâcheux, et non de donner une sorte de bilan de sa situation réelle. L'objection n'est point sérieuse. D'une part, la nature des relations qui existaient entre ces deux maisons, l'intimité qui unissait leurs chefs respectifs, et la gravité des intérêts pécuniaires qui les rattachaient l'une à l'autre, repoussent cette version dont l'invraisemblance seule suffirait à faire justice. De l'autre, de quoi s'agissait-il donc? D'une faible somme de 500 à 1,000 fr.; est-il possible de croire que si Fornier l'avait eue sous la main, il eût hésité à la remettre, quand il avait un intérêt si puissant à soutenir le négociant qui la lui demandait? Que Fornier interroge lui-même sa conscience, et que seul il résolve cette double question. Il ne dira pas, lui, que sa lettre du 27 septembre n'avait d'autre but que de donner un prétexte menteur, pour refuser un service.

Toutefois, on ajoute que sa caisse était si peu vide, le 27 septembre, que le tableau des résidus constate que ce jour-là il y avait en numéraire une somme de 7,764 fr. 26 c. Si donc il parlait de vide dans sa caisse, c'est parce que, selon toute apparence, il se livrait à l'une de ces exagérations si communes dans des lettres intimes qui ne sont point destinées à la publicité.

Que l'on me dise alors pourquoi ce jour-là aussi il refusait à MM. Caze et Faure le paiement par eux si incessamment et si vainement demandé ? Conçoit-on que si le numéraire eût abondé dans ses coffres, il eût tenu une semblable conduite? Nullement ! Mais le secret de tout cela, le voici : Déjà en septembre, le bruit de la déconfiture se répandait, et jetait l'alarme dans l'esprit de ceux qui en étaient informés. Les capitalistes voulaient retirer leurs fonds. On payait à l'un le tiers, à l'autre le quart de ce qui lui était dû, et aux moins exigeants rien n'était compté. Pour satisfaire partiellement, du moins, à ces réclamations, Fornier était tenu de réserver le peu de numéraire, qui pouvait entrer dans ses coffres; et ce numéraire, il ne pouvait, sans un imminent péril, le détourner de sa destination. Telle était sa situation le 27 septembre, et il avait raison de dire que sa caisse était vide, car le peu de fonds qui s'y trouvait avait, pour le lendemain, un emploi déterminé. Voyez, en effet, son résidu du 28 septembre..... il est de la somme de 206 fr. 14 c.

Son langage était donc d'une incontestable sincérité, dans sa lettre de la veille, et le tableau qu'il donnait de ses ressources, d'une trop affligeante exactitude.

Et pourtant, ne pourrait-on pas s'étonner encore du cri de détresse qu'il fait entendre, si l'on songe aux 350,000 fr. que M. Cibiel aurait mis à sa disposition ?

— Comment ne songe-t-il pas encore à utiliser ce capital qui doit le sauver du naufrage ? — Sa discrétion est en vérité bien extraordinaire, et il semblerait qu'entre eux il était convenu que l'exécution partielle qu'il devait recevoir, ne commencerait que lorsque, les dix jours fixés par la loi commerciale étant expirés sans déclaration de faillite, on croirait n'avoir plus rien à craindre sur sa validité.

Fornier au surplus se trouvait habituellement, comme nous le verrons bientôt, dans la pénurie dont parle sa lettre du 27 septembre. Le 9 octobre, il écrivait à la même maison : « En même temps, je vous renvoie l'avis « que vous avez reçu de la Banque, et que votre com- « missionnaire avait remis à mon caissier. Il m'est « imposssible de payer ces 890 francs. *Je suis sans* « *un écu.* »

Est-ce là encore un mensonge épistolaire déguisant, sous des formes polies, le refus d'un emprunt qu'au- raient voulu lui faire MM. Fouque et Arnoux ? Nous nous sommes expliqués déjà sur ce qu'avait de peu légi- time.et de peu sincère une semblable objection. Aussi, nous bornerons-nous à recommander à l'attention de la Cour ce double aveu sorti de la bouche de Fornier, à deux époques bien voisines l'une de l'autre, et qui prouve que sa situation ne s'était nullement améliorée, et que, malgré le crédit ouvert, les embarras, loin de dimi- nuer, ne fesaient que grandir et devenir plus graves.

Et quand, de son côté, il tient, lui, ce langage, n'ou- bliez point que son caissier le tient à son tour, et que ses créanciers se pressent à sa porte sans pouvoir obte- nir satisfaction.

Désiré Chambard écrivait, le lendemain 11 octobre, pour obtenir le paiement de traites négociées, dont Fornier avait emboursé la valeur, et dont il était im-

possible de lui arracher la restitution : « Je vous ai remis,
« disait-il dans cette lettre, un petit bordereau de deux
« traites, se portant à 2,900 fr., et le besoin m'a forcé
« d'aller vous demander depuis, sur ce bordereau, un
« à-compte. Je me suis contenté plusieurs fois de la
« réponse que j'ai toujours eue. Mais aujourd'hui ,
« malgré....... je suis forcé par le besoin à vous écrire
« pour vous demander le montant de ce bordereau, ou
« bien de me le renvoyer. »

Le renvoi était impossible, puisque la négociation était
déjà faite.

Et, pour le paiement, il n'était guère plus facile de
l'obtenir. L'agenda constate que le sieur Chambard s'était
présenté le 6, le 8, le 9 et le 10, pour réclamer son
argent, et que ses réclamations étaient demeurées inutiles, puisque, le 11, il était forcé d'écrire dans les termes
que l'on vient de voir.

Et quand Fornier ne pouvait acquitter une dette semblable, croira-t-on que sa lettre du 9, où il dit n'avoir
pas un écu, manque de sincérité ? Et personne pourra-t-
il éprouver, sur la réalité de sa situation, un doute quelconque ? Il est bien vrai que, lorsqu'il ne s'agit que de
remplacer un effet échu par un effet nouveau, il fait cette
opération sans une difficulté bien grande. Les 500,000 fr.
des traites de complaisance dont il avait su grossir son
portefeuille, lui viennent merveilleusement en aide pour
cela. Mais le jour où ce sont des écus qui sont demandés
et qui doivent être remis, l'impuissance se montre à
découvert, et pour les sommes les plus minimes, il est
obligé de se traîner longtemps avant même d'avoir
réalisé un à-compte.

Chaque jour, pour ainsi dire, à chaque instant, on
peut constater ce fait démontré par les écrits les plus
positifs.

Le 8 octobre, M. Fabre l'aîné réclame le paiement d'une somme de 18,077 fr. 60 c., montant de la balance de son compte, et Fornier demande grâce à ce créancier qui est son beau-frère. Au jour de la faillite, la somme inutilement réclamée était encore due avec les intérêts qui étaient venus la grossir, et le créancier a produit pour une somme de 18,348 fr. 73 c.

Le 15 octobre, vient à échéance un effet de 1,500 fr. tiré par le sieur Ferdinand Mazières, mais dont le sieur Fornier a utilisé les fonds. C'est donc à lui qu'incombe la charge de retirer l'effet à l'échéance. Pourtant il ne le fait pas ; et le souscripteur, qui n'y était pas tenu, est obligé, pour prévenir un protêt et des poursuites, de le solder avec ses deniers personnels.

Pourquoi Fornier n'a-t-il pas rempli une obligation pareille qui, dans les habitudes commerciales, est considérée comme sacrée ? — Est-ce oubli ou négligence involontaire ? — Nullement. Nous verrons, tout à l'heure, que c'est le vide de sa caisse qui seul en a été cause.

Mais, le 31 octobre, une lettre de change de même nature, tirée par Mazières, qui n'en a pas reçu la contrevaleur, et négociée par Fornier, dans l'utilité duquel seul la négociation a été faite, va venir à échéance. Mazières écrit la veille pour se plaindre du défaut de paiement de l'effet échu le 15, et pour demander l'envoi immédiat des fonds destinés à l'acquittement de l'effet qui doit être, le lendemain, exigible.

Qu'advient-il ? — Que Fornier ne se met nullement en mesure, et qu'il tient pour cette seconde traite la conduite qu'il a tenue pour la première.

Mazières en éprouve une contrariété profonde. Cette fois encore, pour éviter l'éclat d'une poursuite, il se voit contraint de payer une dette qui est celle de Fornier et non pas la sienne.

Il écrit, le 2 novembre, pour s'en plaindre avec amertume, annonçant qu'il n'a pu opérer ce paiement nouveau qu'en cédant la traite échue à M. Galarin, qui se présentera le 4 au comptoir de Fornier pour en obtenir le paiement. Le caissier a solennellement promis de le bien accueillir.

Et, le lundi 4 novembre, la caisse est encore vide, et le bon accueil qui a été promis n'est pas encore réalisé.

Mazières écrit alors une troisième lettre à la date du 8, dans laquelle il annonce des poursuites judiciaires, si satisfaction ne lui est pas donnée. Il termine par cette phrase remarquable : « Lundi matin, à onze heures, vous « recevriez mon acte, si, contre mon attente, vous ne « m'aviez pas adressé votre couverture. »

Il n'était pas possible désormais de reculer davantage. Fornier, qui jusque-là avait gardé un silence affecté, répond enfin, et voici quel est son langage :

« Il est inutile, Monsieur, d'en venir aux extrémités « dont vous me menacez pour me faire connaître que « je suis votre débiteur. Je sais parfaitement que je « vous dois de 8 à 9000 fr. par compte, et que dans le « solde qui vous revient, se trouve compris le montant « de vos deux billets échus, de 1500 fr. l'un, dont « j'aurais DU ET N'AI PU vous compter les fonds à leur « échéance..... »

Ainsi, le devoir et l'impuissance se trouvent simultanément constatés, et au 15 octobre et au 1er novembre. S'agit-il encore d'un mensonge épistolaire destiné à colorer le refus d'un emprunt ? — Non, certes. C'était un paiement à faire et qui n'a pas eu lieu..... C'était une obligation sacrée qui est restée inaccomplie..... et la cause de cet inaccomplissement, c'est toujours le vide de la caisse.

Il est intéressant de faire connaître, en outre, ce

qu'est devenue cette créance de M. Mazières. Il se vit contraint d'accepter, comme tant d'autres, quelques-unes des signatures que Fornier obtenait d'autant plus facilement qu'elles étaient sans valeur, et maintenant il se trouve, comme tant d'autres aussi, créancier de la faillite.

La gravité de cette affaire n'a pas besoin d'être démontrée.

Toutefois, pour celle-ci encore, on veut en amoindrir l'importance à l'aide des résidus de caisse. Il n'est pas vrai, dit-on, que Fornier ne pût point payer le 15 octobre, car ce jour-là il avait un résidu de 11,140 fr. en numéraire. Si donc il a refusé, c'est parce que tout simplement il a cru, par suite des services rendus au père du réclamant, pouvoir s'en affranchir.

Comme si des services rendus au père pouvaient dégager du devoir de remplir ses obligations à l'égard du fils! Comme si ce fils, dont la haute probité n'a pas besoin d'être défendue, ne s'était pas imposé des sacrifices personnels, acceptés et reçus par Fornier, pour l'acquittement de la dette paternelle! Que la Cour veuille bien, si elle le croyait utile, prendre connaissance de la lettre du 30 juillet 1844, dont copie est jointe au dossier, et elle y verra que tout, à ce sujet, se trouvait irrévocablement réglé.

Aussi, voyez si Fornier, dans sa réponse, invoque une pareille excuse. Et quant aux résidus constatant ses prétendues ressources, rappelez-vous ma réponse à l'objection déjà faite sur la lettre de Fouque et Arnoux, et vous verrez combien peu votre raisonnement a de valeur réelle.

En effet, si, le 15 octobre, il y avait 11,140 fr. de résidu; si au jour de l'exigibilité de la première traite, qui était le 16, lendemain de l'échéance, il y avait

5,408 fr., l'emploi de cette somme était d'avance fait, et Fornier n'en avait pas la libre disposition. Cela est si vrai que le résidu n'est plus que de 669 fr. 03 c. le 17 ; — le 18, de 561 fr. 20 c. ; — le 19, de 356 fr. ; le 21, de 1,255 fr. ; — le 22, de 598 fr. 73 c. ; — le 23, de 1,837 fr. ; — et le 24, de 944 fr.

Donc, Fornier disait vrai, et il ne pouvait se résigner à cet aveu sans que la vérité le lui commandât impérieusement, lorsqu'il disait *qu'il aurait dû* mais qu'il *n'avait pu.*

Et nous le demandons maintenant à tout homme de bonne foi : un banquier tel que lui, qui doit et qui ne peut payer, à deux reprises différentes, une misérable somme de 1,500 fr., n'accuse-t-il pas hautement sa détresse, et ne se trouve-t-il pas en état de faillite ?

Ce même jour, 15 octobre, d'autres demandes en paiement lui étaient adressées et elles éprouvaient le même sort.

M. Bougnol, créancier de 6,000 fr., se présentait et insistait en vain pour en obtenir le paiement. Les visites de ce dernier aussi étaient incessantes, et n'étaient point pour cela plus heureuses. L'agenda du sieur Fornier lui-même établit qu'il vint successivement les 15, 16, 17, 19, 23, 25, 28, 30 octobre, 1er et 4 novembre ; et toujours la réponse qui lui fut faite fut la même : la caisse est vide, et nous ne pouvons satisfaire à vos réclamations. Irrité et alarmé tout ensemble de ces renvois continuels, il écrivit, le 8 novembre, une lettre où l'on trouve le passage suivant : « Je me fis l'honneur de
« vous écrire, le 5 *de l'expiré*, une lettre que je me plais
« à vous confirmer aujourd'hui, par laquelle je vous
« prévenais que j'avais besoin, pour le 15 dudit, d'une
« somme de 6,000 fr. prise sur les fonds que j'ai chez
« vous. Je me présentai à votre caisse le 15, comme

« je vous l'annonçais, pour y recevoir cet argent. Vous
« me dites alors que vous n'aviez plus pensé à ma
« demande, mais que vous alliez vous en occuper de
« suite. Depuis lors, je suis passé à votre bureau *bon*
« *nombre de fois* pour me procurer le plaisir de vous
« voir, et vous parler de mon affaire qui, chaque jour,
« me devient plus pressante ; car voici la quatrième
« fois que je renvoie des gens de la campagne qui font
« cinq lieues de chemin pour venir chercher les denrées
« que je leur ai achetées ; il est pénible pour eux de se
« retirer les mains vides..... et plus malheureux pour
« moi de manquer à ma parole ; ce qui n'est point dans
« mes habitudes, etc. »

Qu'est devenue cette créance de M. Bougnol, dont il demanda si souvent le paiement, et qui fut l'occasion de tant de visites par lui faites pour se procurer le plaisir de *voir son débiteur* ?

On le devine ; elle a eu le sort de toutes les autres. Il a été contraint, à son tour, de recevoir, à la place du numéraire qu'il attendait avec tant d'impatience, des signatures de Bors, Petitpied et autres, et il se trouve encore, par conséquent, créancier de la faillite à laquelle il a produit.

Poursuivons, dans le cours de ce mois d'octobre, et la correspondance, et la situation qu'elle nous révèle, non pas seulement par des paroles vagues ou incertaines, mais surtout par des faits positifs qu'elle sert à constater.

MM. Pouges frères étaient créanciers d'une somme de 6,216 fr. qui était exigible dès le 15 octobre, et l'on peut voir, d'après ces seules créances connues venant à échéance ce jour-là, si Fornier avait menti quand il avait déclaré à Mazières que son défaut de paiement provenait de sa pénurie. MM. Pouges se présentèrent au caissier à cette même date. Il est facile de pressentir quelle fut sa réponse.

Ils y revinrent encore le 16, le 17, et le 19, et toujours sans résultat aucun. L'agenda constate cette triple visite, et son objet. Voyant l'inutilité de leurs démarches, le 21 octobre ils écrivirent la lettre suivante :

« Nous sommes privés de réponse à notre lettre du « 16 courant que nous vous confirmons. Par la nôtre « du 11 courant, nous vous avons donné avis que nous « avions besoin du solde de notre compte chez vous « pour le 20 courant. Nous nous sommes présentés « avant-hier, et ce jour, chez vous, pour retirer ce « solde, pour lequel nous ne pouvons qu'être d'accord « suivant notre dernière du 16 courant.

« *D'après la réponse de votre caissier qui nous a dit* « *ne pas avoir des fonds, et ne pas savoir quand il* « *pourra nous solder*, vu l'indispensable nécessité de « faire honneur à nos engagements échus ce jour, nous « avons été dans la pénible nécessité d'avoir recours à « un ami qui n'a pu nous prêter que jusqu'au 24 cou-« rant. Veuillez prendre note que le 23, sans plus de « retard, nous nous présenterons chez vous pour « retirer le solde. Si nous ne le recevions point, nous « ne pourrions plus, vu nos besoins, retarder d'en « venir à une extrémité qui nous serait extrêmement « pénible. »

La position est-elle ou non nettement décrite par cette lettre ? — Fornier paye-t-il ou ne paye-t-il pas ? — Sa caisse est-elle vide, ou bien, au contraire, peut-il y puiser à mesure des réclamations qui lui sont faites?.... Y a-t-il espoir du moins de voir bientôt s'améliorer cet état désespéré ? — En aucune sorte. La position est de telle nature que le caissier lui-même, tombé dans un découragement absolu , déclare ne pas savoir quel jour il pourra payer.

Et l'on hésiterait encore à déclarer qu'il se trouvait , dès lors, en pleine faillite ! A quels caractères serait-elle reconnue, si ceux-ci pouvaient être déclarés insuffisants?

Quant aux MM. Pouges, ils se présentèrent bien, comme on le pense, le 21 et le 22. Leur visite est attestée par l'agenda. Mais ils n'obtinrent qu'un résultat semblable à celui obtenu par les autres. Malgré la vivacité de leurs menaces , le besoin immédiat qu'ils avaient de leurs fonds , ils furent obligés de subir les mauvaises valeurs que Fornier imposait à tous..... et leur créance fait partie de celles dont se compose le passif de la faillite.

Le mois de novembre va nous montrer Fornier plus embarrassé encore et toujours dans l'impuissance de satisfaire à ses obligations.

A la fin d'octobre , il refuse d'acquitter une traite de M. Ferret , d'Agen , dont il est débiteur pour une faible somme de 413 fr..... et celui-ci d'écrire aussitôt pour se plaindre du renvoi de son billet , en termes dont la Cour se rappelle l'amertume : « J'ose espérer, dit-il, en finissant , que rien de fâcheux ne vous sera arrivé. S'il en était autrement, je serais au désespoir. »

Le 1er novembre venaient à échéance 37,000 fr. de traites souscrites en faveur de M. Cassaing qui en demande le paiement. Si l'acte de crédit de la Banque est sincère , il s'applique non pas à une dette préexistante, mais a pour objet réel une somme de 250,000 fr., mise à la disposition de l'emprunteur. Fornier n'éprouvera pas un instant d'embarras ; il aura sous la main le capital nécessaire pour l'extinction de ses engagements. Toutefois, il ne songe pas même à en user, si peu dans la réalité des choses cette ressource est sérieuse. Mais il sollicite de M. Cassaing un sursis, en lui offrant à titre de nantissement une foule de valeurs diverses qu'il soutient excellentes, et qui doivent complétement rassurer son créancier. Il en fournit lui-même la note écrite de sa main. On y voit figurer l'obligation Labrousse de 40,000 fr.; l'obligation Lasserre de 7,000 fr.; l'ouverture du crédit Lafont, 60,000 fr.; l'ouverture du crédit Samie, 30,000 fr.; l'ouverture du crédit Gabriel, 60,000 fr.; l'ouverture du crédit Vincens, 40,000 fr.; l'ouverture du crédit Delort, Decamps et Camboue, 75,000 fr. Or, toutes ces valeurs réunies étaient loin d'équivaloir à la somme réellement due, car ces actes de crédit ne pouvaient constituer une créance au profit de Fornier, qu'autant qu'il aurait retiré de la circulation les effets souscrits par les débiteurs, et tous se trouvaient négociés et non acquittés. Aussi M. Cassaing ne put-il ni ne dut-il accepter un tel mode de paiement. A la place, on lui donna des effets Delort, Decamps et Camboue, qui étaient, d'après leur teneur, garantis par le contrat hypothécaire, mais qui se sont trouvés composer, avec les autres du même genre déjà négociés, une somme double de celle placée sous la protection de l'hypothèque constituée par l'acte de crédit.

N'est-il pas démontré encore par ce fait que Fornier ne pouvait plus payer? Le banquier qui, pour satisfaire à un engagement exigible, est contraint d'offrir un nantissement ou un gage moyennant lequel il réclame un sursis, peut-il dire qu'il remplit ses obligations dans la vérité de ce mot?

Celui qui présente en nantissement des titres qu'il sait destitués de toute valeur réelle, et qui cherche à surprendre de la sorte la bonne foi du créancier, n'est-il

pas tombé dans le dénuement le plus absolu, et ce dénuement peut-il justifier sa conduite?

Et s'il trompe ce créancier aussi, en lui persuadant
que les effets qu'il lui donne sont protégés par une hypothèque, déjà épuisée par les traites dont la négociation
a eu lieu, et que de la sorte il évite des poursuites, qui
sans ces manœuvres auraient été peut-être dirigées contre lui, peut-il venir prétendre que les paiements se
faisaient à son comptoir avec exactitude, et que la faillite
n'existait pas?

C'est à la Cour d'apprécier ce qu'il y aurait de justice et de moralité dans la sanction d'un tel système.

On sait pour quel énorme capital M. Cassaing, qui n'a
pu être payé, a du produire à la faillite.

Le premier novembre encore, se présentait à la caisse
de M. Fornier M, Josserand, demandant le paiement
d'une somme de 3,148 fr. 79 c., et ce créancier recevait
les réponses ordinaires, qui depuis plus d'un mois sortaient de la bouche du caissier.

Faute de numéraire, force lui fut de prendre des
effets, et ces traites portant les signatures des Bors ou
des Lafont, des Ziégler ou des Molas, si souvent offertes
par Fornier, l'ont laissé créancier de la faillite de l'entière
somme qui primitivement lui était due.

M. Clauzade-Mazières, de Lavaur, avait donné a
M. Saint-Raymond, sur Fornier, parfaitement prévenu
et qui avait promis de payer avec exactitude, un
mandat de dix mille francs pareillement exigible au
1er novembre. Au 1er novembre, M. Saint-Raymond ne
fit faute de se présenter, et Fornier qui était débiteur ne
put satisfaire à son engagement. Ainsi, comme on le
voit, quel que fût pour ainsi dire le chiffre de la somme
demandée, la réponse était toujours la même : c'était
un refus, et un refus motivé par la seule impuissance.

Voici dans quels termes, le 21 novembre, M. Clauzade-Mazières se plaignait de ce non-paiement :

« J'ai reçu, disait-il, de M. Saint-Raymond une lettre
« qui m'annonce que vous ne lui avez pas remboursé
« les dix mille francs que vous m'aviez promis pour le
« 1er novembre courant. Je suis très étonné de ce retard
« qui me dérange d'autant plus, qu'ayant pris des enga-
« gements moi-même vis-à-vis d'une personne à qui je
« les devais, j'ai emprunté cette somme à M. Maraval,
« négociant à Lavaur, dans un court délai. J'avais
« compté sur ce que vous m'aviez dit dans notre en-
« trevue.

« D'après votre avis à M. Saint-Raymond, sur les épo-
« ques, j'ai tiré sur vous, payable à M. Maraval, négo-
« ciant à Lavaur, deux traites de cinq mille francs
« chacune, payables, l'une le 30 novembre courant, et
« l'autre le 15 décembre 1844. »

Avons-nous besoin de dire que ces deux traites eurent
le sort du mandat qui avait précédé, et qu'à ces deux
échéances Fornier ne fut pas plus exact qu'il ne l'avait
été le 1er novembre !

N'est-il donc pas évident que ses obligations demeuraient impayées, et qu'au premier novembre notamment,
il laissait en souffrance des engagements pour une
somme énorme dont on réclamait l'exécution avec énergie, et auxquels il ne répondait que par le vide de sa
caisse ?

Faut-il s'étonner dès lors que quatre jours après, le
cinq du même mois, il ait écrit à M. Amilhau, qui, sur
37,572 fr. 12 c. à lui dûs, demandait le remboursement
de 25,000 fr., que la chose lui était impossible, et que
son état d'embarras et de gêne durait encore, et se pro-
longerait sans doute pendant plusieurs mois.

Cette lettre, rapprochée des circonstances déjà déduites, n'est-elle pas un aveu explicite, venant pleinement confirmer les faits positifs dont on vient de présenter l'analyse?

Et puis, au 7 novembre, ce n'est plus une somme de 25,000 fr. qu'il se trouve dans l'impossibilité de payer; mais sur son obligation exigible souscrite en faveur de M. Ardenne, on se contente de cinq mille francs dont le créancier éprouve le besoin le plus indispensable, et ces cinq mille francs il ne peut pas les donner. Sa caisse, écrit-il, en réponse aux lettres pressantes du notaire Darrieux, est vide, toujours vide, et pour satisfaire à de très légitimes exigences, il se voit contraint d'envoyer son portefeuille, pour que l'on y choisisse des valeurs tenant lieu de la somme qu'il ne peut pas réaliser. Ce choix est fait et forcément accepté. Mais il reste encore dû à M. Ardenne, sur le *bon exigible*, une somme considérable, qui s'élève à quinze mille francs. Et pour ceux-ci, ce sont des valeurs qu'il est contraint de recevoir. Ces valeurs portaient la signature de Lafont, et dès lors on devine quel a été leur sort; le paiement n'en a pas été fait. Le créancier Ardenne n'est pas désintéressé, et quoiqu'il n'ait pas encore fait de production à la faillite, il est par trop évident que cette production, par lui d'ailleurs annoncée, ne peut manquer d'être faite.

De la sorte, se trouvent constatés encore, dans les premiers jours du mois de novembre, le dénuement de Fornier, et l'impossibilité où il se trouve de payer ses dettes exigibles.

Le 11 novembre, nous le trouverons dans un état pareil, et les MM. Destrem auront beau écrire, supplier, menacer, leurs supplications et leurs menaces demeureront sans effet, et pas un centime ne sera par eux obtenu de leur débiteur.

Et pourtant c'étaient des effets échus, qu'ils avaient

remis à Fornier, qui en était débiteur, sur la foi d'un remboursement immédiat. Leur correspondance fait connaître les ressorts divers qu'ils mirent en jeu pour parvenir à ce remboursement, et leur créance encore existante à l'époque de la déclaration de la faillite, prouve combien leurs démarches et leurs efforts furent inefficaces. Cette créance se composait de cinq billets échus, aux dates suivantes, dont la lettre du 11 contient la nomenclature : le 17 octobre, 3,000 fr. ; le 2 novembre, 2,500 fr. ; le 10 novembre, 1,000 fr. ; le 10 novembre, 500 fr. ; le 11, 500 fr. — Total 7,500 fr.

Eh bien ! c'est cette somme si incontestablement exigible, qu'ils réclamèrent en vain depuis le 11 jusqu'au 23 ; c'est de cette somme qu'ils déclaraient avoir un indispensable besoin, pour réaliser une mise de fonds promise par leur frère, vis-à-vis duquel ils s'étaient engagés. Pour donner à M. Fornier la preuve de la légitimité de leur insistance, ils lui envoyèrent la copie de la lettre de ce frère, qui de son côté sollicitait vivement l'envoi de la somme annoncée.

Tout fut inutile : toutes ces réclamations vinrent se briser contre l'impuissance du débiteur.

Et maintenant, si la Cour jette un coup-d'œil rétrospectif sur cette longue série de lettres et de faits, que nous arrêtons à dessein au 10 novembre, parce que la question de rétroactivité de la faillite ne présente d'intérêt qu'autant qu'elle rentre dans cette date même, ne sera-t-elle pas convaincue que Fornier ne payait pas, et qu'il ne payait pas, parce que la chose lui était impossible !

Aussi, dans les environs mêmes de Toulouse, le bruit de la faillite se répandait et prenait chaque jour plus de consistance. M. Arquier, demeurant à Cadours, créancier de 55,172 fr., écrivait le 15 novembre :

« Des bruits sinistres circulent dans ces contrées sur l'état de vos affaires financières. On prétend qu'inopinément quelques personnes vous ayant forcé à acquitter une somme très majeure, vous avez été obligé d'aliéner tous vos biens, même votre charge d'agent de change, ce qui me navre le cœur de douleur, jusqu'à ce que par votre réponse prompte vous m'ayez rassuré ainsi que pour notre compte-courant respectif, etc... »

Vous savez à cette heure, si ces bruits avaient un fondement sérieux.

Nous l'avons suivi à partir du 22 septembre jusqu'à ce jour, et nous l'avons constamment trouvé dans le même état d'impuissance. Dans sa bouche et dans celle de son caissier, nous avons saisi dans tout le cours de cette période exactement le même langage. Ce qu'il disait à Caze et Faure le 22 septembre, ce qu'il écrivait à Fouque et Arnoux le 27, ce qu'en octobre on disait à Pouges, on le disait aussi à Darrieux, à Destrem, à Clauzade-Mazières et à tant d'autres, dès les premiers jours de novembre.

Dans la caisse, pas de fonds, et l'on ignore quand il y en aura !

Le banquier qui parle ainsi, qui agit en conformité de ces paroles, en ne payant pas, est-il ou non en état de faillite ?

Telle est la question. Nous osons dire qu'elle est résolue.

Mais, dit-on, si de nombreuses traites ont été protestées, si des créanciers nombreux aussi, en se présentant au comptoir n'ont pas reçu satisfaction, il en est d'autres en très grand nombre qui ont, au contraire, reçu leurs paiements ; et si l'on compare le chiffre de ces paiements avec celui des protêts ou des refus, le second est sans contredit le moins élevé.

Cela serait vrai, qu'aucune induction avantageuse à notre adversaire ne pourrait en être déduite. De cela qu'une quantité considérable d'effets commerciaux est restée en souffrance, on peut hardiment conclure que la faillite existait, alors que la catastrophe a peu de temps après éclaté, et que loin de se relever, la maison n'a fait que se traîner péniblement au milieu des protêts et des réclamations venues de toutes parts, jusqu'au jour de cette catastrophe elle-même.

C'est pour ce motif qu'un seul protêt, remontant bien souvent à plusieurs mois, et séparé, par un assez long intervalle, des autres actes de poursuite qui plus tard se sont produits, a suffi, dans bien des occasions, pour faire rétroagir la faillite jusqu'au jour de sa date.

Sans danger donc, on pourrait reconnaître les paiements allégués, et prenant droit de ceux qui n'ont pas été faits, obtenir toujours la fixation de la date de la faillite, à l'époque où les porteurs de titres exigibles et échus n'ont pas obtenu satisfaction ; l'éclat de la déconfiture n'a que trop bien expliqué la cause de ce fait, qui d'ailleurs n'était une énigme pour personne.

Mais ces paiements constatés, dit-on, par le dossier des lettres de change venues du dehors et par les récépissés ou quittances souscrits par certains individus domiciliés à Toulouse, ne doivent-ils pas avoir, en grande partie, le sort de ceux que M. le commissaire avait relevés dans son rapport ?

De courtes explications vont démontrer l'affirmative.

§ 5.

Les adversaires ont vivement insisté sur ce moyen de preuve, qui, d'après eux, démontre que Fornier n'a pas cessé un instant de remplir toutes ses obligations. Les faits établis dans les deux paragraphes qui précèdent, peuvent donner la mesure de la confiance que mérite une assertion pareille. Mais, indépendamment de ces faits, recherchons ce qu'il peut y avoir de sincère et d'exact dans ces paiements allégués. Désireux que nous sommes de nous occuper taxativement de ces effets et de ces quittances dont on a fait si grand bruit, nous ne dirons qu'un mot de ces chiffres donnés, et par la Banque et par M. Cibiel, des paiements généraux qui auraient été faits à tel jour déterminé des mois de septembre, octobre ou novembre. Nous ne pouvons deviner, en effet, quel sera le jour choisi par eux, pour y appeler d'une façon plus spéciale l'attention de nos juges ; mais, quel qu'il soit, nous ne demandons à la Cour qu'une chose : c'est de placer sous ses yeux la feuille de caisse d'où aura été extraite la somme prétendue payée, et d'avance nous affirmons que dans cette feuille se trouvera victorieusement écrite la réfutation du moyen. Au lieu de s'arrêter à l'addition de la colonne des paiements, elle voudra bien en consulter les éléments divers, et aussitôt sa conscience sera édifiée sur ce qu'ils offrent de sincère ; elle y trouvera , comme parties prenantes à qui ces paiements auraient été faits, les Bors, les Petitpied, les Lafont, les Recoules, les Fouque et Arnoux et autres, à qui l'on ne fesait que rendre leurs effets à la place des renouvellements par eux envoyés. Ces effets étaient dans les mains de Fornier des titres sans valeur, dont la libre disposition ne lui appartenait pas, et qu'il se bornait à restituer à leurs légitimes propriétaires. Aussi n'amenaient-ils aucun mouvement de fonds dans la caisse qui ne déboursait par une obole. C'est ce dont le Tribunal de commerce s'est bien convaincu, en examinant les livres, et cette conviction, il sera facile à la Cour de l'acquérir également en compulsant ces écritures. Déjà nous sommes entrés à ce sujet dans des explications assez développées. Inutile d'y revenir.

Restent les lettres de change acquittées, et les quittances produites.

Dans la plaidoirie orale, la division en a été faite en trois catégories, et comme le défenseur de Cibiel s'est plaint de ce que la troisième n'avait pas été l'objet d'une discussion spéciale, nous allons suppléer à ce qu'il peut y avoir eu sous ce rapport d'insuffisant ou d'incomplet.

Le chiffre total résultant de cette masse de quittances et d'effets, s'élève pour les quatre mois de septembre, octobre, novembre et décembre, à la somme de 894,417 fr. 03 c. Nous en avons fait un recensement nouveau pour bien nous assurer de l'exactitude de cette addition.

Cette somme se divise, entre les quatre mois dont il vient d'être parlé, de la manière suivante :

Mois de septembre.	326,208 fr. 21 c.
Mois d'octobre.	308,721 57
Mois de novembre.	195,193 65
Mois de décembre.	64,293 60
Total égal.	894,417 fr. 03 c.

C'est, comme on le pense bien, des mois de septembre et d'octobre, et des dix premiers jours du mois de novembre, que principalement il importe de nous occuper. Aussi est-ce de ceux-là surtout qu'il va être question.

Ces paiements divers naturellement se divisent en trois catégories:

La première se référant aux mandats du dehors qui étaient tirés sur Fornier par les correspondants divers avec lesquels il entretenait, soit habituellement, soit accidentellement des relations commerciales.

La seconde, les quittances qu'il se faisait consentir par ses clients de la ville de qui il avait reçu des effets à négocier, au moment où il leur remettait tout ou partie de la négociation faite.

La troisième, les paiements réels qu'il a effectués dans les mains de ses créanciers.

Or, nous disons que, sur les 326,208 fr. 21 c. du mois de septembre, il y a:

135,282 fr. 91 c. consacrés au paiement des mandats venus du dehors;

180,140 « reçus par les clients de la ville qui avaient remis des traites en négociation;

et 10,821 30 réellement payés aux capitalistes qui avaient des fonds placés chez Fornier.

Sur les 308,721 fr. 57 c. du mois d'octobre, il y a:

121,138 22 consacrés au paiement des mandats venus du dehors;

99,589 85 reçus par les clients de la ville qui avaient remis des traites en négociation;

et 87,993 50 réellement payés aux capitalistes qui avaient des fonds placés chez Fornier.

Sur les 195,193 fr. 65 c. du mois de novembre, il y a :

97,396 fr. 30 c. consacrés au paiement des mandats venus du dehors ;

32,650 « reçus par des clients de la ville qui avaient remis des traites en négociation ;

et 65,147 35 réellement payés aux capitalistes.

Sur les 54,293 fr. 60 c. du mois de décembre, il y a :

19,037 fr. 90 c. consacrés au paiement des mandats venus du dehors ;

21,242 55 remis aux clients par qui des trai-tes avaient été remises en né-gociation ;

et 24,013 15 réellement payés aux capitalistes.

Nous ne craignons pas d'affirmer l'exactitude rigou-reuse de ce dépouillement. Il a été fait avec l'attention la plus consciencieuse, et le vif désir de produire un résultat insusceptible de controverse. Qu'il soit ou non à l'avantage des syndics, il leur importe peu. Ils le présen-tent à la justice pour qu'elle l'apprécie et puisse asseoir sa décision sur une base positive.

Cette base acceptée, notre système est bien simple. Nous disons que dans les paiements prétendus faits par Fornier, ne doivent pas entrer en ligne de compte les deux premières catégories, et que la dernière seule doit être prise en considération pour apprécier s'il était ou non en état de faillite.

Cette proposition se justifie par un raisonnement qui est sans réplique, et auquel on n'a jamais essayé de ré-pondre. Ces deux premières catégories ne sont pas, d'après nous, des paiements faits par Fornier, parce que ce qu'il payait d'une main, il venait à l'instant de le recevoir de l'autre ; qu'il n'était qu'un simple dépositaire qui avait reçu pour le compte d'un tiers, et qui ne fesait que rendre le montant du dépôt confié à sa foi.

S'agit-il en effet des mandats venus du dehors? — La provision avait été faite dans ses mains par le tireur, soit avec des fonds directement envoyés, soit avec des valeurs commerciales négociées par lui, et dont il avait reçu de la sorte le montant.

Le tableau qui suit met en lumière cette vérité d'ailleurs incontestable.

SEPTEMBRE 1844.

1re COLONNE. Provisions ou valeurs commerciales envoyées à Fornier.				2e COLONNE. Mandats fournis sur Fornier et payés par lui.			
ADIEU VACQUIER, de Pamiers.				**ADIEU VACQUIER, de Pamiers.**			
1	sept.	4000	»	1	sept.	2722	50
6	—	5835	»	5	—	4000	»
20	—	6750	»	»	—	2000	»
23	—	4562	»	6	—	193	25
27	—	5585	»	7	—	3000	»
29	—	8609	»	10	—	4000	»
30	—	2394	»	19	—	170	60
		37735	»	21	—	4000	»
				26	—	4000	»
						24086	35
FABRE, de Narbonne.				**FABRE, de Narbonne.**			
5	sept.	3000	»	15	sept.	600	»
6	—	1242	»	15	—	405	»
»	—	100	»	22	—	1010	»
9	—	7205	»	30	—	3069	»
13	—	4321	92			5084	»
25	—	135	45				
20	—	3548	»				
27	—	1790	»				
		21342	37				

Suite de SEPTEMBRE.

1re COLONNE.	2e COLONNE.
Provisions ou valeurs commerciales envoyées à Fornier.	Mandats fournis sur Fornier et payés par lui.

PAVIE BLONDEL, de Paris.		PAVIE BLONDEL, de Paris.	
13 sept.	13500 40	10 sept.	4000 »
17 —	8084 25	16 —	4000 »
	21584 65	26 —	8000 »
		30 —	1000 »
			17000 »

L. DARTHAUD, de Bordeaux.		L. DARTHAUD, de Bordeaux.	
2 sept.	2442 »	5 sept.	500 »
3 —	1750 »	10 —	150 »
5 —	1416 »	20 —	3000 »
6 —	4674 »	28 —	1500 »
8 —	176 »		5150 »
14 —	2431 40		
16 —	3000 »		
18 —	1675 »		
22 —	5038 »		
23 —	1060 »		
28 —	5000 »		
	28652 40		

BÉCHET, de Paris.		BÉCHET, de Paris.	
3 sept.	2170 »	10 sept.	50 »
9 —	750 »	15 —	150 »
» —	4000 »		200 »
13 —	6000 »		
15 —	2274 45		
17 —	167 »		
19 —	370 »		
22 —	4132 »		
24 —	200 »		
29 —	3338 »		
	23401 45		

Suite de SEPTEMBRE.

1re COLONNE. Provisions ou valeurs commerciales envoyées à Fornier.	2e COLONNE. Mandats fournis sur Fornier et payés par lui.
CLAROU, d'Auch.	CLAROU, d'Auch.
3 sept. 6785 »	10 sept. 5000 »
8 — 885 »	12 — 50 »
11 — 850 »	30 — 205 »
8520	5255 »
VILLENEUVE, de Tarbes.	VILLENEUVE, de Tarbes.
3 sept. 2147 »	3 sept. 185 »
5 — 3000 »	30 — 280 »
6 — 3273 »	465 »
11 — 844 15	
13 — 945 »	
21 — 3000 »	
24 — 4200 »	
26 — 473 »	
17879 15	
CAYROL, de Pamiers.	CAYROL, de Pamiers.
5 sept. 934 »	10 sept. 338 »
9 — 649 35	15 — 1100 »
14 — 2845 45	» — 526 »
16 — 571 »	21 — 130 »
25 — 10111 »	» — 151 »
28 — 4195 »	30 — 5000 »
19305 80	» — 2142 »
	» — 1960 »
	» — 1500 »
	12847 »

Suite de SEPTEMBRE.

1re COLONNE.	2e COLONNE.
Provisions ou valeurs commerciales envoyées à Fornier.	Mandats fournis sur Fornier et payés par lui.

J. LAFITTE, de Paris.			J. LAFITTE, de Paris.		
2 sept.	307	»	6 sept.	175	»
7 —	3205	»	7 —	130	»
9 —	4000	»	10 —	400	»
14 —	6079	80	12 —	100	»
16 —	578	»	» —	600	»
19 —	658	»	13 —	1678	»
22 —	2816	»	16 —	60	»
26 —	2100	»	19 —	38	25
28 —	2509	»	» —	100	»
30 —	3463	»	20 —	1500	»
	25715	**80**	21 —	100	»
			24 —	1318	»
			» —	300	»
			26 —	1520	»
			» —	125	»
			27 —	48	»
			28 —	110	»
			» —	305	»
			» —	497	45
			» —	260	»
			» —	500	»
			30 —	45	»
				9909	**70**

DELORT, DESCAMPS et CAMBOUE, de Lectoure.			DELORT, DESCAMPS et CAMBOUE, de Lectoure.		
3 sept.	2137	»	3 sept.	3000	»
5 —	1000	»	10 —	606	50
10 —	3308	16		**3606**	**50**
19 —	1200	»			
20 —	147	»			
24 —	6000	»			
	33592	**16**			

Suite de SEPTEMBRE.

1re COLONNE.	2e COLONNE.
Provision ou valeurs commerciales envoyées à Fornier.	Mandats fournis sur Fornier et payés par lui.

LACOMBE, père et fils, d'Alby.			LACOMBE père et fils, d'Alby.		
3 sept.	1282	»	13 sept.	1000	»
8 —	1500	»	18 —	1040	»
11 —	7586	»		2040	»
12 —	1067	10			
14 —	805	50			
23 —	1360	»			
25 —	658	»			
26 —	2502	»			
	16760	60			

SURVILLE, de Nîmes.			SURVILLE, de Nîmes.		
5 sept.	163	»	19 sept.	300	»
16 —	885	»	30 —	300	»
19 —	3155	»	» —	75	»
29 —	822	»	» —	400	»
			» —	200	»
			» —	69	35
			» —	300	»
			» —	334	35
4 oct.	1364	»	10 oct.	500	»
21 —	1617	»	11 —	1000	»
23 —	2465	»	» —	200	»
31 —	2314	»	12 —	2400	»
	12790	»	15 —	300	»
			20 —	1000	»
			» —	500	»
			» —	500	»
			31 —	500	»
			» —	500	»
			» —	1500	»
				10878	70

OCTOBRE 1844.

1re COLONNE. Provision ou valeurs commerciales envoyées à Fornier.	2e COLONNE. Mandats fournis sur Fornier et payés par lui.
CAPDEVILLE, de Foix.	**CAPDEVILLE, de Foix.**
1 oct. 947 »	1 oct. 2743 »
2 — 3000 »	» — 300 »
5 — 616 »	4 — 1000 »
9 — 2921 »	18 — 1000 »
16 — 1313 »	22 — 1500 »
8797 »	» — 315 84
	6858 84
CAYROL, de Pamiers.	**CAYROL, de Pamiers.**
En sept. fo 2. 19305 80	En sept. fo 2. 12847 »
14 oct. 2223 »	5 oct. 2000 »
19 — 5713 »	14847 »
27241 80	
B. MARTIN et fils frères, de St-Béat.	**B. MARTIN et fils frères, de St-Béat.**
1 oct. 2425 »	9 oct. 1500 »
30 — 3223 »	31 — 1000 »
5648 »	2500 »
GALIEN et TOUPET, de Grandville	**GALIEN et TOUPET de Grandville.**
6 oct. 1611 »	5 oct. 1500 »
17 — 2491 »	8 — 1800 »
21 — 8415 »	15 — 76 85
31 — 6780 »	18 — 2500 »
19298 »	31 — 1000 »
	6876 85

Suite d'OCTOBRE.

1re COLONNE.	2e COLONNE.
Provision ou valeurs commerciales envoyées à Fornier.	Mandats fournis sur Fornier et payés par lui.

J. LAFITTE, et Ce, de Paris.	J. LAFITTE et Ce, de Paris.
En sept. fo 2. 25715 80	En sept. fo 2. 9909 70
3 oct. 3883 »	5 oct. 600 »
5 — 4059 »	» — 200 »
7 — 7503 »	7 — 1780 »
10 — 2000 »	10 — 290 10
12 — 532 »	» — 20 »
14 — 1350 »	17 — 10000 »
17 — 422 »	» — 100 »
27 — 972 »	22 — 149 »
46436 80	26 — 497 35
	30 — 240 »
	31 — 850 »
	» — 62 »
	» — 145 40
	» — 62 »
	24905 65

HUC père et fils, de Montpellier.	HUC père et fils, de Montpellier.
15 oct. . . 4075 »	29 oct. . . 2600 »

LACOMBE père et fils, d'Albi.	LACOMBE père et fils, d'Albi.
En sept. fo 2. 16760 60	En sept. fo 2. 2040 »
1 oct. 666 »	1 oct. 1702 »
2 — 1000 »	10 — 3000 »
7 — 884 »	11 — 1000 »
9 — 905 »	15 — 4000 »
11 — 1935 »	31 — 73 15
23 — 464 »	11815 15
24 — 354 »	
22968 60	

Suite d'OCTORRE.

1re COLONNE.	2e COLONNE.
Provision ou valeurs commerciales envoyées à Fornier.	Mandats fournis sur Fornier et payés par lui.
P. FABRE, de Narbonne.	P. FABRE, de Narbonne.

1re COLONNE			2e COLONNE		
En sept. fo 1.	21342	35	En sept. fo 1.	5084	»
5 oct.	420	»	15 oct.	1950	»
6 —	796	»	30 —	501	70
11 —	792	»	.	7535	70
15 —	3294	»			
19 —	1881	»			
25 —	2000	»			
26 —	604	»			
27 —	615	»			
29 —	1313	»			
	33057	35			

ANDRIEU, CHABUTIS, de Mazamet.			ANDRIEU, CHABUTIS, de Mazamet.		
8 sep.	2298	»	10 sep.	629	»
9 —	5641	45	» —	2000	»
13 —	4179	50	15 —	250	»
25 —	757	»	» —	721	»
10 oct.	3653	»	» —	600	»
15 —	6535	»	» —	600	»
	23063	95	16 —	474	»
			20 —	989	»
			30 —	1165	»
			10 oct.	1500	»
			» —	953	»
			» —	1500	»
			15 —	1189	»
			» —	500	»
			20 —	1500	»
			» —	1400	»
			22 —	2003	15
				17973	15

Suite d'OCTOBRE.

1re COLONNE.		2e COLONNE.	
Provision ou valeurs commerciales envoyées à Fornier.		Mandats fournis sur Fornier et payés par lui.	
SERRET, d'Agen.		SERRET, d'Agen.	
25 oct.	1744 »	30 oct.	516 »
25 —	2000 »	31 —	675 »
	3744 »		1191 »
PAVIE BLONDEL, de Paris.		PAVIE BLONDEL, de Paris.	
22 oct.	11685 »	2 nov.	10000 »
26 —	3069 »	8 —	7000 »
31 —	890 »		17000 »
5 nov.	7643 »		
8 —	4600 »		
11 —	6281 »		
22 —	2650 »		
29 —	5612 »		
	42430 »		

Ce tableau s'arrête aux deux mois de septembre et d'octobre, qui s'y trouvent seulement compris. On sait que la discussion ne porte en réalité que sur ces deux mois. Mais en présence d'un fait aussi concluant et aussi énergique, peut-on dire que Fornier en payant les effets du dehors acquittait ses dettes, et que ces paiements établissent que la faillite n'existait pas? En quoi donc son passif a-t-il éprouvé une diminution réelle? Sa situation n'est-telle pas au contraire demeurée identiquement la même? Et remarquez que dans ces paiements, il né s'agissait pas de reliquat ancien, dérivant de comptes courants anciens aussi qui l'auraient laissé débiteur de sommes plus ou moins considérables ; c'était bien là ce que dans sa plaidoirie M. Cibiel essayait de persuader à la Cour. Mais la réalité des faits dément la conjecture. Les valeurs étaient envoyées pour former la provision, à mesure qu'allaient arriver à échéance les traites du correspondant, et Fornier ne fesait que compter le lendemain les sommes qui, pour cet emploi déterminé, lui avaient été remises la veille.

Sur cette première catégorie, la démonstration nous semble portée jusques au dernier degré d'évidence.

Elle ne sera, pour la seconde, ni moins claire ni moins positive.

Que sont en majeure partie ces quittances ou ces récépissés, dont on a voulu se faire contre les syndics une arme si puissante? — Le voici. Les diverses personnes qui pour se procurer des fonds s'adressaient à Fornier, lui remettaient des traites à négocier, dont la contre-valeur devait leur être rendue. Fornier les créditait sur ses livres du montant de ces traites et après la négociation, quand il leur remettait en totalité ou en partie les fonds en provenant, il se fesait souscrire une quittance ou un *récépissé* destiné à constater cette remise.

Ce sont ces quittances qui représentent le chiffre de la seconde catégorie.

Mais on le demande, en comptant ces fonds qui étaient la propriété du souscripteur de l'effet négocié par son intermédiaire, fesait-il un paiement, ou plutôt ne se bornait-il pas à rendre ce qu'il venait de recevoir pour le compte d'un autre? son passif était-il diminué sous un rapport quelconque, et était-ce une dette dans le véritable sens de ce mot qu'il acquittait, en restituant les deniers qu'il avait reçus, non pas pour son compte personnel, mais pour le compte d'autrui?

Nous avons cru devoir, pour mieux établir encore

l'exactitude de nos observations sur cette catégorie, dresser pareillement un tableau en deux colonnes, dans l'une desquelles on voit le chiffre et la date de la traite à négocier, ainsi que le nom de la personne qui l'a remise, et dans l'autre le nom du souscripteur du *récépissé* et le montant de la somme qui, d'après sa quittance, lui a été comptée.

On remarquera même que presque toujours la valeur de l'effet ou des effets à négocier, est supérieure au montant des sommes remises au souscripteur. Fornier ne les remettait qu'incomplétement ou par parties brisées, utilisant autant que possible pour son compte des sommes qui n'auraient pas dû rester dans ses mains.

Voici le tableau.

SEPTEMBRE 1844.

État des Lettres de Change remises pour être négociées.				État des Récépissés.			
MÉRIC aîné.				**MÉRIC aîné.**			
1 sep.	5899	»		1 sept.	2000	»	
				16 —	3500	»	
					5500	»	
FOUQUE ARNOUX.				**FOUQUE et ARNAUX**			
2 sep.	5944	»		5 sept.	2000	»	
» —	174	»		6 —	2000	»	
» —	14871	»		25 —	2000	»	
19 —	29784	»			6000	»	
23 —	9843	»					
» —	23495	»					
30 —	31629	»					
	115810	»					

Suite de SEPTEMBRE.

État des Lettres de Change remises pour être négociées.	État des Récépisés.

PETITPIED et LACOMBE.

2 sep.	5879	»
6 —	16150	»
9 —	6867	25
25 —	2984	»
	31880	25

PETITPIED et LACOMBE.

5 sept.	4000	»
11 —	4900	»
16 —	2000	»
20 —	1000	»
25 —	1080	»
26 —	1000	»
30 —	1992	»
	15972	»

TALABOT.

3 sep.	6000	»
13 —	4384	»
	10384	»

TALABOT.

28 sept.	6000	»

CONFERON.

5 sep.	5712	»
9 —	1979	»
10 —	5934	»
14 —	6384	»
	20009	»

CONFERON.

6 sept.	2600	»
9 —	1500	»
	4100	»

ANGLADE et Cᵉ.

5 sep.	7313	»
9 —	4957	10
16 —	4462	»
20 —	2974	»
28 —	5456	»
	25162	10

ANGLADE et Cᵉ.

5 sept.	2000	»
9 —	5000	»
16 —	5000	»
20 —	2000	»
23 —	3000	»
27 —	2000	»
	19000	»

Suite de SEPTEMBRE.

État des Lettres de Change remises pour être négociées.	État des Récépissés.

E. DOLQUES.			E. DOLQUES.		
5 sept.	9046	»	5 sept.	1575	»
			10 —	1700	»
			20 —	1850	»
			28 —	1940	»
				7065	»

E. ROMESTIN.			E. ROMESTIN.		
6 sept.	10000	»	16 sept.	2500	»
26 —	3549	»	30 —	2500	»
	13549	»		5000	»

BAURIER père et fils.			BAURIER père et fils.		
6 sept.	1500	»	16 sept.	4500	»
7 —	1213	50	20 —	5000	»
11 —	9669	»	30 —	10000	»
20 —	20000	»		19500	»
30 —	10000	»			
	42382	50			

JOSSERAN et Cᵉ.			JOSSERAN et Cᵉ.		
10 sept.	2489	95	13 sept.	1000	»
			30 —	1000	»
				2000	»

VIVENT.			VIVENT.		
10 sept.	1987	»	6 sept.	6000	»
19 —	7940	»			
	9927	»			

Suite de SEPTEMBRE.

État des Lettres de Change remises pour être négociées.	État des récépissés.

P. RECOULES.

			P. RECOULES.		
10 sept.	14919	10	6 sept.	4000	»
15 —	22149	30	9 —	2000	»
30 —	10218	»	16 —	14000	»
	47286	40	23 —	2000	»
			30 —	12000	»
				36000	»

CAZE et FAURE.

			CAZE et FAURE.		
11 sept.	1073	»	1 oct.	2000	»
8 oct.	1916	»	31 —	1000	»
12 —	642	»		3000	»
	3631	»			

Fd MAZIÈRES.

			Fd MAZIÈRES.		
11 sept.	3438	»	16 sept.	3000	»
26 —	4403	»			
	7841	»			

GABRIEL.

		GABRIEL.		
12 sept.	8000	»	6 sept.	2000	»
			16 —	2000	»
			27 —	4674	»
				8674	»

MOREL.

			MOREL.		
12 sept.	6675	»	24 sept.	6000	»

OCTOBRE.

État des Lettres de Change remises pour être négociées.	État des Récépissés.

FOUQUE et ARNOUX,	FOUQUE et ARNOUX.
4 oct. 481 » 17 — 30000 » ——————— 30481 »	12 oct. 850 »

MARTIN et PONTIC.	MARTIN et PONTIC.
1 oct. 1493 60	3 oct. 1493 60

BOULOC jeune et MARTIN frères.	BOULOC jeune et MARTIN frères.
2 oct. 5492 » 7 — 691 » 12 — 1637 » ——————— 7820 »	5 oct. 1000 » 8 — 1500 » 14 — 1500 » 22 — 1000 » 30 — 1000 » ——————— 6000 »

PETITPIED et LACOMBE.	PETITPIED et LACOMBE.
12 oct. 10954 » 23 — 2962 » 26 — 8802 » 29 — 16505 » ——————— 39223 »	7 oct. 2843 » 30 — 757 » ——————— 3600 »

TALABOT.	TALABOT.
1 oct. 6000 » 18 — 39438 » ——————— 45438 »	9 oct. 6000 »

Suite d'OCTOBRE.

État de Lettres de Change remises pour être négociées.		État des Récépissés.	
ANGLADE.		**ANGLADE.**	
16 oct.	2203 »	7 oct.	3000 »
17 —	9861 »		
28 —	2972 »		
30 —	16816 »		
	31852 »		
BOULOC aîné.		**BOULOC aîné.**	
4 oct.	485 »	7 oct.	500 »
EMILE ROMESTIN.		**EMILE ROMESTIN.**	
5 oct.	979 »	7 oct.	1000 »
RECOULES.		**RECOULES.**	
9 oct.	35682 »	2 oct.	1000 »
17 —	35351 »	11 —	5000 »
	71033 »	22 —	2000 »
		26 —	2000 »
		30 —	5000 »
			15000 »
MÉRIC aîné.		**MÉRIC aîné.**	
11 oct.	19392 »	15 oct.	4000 »
		30 —	5000 »
			9000 »

État des Lettres de Change remises pour être négociées.	État des récépissés.
DOLQUES.	DOLQUES.
9 oct. 4028 »	14 oct. 1154 75
OZENNE.	OZENNE.
24 oct. 639 »	26 oct. 500 »
FÉLIX BENARDY.	FÉLIX BERNADY.
21 oct. 2980 »	25 oct. 3000 »
16 nov. 2969 »	6 déc. 3000 »
5949 »	6000 »
VORANGER.	VORANGER.
31 oct. 2500 »	7 nov. 2500 »
DUBOUCHET.	DUBOUCHET.
22 oct. 1607 »	9 nov. 3000 »
26 — 2920 »	
4527 »	
RECOULES.	RECOULES.
7 nov. 14778 »	12 nov. 500 »
	19 — 4000 »
	26 — 2000 »
	2 déc. 1935 »
	8485 »

Il n'est pas sans doute besoin de rien ajouter à cette démonstration mathématique.

Que reste-il ? — Les paiements réellement opérés entre les mains des capitalistes. Pour ceux-ci, on ne les dénie point, mais que l'on en examine le chiffre, et que l'on nous dise si ces paiements, dont l'importance se trouve maintenant si considérablement réduite, peuvent établir la non-existence de la faillite. Un homme qui a laissé un passif de 4,800,000 fr., dont les comptoirs étaient constamment assiégés dans les quatre derniers mois de sa vie commerciale, dont le caissier renvoyait chaque jour les réclamants, sous le prétexte du vide de sa caisse, qui ne pouvait satisfaire ni les porteurs des effets protestés, quoique la dette lui fût personnelle, ni ces nombreux créanciers dont les lettres et les visites se succédaient avec tant de rapidité et toujours sans résultat, pourrait-il ne pas être déclaré failli, parce qu'il a fait quelques paiements dont l'importance est à peu près nulle, si on les rapproche du chiffre du passif ?

Mais les syndics vont encore plus loin, et d'après eux ces paiements suffiraient au besoin pour établir la faillite.

Croyez-vous en effet que les créanciers qui ont reçu, aient pu parvenir à toucher le montant intégral de leur créance ? En aucune sorte : pour tous, c'étaient des fractions, des à-comptes qui seulement étaient remis, et pour le surplus il fallait se contenter de simples promesses. Aussi, presque tous sont-ils demeurés créanciers de la faillite, et le simple à-compte qu'ils ont reçu, et avec lequel on a cherché à calmer leur impatience et leur sollicitude, ne fait que mieux mettre à découvert l'impuissance de Fornier.

Le tableau suivant va le démontrer.

ÉTAT des Paiements réels faits par M. Fornier, en Septembre, Octobre, et pendant les dix premiers jours de Novembre 1844, en diminution de son passif;

1844
SAVOIR :

Sept.

4 Payé à Mme Lanneluc, sur reçu, à-compte. . . . . 1000 »

6 Payé à Mme Claudine Cavayé, sur un bon. 3019 39

7 Payé à Mme de Saint-Simon d'Ayguevives, à-compte. . . . . 1500 »

11 Payé à M. et Mme de Vendomois, à-compte. . . . . 500 »

20 Payé à Mlle Jul. Clauzade, solde d'un bon. . . . . 1302 »

25 Payé à M. Massabiau (après procès). 6680 65

30 Payé à Mme de Saint-Simon d'Ayguevives, à-compte. . . . . 500 »

30 Payé à Henault fils, sur reçu, à-compte. . . . . 2000 »

Oct.

1 Payé à E. Evesque, sur un reçu, à-compte. . . . . 300 »

2 Payé à Sabatié aîné, ordre Sabatié E., à-compte. . . . . 500 »

3 Payé à Rougé, bottier, sur un bon, à-compte. 2302 05

4 Payé à Mme de Caumels, acq. d'un bon. . . . . 5353 »

5 Payé à Etienne Verdier, sur reçu, à-compte.. . . . . 500 »

5 Payé à Mme de Saint-Simon d'Ayguevives, à-compte. . . . . 800 »

Oct.	8 Payé à Mauret, acquittement de bon, solde.	2105 75
	8 Payé à P. Gasc, sur reçu, à-compte.	600 »
	9 Payé à Mme Lacuisse, sur un bon, solde.	24 40
	9 Payé à Pouges frères, sur reçu, à-compte. · ·	3000 »
	10 Payé à J. Sahuquié, son bon du 9, à-compte.	1720 »
	10 Payé à Mme veuve Raufast, sur reçu, à-compte.	1000 »
	12 Payé à Petit, juge de paix, sur reçu, à-compte.	1000 »
	14 Payé à Mme de Gardouch, ordre Marty.	4000 »
	compensé avec Bonnal, avoué.	
	12 Payé à Fornier de Saint-Lary, sur reçu, à-compte.	700 »
	15 Payé à sœur Chagny, sur reçu, à-compte.	6000 »
	15 Payé à Narcisse Lespinette, sur reçu, à-compte.	450 »
	15 Payé à Mlle Durand, ordre Hyhongart, à-compte.	190 »
	16 Payé a Napoléon Legues, sur reçu, à-compte.	500 »
	16 Payé à Auguste Enault, sur reçu, à-compte.	8000 »
	17 Payé aux salles d'asile, sur reçu, à-compte.	100 35
	18 Payé à Amilhau aîné, ordre Rivals cadet, à-compte. . . .	14000 »
	21 Payé à Germain Fornier, sur reçu, à-compte.	100 »

Oct.	21	Payé à Solomiac, sur reçu du 17, à-compte.	1000	»
	22	Payé à Duchaume, caporal, solde.	2784	65
	22	Payé à Evesque aîné, ordre Terson	500	15
	22	Payé à veuve Dirat, sur reçu, à-compte.	8000	»
	23	Payé à F. de Sainte-Marie, sur reçu, à-compte.	800	»
	24	Payé à de Boyer, conseiller, sur reçu, à-compte.	1000	»
		M. de Boyer a compté dans l'intervalle.		
	24	Payé à Petit, juge de paix, sur reçu, à-compte.	1000	»
	25	Payé à Poque frères, sur reçu, à-compte.	2000	»
	26	Payé à Fouet, acquit d'un bon, solde.	20251	10
	28	Payé à Pouges frères, sur reçu, à-compte.	87	36
	28	Payé à Solomiac (4000 fr. non port. en cais.).		
	29	Payé à J. Simounet, ordre Douladoure, à-compte.	1800	»
	29	Payé à Raymond, frotteur, à-compte.	300	»
	29	Payé à Verdier, sur reçu, à-compte.	1000	»
	30	Payé au comte de Juilliac, sur reçu, à-compte.	3100	»
	30	Payé à Poque frères, sur reçu, à-compte.	1000	»
	31	Payé à Amilhau aîné, sur reçu, à-compte.	600	»

Oct.	31 Payé à Mme de Varroquier, sur reçu, à-compte.	500	»
	31 Payé au comte de Juilliac, chez Dupuy, à-compte.	2000	»
	31 Payé au baron de St-Vincent, sur reçu, à-compte.	1500	»
	31 Payé à Patrice, solde du compte de Casteran, solde.	1363	50
Nov.	2 Payé à Mme Lanneluc, sur reçu, à-compte.	774	90
	2 Payé à Scudier, de Villefranche, à-compte.	1000	»
	4 Payé à Mme Sophie Geraud un bon, solde.	2394	75
	4 Payé à Mme de Saint-Simon d'Ayguevives, à-compte.	1000	»
	4 Payé à Viguier, notaire, à-compte. .	3000	»
	4 Payé à de Chastaigné, sur un bon, solde.	3028	25
	5 Payé à la baronne de Cassagne, sur reçu, à-compte.	6000	»
	5 Payé à Lafont de Parterieu, sur reçu, à-compte.	1000	»
	6 Payé à Solomiac, sur reçu, solde.	3153	45
	6 Payé à Marcelin Durand, ordre Lacombe, à-compte.	750	»
	6 Payé à Mme de Loubensens un bon, solde.	396	10
	7 Payé à Germain Fornier, à-compte	200	»
	7 Payé à Mme de Varroquier, à-compte.	1000	»
	7 Payé à F. de Sainte-Marie, sur reçu, à-compte.	6000	»

7 Payé à Ardenne, compté à Darieux, à-compte.	4000	»
8 Payé à Labroue, sur reçu, à-compte.	519	50
8 Payé à P. Constans, sur reçu, à-compte.	1000	»
9 Payé à Marcelin Durand, ordre Figarol, à-compte.	500	»
11 Payé à Hip. Massol, sur reçu, à-compte.	400	»
11 Payé à Mme Saint-Simon d'Ayguevives, à-compte..	500	»
	156,951	30

Dans ce compte se trouvent réunis les paiements effectués dans cette période, d'après les livres et d'après les quittances ou les récépissés.

On peut voir de quelle façon procédait ce banquier, et si l'on peut considérer comme payant ses dettes, celui qui force son créancier à recevoir un paiement partiel, à la place de la somme intégrale dont l'exigibilité est advenue.

Là donc, et dans ce fait se révèlent encore l'impuissance de Fornier et sa cessation de paiements.

On a beaucoup parlé, il est vrai, dans les plaidoiries, d'une somme de 36,000 fr. payée à Mme de Gardouch, de 37,000 fr. comptée à M. Laval, et d'une somme bien moindre, remise à la sœur Chagny.

Ces trois paiements proclamés avec un éclat inaccoutumé, démontraient à eux seuls, suivant M. Cibiel, l'inadmissibilité et presque l'absurdité du système de la faillite.

Peut-être y avait-il imprudence à insister à cet égard avec une telle énergie ?

Savez-vous, pour Laval, comment au 6 septembre a été fait ce paiement ? M. Laval avait déposé chez M. Fornier une somme de 37,000 fr., dont celui-ci se trouvait par conséquent débiteur. Le créancier acheta le domaine de Gragnague, sur lequel Fornier avait une hypothèque privilégiée à concurrence d'une somme qui, par suite d'une contribution à laquelle le soumit un arrêt de la Cour, fut réduite à 36,000 fr. Il se trouvait ainsi créancier à son tour de Laval, par qui était dû le prix sur lequel avait été accordée l'allocation, pour une somme à peu près égale au montant de sa dette.

En conséquence, une compensation s'établit entre eux, et Fornier fit, le 6 septembre, à M. Laval, une quittance publique de ce qui lui était dû, sans rien recevoir, et porta, d'un autre côté, sur ses livres, comme éteinte, la dette qui lui était personnelle.

Mais plusieurs mois avant ces écritures, destinées à constater leur libération respective, leur créance et leur dette se trouvaient éteintes réciproquement par la compensation.

Pour Madame de Gardouch, 36,000 fr., dit-on, lui ont été comptés. Mais comment a-t-on eu le courage de rappeler le souvenir de ce paiement qui établit si bien la pénurie de Fornier ? Savez-vous avec quoi a été soldée cette dette ? Ce n'est pas, nous en convenons, avec ces mauvaises valeurs que tant d'autres ont reçues ; mais Fornier, qui était dans la détresse la plus profonde, et dont toutes les ressources étaient plus qu'épuisées, fut contraint de lui donner, à la place des écus demandés, *des actions sur la Banque de Toulouse*. Lorsqu'un commerçant en est arrivé à ce degré de pénurie, et que pour payer ses dettes il donne ou des marchandises, ou des immeubles, ou du mobilier, ou des valeurs de même genre, non seulement il ne prouve pas qu'il remplisse ses engagements selon l'esprit de la loi commerciale, mais il constate lui-même, de la façon la plus éclatante, son état de faillite.

La sœur Chagny !..... A-t-on oublié que les sommes dues à raison de ce Fornier, étaient la propriété des salles d'asile et constituaient un véritable dépôt? Que le paiement était, non seulement pour lui, mais pour sa famille, un devoir sacré dont l'inaccomplissement eût été de nature à entraîner les conséquences les plus désastreuses. Et l'on conçoit très bien que sa femme, que son fils, qu'il a eu, avant de succomber, le talent d'enrichir, aient compris la nécessité de se soumettre à ce léger sacrifice.

Mais de ce paiement on ne saurait introduire non plus aucune conséquence. Et c'est à cela pourtant que se réduisent et les considérations et les faits qui, sur ce chapitre, ont été si longuement développés par nos adversaires.

Réduits à leur juste valeur, ils se retournent contre ceux-là mêmes qui voulaient nous les opposer.

Il nous reste à dire quelques mots sur les résidus de la caisse.

§ 6.

DES RÉSIDUS DE CAISSE.

On a jugé convenable de nous apprendre que ces résidus ne donnaient point le tableau fidèle de la situation du négociant qui garde habituellement dans son portefeuille une portion considérable des traites qui s'y trouvent, et ne remet à son caissier que celles dont le recouvrement lui paraît utile pour le paiement des obligations venant à échéance dans la journée.

Cette observation peut être vraie, et au nom des syndics, il n'a jamais été allégué que ces résidus dussent être considérés comme représentant l'entier actif du sieur Fornier. Ils n'ont, eux, parlé de ce fait que pour répondre aux argumentations que l'on s'efforçait d'en déduire contre leur système, et non pour y puiser une preuve de la faillite si victorieusement établie par tant d'autres circonstances.

C'est M. le juge-commissaire, si malheureux dans ses calculs, quand il s'occupait des paiements opérés dans les quatre derniers mois, qui a soulevé cette singulière objection.

Suivant lui, le chiffre quotidien de ces résidus constatait la situation prospère du sieur Fornier jusqu'au jour où a été déclarée sa faillite; car, la veille encore, il y avait un résidu, et le jour de la déclaration, il a été trouvé dans son coffre la somme de 5 fr. 25.

Tout d'abord, il a été répondu qu'il fallait se garder de confondre dans ces résidus, que mal à propos M. le commissaire avait présentés en bloc, ce qui consistait en numéraire, et ce qui consistait en effets ou lettres de change échues.

Or, cette première précision enlevait à l'argument toute sa force; car il résultait des feuilles servant de base aux calculs du rapport, que le numéraire ne figurait là que pour une faible partie. Un tableau, trop long pour trouver place dans ce mémoire, en a été dressé, et il établit que le numéraire disponible était bien souvent réduit à des sommes d'une modicité affligeante, et qui contrastent douloureusement avec l'énormité des obligations à remplir.

Nous avons dit, en outre, qu'il fallait d'autant mieux distraire, de ces résidus, les lettres de change retirées de la circulation, que l'on avait portées dans les colonnes de recettes, servant, après la balance des paiements, à la formation du reliquat, des effets qu'il fallait rendre, qui n'appartenaient pas à Fornier, qui étaient une non-valeur dans ses mains, et qu'il était tenu de restituer aux souscripteurs dont il avait reçu le renouvellement.

Qu'objectait-on à cet égard? — Que les valeurs échues étaient du numéraire, puisque immédiatement réalisables, elles offraient une ressource aussi actuelle et aussi sûre que lui. Nous répondons que cela serait vrai si ces effets avaient été payés par Fornier lui-même, et avec ses propres deniers. En les rendant, dans ce cas, il eût été en droit d'exiger le remboursement du souscripteur. Mais cela n'est plus admissible, lorsque les souscripteurs étaient les Petitpied, les Bors, les Recoules et autres, de qui avaient été déjà reçus les renouvellements.

Ainsi doit être victorieusement démontrée l'exactitude de l'appréciation faite à cet égard par le tribunal de commerce, dont les membres, avant de prononcer, se sont livrés à de si longues études.

Et puis, que signifient ces faibles résidus, quand d'un autre côté on porte son attention sur les effets qui, tous les jours, se trouvaient en souffrance.

En septembre, Fornier ne payait ni Cibiel, ni la Banque, et son agenda constate la somme énorme qui, tous les jours, sous ces rapports divers, demeurait impayée.

En octobre, la situation était la même, et le 31 de ce même mois, date du second acte de crédit obtenu de Fornier, son arriéré à la Banque se portait à 77,000 et quelques cents francs.

D'autre part, on a vu si les autres créanciers étaient traités avec plus de faveur, et si droit était fait à leurs réclamations.....

Et maintenant, de ce que Fornier avait dans sa caisse tantôt quelques milliers de francs, et d'autres fois, comme dans les premiers jours de novembre, 45, 70, 46 et 72 fr., pourra-t-on conclure que sa faillite n'existait pas?

Ajoutons que les résidus signalés dans le rapport se trouvent singulièrement grossis par une somme de 1,656 fr. portée toujours à la colonne des recettes, et qui n'était autre chose, comme l'a reconnu le Tribunal, qu'un déficit dont la cause remontait à une époque déjà ancienne.

Et ce n'est pas, comme on l'a supposé dans les plaidoiries, une seule fois que cette somme de 1,656 fr. devrait être distraite de la masse totale des résidus ablotés ensemble. Mais, comme par le report de la veille, cette somme se retrouve chaque jour à la colonne de l'actif, c'est de chaque addition partielle qu'il faudrait aussi la distraire.

Mais c'est accorder trop d'importance sans doute à une considération qui est d'une nature si accessoire, et nous ne rappellerons même pas, pour compléter la réfutation, la comparaison des résidus de 1840 et 1843, avec ceux de 1844, durant les mois spéciaux pour lesquels le relevé a été fait dans l'intérêt de nos adversaires.

Nous avons hâte d'arriver à des faits d'une bien autre importance, et qui réclament de notre part un examen tout autrement sérieux. Le moment est venu de discuter les deux actes d'ouverture de crédit, dont M. Cibiel et la Banque se trouvent aujourd'hui porteurs.

§ 7

DE L'ACTE DE CRÉDIT DE M. CIBIEL.

Aux yeux des syndics, l'une des plus fortes preuves de la déconfiture de Fornier, en septembre 1844, et tout au moins au premier octobre de cette même année, c'est l'acte de crédit de 350,000 fr. avec constitution d'hypothèque sur tous ses biens, qui, le 21 du mois de septembre, est intervenu entre lui et M. Cibiel. Pourquoi, de la part de ce dernier, une exigence de cette nature, si les circonstances décisives ne lui avaient signalé l'imminence de la catastrophe qui allait s'accomplir ? Fornier n'était-il donc plus le banquier opulent, à qui sans distinction tout le monde accordait une confiance aveugle, et que le commerce toulousain surtout accepait comme l'un de ses membres privilégiés, dont la situation pécuniaire ne pouvait éveiller les sollicitudes de l'esprit le plus soupçonneux ? Sa signature n'était-elle pas considérée naguère encore comme la plus solide des garanties, et le capitaliste ne dormait-il pas tranquille, après lui avoir remis des deux et trois cent mille francs en échéance d'un simple billet tracé de sa main sur un chiffon de papier ?

Son entrée dans la carrière commerciale remonte à plus de quarante années, et dans le cours de cette longue vie, maintes fois agitée par les crises qui, si souvent, jettent l'émotion et le trouble dans le commerce de la cité, il n'a jamais vu l'ombre même d'un sentiment de défiance s'élever jusqu'à lui, et ses immeubles n'ont jamais été soumis à d'autre droit hypothécaire qu'à celui créé par la loi en faveur de son épouse.

D'où vient donc qu'au mois de septembre cette garantie

va être impérieusement exigée de lui, et qu'il se résigne à la subir ? — Ne faut-il pas que dans sa position se soit opérée une modification profonde qui a fait sentir à l'un le besoin de réclamer, et imposé à l'autre l'obligation d'accepter une condition à laquelle, dans aucun temps, on n'avait jamais songé à le soumettre ?

Et ce fait déjà ne révèle-t-il point chez celui qui exige l'hypothèque une parfaite connaissance de la situation pécuniaire de celui qui la promit ?

Vainement viendra-t-il nous dire qu'au moment de livrer des capitaux considérables, et au milieu d'une crise qui devait exciter les alarmes de tout homme prudent, la raison seule lui prescrivait de prendre ses mesures pour mettre ses intérêts à couvert. Dans les opérations commerciales, rarement l'hypothèque est demandée à celui auquel on prête ses capitaux, et si celui-là surtout se nomme Fornier, et que le bailleur de fonds soit M. Cibiel, c'est-à-dire son vieil et intime ami, il ne sera pas possible d'expliquer comment la chose a pu être faite.

A ce fait on ne pourra trouver d'autre cause que la déconfiture connue, et le désir de se soustraire à ses conséquences.

Mais cette cause se produira avec un degré de certitude plus décisif encore, s'il est établi que la majeure partie de la somme mentionnée dans l'acte apparent du crédit du 21 septembre, était due entièrement à Cibiel, et si cet acte n'a eu d'autre but que de procurer à une dette préexistante, une garantie hypothécaire, sans laquelle on courait de sérieux dangers.

Y aura-t-il place même possible au doute, si la vérité de la préexistence de la dette se trouve par les faits et les actes victorieusement établie ? — Y a-t-il un seul magistrat qui hésitât à faire remonter la faillite, en puisant dans la constitution d'hypothèque une preuve de son existence, si dans l'acte il avait été dit tout simplement que M. Cibiel, éprouvant des craintes sur le remboursement de la somme qui lui était due, à cause des embarras financiers de son débiteur, exigerait, pour sauver sa créance menacée, une garantie hypothécaire, dont la concession lui était faite à l'instant? Quelle eût été la valeur d'un contrat semblable avant la faillite déclarée? Est-il un magistrat au monde qui eût hésité à en prononcer l'annulation, et à proscrire avec scandale ces sortes de combinaisons que le législateur nouveau surtout s'est si ardemment attaché à prévenir? Trop souvent, malgré les prohibitions de la loi, on voit apparaître, au jour des catastrophes commerciales, de pareils contrats destinés à briser l'égalité qui doit s'établir entre tous les individus mêlés à ces tristes événements; et les tribunaux ont le soin, par de sévères décisions, de rappeler au véritable esprit de la loi ceux qui, obéissant à un sentiment d'égoïsme, avaient de la sorte essayé de ne point subir leur part de la perte commune.

Or, les syndics prétendent que la qualification d'ouverture de crédits donnée au contrat du 21 septembre, est un mensonge sous lequel on a voulu dissimuler ce qu'aurait eu d'illégal une franche et brutale constitution d'hypothèque; et si la preuve en est rapportée, on conviendra que la justice ne saurait s'armer de trop de rigueur pour l'atteindre et pour la frapper.

Au point de vue seul de la moralité de la cause, on aurait dû s'empresser de le reconnaître; et ce n'est pas sans une douleur sincère, que nous avons entendu M. Cibiel, par l'organe de son défenseur, refuser l'alternative si franche et si loyale que nous avons proposée dès l'abord.

Selon nous, si le contrat du 21 septembre est un acte de crédit dans la véritable acception de ce mot; s'il se référait à l'avenir et non pas au passé, comme nous l'avions cru jusqu'à ce jour; si M. Cibiel en a remis le montant, soit en espèces, soit en valeurs, souscrites ou endossées par lui, il serait souverainement inique de lui en enlever les avantages. Quelle que soit la date assignée à la faillite, il devra toujours sortir à effet et produire toutes ses conséquences.

Mais si au contraire la dette était antérieure; si les valeurs ou le numéraire n'ont pas été remis, la morale et la justice réclament de concert l'annulation du titre menteur qui nous est opposé.

C'est dans ces termes que doit être et que sera posée la question par la Cour. Examinons-la donc sous ce point de vue.

Et d'abord, quelle était, à l'époque où l'acte fut consenti, la situation de Fornier, considérée d'une manière générale ? — M. Cibiel pouvait-il croire qu'il était en plein crédit, et ne pas même concevoir des alarmes sur son avenir ?

L'affirmative a été soutenue avec une insistance qui rend de notre part une réponse nécessaire. On a dit :

« Si vous jetez un coup-d'œil sur les livres de Fornier à cette époque, et dans les mois qui suivent...... qu'y verrez-vous ? Une activité commerciale insolite, et non pas ce ralentissement qu'à bon droit on pourrait considérer comme le signe précurseur de la cessation de la vie. Consultez ses écritures, ajoute-t-on, et dans aucun temps de sa longue existence, on ne trouvera un mouvement plus rapide imprimé à des opérations plus nombreuses.

« Comment M. Cibiel, d'un autre côté, aurait-il pu éprouver des craintes, quand il voyait Fornier admis aux escomptes de la Banque, et que ce fait seul devait témoigner du crédit dont il était environné.

« Fornier lui-même, enfin, n'avait-il pas tout récemment ouvert sur garantie hypothécaire un crédit de 50,000 fr. pour sa part à la maison Delort, Decamps et Camboue? et celui qui prêtait en juillet à cette maison l'appui de sa signature, pouvait-il être considéré lui-même comme étant près de tomber en faillite?

« Or, un acte qui se produit au milieu d'une situation pareille, ne doit-il pas échapper au soupçon des esprits même les plus défiants? »

Les syndics répondent que si dans les derniers temps le mouvement des affaires a subi cette impulsion fébrile dont on argumente, et que les livres attestent, la cause en est justement aux deux actes de crédit de M. Cibiel et de la Banque, qui exigeant des renouvellements insolites, les effets venant à échéance à des délais fort courts, nécessitèrent cette masse d'écritures où l'on voudrait trouver aujourd'hui la preuve d'une existence commerciale en réalité irrévocablement éteinte. Motivé par vos deux actes, et par la négociation des effets destinés à déguiser leur véritable nature, ce mouvement factice est loin d'établir que le affaires de Fornier n'eussent éprouvé ni ralentissement ni langueur. On le voit, dès qu'un effet ayant une valeur réelle se trouve dans son portefeuille, l'échéance fût-elle à trois ou quatre jours de date, l'envoyer à la Banque, et coucher sur ses livres ces étranges opérations qui peignent si bien son entière déconfiture. Que l'on ne s'y trompe donc pas, cette multiplicité d'opérations qui signalent la fin de la carrière commerciale du sieur Fornier, appréciées comme elles doivent l'être, est l'un des indices les plus puissants de l'état de faillite, et sert merveilleusement, en outre, à révéler le véritable caractère des actes qui nous occupent.

Mais il était admis aux escomptes de la Banque !..... Ignore-t-on que M. Fornier etait lui-même l'un des régents; que chaque membre de cette compagnie était un ami intime, lié avec lui par de longues et anciennes relations; qu'enfin son admission aux escomptes datait d'une époque bien antérieure au mois de septembre, et qu'engagée avec Fornier déjà pour des sommes extrêmement considérables, la Banque ne pouvait rompre brusquement sous peine de compromettre le sort de sa créance qu'à tout prix, et avant tout, elle voulait sauver ? Cette admission aux escomptes, en septembre, n'était donc pas une preuve de confiance volontaire dans un crédit déjà perdu, mais une nécessité impérieuse dont il n'était pas possible de s'affranchir.

Mais il ouvrait lui-même un crédit à des tiers ?.... A quelle époque ce contrat fut-il passé? — Deux ou trois mois avant le jour où d'après nos conclusions subsidiaires doit remonter la faillite, puisque d'après ces conclusions c'est le premier octobre qui est demandé, et que l'acte fut passé en juillet. Et d'autre part, de quelle importance pourrait être, pour la solution de la difficulté actuelle, un traité de cette nature? — Est-ce qu'il a assujetti Fornier à débourser un centime? Nullement. Car les effets tirés par la maison Delort, Decamps et Camboue avec la garantie de la constitution hypothécaire qui en assurait le remboursement, étaient négociés de suite après leur émission par Fornier qui, de la sorte, en recevait la contre-valeur, et ne se trouvait pas en avance d'un centime.

Et si cette négociation s'opérait sans efforts, ce n'était pas le crédit de son nom qui rendait l'opération facile, mais bien la mention de l'hypothèque établie par le dé-

biteur principal, dont l'existence procurait à l'accepteur
l'avantage d'une valeur commerciale, protégée par une
convention civile.

Ainsi, lorsque M. Cibiel argumente de ces circonstances diverses pour en induire la preuve de sa sincérité,
et de la confiance qu'il devait avoir dans la situation
financière du sieur Fornier, il ne produit que des considérations trompeuses, et dont la futilité ne résiste pas
au plus léger examen.

Mais nous ajoutons que les faits les plus graves lui
avaient au contraire révélé, par des signes non équivoques, le véritable état des choses, et que personnellement il en avait une connaissance positive.

D'un côté, dans le cours du mois de septembre, Fornier ne pouvait plus retirer de la Banque les effets portant
sa signature, qui chaque jour venaient à échéance. Son
agenda constate jour par jour quel était le chiffre de ses
effets en souffrance, et l'article du lendemain, qui n'est
qu'une suite de celui de la veille, prouve que ce dernier
n'a pas pu être acquitté. On semblait dire à l'audience
que la rature de certains de ces articles devait faire
supposer la libération. C'était une erreur bien évidente ;
car s'il en était ainsi, il faudrait admettre que les articles qui se succèdent dans l'agenda, relativement aux
traites à retirer de la Banque, composaient chacun un
capital indépendant de celui qui le précède et de celui
qui le suit, ce qui serait absurde, puisque, s'ils devaient
concourir à former un tout unique, on trouverait que
Fornier, en septembre seulement, avait eu à payer plus
de deux millions à la Banque.

La vérité n'est point là ; mais ce qu'il y a de certain,
c'est que les effets échus le premier septembre, n'étant
point retirés, on y ajoutait le lendemain ceux qui ce
jour-là venaient à échéance à leur tour, et l'on compo-

sait un chiffre total qui les comprenait tous. Il suffit, du reste , de lire l'*agenda* pour être convaincu.

En voici l'extrait :

Extrait de l'Agenda.

2 septembre.	Banque à retirer. . .	23,000 fr.
3 —	—	79,000 fr.
4 —	—	100,000 fr.
5 —	—	80,000 fr.
6 —	—	55,000 fr.
7 —	—	72,000 fr.
9 —	—	78,000 fr.
10 —	—	57,000 fr.
11 —	—	57,000 fr.
12 —.	—	64,000 fr.
13 —	—	83,000 fr.
14 —	—	51,000 fr.
17 —	—	69,000 fr.
18 —	—	83,000 fr.
20 —	—	94,000 fr.
21 —	—	94,000 fr.
23 —	—	94,000 fr.
24 —	—	88,000 fr.

Reste donc que pendant tout ce mois de septembre , et à partir du 2, l'impuissance de Fornier était établie d'une manière non équivoque ; son énorme arriéré en était aux yeux de tous la plus concluante des preuves.

Et pour Cibiel surtout, le doute n'était même pas possible. Car il est lui aussi un des régents de la Banque ; il n'ignorait pas dans quelle situation se trouvaient les opérations de Fornier avec cette compagnie dont les membres principaux avaient témoigné de vives sollicitudes. Il était donc plus que tout autre fixé sur l'imminence de la déconfiture.

Des faits qui lui étaient personnels auraient, au besoin, dessillé ses yeux s'il n'avait pas voulu les ouvrir. Dans le cours de ce mois de septembre, non seulement Fornier ne payait pas la Banque, mais il était dans l'impuissance d'acquitter 56,048 fr. d'effets que M. Cibiel avait endossés par pure complaisance, et son dénûment était si profond, qu'il fut contraint de laisser payer par son ami, qui n'était nullement obligé, une dette à lui exclusivement personnelle.

M. Cibiel pouvait-il ignorer ce fait, dans lequel il avait joué un rôle principal, et ce fait n'était-il pas un indice éclatant de la faillite ou de l'impossibilité où Fornier se trouvait d'acquitter ses engagements?

De plus, M. Cibiel pouvait-il ignorer les graves motifs qui nécessitèrent, le 20 septembre, les billets de complaisance souscrits par Evesque?

Et à la vue de toutes ces circonstances géminées, si graves et dont il avait une connaissance positive et nécessaire, pouvait-il douter un instant de l'existence de la faillite?

Toutefois c'est au milieu de ces circonstances elles-mêmes, qu'il accepte la constitution d'hypothèque du 21 septembre.

N'est-il pas vrai que toute conscience honnête est involontairement saisie d'un pénible soupçon, et qu'avant même d'avoir examiné l'acte dans ses détails, on est pour ainsi dire convaincu qu'il manque de sincérité.

Eh bien! ce soupçon qui nous assiège tous, va être converti en une preuve irrécusable par les faits les plus concluants.

Nous disons à M. Cibiel : au 21 septembre, vous étiez créancier de M. Fornier pour des causes diverses, à concurrence d'une somme de 234,151 fr. 25 c. Le non-paiement des effets, qui dans les premiers jours de ce même mois étaient venus à échéance et dont vous n'étiez que l'endosseur complaisant, fit naître dans votre esprit de sérieuses inquiétudes ; vous désirâtes dès lors placer votre créance sous la protection d'une garantie hypothécaire. Mais un acte pareil, intervenu à une pareille époque, aurait été brisé par les tribunaux, et dès lors l'hypothèque destinée à garantir une créance antérieure, fut dissimulée ou déguisée sous la forme d'un acte de crédit. Pour assurer le succès de cette combinaison, après la passation de l'acte, vous avez rendu à Fornier les effets constitutifs de votre créance primitive, et à la place, vous avez reçu de lui des effets nouveaux, mentionnant qu'ils ont pour cause l'exécution de l'acte de crédit ; vous avez multiplié à dessein les écritures et les renouvellements pour faire perdre la trace de l'opération réellement intervenue. Dans ce but, vous avez fréquemment, presque toujours, couché sur vos livres des paiements faits en numéraire à Fornier, tandis que vos remises ne consistaient qu'en lettres de change échues et se référant à votre créance primitive. Grace enfin à ces combinaisons diverses, il s'est rencontré que pas une obole ne vous était due chirographairement à l'époque de la faillite, et que votre ancienne créance s'est trouvée placée sous la garantie d'un droit hypothécaire. Ce résultat seul suffirait au besoin pour déceler le véritable esprit de l'acte du 21 septembre.

Qu'a-t-il été répondu à ce système dont les écritures démontrent si bien le fondement ?

En premier lieu, que d'après les comptes, au 21 septembre, M. Cibiel n'etait créancier de Fornier que pour une somme de 385 fr. et quelques centimes. Si ce fait est vrai, il faut en convenir, notre argumentation pêche par sa base , et les syndics seront les premiers à reconnaître l'injustice de leurs prétentions. Mais si, au contraire, les comptes indiquant ce reliquat si minime, n'ont été imposés à Fornier que pour colorer l'acte du 21 septembre et lui donner une cause trompeuse destinée à surprendre la bonne foi des tiers intéressés à le combattre ? — Dans ce cas, il est clair que, loin d'être affaibli, notre système empruntera une force nouvelle à cette combinaison qui démontre de plus en plus la conviction où étaient les contractants de la fraude légale qui allait être commise.

Or, dans la vérité des choses, quelle était la situation de M. Cibiel relativement à Fornier ?

En premier lieu, il était créancier pour bons directs, souscrits par celui-ci, non encore acquittés, et qui furent renouvelés même dans les premiers jours de septembre, d'une somme de. . . . . . . 15,000 fr.

Secondement, il était créancier aussi, pour des bons portant la signature de MM. Fouque et Arnoux, et négociés par Fornier, qui en avait fait sa dette personnelle et envoyait les renouvellements à mesure des échéances, pour une somme de. . . . . 34,000 fr,

Sur ces deux chiffres on n'élève plus aujourd'hui de contestation.

En troisième lieu il était créancier pour des effets négociés à la Banque, avec sa signature, qu'il avait donnée par pure complaisance, plusieurs mois avant le mois de septembre, pour une somme de. . . . . · . . . . 183,964 fr. 45 c.

Ce qui forme un total de. . . . 234.151 fr. 25 c.

M. Cibiel refuse, il est vrai, d'admettre le dernier de ces chiffres, celui qui se réfère à ses endossements de complaisance. Ce n'est pas sur la somme elle-même qu'il conteste ; mais d'après lui, il n'était pas et e p ouvait pas se considérer, à raison de ces endossements, comme créancier du sieur Fornier.

Cette critique est-elle juste et sérieuse ?

Pour une partie de ces effets, dès le 21 septembre même, la créance était acquise, puisque M. Cibiel avait été contraint de les retirer et d'en opérer le paiement entre les mains de la Banque qui en était porteur. On a vu que réunis, ils s'élevaient à une somme de 55,048 fr.; et pour les autres, il n'était que trop clair que l'obligation résultant de l'endossement ne manquerait pas de produire toutes ses conséquences. Le passé était une indication positive de ce que réservait l'avenir, et quoique purement éventuelle, la créance de M. Cibiel n'en était pas moins certaine à ses yeux.

Aussi n'est-ce pas sans étonnement que nous avons entendu soutenir, par l'organe de son défenseur, que les lettres de change par lui complaisamment endossées, et échues après l'acte de crédit, avaient été probablement acquittées par les souscripteurs, et que sa caisse n'avait été nullement contrainte d'intervenir pour le paiement.

Il nous semblait qu'une telle assertion n'aurait pas dû être hasardée au nom de M. Cibiel. Et, en vérité, quand on l'a vu forcé de payer avant le 21, 55,000 fr. de ces traites, il est difficile de croire que postérieurement il n'en ait plus été ainsi; peut-être a-t-il pensé que ses écritures étant muettes sur ces paiements, il pouvait sans crainte en dénier l'existence. Mais il est heureusement suppléé au silence des siennes, par celles de Fornier lui-même, qui pour une portion notable, du ·moins, contiennent des indications suffisantes.

Or, la Cour verra dans le tableau remis à l'appui, que la majeure partie de ces effets a été payée réellement par M. Cibiel, et que ceux sur lesquels les livres de Fornier ne se sont pas nettement expliqués, portaient des signatures telles qu'il est impossible que les tireurs en aient fait le paiement.

Mais en admettant cette proposition comme vraie, et M. Cibiel sait fort bien que consciencieusement la dénégation en est impossible, il dit que, dans tous les cas, l'acte hypothécaire ne pouvait avoir pour but ces créances, à cause de l'excellence des signatures qui précédaient la sienne.

Ces signatures, nous les avons ; et sans nous livrer à des commentaires qui pourraient blesser des susceptibilités légitimes, il est de notre devoir d'en citer quelques-unes, laissant à la Cour le soin de déterminer celles qui pouvaient offrir à M. Cibiel un gage sérieux de sécurité.

On a cité avec complaisance quelques noms qui ne devaient en aucune sorte faire sentir à M. Cibiel le besoin d'obtenir une hypothèque contre Fornier, et dont la garantie, puisqu'ils étaient obligés principaux, devait être pour lui pleinement rassurante. Tels sont MM. Robert-Mofras, Vivent et Evesque. Certes, nous sommes loin de dénier la valeur de signatures semblables, et on a eu raison de dire qu'alors, comme aujourd'hui, leurs effets seraient reçus par le banquier le plus soupçonneux comme du numéraire. Aussi est-il hors de doute que si M. Cibiel n'avait endossé que des effets revêtus de pareilles signatures, l'acte de crédit, qui fait l'objet du procès, n'aurait jamais pris naissance.

Mais pourquoi ne choisir, dans la nomenclature communiquée à l'adversaire, que les noms honorables qui viennent d'être cités ?

N'y avait-il donc pas à la Banque revêtus de l'endossement de M. Cibiel, 30,000 fr. d'effets tirés par Recoules ; 22,591 fr. souscrits par MM. Fouque et

Arnoux, indépendamment des 34,000 fr. portant la même signature dont il a été déjà question ; 10,133 fr. 30 c. souscrits par Petitpied et Lacombe ; 17,000 fr. tirés par MM. Gauran frères ; 2,048 fr. dont Bors était le tireur ; et enfin 1,500 fr. souscrits par le sieur Paya ?

A Dieu ne plaise que notre dessein soit d'attaquer l'honneur de ces divers signataires....; mais enfin ne peut-on pas sans injure supposer que M. Cibiel, qui avait mis sur ces lettres de change sa signature après celle de Fornier et la leur, pût éprouver quelques craintes sur les conséquences de la garantie qu'il avait souscrite ? Pouvait-il être bien assuré qu'à l'échéance ces tireurs seraient tous d'une exactitude scrupuleuse à remplir leurs engagements ? Si ces traites lui avaient été offertes en l'absence de la signature de Fornier, les aurait-il reçues en échange du numéraire qu'il aurait fallu compter à la place, et les accepterait-il encore si elles étaient proposées ? La haute prudence qui l'a constamment inspiré dans ses nombreuses entreprises, nous est un sûr garant du contraire.

S'il remit son endossement donc, c'est parce que la situation de Fornier n'avait éprouvé encore aucune atteinte fâcheuse, et que cette signature, précédant la sienne, éloignait de son esprit toute espèce d'alarmes.

Et lorsque le mois de septembre vint lui révéler l'état de déconfiture dans lequel était tombé son ami, à la place de sa signature qui n'avait plus de valeur, il exigea une hypothèque que son débiteur, dont le sort était complétement sous sa dépendance, ne pouvait lui refuser.

Que l'on ne cherche donc point à repousser notre système sur le caractère véritable de l'acte du 21 septembre, en invoquant la valeur des signatures apposées sur les traites dont M. Cibiel était endosseur.

S'il en était quelques-unes dont les souscripteurs offrissent une garantie réelle, le plus grand nombre se trouvait dans une catégorie toute différente, et dès lors l'exigence de l'hypothèque de la part de celui qui, pour le paiement, ne pouvait plus compter ni sur Fornier, dont la situation déplorable lui était parfaitement connue, ni sur les obligés principaux, ne se conçoit que trop aisément.

Ajoutons que, ni les chiffres, ni les noms que nous venons de citer, ne peuvent être combattus. Ils sont littéralement extraits des livres de Fornier ; et l'exactitude du tableau joint aux pièces, qui a été communiqué à nos adversaires, n'a été jusqu'à ce jour du moins l'objet d'aucune critique.

Et si l'on veut rapprocher de ce tableau lui-même l'état qu'a fourni M. Cibiel, des traites dont il était porteur à l'époque de la faillite, après les renouvellements géminés qui intervinrent dans l'intervalle séparant le 21 septembre, date de l'acte de crédit, du 14 janvier, jour de la déclaration, on les voit se confirmer pleinement l'un par l'autre.

Les effets soumis à la vérification, et présentés comme protégés par l'hypothèque, sont les suivants :

1	49,539 90	Petitpied et Lacombe.
2	33,943 24	Lafont et Samie.
3	6,169 31	Forasté aîné.
4	1,083 37	Azay, capitaine des pompiers.
5	6,083 33	Paul et Cardeilhac.
6	7,345 81	Lore Duroux et Delhom.
7	3,102 17	Dario fils.
8	14,831 72	Recoules.
9	70,421 27	Bon de Fornier.
10	113,160 15	Fouque et Arnoux.
11	45,032 07	Delort, Decamps et Camboue.

On peut juger par ces renouvellements de la valeur des traites primitives dont ils étaient venus prendre la place, et s'il est possible de dire que l'hypothèque stipulée par M. Cibiel ne lui était d'aucune utilité.

Dirait-on, par hasard, que si les tireurs étaient mauvais, la solvabilité des premiers endosseurs devait bannir toutes craintes. On n'a pas essayé de l'alléguer dans les plaidoiries, et selon toute apparence l'objection ne sera pas faite. Malgré cela, peut-être convient-il d'en faire justice par une courte explication, ne fût-ce que pour donner la mesure des tristes expédients auxquels Fornier était tenu de recourir.

Les premiers endosseurs sont parfaitement connus, et leurs noms, qui figurent sur toutes les lettres de change, fixeront aisément la Cour sur le crédit dont ils étaient entourés.

S'agit-il des lettres de change tirées par Bors fils? — L'endossement émanait tour-à-tour d'Abadie, ou de Rivière, portefaix, attachés à son établissement, ou d'un nommé Molas, employé de l'octroi.

Est-il question de celles tirées par Lacroix fils? — Les trois individus qui viennent d'être nommés lui donnaient avec la même confiance et la même abnégation leur signature, qui jamais ne pouvait être compromettante pour leur fortune.

Veut-on parler de MM. Fouque et Arnoux? — C'étaient ou Jacoumet, ou Thévenin, ou Comminges, employés de leur fabrique, qui jouaient tour-à-tour le rôle de tireurs ou endosseurs, sans attacher à cette différence de qualité la plus légère importance.

Pour Petitpied et Lacombe, c'étaient Petitpied aîné ou Duclos qui signaient avec le même abandon, et la même certitude de ne pouvoir jamais être contraints au paiement.

C'est ainsi que les deux signatures n'en formaient en réalité qu'une seule, et que le nom du premier endosseur ne venait jamais apporter à la lettre de change une valeur nouvelle.

De ces explications résulte bien invinciblement, sans doute, la preuve que les endossements de M. Cibiel sur les traites de Fornier étaient compromettants pour lui; qu'ils avaient dû exciter pour l'avenir dans son esprit les craintes les plus sérieuses, et que si sa créance, pour une partie des endossements, n'était qu'éventuelle, elle était d'une si inévitable certitude, qu'il fallait songer à la garantir, comme si elle était d'ores et déjà acquise.

De là l'acte de crédit.

Et n'est-il pas certain, dès lors, qu'il s'appliquait, non pas à l'avenir, mais à une créance antérieure que l'on voulait mettre à couvert de l'application de la dure loi du dividende.

L'exécution donnée de cet acte est venue énergiquement confirmer les preuves d'ores et déjà acquises.

Que sont devenus les 15,000 fr. de bons de Fornier dus avant le 21 septembre ? Ont-ils été payés, et de quelle façon ?

Que sont devenus, d'autre part, les 34,000 fr. de billets de Fouque et Arnoux qui se trouvaient dans les mains de Cibiel, à cette même époque du 21 septembre? — Ont-ils été payés, soit par les souscripteurs, soit par Fornier qui en avait fait la négociation ?

Nullement ! — Mais quand leur échéance est venue, Cibiel, qui les avait dans son portefeuille, les a rendus à Fornier, et a écrit sur ses livres qu'il lui avait remis, non pas ses bons, mais du numéraire dont il s'est fait consentir un récépissé, en à-compte sur l'acte de crédit.

Et par le résultat de cette opération bien simple, ces

bons et ces effets qui ne constituaient au profit du porteur qu'une créance chirographaire, sont venus se
placer sous la protection de l'acte de crédit qui n'avait
pas été fait pour eux, puisqu'ils appartenaient au passé,
et que cet acte ne réglait que l'avenir.

Que sont devenues, d'autre part, ces traites endossées
par Cibiel au profit de la Banque, et qui le préoccupaient
si fort, à cause des paiements, qu'en septembre il se vit
obligé de faire pour le compte de Fornier devenu insol-
vable ?

Elles n'ont été pour la plupart payées, ni par les tireurs
qui étaient en grande partie dans l'impossibilité de le
faire, ni par Fornier dont on sait la situation. Mais Cibiel
encore, ainsi qu'il l'avait bien prévu, a été soumis au
paiement, et pour utiliser son recours, il a rendu ces
traites à Fornier qui les a reçues comme du numéraire,
et en à-compte sur l'acte de crédit. Et par l'effet de cette
seconde combinaison, cette créance aussi, dont la nature
était purement chirographaire, est venue profiter des
avantages de l'hypothèque qui n'avait été créée, aux
termes du contrat, que pour l'avenir, et non pour une
dette dont l'origine remontait à une époque antérieure à
son existence.

Le fait de cette restitution des effets par Cibiel, en sa
qualité d'endosseur, avec imputation sur le crédit ouvert
par l'acte du 21 septembre, est attesté encore par les
livres de Fornier où l'opération se trouve consignée avec
tous ses détails.

On a déjà vu quel a été le résultat de ces combinaisons
diverses. Celui qui le 21 septembre avait contre Fornier
des créances chirographaires pour 234,000 fr., n'en a
plus eu pour un centime au 14 janvier, date de la faillite.
Ce n'est pas que des paiements lui aient été faits pour
parvenir à l'extinction de la dette. Fornier n'en fesait

pas alors de cette importance. Bien au contraire, le chiffre de la créance de Cibiel s'est accru ; mais par suite d'une singulière transformation, elle ne s'est produite au jour de la faillite judiciairement déclarée, qu'accompagnée d'une hypothèque qui manifestement n'avait pas été constituée pour elle.

Ce fait, ce fait culminant parle avec trop d'énergie, et une trop décisive éloquence pour ne pas forcer la conviction de pénétrer dans la conscience la plus rebelle à l'ascendant de la vérité.

Et maintenant, de quelle importance pourront être les écritures commerciales faites pour déguiser l'illégalité de l'opération ? Nous ne pourrions être tenus de suivre les adversaires dans ce dédale dont ils se sont plu à augmenter les inextricables embarras, pour rendre plus difficile la découverte de la fraude. Si M. Cibiel n'avait pas redouté l'œil investigateur de la justice, il aurait probablement couché les échanges des valeurs qui s'opéraient entre Fornier et lui avec une sincérité parfaite. Au lieu d'écrire sur ses livres, aux échéances des billets qui lui étaient dûs avant le 21 septembre, qu'il avait compté du numéraire, il aurait tout naïvement constaté la remise de ces effets qui venaient d'échoir, et la réception de traites nouvelles portant mention de l'acte de crédit qu'il avait acceptées ou plutôt exigées à la place. Et aujourd'hui rien ne serait plus facile que de porter la lumière dans cette partie de la cause, et de suivre, jusqu'à leur extinction, la trace de ces billets eux-mêmes. S'il ne l'a point fait, c'est qu'un intérêt puissant lui commandait de suivre une marche différente. Cet intérêt, on ne l'ignore pas, était justement le désir de sauver sa créance antérieure.

A cette argumentation, il n'a pas été fait de réponse. Mais on a dit : M. Cibiel eût-il été assez impru-

dent, dans le but de sauver une somme de 200,000 fr
environ, pour compromettre un capital de 150,000 fr.
qu'en exécution de l'acte de crédit il allait ajouter à la
créance primitive.

On n'ignore pas combien cette objection est futile. M.
Cibiel, par ce traité, ne compromettait pas une obole.
Les biens de M. Fornier n'étaient grevés alors que de l'hypothèque légale de l'épouse , et l'inscription de M. Cibiel
se trouvait ainsi la première en date. Sous ce rapport
donc , point de perte possible.

Et quant à la nullité de l'hypothèque , chacun sait
qu'aux termes des art. 446 et 447 du Code de commerce,
le contrat à titre onéreux est maintenu , quoique fait
après l'époque à laquelle est remontée judiciairement
la faillite. Or, tel était incontestablement pour M. Cibiel
le caractère de l'acte du 21 septembre pour la portion
qui dépassait le chiffre de sa créance antérieure, et *il
était*, en conséquence, toujours certain de l'utiliser à cet
égard. Aussi ce mélange d'un crédit réel, avec une créance
déjà acquise , pour les confondre dans un seul acte et les
entourer ainsi des mêmes prérogatives , est-il l'un des
traits les plus dignes de remarque de la combinaison
dénoncée à la sévérité de la cour ? Il faut croire que
cette ruse nouvelle n'aura point le privilége étrange de
préserver ses auteurs des atteintes de la justice.

Mais, dit-on encore, M. Cibiel croyait si peu à la déconfiture de Fornier , et sa bonne foi était si grande que,
du 20 septembre au 28 octobre, il s'était mis déjà en
dehors pour une somme de 479,000 fr., dépassant ainsi
les limites de l'acte de crédit pour un capital de près de
130,000 fr.; que, depuis le 30 octobre jusqu'au 30
novembre , il se mit en dehors encore pour une somme
de 276,437 fr. 35 c.; et qu'enfin du 7 décembre au 23
décembre , il ajouta à toutes ses avances un capital de

171,795 fr. ; ce qui fait, si l'on réunit les trois chiffres, un total de 928,161 fr. 47 c. En présence de ce résultat, ajoute-t-on, est-il possible de dire que l'acte de crédit n'a pas été sincèrement exécuté, et que M. Cibiel avait déjà connaissance de la détresse de Fornier ?

Tel est l'argument dans toute sa force. Voici la réfutation. D'abord il faut faire disparaître, et notre contradicteur en a lui-même convenu à l'audience, le double chiffre de 276,437 fr. pour le mois de novembre, et de 171,795 fr. pour le mois de décembre. Ce ne sont en effet que des renouvellements qui feraient double emploi avec les premières remises. Il importe de ne pas se laisser éblouir par le total signalé dans le raisonnement des adversaires, et de rentrer dans la vérité des faits, pour asseoir nos calculs sur une base solide.

C'est donc 479,929 fr. qui, dit-on, ont été comptés par Cibiel, du 21 septembre au 28 octobre.

Quelle était la garantie hypothécaire qu'il s'était procurée ?.... Etait-ce uniquement l'acte du 21 septembre, par lequel une hypothèque de 350,000 fr. lui avait été promise ? Non certes : dès le 17 octobre il avait exigé une seconde hypothèque qui fut constituée en sa faveur, sur la maison de la *Bourse*, par le sieur Fornier fils se constituant caution solidaire de son père, à concurrence d'une somme de 60,000 fr. — C'était par conséquent une hypothèque de 410,000 fr. qu'il avait su se ménager ; et cette précaution nouvelle, prise à mesure que les fonds sortaient de la caisse, établit quelle était sa confiance dans la situation de Fornier.

Ce n'est donc plus une somme de 130,000 fr. qu'il aurait comptée en sus des hypothèques constituées, mais seulement 70,000 fr. Nous allons voir quelles étaient les mesures par lui prises quand il se mettait ainsi en dehors.

Mais ce qu'avant tout il faut examiner, c'est de quelle façon et en quelle monnaie ces 479,000 fr. ont été remis à Fornier.

Si vous prenez les livres de Cibiel, ce sera ou du numéraire, ou des traites par lui remises, et qui ont sans contredit la même valeur.

Mais si vous consultez les livres de Fornier, dans cet intervalle du 20 septembre au 28 octobre, tous les effets qui le constituaient débiteur envers M. Cibiel, avant l'acte de crédit, lui ont été rendus, et font partie intégrante de ces 479,929 fr. prétendus comptés. A partir du 28 octobre, tout donc était consommé, le but était atteint, et l'on avait opéré la transformation de la créance chirographaire antérieurement existante. Or, voilà le fait principal dont la Cour doit rechercher l'exactitude, et qu'avec les livres de Fornier il est facile d'établir.

Aussi, voyez M. Cibiel lui-même, quand il procède à la décomposition de son chiffre de 479,000 fr., ce qu'il trouve :

Pour remises, et ceci a été bien réellement donné... 191,000 fr.

Et le surplus, de quelle façon a-t-il été réalisé? En espèces, dites-vous?

Mais nous savons déjà quelle était dans votre langage de convention avec Fornier la portée de ce mot : vous appeliez *espèces* les effets antérieurs qui vous étaient dûs, soit en qualité d'endosseur, soit à tout autre titre, et au lieu de numéraire, c'était de vos vieilles créances que vous fesiez la remise.

Toutefois on insiste encore et l'on dit : mais en admettant même que les vieilles créances aient été données

en paiement de l'acte de crédit; en joignant à l'hypothèque du 21 septembre celle du 17 octobre, pour former
la garantie de 410,000 fr., toujours est-il que M. Cibiel
a donné en sus de ces deux actes une somme de 70,000
fr. qu'il n'aurait sans doute pas voulu compromettre
s'il avait cru un seul instant à la faillite de Fornier.

Notre réponse est déjà connue. Il est vrai que cette
somme a été comptée. On ne s'est pas renfermé, on ne
pouvait même pas se renfermer dans le cercle des
deux actes hypothécaires intervenus, pour faire vivre
M. Fornier aux prises avec un passif effrayant, tout
le temps nécessaire au salut de ces actes mêmes.
Aussi en a-t on dépassé le chiffre. Mais rassurez-vous :
lorsque M. Cibiel donnait son argent ou sa signature,
il ne négligeait pas ses précautions; il venait choisir
dans le portefeuille de Fornier les effets qu'il prenait
en échange, et ces effets choisis le mettaient à couvert
de toutes les éventualités. Le hasard nous a conservé
la preuve de ce fait dans la lettre suivante datée du
26 septembre :

« Notre sieur Cibiel vient de remettre à la main dix
» billets de Banque, ensemble dix mille francs, qui
» sont à votre crédit. Veuillez porter au mien les *sept*
» *effets ci-bas détaillés dont il fait choix dans mon*
» *portefeuille* : — Total, 24 000 fr. »

C'est de cette façon que se trouvent couverts les
70,000 fr. qui ont été donnés, en apparence, en sus
de l'acte de crédit ; et c'est de la sorte également qu'ont
été couvertes ces autres valeurs que l'on dit avoir été
remises dans des opérations indépendantes de l'acte du
21 septembre. Toutefois, nous devons dire que dans les
livres de M. Fornier il n'existe aucune distinction entre
ces opérations diverses, et que toutes se trouvent pas-

sées comme se référant aux contrats de septembre et d'octobre. Mais nous n'attachons à ce fait qu'une importance accessoire. Ce qu'il y a d'essentiel, c'est le choix fait dans le portefeuille, pour toutes les sommes que l'hypothèque ne protégeait point.

C'est ce choix même qui a rendu si désastreuse la faillite de Fornier qui n'a laissé, pour couvrir 4,800,000 fr. de passif, qu'un actif en valeurs commerciales dont la réalisation, malgré le zèle le plus infatigable, n'a produit encore que deux cents et quelque mille francs.

Tant il est vrai que ce portefeuille avait été fouillé par des yeux clairvoyants, et tant il est vrai aussi que l'on n'a voulu le laisser tomber officiellement que lorsque toutes les ressources ont été épuisées.

Et voyez aussi si ce choix était fait par des mains inhabiles. Vous dites qu'indépendamment de l'exécution des actes de septembre et octobre, M. Cibiel, qui ne faisait jamais des affaires avec lui, — et vous avez tenu à constater ce fait, — en a traitées, depuis le 23 septembre jusque dans les premiers jours de novembre, pour une somme de 738,540 fr. à laquelle vous consentiriez toutefois à faire subir, à cause du renouvellement, une notable réduction. Il faut convenir tout d'abord qu'il choisissait bien mal le moment pour entrer en relations avec le sieur Fornier. Mais puis, grâce à sa prudence, les effets qu'il reçoit sont tous d'une telle nature, que le paiement en est exactement fait dans sa main, et qu'au jour de la déconfiture il n'a des effets impayés que pour 410,000 fr.. tout juste, intégralement garantis par l'hypothèque, et que pas une obole ne lui est due en dehors de cette hypothèque même.

Ce sont là des prodiges que la raison ne saurait

accepter. Vos écritures plus ou moins nombreuses, plus ou moins compliquées ne jetteront le trouble dans la conscience de personne. La disparition de votre créance chirographaire, remplacée aujourd'hui par celle dont vous prétendez être porteur, est un de ces faits qui éclairent trop vivement une cause pour qu'un tel escamotage puisse faire illusion.

Et si vous venez répéter encore que vous avez entendu vous sacrifier dans l'intérêt d'un ami et du commerce de la Cité, au nom des créanciers on vous demandera ce que vous a occasionné de perte ce prétendu sacrifice, et tous ils maudiront le présent funeste et peu coûteux que vous auriez fait à leur débiteur.

Passons à l'acte de crédit ouvert par la Banque de Toulouse.

§ 8.

DE L'ACTE DE CRÉDIT OUVERT PAR LA BANQUE DE TOULOUSE.

La discussion de ce dernier titre ne saurait exiger les développements qu'a nécessités l'acte dont M. Cibiel est porteur. Il est sensible d'abord que toutes les considérations générales qui viennent d'être émises, s'appliquent à la Banque avec plus de force encore qu'au traité qui vient d'être l'objet de notre examen. Un intervalle d'un mois et demi sépare ce dernier contrat du précédent, et chacun sait que lorsqu'on marche vers une déconfiture, les jours valent des années, et qu'à chaque instant le mal se développe avec une progression effrayante, jusqu'au jour où la catastrophe éclate officiellement. Le mois d'octobre s'était écoulé, et dans tout le cours de ce mois, on a vu combien

étaient géminées les demandes, et combien aux yeux
de tous se révélait l'impuissance de Fornier dont ni
son caissier ni lui ne cherchaient plus à faire mystère.
La charge d'agent de change avait été vendue dès le
12, et cette vente était à son tour un aveu public
de la conviction où il était de sa prochaine et inévitable
déconfiture. L'acte de Cibiel avait été passé, et cet
acte qui tout d'abord fut pris pour un secours réel,
et apprécié bientôt sous son véritable point de vue,
n'avait fait qu'augmenter l'émotion générale.

La Banque se trouvait engagée envers Fornier pour
d'énormes valeurs. Elle avait dans son portefeuille
370,000 fr. d'effets négociés par lui, et le paiement
d'une portion considérable était devenu plus que problématique.

Déjà Fornier, en effet, ne payait plus aux échéances,
et les protêts se succédaient rapidement, sans aucun
résultat.

On a vu qu'en septembre, son arriéré s'accroissait
tous les jours, et le tableau emprunté à l'*agenda* a mis
à découvert, dans le cours de ce mois, sa complète
impuissance.

N'est-il pas facile de deviner qu'en octobre sa situation
était pire encore ? Et si l'*agenda*, que l'on ne tenait plus
avec le même soin, en présence du désordre d'affaires
où l'on était tombé, ne peut être consulté avec fruit à
cet égard, les bordereaux remis par la Banque elle-même
viennent nous révéler ces défauts de paiements.

Le 24 octobre, la Banque avait dans ses mains
dix effets échus le 12, représentant une somme de
12,815 fr. Ils sont ramenés avec l'indication du nom des
tireurs sur un bordereau écrit de la main du directeur
de la Banque. Ces noms feront connaître à la Cour, s'il
était possible d'espérer que le paiement en fût fait par
les obligés principaux.

Fornier qui s'en considérait à bon droit comme le seul et véritable débiteur ; Fornier, de qui les tenait la Banque, et auquel seul elle s'adressait, ne les payait point quoique leur exigibilité remontât déjà à plus de douze jours, et que l'usage et les réglements, surtout dans ces moments que l'on dit si difficiles, ne permissent pas d'accorder un sursis aussi long ; mais il fallait bien s'arrêter devant cette impuissance qui n'était autre chose que l'état de faillite.

L'arriéré grossit rapidement : l'impuissance était toujours la même, et les échéances se succédaient sans interruption, sans qu'il pût y être fait honneur.

Le 31 octobre, cet arriéré s'élevait à 77,450 fr. C'est encore le bordereau écrit de la main de M. le directeur de la Banque qui le constate. Sur vingt-sept signatures, il y en a vingt-une de mauvaises. Le protêt avait suivi l'échéance de la plupart de ces traites. On n'en avait excepté que celles qui portaient la mention de retour sans frais. Plusieurs étaient échues depuis quinze jours, et c'était en vain que le paiement en avait été demandé.

Ici encore l'état de faillite, ou de l'impossibilité de se libérer de dettes commerciales exigibles, ne se révèle-t-il pas de la manière la plus éclatante ?

Le sort de M. Fornier n'était-il pas évidemment à la disposition de la Banque, et une simple assignation lancée par elle ne provoquait-elle pas immédiatement l'éclat officiel ?

Mais elle avait dans son portefeuille encore, indépendamment des effets échus et impayés, pour près de 300,000 fr., et il ne fallait pas compromettre le sort d'une telle créance. L'exemple de M. Cibiel était là, pourquoi ne point le suivre ? Il est si facile, à l'aide d'un acte de crédit trompeur, dont l'élasticité se prête à toutes les combinaisons , de procurer à une créance compromise une garantie hypothécaire dont elle est dépourvue.....

Jamais, il est vrai, la situation de Fornier n'a été plus mauvaise. A cette date du 31 octobre ou du 1er novembre, nous voyons les créanciers en foule se presser dans son comptoir, et demander en vain que satisfaction leur soit donnée.

D'un côté, M. Cassaing réclame ses 37,000 fr., et on lui propose en nantissement des titres sans valeur ; de l'autre, M. Clauzade-Mazières tire pour ses 10,000 fr. exigibles un bon d'une valeur pareille à l'ordre de M. Saint-Raymond , qui essaie en vain d'en opérer le recouvrement ; de l'autre aussi, M. Bougnol attend pour payer le blé qu'il a acquis, les 6,000 fr. qui lui sont dûs ; Ferdinand Mazières veut encore qu'on lui compte les 1,500 fr. qui vont échoir le même jour 1er novembre, et Fornier ne *peut* les mettre à sa disposition ; tout en un mot se réunit ce jour-là pour proclamer hautement la faillite.

Et c'est ce jour-là aussi qu'est accordée à la Banque l'hypothèque qu'elle exige.

Intervenu au milieu de telles circonstances, cet acte se recommande-t-il à la faveur des tribunaux ?

Et pour celui-là surtout , n'est-il pas vrai de dire qu'avant de l'avoir discuté, on est déjà certain qu'il ne fut inspiré que par une pensée de fraude !

L'exécution vient en outre pleinement confirmer les soupçons si légitimes qui, à son apparition, s'emparent de l'esprit le moins prévenu.

Le crédit a pour objet, d'après la teneur de l'acte, des secours à venir que la Banque doit mettre à la disposition de Fornier. Sa nature l'exige impérieusement ainsi.

Or, savez-vous comment ces secours sont remis à Fornier ?

Le bordereau du 31 octobre constatant l'arriéré de 77,459 fr., en contient à la marge l'indication précise. La Banque lui remet comme numéraire, dans les premiers jours de novembre, ces mêmes effets dont elle était créancière, et se fait souscrire à la place des lettres de change nouvelles imputables sur l'acte de crédit. Ce qui fut fait pour ces 77,000 fr., l'a été plus tard aussi pour les autres valeurs antérieures au 31 octobre qui se trouvaient dans son portefeuille, et dont les mauvaises signatures ne permettaient pas d'espérer le paiement.

C'est ainsi qu'elle a successivement rendu pour 242,375 fr. 75 c. de lettres de change impayées, dont la négociation lui avait été faite avant l'acte du crédit du 31 octobre, lesquelles ont été remplacées par des effets nouveaux rentrant dans cet acte même, et protégés aujourd'hui par la garantie hypothécaire.

La transformation s'est opérée avec une si positive évidence, qu'aujourd'hui on ne cherche pas, ou du moins on n'a pas cherché devant le tribunal de commerce à la contester.

Voici le détail de ces retours divers, avec la date du jour où ils ont été effectués :

Le 31 octobre.	4,111 fr.	» c.
Le 2 novembre.	26,133	95
Le 4 novembre.	21,000	»
Le 6 novembre.	12,662	30
Le 8 novembre.	1,000	»
Le 11 novembre.	55,946	65
Le 13 novembre.	42,364	70
Le 14 novembre.	6,011	»
Le 15 novembre.	37,746	36

Le 20 novembre.	17,918	29
Le 25 novembre.	5,954	10
Le 26 novembre.	3,000	»
Le 27 novembre.	405	50
Le 5 décembre.	3,005	50
Le 9 décembre.	3,000	»
Le 11 décembre.	1,845	60
Le 17 décembre.	371	50

Total général.. . . . . 242,375 fr. 45 c.

Ainsi, vingt ou vingt-cinq jours à peine s'étaient écoulés depuis la passation de l'acte de crédit, que déjà il se trouvait couvert par les titres anciens que la Banque avait dans son portefeuille, et qu'elle s'était hâtée de remplacer par les nouveaux.

Cette précipitation témoigne assez vivement des craintes dont elle était assiégée.

Et quant à ces effets nouveaux qui furent remis, ils ont été successivement renouvelés de manière à opérer dans ce court intervalle une rotation d'affaires de 900,000 fr. qui ne sont, en majeure partie, que la reproduction à chaque échéance de la dette primitive.

Et les mesures avaient été si bien prises par la Banque, comme par M. Cibiel, qu'à l'époque où les productions ont dû être faites à la faillite, elle a présenté un compte de 214,000 fr. formant le total de la dette qui lui restait encore à recouvrer.

Ainsi, elle ne se trouvait plus créancière que de cette somme; et pour en assurer le paiement, elle prétendait profiter des avantages de l'hypothèque résultant de l'acte du 31 octobre.

N'est-il pas de la dernière évidence que cette transformation est la suite nécessaire de la fraude qui a inspiré cet acte lui-même?

Qu'en réalité il n'y a jamais eu d'ouverture de crédit consentie par la Banque à M. Fornier ?

Que la seule convention intervenue, c'est la constitution d'une hypothèque pour la garantie d'une créance, que par un concert frauduleux on a voulu mettre en dehors de la loi du dividende.

Et maintenant il sera possible, il sera même certain que des négociations nombreuses ont eu lieu, indépendamment de celles dont il vient d'être parlé, entre la Banque et M. Fornier. La Banque, comme Cibiel, aura pu choisir dans son portefeuille quelques bons effets en échange desquels elle aura donné du numéraire, et cet échange même sera l'une des causes de l'épuisement complet des ressources de Fornier ; mais ces considérations ou ces faits ne pourront nullement affaiblir la puissance des déductions qui viennent d'être présentées.

En dernière analyse, qu'a fait et qu'a produit l'acte du 31 octobre 1844 ?

A-t-il procuré à M. Fornier, comme il devait le faire, une ressource pécuniaire dont il ait disposé, et qui soit entrée dans son actif de manière à en augmenter le chiffre ?

Nullement ! Il n'a produit qu'un seul résultat : celui de procurer une hypothèque à une créance qui devait demeurer dans la classe commune.

Il a si peu procuré à Fornier une ressource appréciable et réelle, que la Banque qui a rendu 242,375 fr. impayés, constituant aujourd'hui sa créance, a reçu sur ce chiffre, qui lui était dû dès le 31 octobre, des à-compte divers dont le résultat a été de réduire la dette à 214,000 fr.

Ainsi, non seulement Fornier n'a pas obtenu, par l'effet de cet acte, les secours pécuniaires, en apparence promis, mais au contraire il a diminué, par quelques paiements partiels, le montant de la dette qu'il avait contractée.

La Banque, pour réfuter des faits aussi péremptoires et aussi concluants, n'a essayé qu'une seule argumentation. — Elle a dit : mais rien n'est plus juste et plus conforme à l'usage dans le commerce, que de payer sa dette avec des titres commerciaux venus à échéance. Quand nous donnions à Fornier, en à-compte sur l'acte de crédit, les effets commerciaux qu'avant cet acte il nous avait négociés, et qui le constituaient débiteur envers nous, notre opération était parfaitement licite, et aucune loi n'en prononçant la nullité, on ne saurait être admis à nous en contester les avantiges.

Comment ne voit-on pas que cette argumentation même est l'aveu le plus formel de la légitimité de nos accusations ?

Il n'est donc plus contesté que l'acte de crédit s'appliquait exclusivement à une dette antérieure ; qu'il a été couvert, non avec les deniers réellement versés dans la caisse du souscripteur, mais avec les obligations qui pesaient déjà sur lui ; qu'il s'est tout simplement opéré un échange des valeurs anciennes échues, contre de nouvelles que l'on a fait arbitrairement jouir de la faveur de l'hypothèque ; qu'en un mot, de l'opération mise à découvert, il résulte victorieusement que l'acte n'était autre chose qu'un droit hypothécaire constitué au profit d'une dette préexistante.

Et quant au droit de payer une obligation commerciale avec des effets échus dont excipe la Banque, il existe sans aucun doute, si l'on examine la question d'une manière abstraite, et sans tenir compte des faits particuliers de la cause. Mais quand il s'agit d'une maison en déconfiture, dont le sort est placé sous la dépendance du créancier qui peut imposer la loi qu'il lui convient de faire; quand il s'agit d'un créancier ayant dans ses mains pour plus de 77,000 fr. de lettres de change échues , dont le paiement est impossible au débiteur, et dont la réclamation judiciaire doit inévitablement amener la déclaration officielle de l'état de faillite qui existe déjà ; de même qu'il ne serait pas légalement permis à ce créancier d'obtenir pour cette créance une hypothèque réprouvée par les sages dispositions de notre législation commerciale, de même il lui sera interdit de déguiser la constitution d'un droit de cette nature sous la forme d'un acte de crédit, qu'il paie en partie avec les 77,000 fr. exigibles et impayés, et en partie avec des effets du même débiteur, à la veille d'échoir , et qui seraient impayés à leur tour.

Tel est le point de vue sous lequel doit être considérée la cause ; et appréciée de la sorte, la solution ne saurait offrir de difficulté sérieuse.

Mais peut-être viendra-t-on dire que parmi ces lettres de change rendues impayées par la Banque qui n'avait pu parvenir à en toucher le montant, il en était quelques-unes dont les signatures étaient bonnes, et qui ne devaient inspirer aucune crainte au porteur.

La réponse à cette considération, si elle était émise, se trouverait dans le fait concluant de la restitution de ces traites dont le paiement n'a pas eu lieu. Quand les signatures étaient bonnes, la Banque naturellement les utilisait et se donnait bien de garde de s'en dessaisir. Il est positif toutefois que , sur les 366,000 fr. de négociations de Fornier qui étaient dans son portefeuille au 31 octobre, date du contrat hypothécaire, il en était un certain nombre qui ne portaient pas des signatures discréditées; et la preuve, c'est que Fornier n'a reçu de ces négociations impayées rendues contre effets nouveaux imputables sur l'acte de crédit, que pour 242,375 fr.

Mais quelle est, jusqu'à preuve contraire, la présomption qui s'évince de cette restitution ? — Sans nul doute que ces traites étaient mauvaises, puisque à l'échéance le paiement n'en était pas réalisé.

Et cette présomption s'élève à la hauteur d'une preuve irrésistible, si l'on jette un coup d'œil sur les signatures apposées sur celles qui ont été rendues.

Qu'y voit-on ? — Petitpied et Lacombe, pour 34,829 f. 20 c. ; Conferon, pour 16,843 fr. ; Lafont et Samie, pour 20,044 fr. ; Bors fils, pour 9,340 fr. ; Lasserre d'Aussonne, pour 5,416 fr. 50 c. ; Gauran frères, pour 6,011 fr. ; Delort, Decamps et Cambouc, pour 13,794 fr. 40 c. ; Vigné aîné, pour 4,000 fr. ; et bien d'autres dont la Cour comprendra que les noms ne pourraient être imprimés sans blesser des susceptibilités respectables, quoiqu'en réalité leur signature ne présentât guère plus de garanties que celles des individus qui viennent d'être signalés.

Et que l'on ne parle pas des premiers endosseurs.... On sait déjà, par ce qui a été dit à l'occasion de l'acte de M. Cibiel, dans quelle condition on allait les prendre pour réunir le nombre de signatures exigées. Ils étaient toujours les mêmes, c'est-à-dire des employés subalternes, des hommes de peine, ou des portefaix attachés à la maison par qui les traites avaient été souscrites.

Or, la Banque qui avait dans son portefeuille de telles valeurs, pouvait-elle compter sur le paiement aux échéances, et l'hypothèque n'a-t-elle pas eu pour but unique de lui donner la garantie qu'elle ne trouvait pas dans la signature ?

Ainsi s'évanouirait donc ce dernier argument, s'il

était proposé. Sa réfutation se trouverait encore dans la qualité des effets qui sont dans le moment actuel même dans les mains de la Banque, et qui constituent la créance pour laquelle la production a été faite à la faillite...

On y voit toujours les mêmes noms, et les renouvellements qui se sont opérés depuis le contrat du 31 octobre, n'ont apporté à la situation primitive qu'une bien légère modification, en ce qui touche du moins la nature des traites dont Fornier était le débiteur.

Dans cette seconde liste dressée par la Banque elle-même, et qui est jointe aux pièces, on voit figurer encore et les Petitpied et Lacombe, et les Conferon, et les Lacroix, et les Bors fils, et les Lasserre d'Aussonne, et tant d'autres dont la réputation d'insolvabilité ne peut être déniée par personne.

Dès lors, qu'on cesse de prétendre que l'hypothèque était sans objet, pour les titres dont la Banque était créancière avant le 31 octobre, et que les signatures seules lui donnaient de suffisantes garanties.

Que l'on reconnaisse, en conséquence, que cette hypothèque a eu justement pour cause la nécessité de suppléer à l'insuffisance des signatures, et que, ni dans l'intention des parties ni dans la réalité des choses, elle ne s'appliquait à l'avenir;

Que le passé seul a préoccupé les parties contractantes, et que ce passé n'excitait leur sollicitude, qu'à cause de la déconfiture complète et bien connue de Fornier.

Et par suite, l'acte qui est venu constituer pour ce créancier spécial une telle prérogative, est infecté d'une fraude légale qui doit provoquer contre lui toutes les sévérités de la justice.

Et toutefois, que la Cour ne le perde pas de vue;

ce n'est point son annulation immédiate et actuelle qui est demandée par les syndics ; ils ne sollicitent qu'une seule faveur, c'est de pouvoir l'attaquer devant les tribunaux compétents pour démasquer le dol qui a présidé à sa création.

La Banque, comme M. Cibiel, gardera dans ses mains les exceptions si puissantes qu'elle dit lui appartenir pour repousser nos attaques. Mais du moins leur triomphe ne sera point dû au silence forcé qu'ils voudraient faire imposer à nos plaintes.

Notre voix ne peut se faire entendre qu'autant que la faillite remontera au jour où ont été organisées toutes ces combinaisons odieuses dont le résultat singulier est de faire que les plus compromis dans les affaires de Fornier, ne perdraient pas un centime, tandis que cette masse de créanciers si malheureux, et qui devaient avoir dans les promesses de la loi commerciale une confiance entière, serait deshéritée de tout droit sur l'actif de leur débiteur.

Une aussi grande injustice ne saurait s'accomplir?

MÉMOIRE

POUR M. A........ DE S....,

CONTRE M. H.... DE C.....

———

A la veille du jour fixé pour les plaidoiries, M. de C...
a jeté dans le public, avec une profusion inaccoutumée,
ce qu'il appelle l'exposé de son procès contre M. de S....
Ce n'est point dans l'enceinte du Palais qu'il a voulu
circonscrire l'éclat de cette déplorable lutte judiciaire,
engagée sous l'inspiration de conseils perfides, et que
sa conscience et son cœur doivent hautement désavouer.
Par le scandale d'une publicité que rien ne légitime, il
a essayé de flétrir l'honneur d'un homme dont le loyal
et noble caractère aurait dû être respecté, et qui avait
été pour lui le meilleur et le plus tendre des frères.
Après cela, nous croyons que ce procès, aujourd'hui
surtout, est à ses yeux l'un des malheurs de sa vie; et le
temps ne fera que rendre plus profonde et mieux sentie
cette conviction qu'il exprime au début de son Mémoire :
c'est que l'on ne brise pas impunément les liens du sang
et de l'amitié, et qu'impunément non plus on ne mécon-
naît pas les devoirs qu'imposent à tout homme bien né
les convenances sociales. Qu'un froid spéculateur qui a
couru d'un bout du monde à l'autre pour grossir sa for-

tune, ne sache apercevoir dans les affaires de la vie que le côté pécuniaire ou lucratif, et ne s'inquiète ni de l'origine des deniers ni des moyens à l'aide desquels va se remplir sa caisse, sans peine on le conçoit. Mais tel n'était pas, et tel semblait ne pouvoir jamais être M. H.... de C...., dans lequel M. de S.... se plaît encore à croire qu'il ne rencontre pas son véritable adversaire.

Et cependant c'est contre lui que la fatalité le force de soutenir un combat où il se serait trouvé si heureux de pouvoir saisir et démasquer celui dont la triste influence a su créer au sein d'une famille étroitement unie de funestes dissensions.

Puisque cet avantage ne lui est point donné, il résumera dans de courtes explications, et avec calme, les réponses qu'il doit à sa famille, à ses nombreux amis, et à lui-même, pour réfuter les odieuses diffamations dont il a été l'objet.

M. R.... de C.... père mourut à Toulouse en avril 1838. Il laissait une fortune considérable, et deux enfants pour la recueillir. C'étaient M. H.... de C...., et Madame Z..... de C.,.., épouse de M. A.... de S.... L'harmonie la plus parfaite n'avait jamais cessé de régner dans l'intérieur de cette famille ; et l'événement qui allait nécessiter un partage, loin de diviser ses membres, ne fit que resserrer davantage les liens qui les unissaient. Après la mort de son père, M. H.... de C.... fit ménage commun avec M. et Madame de S...., dont il savait apprécier alors la loyauté et la tendre affection. Une confiance absolue, née d'une estime réciproque, existait entre eux tous. Un seul Carnet recevait l'inscription des dépenses que chacun faisait à son tour, et l'on y voit successivement figurer l'écriture et des uns et des autres. Certes, nul d'entr'eux ne se prémunissait

alors contre la possibilité d'une contestation future ;
et si l'on avait exigé, pièces comptables en main, la
preuve qu'une somme puisée dans la caisse commune
avait été consacrée à une dépense commune aussi, selon
toute apparence l'embarras eût été grand et la justification impossible. Mais quel eût été celui dont la pré-
voyance aurait pu supposer une nécessité semblable ;
et si une telle pensée fût venue saisir son esprit, ne
l'aurait-on pas repoussée comme une injure ?

L'indivision toutefois ne fut pas de longue durée.
Vers la fin de 1838, un partage amiable régla les droits
du frère et de la sœur dans l'hérédité de M. R.... de
C.... Le fils, en qualité du légataire du préciput, dut
avoir les deux tiers du patrimoine, l'autre tiers était
dévolu à Madame de S.... M. H.... de C.... à cette époque était depuis longtemps sorti des liens de la mino-
rité ; il avait vingt-huit ans accomplis, et à cet âge la
loi et la raison veulent que nous soyons supposés capables de défendre nos droits. Il est triste vraiment que,
pour préparer un succès judicaire, on se résigne à subir
le rôle qu'il s'est laissé imposer. D'après lui, son inap-
titude serait telle, qu'il serait impropre à diriger sa conduite et ses actions dans les choses les plus simples :
et que, devenu chef de ménage, il n'aurait compris les
devoirs commandés par cette position nouvelle, que
lorsque sa jeune épouse serait venue lui en rappeler le
souvenir. Ses parents et ses amis protesteront contre
le portrait blessant qu'il a permis à une pensée spécu-
latrice de tracer de sa personne et de son caractère. Et
du moins il ne sera pas allégué que dans les opérations
du partage, il ait eu à se plaindre de cette incapacité
prétendue. La portion qui lui fut attribuée le remplissait bien largement des droits qu'il avait recueillis dans
l'héritage paternel ; et cependant si M. de S.... eût été

cet homme cupide dont on dit aujourd'hui avoir tant à se plaindre, l'occasion était bonne, je pense, pour abuser de cet ascendant funeste, dont il va se servir bientôt pour ruiner son beau-frère sans en recueillir le moindre avantage.

Les biens attribués à M. de C...., comme ceux qui entrèrent dans le lot de Madame de S...., furent estimés par un expert amiablement choisi ; cet expert était M. Fourcade. Dans le mémoire de l'Adversaire, on affirme que les évaluations faites par cet homme de l'art, des biens tant mobiliers qu'immobiliers qui furent dévolus à M. de C..., étaient de 1,019,299 f. Ce chiffre, présenté avec une assurance telle que l'on déplorait de n'avoir pas pour l'évaluation d'Aufréri une base aussi sûre, manque de vérité. Et l'exagération qui s'y fait remarquer est due à une combinaison peu loyale, dont le but est de faire croire à la sincérité du chiffre, qui bientôt sera indiqué comme la représentation exacte des revenus annuels.

Voici la note prise sur le registre de M. Fourcade et certifiée par lui :

Rabaudy.	246,601 fr.
Glatens	153,000
Cugnol.	106,000
Odars.	114,000
La Sierra.	129,000
Hôtel de Toulouse.	65,000
Actions sur les canaux.	14,000
Créances.	25,000
Rentes sur l'Etat.	33,000
Total.	885,601 fr.

Il y a loin de cette estimation à celle que faussement on présente comme le résultat de l'expertise. Et ce n'est pas seulement à l'occasion de la valeur capitale des biens que des erreurs volontaires se sont glissées dans le travail de M. de C.... Les revenus ont été à leur tour exagérés outre mesure, et son père n'eût pas été peu surpris de voir les appréciations qui, sous ce rapport, sont mentionnées dans le Mémoire. Quand toute la fortune était réunie dans ses mains, et qu'au commencement de l'année, il inscrivait sur son registre, en consultant le passé, ce que l'avenir pourrait lui promettre, il fixait à vingt-quatre mille deux cent quarante-quatre francs la somme totale qu'il était en droit d'espérer. Et dans cette somme se trouvaient compris les arrérages des rentes sur l'Etat, les intérêts des capitaux et les fruits des immeubles. Il est vrai que lui ne cherchait à tromper personne, et que l'intérêt le plus puissant ne l'aurait jamais conduit à dissimuler ou à dire une chose contraire à la vérité. Aussi ne trouvera-t-on pas énoncé dans son livre de raison, ce prétendu bail qui pour la briqueterie de Rabaudy aurait assuré à son propriétaire un revenu de trois mille francs. Cette propriété n'était pas affermée à sa mort, et ne l'était pas non plus lorsque Boistel l'a prise pour y exercer son industrie. On n'en a donc jamais retiré 3,000 francs de rente, comme on n'a pas craint de l'assurer au nom de M. H. de C.... : dans l'année 1837 qui a précédé la mort du père commun, il ne put y être fait que trois fournées seulement, et chacune d'elles était payée 470 francs par le briquetier.

Telle est l'exacte vérité, et l'on peut, d'après cet exemple, voir combien il est facile, en exagérant et revenus et capitaux, de grossir arbitrairement une fortune dont on ne conteste pas l'importance, mais qu'il faut bien réduire à sa juste valeur.

Les immeubles de la succession de M. de C.... étaient

administrés par de simples régisseurs chargés de rendre
à mesure compte des fruits dont la perception leur était
confiée. M. de S.... donna à son beau-frère le conseil
de substituer des baux à ferme à ce mode de gestion ; et
certes, si on lui suppose le désir de s'emparer des revenus, il aurait dû, ce semble, ne pas suivre une marche
aussi dangereuse. Le revenu fixé par des baux à ferme
est toujours certain, et à l'abri de ces mille chances qui
trop souvent viennent tromper l'espoir du propriétaire.
Il se présente avec la netteté d'un chiffre d'avance connu,
et qui ne peut disparaître : tandis que la régie d'une
propriété rurale avec ses incertitudes, les dépenses pré-
vues ou accidentelles qu'elle nécessite, offre des moyens
bien autrement faciles de s'emparer des fruits, sans que
la partie intéressée puisse même en concevoir le soupçon.

Ainsi chacun des actes de M. de S.... nous le montre
agissant dans un sens diamétralement contraire à celui
qui devait le conduire au but qu'on lui suppose. Les conseils qu'il donne sont tous marqués au coin du désintéressement le moins équivoque, et semblent n'être
inspirés que par le désir de rendre claire et facile l'administration qui bientôt lui sera confiée.

Cette administration était dirigée par M. H. de C....
qui avait pour cela une capacité légale et réelle pleinement suffisante. M. de S ... n'intervenait que pour
émettre son avis, et cet avis fut bien des fois utile et
fructueux pour celui qui maintenant l'accuse. Ainsi il
n'hésite pas à déclarer hautement que cette intervention
active, ardente et dévouée, amena la conclusion de
l'échange relatif au domaine d'Aufréri. Une soulte de
165,000 fr. fut promise à M. D.... de M.... précédent
propriétaire, qui reçut en outre le domaine d'Yllès. Ce
traité a valu à M. de C. .. un bénéfice qui, sans exagé-

ration, peut être porté à une centaine de mille francs, et sous ce rapport, on n'alléguera pas sans doute que l'influence de M. de S.... lui ait été funeste. Il est vrai que ce domaine se trouvait dans un état d'abandon presque absolu, et que des réparations considérables ont dû y être faites pour rendre aux terres, depuis longtemps négligées, une fertilité qu'elles avaient perdue. Et il y a peu de bonne foi à vouloir ajouter les fruits de cet immeuble, qui est demeuré improductif pendant plusieurs années consécutives, aux revenus si exagérés dont le Mémoire dit que jouissait M. de C.... En première instance, on mettait plus de franchise : car dans les conclusions motivées, signifiées au nom de l'Adversaire, il était reconnu que les produits avaient été nuls. Pourquoi changer de langage devant la Cour ? Est-ce que la parole d'un homme de loyauté et d'honneur ne doit pas être toujours uniforme ? Il est fâcheux que dans cette affaire on n'ait su apercevoir que l'une de ces causes où peuvent être appelées en aide ces ruses ou ces ressources chicaneuses à peine tolérées chez le plaideur vulgaire : tout devait y rester grave et digne, et il fallait éviter avec soin jusqu'à l'apparence même d'une assertion inexacte.

Au reste, si Aufréri était improductif, l'acquéreur trouvait une large compensation dans la valeur capitale de l'immeuble, que son voisinage de Toulouse, sa situation, sa contenance, rendent l'un des plus beaux domaines de la banlieue.

Ce fut peu de temps après cette acquisition que M. de C.... conçut le projet de faire un voyage à Paris, où il devait séjourner pendant plusieurs mois, et ce voyage devint la cause déterminante de la procuration qui pour M. de S.. . a entraîné de si douloureuses conséquences. Elle ne fut point faite, comme M. de C.... l'affirme, pour régulariser un état de choses préexistant, et imprimer une sorte de légalité à la gestion de fait dont M. de S.... était déjà investi. Imprimer avec assurance de telles assertions, c'est se mettre en opposition flagrante avec les faits les mieux établis, les circonstances les moins contestables. M. de S.... avant le 24 janvier 1839, date du mandat, n'a point fait un seul acte d'administration. C'est M. de C.... qui a souscrit tous les traités intervenus jusqu'à cette époque, et l'on verra que c'est également par lui qu'ont été signés tous ceux qui ont été conclus depuis. C'est par lui qu'ont été faits les baux à ferme de Rabaudy, de Glatens et d'Odars ; c'est par lui qu'a été passé l'échange d'Aufréri : c'est lui en un mot qui, à compter du jour du partage, a été et son seul gérant et son seul administrateur. Les actes publics et privés le constatent, et la chose est mieux démontrée encore par l'absence de toute demande en reddition de compte relative aux temps qui ont précédé la procuration. M. de C.... et les conseils de toute sorte qui l'ont environné pour le jeter dans ce détestable procès, n'auraient pas négligé sans doute l'exercice d'un pareil droit s'il eût existé. Que l'on fasse donc pour une bonne fois justice de ces assertions mensongères, si affligeantes pour celui dans la bouche duquel elles se trouvent placées.

La procuration du 24 janvier n'avait donc point pour objet de régulariser le passé ; elle réglait exclusivement l'avenir, et avait pour unique motif le départ de celui qui allait la souscrire. La coïncidence de ce départ et de la souscription rende à ce sujet toute dénégation impossible.

Elle fut, cela est vrai, conçue dans les termes les plus larges que la confiance la plus entière puisse imaginer. Elle témoigne de l'étroite amitié qui unissait les deux beaux-frères, et de l'estime profonde que la loyauté de l'un avait su inspirer à l'autre.

Mais n'est-il pas triste de voir M. de C.... ajouter que
M. de S.... accepta tous les pouvoirs qui lui étaient conférés, qu'il les exerça tous jusqu'en septembre 1842,
que seul pendant ces quatre années, il traita toutes les
affaires, consentit les baux à ferme, et que seul il disposa
*des capitaux ou des prix des ventes qui devaient être
faites.*

Et dans la vérité des choses, il n'est pas un seul bail
qui ait été signé par lui.

Il n'est pas une seule vente dont il soit le souscripteur.

Il n'a perçu aucun des capitaux de son beau-frère ; le
prix des ventes n'a jamais été versé dans ses mains, et
aucune quittance n'est produite, qui vienne attester le
contraire.

Et ce qu'il y a de plus déplorable encore, c'est que
tandis que le mémoire jeté dans le public contient ces
assertions menteuses, lorsque M. de C.... s'est présenté
à l'audience pour soutenir son appel, il n'a entretenu ses
juges que de quelques revenus dont il accusait M. de
S.... d'avoir opéré la perception sans lui en rendre
compte.

Qu'advint-il donc de la procuration si étendue donnée
par M. de C...? elle ne fut utilisée que dans trois occasions différentes :

Pour les réparations du domaine d'Aufréri, dont on a
raconté déjà le délabrement absolu ;

Pour la mise de fonds relative à l'usine Boistel, dont il
sera bientôt question ;

Et enfin pour les réparations de l'hôtel de la rue
Merlane.

C'est à ces termes que peut être résumée toute l'administration de M. de S.... Aussi est-il facile de la suivre
et de l'apprécier dans ses divers actes. Malgré sa compli-

cation apparente, elle devient d'une extrême simplicité,
quand on la soumet à une exacte analyse.

Est-il besoin de dire que jamais, et dans aucune de
ses opérations, il n'a failli aux devoirs de l'honneur et de
la probité la plus sévère ? Sa vie répondrait seule à une
incrimination de cette nature, si on avait eu le malheur,
non pas de l'exprimer, mais seulement d'en laisser apparaître le soupçon. Il n'irait point ramasser dans la boue
cet outrage qui ne saurait monter jusqu'à lui, et laisse-
rait à l'opinion publique le soin de flétrir ses diffa-
mateurs.

Mais si personne ne révoque en doute la loyauté du
mandataire, chacun devine aisément aussi que jamais
il ne s'était considéré comme un gérant soumis dans
l'avenir à une comptabilité rigoureuse, qui devait conserver avec soin les pièces et titres propres à justifier
chacune de ses dépenses. Dès l'instant où se trouvait
inscrite sur son livre la somme employée, il était convaincu que cette inscription ferait foi, et n'aurait pas
besoin d'être appuyée d'une preuve juridique. Comme
aussi , et lorsque le prix de certaines récoltes ou
le montant de certains baux à ferme, était versé
dans ses mains, il pensait que les mentions de son
registre inspireraient une confiance entière. Et quoique
souvent il n'y fût porté qu'une somme inférieure au montant du *pact* dont il faisait quittance, à cause des rem-
boursements que pour avances imprévues le fermier
réclamait, il était sans inquiétude sur les conséquences
qui plus tard pourraient en être déduites. Son esprit et
son cœur ne savaient les prévoir. Et longtemps il n'a pu
comprendre qu'armé de ces quittances même, M. de C....
fût en droit d'obtenir compte de sommes plus considérables que celles dont son livre attestait la perception
réelle. Aussi M. de S... ne contestera-t-il point que, de

sa part, il y a eu l'abandon le plus complet et le plus aveugle : qu'il ne s'est tenu en garde contre aucun des moyens dont son Adversaire a jugé utile à sa cause de s'armer aujourd'hui, et qu'il se présente, la poitrine entièrement découverte. Se pourrait-il que la rigueur de la loi imposât à la Justice le devoir de le rendre victime de cet abandon même, puisé à la source si pure des affections de famille ? Et faudra-t-il désormais user avec un frère des mesures de défiance et de précaution, auxquelles deux hommes d'honneur, étrangers l'un à l'autre, rougiraient d'avoir recours ? il ne saurait en être ainsi. Ce n'est pas avec les idées étroites d'un légiste au cœur desséché, que doivent être appréciées les positions de ce genre. Il faut savoir s'élever à ces hautes considérations de moralité qui dominent toutes choses, pour pouvoir les comprendre. Et les magistrats, à qui fut donnée la mission de juger nos différends, sauront bien ne pas les perdre de vue au moment où sera prononcée leur sentence.

Du reste, cette procuration qui a porté des fruits si amers, et l'administration dont elle fut suivie, ont été maintes fois interrompues. Motivée par l'absence du commettant, elle cessait à son retour, pour ne reprendre son empire qu'après un départ nouveau. Le compte de F...., dont il a été si souvent question dans les débats, attesterait au besoin la sincérité de cette assertion, si l'on essayait de la combattre. On y voit en effet suspendus par longs intervalles, les bons tirés par M. de S...., et ces intervalles même sont remplis par les bons souscrits dans ces conjectures par M. H. de C.... Et il est remarquable que ceux-ci sont bien autrement nombreux, comprenant des sommes bien autrement considérables, et embrassent des périodes de temps beaucoup plus longues. Le mandataire se trouvait donc fréquemment effacé par le retour du commettant, et à l'époque de ce retour, il était rendu à ce dernier un compte exact de ce qui s'était accompli pendant son absence. Il devait même en être nécessairement ainsi, pour qu'il pût prendre la suite des affaires, et pour simplifier aussi une gestion que sa longueur aurait compliquée davantage.

Ainsi, dès le mois de mai 1839, M. de C.... revint de Paris, et reçut le compte de la gestion qui pendant quatre mois avait été dirigée par son beau-frère. Le procureur fondé ne lui était plus utile, c'est directement par lui que furent faits tous les actes qui pouvaient l'intéresser. Et cependant alors il put arriver quelquefois, comme il est arrivé depuis, que les fermiers portant les canons échus de leur ferme, aient obtenu de M. de S.... les quittances destinées à constater le paiement. Mais s'il signait les quittances, ce n'était pas pour retenir les fonds dont la remise immédiate était faite à M. de C.... Ces signatures n'avaient d'autre cause que l'absence momentanée ou la paresse de celui-ci, qui tantôt n'était pas chez lui au moment du départ du débiteur, tantôt voulait échapper à l'ennui de tracer quelques lignes de sa main. Le souscripteur était loin de supposer qu'un jour il lui serait dit que toutes ces sommes, quittancées en son nom, étaient réputées ne jamais être sorties de ses mains, et que, par suite, il demeurait tenu de les restituer ou d'en indiquer l'emploi. Le fermier de Rabaudy, quoique placé sous la dépendance de M. de C...., son maître, n'a pas craint de déclarer, que si toutes les quittances des canons de sa ferme sont émanées de M. de S.... ce n'est pas une raison pour dire qu'il les a réellement perçus. C'est que lui notamment s'est plusieurs fois arrêté au premier étage de l'hôtel où était logé M. de C,... pour y déposer les fonds dont il était porteur, et de suite est monté au second pour obtenir de M. de S.... son titre libératoire. N'est-ce pas une bien déplorable spéculation que d'abuser de ces signatures pour en induire une responsabilité aussi injuste qu'onéreuse?

Nous avons vu M. de C.... recevoir à son retour de Paris, en mai 1839, le compte des actes d'administration faits en son absence, et ressaisir cette administration même dont M. de S.... n'a plus à s'occuper. Quelques mois après, il fit avec sa sœur un voyage à Bigorre où était situé son domaine de la *Sierra*. Pendant son séjour aux eaux de Bagnères, il conclut avec M. Delangle la vente de cette propriété. M. de S...., par qui, disait-on, toutes les aliénations étaient consenties, n'y prit aucune part active. Toutes les conditions furent débattues et arrêtées par M. de C.... lui-même, qui fit retenir le contrat par un notaire du pays. La vente avait été arrêtée au prix de 129 ou de 135,000 francs. Les époques de paiement avaient été fixées d'un commun accord par le vendeur et l'acquéreur : M. de S...., même aujourd'hui, n'en a aucune connaissance.

Et cependant on n'a pas craint d'imprimer que ce capital, exigible immédiatement, avait été perçu par M. de S...., qui l'avait dissipé sans doute en folles dépenses, puisqu'il avait constamment refusé d'en indiquer l'emploi. Et au nombre des capitaux disparus dont l'Adversaire prétend ne pouvoir découvrir la trace, il inscrit en effet celui de la vente de la *Sierra* qui, sans contredit, serait l'un des plus importants.

Mais quelle ne sera pas l'indignation du public et de la Cour trompés par ces déloyales assertions, quand on saura que M. de S.... n'a pas reçu une obole du prix dérivant de cet immeuble, à la vente duquel il n'avait pas même indirectement concouru?

Avec quelle sévérité ne qualifiera-t-on pas les plaintes hypocrites déposées dans le mémoire de l'Adversaire, quand on apprendra que la portion la plus considérable de ce prix, 75,000 fr., n'a été payée qu'en 1844, deux années après l'introduction de l'instance actuelle ?

Trahir la vérité pour faire peser sur la tête d'un homme d'honneur une responsabilité qui devrait ne pouvoir pas l'atteindre, est une action peu digne que désavouerait la délicatesse la plus vulgaire. — Mais si cet homme, injustement accusé, était un frère ; si récemment encore il était un ami dévoué ; si l'accusation calomnieuse a pour but de le frapper à la fois dans sa réputation et dans sa fortune; si enfin l'accusateur retient par devers lui, malgré d'incessantes demandes de communication, une pièce où se trouve consignée la preuve du mensonge, comment trouver d'assez énergiques expressions pour dire les sentiments que soulève chez tout homme de cœur une conduite semblable ?

Et ce n'est pas sans une douloureuse émotion que nous nous sommes convaincus de l'impossibilité de trouver une excuse à la calomnie dans une erreur involontaire. M. de C.... avait dans ses mains deux pièces, le compte de Me Dupuy, notaire, qu'en vain nous avons demandé à connaître, et ce qu'il appelle l'état approximatif de ses revenus, écrit en 1842 de la main de M. de S...., qui rendaient à cet égard toute erreur impossible. Dans le premier de ces documents, Me Dupuy se charge en recette du prix de la *Sierra* qui, en 1844, a été versé en ses mains ; et dans le second, les intérêts de ce capital sont indiqués comme devant grossir le chiffre des revenus annuels des nouveaux époux. N'était-il pas manifeste dès lors que le paiement n'en avait pas été effectué durant la gestion incriminée, et que la bonne foi de celui qui attestait le contraire, n'est malheureusement pas supposable.

C'en est assez sur cet affligeant épisode que nous serions heureux de pouvoir effacer du procès, si la responsabilité devait s'arrêter à M. de C...., au lieu de remonter jusqu'à celui qui seul en est coupable?

Dans le cours de cette même année 1839, fut traitée par M. de C.... une autre affaire importante, qui a été aussi l'occasion de plaintes assez vives. Il possédait à Rabaudy une briqueterie affermée, dit le Mémoire, au prix de trois mille francs par année, et que l'on livra au sieur Boistel, moyennant une rente de mille francs. Il n'est pas besoin de dire que le souscripteur de ce bail ruineux était M. de S.... De plus, il se vit entraîné par l'esprit enthousiaste de son beau-frère, à devenir l'un des actionnaires d'un four à brique établi d'après un système nouveau, dont les belles promesses ne seront jamais réalisées : et dans cette entreprise il jetta follement un capital de 30,000 fr., dont le sort est sérieusement compromis. Si du moins, au moyen de cette perte, il pouvait s'affranchir de toutes les obligations qu'on lui a fait souscrire! mais le beau domaine de Rabaudy se trouve livré à la discrétion du directeur de l'usine, qui peut, en payant une imdemnité de 1,200 fr. par demi-hectare, enlever la terre végétale, et ne laisser à la place que le sable stérile qu'elle recouvre.

Tels sont les reproches de M. de C.... Une injuste irritation les a seule inspirés, et pour leur donner une apparence sérieuse, on a dénaturé les clauses des actes intervenus.

M. de S.... n'a jamais été, comme on l'assure, directeur de la société de Madron, dont il a eu le malheur seulement d'être l'un des membres.

S'il donna à son beau-frère le conseil de prendre une action dans l'usine Boistel, c'est qu'il croyait l'opération avantageuse, si bien que pour son compte personnel, il souscrivit à concurrence d'une somme égale. Les noms de MM. F.... et P.... V...., dont tout le monde, à Toulouse , connaît la haute intelligence et la sage circonspection, se trouvaient inscrits en tête de la liste , et semblaient devoir dissiper les alarmes des plus timides.

La briqueterie n'était pas affermée au prix de 3,000 francs, mais à celui de 470 francs la fournée, et dans le cours d'une année il n'en était fait que trois ou quatre au plus.

Le bail consenti à Boistel ne contenait, il est vrai, qu'une stipulation de mille francs par année : mais ce bail était celui qu'avait signé et conclu M. de C.... seul. A son retour, M. de S...., actionnaire de l'usine, prenant en main la défense des intérêts de son beau-frère contre les siens propres, parvint à obtenir une augmentation de 300 francs qui restitua au revenu de cet immeuble son importance antérieure.

Le directeur de l'usine avait obtenu de M. de C. la faculté d'enlever la terre végétale moyennant une indemnité de 1,200 francs par arpent ; mais l'influence et les efforts de M. de S... vinrent sous ce rapport encore considérablement améliorer la situation de son beau-frère.

Il fit intervenir dans le traité le fermier Combeville, et il fut convenu que l'enlèvement de la terre végétale dont on devait laisser une couche de trente centimètres d'épaisseur, n'amènerait dans le prix du bail du domaine aucune réduction. Boistel était seulement tenu de payer au fermier une somme de 350 francs par demi-hectare , indépendamment des 1,200 francs que devait recevoir le propriétaire , et au moyen de cette indemnité, Combeville contracta l'engagement de rétablir à force d'engrais la fertilité des contenances ainsi dépouillées.

De la sorte, M. de C.... recevait d'un côté les 1,200 fr promis ; et de l'autre, il conservait dans son intégrité primitive le prix exprimé dans le bail. De plus, enfin, son fermier était tenu de reconstituer le sol par des engrais, et de le lui rendre à la fin du bail, qui avait neuf ans de durée, dans un état de réparation satisfaisant.

Était-ce donc un traité si onéreux, si l'on ajoute encore que la Société, à l'expiration du bail, n'avait plus le droit de contraindre M. de C.... à garder les constructions faites, mais qu'il était libre d'en exiger la démolition et l'enlèvement? Ce qui plaçait les propriétaires de l'usine sous sa dépendance, et les assujettissait d'avance à subir la loi qu'il voudrait leur imposer.

Ce fut à l'influence de M. de S.... qu'il fut redevable de ces conditions si avantageuses, si différentes de celles qu'il avait conclues et que seules il a ramenées dans son Mémoire.

Y a-t-il loyauté et justice dans de semblables incriminations?

Pourquoi, dans l'analyse des conventions faites avec Boistel, n'a-t-on rappelé que le souvenir des plus mauvaises, malgré les modifications dont elles furent si promptement suivies?

Pourquoi ne pas dire que, grâce à l'intervention de son beau-frère qui était demeuré étranger aux premiers baux dont on semblait vouloir le rendre responsable, des conditions nouvelles furent obtenues, et que ces conditions doivent nécessairement amener un bénéfice considérable?

La justice faisait un devoir de procéder de la sorte : mais il fallait avant tout accuser l'administrateur prétendu; et pour cela, il fallait lui attribuer des actes qui n'étaient pas les siens, laisser dans l'ombre les efforts qu'il consacra à réparer les fautes commises par celui qui se plaint, et ne rien dire du traité définitif dont il aurait été difficile de dénier les avantages.

La moralité de telles combinaisons n'a pas besoin de commentaire pour être appréciée.

Nous arrivons ainsi jusqu'à l'année 1840, époque à laquelle M. de C.... fit en Italie un voyage de plusieurs mois. Dans le cours de cette seconde absence, ce ne fut point M. de S.... qui géra et administra ses affaires. Appelé lui-même à Paris pour un procès important soumis à l'examen de la Cour de cassation, il n'aurait pu remplir cette mission si elle lui eût été donnée. Mais Mme de S.... qui restait à Toulouse, et dont M. de C.... ne contestera ni l'exactitude ni l'irréprochable probité, se chargea de ce soin. Au retour de son frère, elle lui remit l'état des dépenses et des recettes, au bas duquel celui-ci écrivit son entière approbation, et aussitôt il reprit l'administration de sa fortune. Ce retour avait lieu vers la fin d'avril ou au commencement de mai 1840, et à cette époque M. de S.... était encore à Paris, d'où il ne revint qu'au mois d'août de cette même année. Il est aisé de comprendre que, trouvant son beau-frère à la tête de l'administration depuis plusieurs mois, il ne vint pas la lui enlever pour la reprendre en vertu d'un mandat que la présence du commettant rendait inutile.

Ainsi s'écoula cette seconde année pour laquelle on demande aussi un compte-rendu que nous ne saurions être obligés de présenter, puisque la gestion s'est partagée entre M. de C.... lui-même, et sa sœur qui le lui a fourni et dont il a signé la décharge.

L'année 1841 fut consacrée à des opérations d'une autre nature ; M. de C.... possédait, rue Merlane, le vaste hôtel qui est encore sa propriété. A cet hôtel se rattachent des souvenirs de famille qui devaient le lui rendre précieux. Depuis longtemps son père avait conçu la pensée d'acquérir certaines maisons contiguës pour pratiquer une entrée principale sur la place Mage ; ce projet, il voulut le réaliser. En conséquence, il acheta, par l'intermédiaire de Me Dupuy, son homme de confiance, ces diverses maisons dont le prix s'éleva à cent mille francs. C'est lui qui traita seul avec les vendeurs, c'est son nom et sa signature qui seuls figurent dans les actes, et il serait plus qu'étrange que l'on voulût faire peser sur M. de S.... la responsabilité de ces acquisitions qui lui sont étrangères. Il put, comme pour Aufréry, donner ses conseils, mais pour cela il n'avait nul besoin d'user des pouvoirs que lui conférait la procuration oubliée depuis plus d'une année. Sous quel prétexte donc voudrait-on aujourd'hui lui en faire un crime ? Ne voit-on pas que pour légitimer ces injustes reproches, on est contraint de faire désavouer par M. de C.... sa conduite entière, et les actes auxquels il a seul concouru. Ne sait-on pas apercevoir qu'en lui imposant un tel rôle on appelle sur lui le ridicule, et qu'on le livre sans pitié aux sarcasmes de la malignité publique ?

Un sentiment de pudeur et de dignité bien comprise aurait dû interdire un semblable système, quels que fussent les avantages pécuniaires que l'on s'en fût promis.

La vérité d'ailleurs le condamne, et c'en était assez pour n'y point recourir.

Telles furent donc les opérations faites par M. de C.... jusqu'à l'année 1841. Il n'est pas inutile de jeter un coup d'œil sur leur ensemble, pour en apprécier l'importance et la nature.

L'échange d'Aufréry mit à sa charge une soulte dont il ne se plaint pas, de 165,000 fr., ci . . . .   165,000 f

L'achat des maisons voisines de l'hôtel

amena une dépense de. 100,000

Les frais d'actes ou de mutation, soit de l'hérédité paternelle, soit de la double acquisition qui vient d'être mentionnée, s'élevèrent à. 35,000

Les réparations qu'exigea le délabrement d'Aufréry, privé de bestiaux de labour, de charrettes, d'instruments d'agriculture, et dont les métairies s'écroulaient, nécessitèrent une dépense de. 25,000

De plus, M. de C.... acquit aux environs d'Aufréry des terres contiguës pour une somme de. . . . . ,. . 10,000

Il fit des acquisitions de même nature, dans le voisinage du domaine d'Odars, à concurrence d'une somme de. 8,000

Les réparations de l'hôtel s'élevèrent à une somme de. 30,000

Et enfin il versa dans l'usine Boistel un capital de. 33,000

TOTAL. . . . . 406,000 f

Et dans toutes ces sommes, que seul il a dépensées, dans toutes ces opérations, que seul il a faites, il n'en est aucune qui ne puisse être défendue comme un acte de bonne et sage administration.

Nous verrons plus tard, en rapprochant ce chiffre de celui des dettes contractées, si une somme de 250,000 fr. a disparu de son patrimoine dans le cours des trois années qui séparent la date de sa procuration de celle de son mariage.

On était au commencement de l'année 1841. M. H.... de C.... fit à Paris un second voyage de courte durée, et bientôt il fut rentré au sein de sa famille. Il fut question de son établissement. Certes, si M. de S.... eût été cet homme cupide que l'on a dépeint sous de si fausses couleurs, il eût repoussé avec énergie toute proposition de ce genre. On lui attribue, sur l'esprit de son beau-frère, un empire si absolu, qu'il dépendait de lui de mettre obstacle à l'union projetée. Or, pour conserver cet empire, dont les bénéfices étaient, dit-on, si considérables, et qui lui permettaient de puiser dans la caisse de son beau-frère par centaines de mille francs, il aurait sans doute opposé son *veto*, devant lequel tout le monde se serait incliné. Il en avait besoin, et pour empêcher que l'on ne portât la lumière dans les dilapidations déjà consommées, et pour pouvoir se livrer sans entraves à des dilapidations nouvelles.

Et toutefois telle ne fut point sa conduite. Celui qui concourut avec le plus d'ardeur à la réalisation de ce projet de mariage, fut justement M. de S..., dont il allait anéantir les pouvoirs et déceler les immenses fautes. Il fallait en vérité que cet homme fût bien sûr de sa conscience, et ne redoutât guère les investigations dont il est aujourd'hui l'objet, pour agir avec une telle imprévoyance. S'il eût été coupable, qui pourra supposer que sa conduite eût été la même ?

Aussi le voit-on, dans le cours de cette année 1841, presque toujours sur les grandes routes, et multipliant les voyages pour résoudre les difficultés et conduire cette importante affaire à un résultat satisfaisant. M. de C.... père, s'il eût vécu, n'y aurait mis ni plus de désintéressement ni plus de chaleur.

Et les obstacles qu'il fallut écarter ne furent point sans gravité réelle. Une dot, annoncée tout d'abord de 700,000 fr., plus tard réduite à 300,000 fr., qui furent payés le jour du contrat avec deux chiffons de papier, 40,000 fr. de chemises, et 160,000 fr. de numéraire, aurait pu amener une rupture fâcheuse.

Elle fut évitée, et le mariage irrévocablement résolu.

M. de C.... partit de nouveau pour Paris le 13 décembre 1841, et cette fois il devait y être joint par la famille à laquelle il était à la veille de s'allier. Ce voyage avait pour but principal l'achat des cadeaux et du mobilier que nécessitait son établissement futur. M. de S.... n'avait ni l'intention ni la pensée d'être le conseil ou le guide de son beau-frère dans cette conjoncture. Rentré à Toulouse le 10 janvier 1842, il consacrait son activité et ses soins à la direction de ses affaires personnelles. Mais le 8 février 1842, une lettre alarmante lui arrive, qui annonce une maladie grave dont a été frappé M. de C...., et qui exige la présence d'un membre de sa famille. N'écoutant que son cœur et son dévouement, il n'hésite pas, il laisse de côté ses intérêts qui vont souffrir de son éloignement, et court auprès de son beau-frère dont il veut adoucir et soulager les douleurs. Que M. de C.... veuille bien rappeler le souvenir de la tendre affection dont il lui fut donné alors de si éclatantes preuves. Aurait-il oublié les soins assidus dont il fut l'objet, et que ne purent décourager ni refroidir les dégoûts d'aucun genre ? — Que la Providence lui épargne dans l'avenir de si tristes épreuves, et que surtout la froideur de ceux qui l'environnent ne lui fasse pas regretter l'assistance du frère qu'il poursuit avec tant d'injustice !

C'est à ce concours de circonstances imprévues qu'est due la présence de M. de S.... à Paris au moment des emplettes de noces. Si ses conseils avaient été écoutés, il n'eût pas été fait toutes ces folles dépenses dont les tableaux de situation contiennent le détail ; mais les volontés et les désirs de la jeune épouse étaient une loi pour celui qui bientôt devait s'unir à elle ; et la voix de l'ami ne pouvait plus avoir l'autorité d'autrefois. Les achats de mobilier, de diamants, ou les divers cadeaux épuisèrent la dot réellement comptée. Quoique l'état en ait été dressé par M. de S...., ce n'est pas à dire que les fonds soient passés par ses mains, et les marchés conclus avec son concours ou en sa présence. Il les blâmait trop hautement, pour leur accorder même cette sorte d'adhésion tacite ; mais désireux d'arrêter le cours de ces ruineuses dépenses, il en plaçait journellement le tableau sous l'œil de son beau-frère ; et ce tableau, il le joignit aux comptes de sa gestion personnelle pour que M. H. de C.... pût se reconnaître un jour, au milieu des folies qui précédèrent son mariage. Aussi n'a-t-on pas osé en faire remonter la responsabilité jusqu'à lui.

Toutefois et tandis qu'à Paris ces choses se passaient, Mme de S.... à Toulouse gérait, comme en 1840, les affaires de M. de C.... Cette gestion se prolongea jusqu'à l'époque de son retour qui eut lieu le 16 mai 1842 ; et dès son arrivée, compte lui fut rendu et des recettes qui avaient été opérées, et des dépenses qui avaient été faites. Le reliquat fut versé dans ses mains : il ne saurait donc être de bonne foi demandé un compte nouveau ; et au nom de M. de C.... on s'est reconnu à cet égard pleinement satisfait.

Peu de jours après fut célébré le mariage ; après un séjour de courte durée au château de Mazères, les nouveaux époux arrivèrent, le 27 juin, à Toulouse, où ils prirent possession de leur appartement et de leur ménage.

Au premier repas de famille, une ouverture étrange fut faite à M. de S.... par sa nouvelle belle-sœur. Il lui fut annoncé que l'on attendait avec impatience les comptes de sa gestion, et qu'il devait se mettre en mesure de les rendre. Il était singulier que cette réclamation lui fût adressée par une jeune personne qui, depuis quelques jours à peine, appartenait à la famille, et dont l'esprit, au milieu des fêtes du mariage, semblait devoir peu se préoccuper d'affaires de cette nature. Elle ne faisait évidemment que répéter une leçon inspirée par un autre , et cet autre n'était pas son époux.

M. de S.... averti, rédigea ses tableaux. Quelques erreurs involontaires purent s'y glisser ; pendant ses courses, ses nombreux voyages, son long séjour à Paris, il est possible que des omissions lui soient échappées. Il n'a jamais tenu d'autre langage, et toutes les fois qu'on lui en a demandé la réparation, il s'est empressé d'y donner l'assentiment le plus complet.

Dès le 20 juillet, M. et Mme de S.... étaient partis pour Montauriol, laissant les nouveaux mariés à Toulouse. M. de S.... rédigea les tableaux qui étaient exigés de lui, et la remise en fut faite à M. de C...., le 30 juillet, comme l'atteste leur date. Il les soumit pendant six jours à un examen attentif, et à côté de lui étaient son beau-père et sa femme qui les étudiaient de concert. On releva trois erreurs ou doubles emplois, qui pour un Missel et des robes de velours, représentaient une somme de 1,421 francs. Il y fut aussitôt fait droit, et le reliquat dont M. de C.... était déclaré débiteur, réduit à due concurrence.

Ces rectifications suffiraient au besoin pour prouver que l'acceptation du compte ne fut pas aveuglément consentie.

Cette acceptation devait amener une décharge que fit réclamer M. de S.... Il crut devoir à sa délicatesse de ne pas aller lui-même la demander. Il fallait qu'elle fût libre, entièrement spontanée, et c'est ainsi qu'elle a été remise. Alléguer aujourd'hui que M. de S.... en a dicté lui-même les expressions à M. de C...., qui l'aurait aveuglément souscrite, est l'un de ces mensonges contre lequel aurait dû s'indigner la loyauté de celui au nom de qui sont émises de telles assertions.

Sa teneur seule protesterait au besoin, et ce ne peut être par un autre que M. de C.... ou son nouveau conseil, qu'a été suggérée la clause qui dans cet acte le déclare personnellement quitte.

Qu'on se résigne donc à lui laisser toute son importance et toute sa valeur.

Il était sensible que les comptes ne devaient partir que de 1841. Ceux de 1839 avaient été réglés au retour de Paris. Ceux de 1840 le furent avec Mme de S..., et toutes les parties acceptèrent sans réclamation ce point de départ, qui était le seul véritable. Aussi la décharge embrassa-t-elle dans son étendue toute la période déterminée par la procuration elle-même. C'était un libre hommage rendu par M. de C.... à la vérité d'un fait que personne encore ne songeait à combattre.

Dès lors il semblait que tout était fini entre les beaux-frères. L'épouse et le beau-père avaient reçu entière satisfaction, et l'avaient acceptée : pouvait-on prévoir que de déplorables dissensions étaient au moment d'éclater ?

M. de C.... raconte qu'ayant voulu jeter un coup d'œil sur sa fortune, il fut effrayé du gouffre qui à son insu avait été creusé sous ses pas.

Plus de 250,000 fr. avaient disparu de son patrimoine :

Les rentes sur l'Etat que lui avait laissées son père, avaient été vendues :

Les actions sur les canaux négociées ;

Chez Me Dupuy, notaire, il avait un compte le constituant débiteur de 181,000 fr.

Il courut chez F..., espérant y trouver du moins un

actif considérable, et au lieu de cela, on lui présente un compte le laissant reliquataire de 93,000 fr.

A qui pourrra-t-il attribuer cette déplorable situation de ses affaires, sinon à celui qui avait perçu les fonds dérivant de la négociation des rentes et des actions sur les canaux ; les 181,000 fr. versés par Dupuy, et les 93,000 fr. alors dus à F...?

Or, celui-là, c'était M. A.... de S.... A lui donc l'obligation de restituer ces immenses valeurs.

M. de S.... éprouvera toujours un regret bien profond : c'est de n'avoir jamais pu, malgré les sollicitations les plus vives, obtenir de son beau-frère un entretien auquel demeurassent étrangères les personnes qui l'entourent. Selon toute apparence, c'est au moyen de ces chiffres, perfidement présentés, qu'on est parvenu à le lancer dans cette affligeante contestation.

Y aurait-il persisté si, pièces en main, on lui eût démontré que le montant des rentes sur l'Etat et des actions sur les canaux avait été versé dans la caisse de F.... son agent de change, ou de Dupuy son notaire, et que ces sommes diverses n'étaient pas même passées par les mains de son beau-frère?

Y aurait-il persisté, si Dupuy était venu lui déclarer que jamais il n'avait remis un centime à M. A.... de S..., et que le passif qui l'effraie avait une toute autre cause ?

Y aurait-il persisté enfin, si jetant un coup d'œil sur le compte F..., il avait vu que la majeure partie des sommes constituant son passif, avait été ordonnancée par lui, et que ses notaires seuls avaient puisé dans cette caisse 125 ou 130,000 fr. ?

Et ses alarmes, il eût été facile également de les faire évanouir. Sa fortune est loin d'avoir éprouvé en réalité l'ébranlement qui a provoqué ses plaintes.

Si 181,000 fr. sont dus chez Dupuy, 93,000 fr. chez
F...., et si 84,000 francs de capitaux héréditaires ont
été perçus, ce qui forme un total de 358,000 francs,
il était aisé de lui rappeler que les achats par lui
faits, les soultes payées, l'usine Boistel, et les frais de
mutation, avaient absorbé un capital de 406,000 fr., et
qu'ainsi son patrimoine, loin de s'amoindrir, avait
éprouvé une augmentation de 54,000 fr.

Que s'il eût parlé de la disparition du prix de la *Sierra*,
on l'aurait renvoyé aux comptes de Dupuy lui-même qui
atteste que le versement n'en a été opéré qu'en 1844, et
non en 1842, date de la liquidation dont on argumente.

M. de S... est convaincu que ces explications, pleines
de franchise et de vérité, auraient prévenu le procès
qu'il déplore, et que les accusateurs confondus n'auraient
pas insisté plus longtemps.

Au lieu de cela qu'a-t-on fait? On a isolé M. de C....
de sa famille et de ses amis sincères, pour pouvoir conserver sur son esprit une entière domination. Il a été
trompé sur l'état de sa fortune et de ses dettes; et quand
son irritation a été assez vive aux yeux de ses conseils,
a commencé une correspondance dont le caractère rendait toute réconciliation impossible.

Dès le début, M. de C.... écrivait à son beau frère les
lettres les plus blessantes : il ne s'agissait de rien moins
que de le flétrir à jamais, s'il refusait de condescendre
aux conditions que, par un sentiment de pitié, on voulait bien lui laisser la faculté de subir. Il semblait que
l'honneur de M. de S.... se trouvait désormais livré à
la discrétion de M. de C...., et que s'il ne venait demander grâce à deux genoux, on pût imprimer sur son front
une tache d'infamie.

Aussi ne le dissimulera-t-il pas. Lorsque cette correspondance injurieuse parvint jusqu'à lui, une noble et

juste indignation s'empara de son âme ; il ne pouvait vouloir désormais que des débats de cette nature demeurassent enveloppés de mystères. C'était le grand jour qu'il réclamait pour confondre au grand jour les secrets auteurs de toutes ces calomnies. Il ne lui était pas possible de se résigner à laisser planer même un vague soupçon sur sa délicatesse. Transiger dans de telles conjectures, c'était un déshonneur, et il lui fallait, ou bien une rétractation solennelle, ou bien l'éclat d'un procès.

Mais avant de commencer la lutte, il voulut démontrer à son adversaire combien ses accusations étaient injustes, et à quels déplorables égarements il se laissait entraîner par l'influence de ceux-là même qui se glorifiaient de lui avoir ouvert les yeux. Il lui proposa de soumettre à M. Dupuy, dans la probité duquel il avait justement placé son entière confiance, l'examen des comptes dont il prétendait avoir tant à se plaindre. Il offrit de déposer chez cet officier public ses carnets et ses pièces, demandant que M. de C.... produisît à son tour les reçus et les titres dont remise lui avait été faite. Il déclarait accepter d'avance la décision qui serait rendue, comme si elle était émanée d'une Cour souveraine. Mais il sollicitait aussi la communication des articles divers dont on contestait l'exactitude. Il fallait bien être fixé sur la nature de l'accusation pour présenter la défense.

A ces ouvertures il ne fut répondu que par une correspondance de plus en plus acrimonieuse, adressée principalement à Mme de S...., dont on s'efforçait d'effrayer la tendresse conjugale : comme si elle n'était pas sûre du caractère de son époux, et comme si un homme d'honneur peut jamais s'oublier au point de commettre une bassesse !

Ces tentatives nouvelles ne furent donc pas plus heureuses, et l'on attendit avec calme le commencement des hostilités. Elles furent précédées de la demande d'une conférence chez Mᵉ Féral, à qui devaient être communiqués les registres. M. de S.... l'accepta sans hésiter. Plein de confiance dans le loyal caractère de cet avocat éminent, il se présenta seul dans son cabinet pour lui fournir toutes les explications qui lui seraient demandées. Il ne se borna point à de simples discours : il déposa dans ses mains ses registres dont il est prétendu aujourd'hui que jamais la communication n'a été faite. Ils demeurèrent pendant quinze jours à la disposition du défenseur de M. de C...., si peu leur examen était redouté. Sans savoir encore ni ce qui était réclamé de lui, ni les imputations auxquelles il aurait bientôt à répondre, il livre les uniques documents qui sont restés dans ses mains, et ne peut arracher encore à ses Adversaires l'accusation que dans l'ombre ils ourdissent contre lui.

C'est toujours en s'enveloppant d'un mystère calculé qu'ils parlent et agissent. De critique directe et positive, ils n'en formulent aucune. Mais l'honneur de M. de S... est toujours menacé. Si, comme ils le disent dans leur Mémoire, ils proposent l'intervention de personnes considérables, ces propositions sont accompagnées de discours qui en rendent l'acceptation impossible. C'est pour ne pas le flétrir qu'ils veulent bien user envers lui de ce dernier ménagement ; écoutez leur langage : cette grâce, ils l'accordent à cause de l'épouse, et si elle est repoussée, l'infamie est au bout comme infaillible punition de cet imprudent refus.

M. de S.... en appelle à tout homme de cœur! Quel est celui qui eût voulu subir l'affront d'un arbitrage formulé dans ces termes? Les conditions qui l'accompagnaient le rendaient inacceptable. La fierté d'une conscience droite et pure ne pouvait y répondre que par le dédain.

Ce n'était point l'arbitrage qui par là était repoussé...., car on avait voulu tout soumettre à la souveraine décision d'un seul.

Ce n'étaient point des communications franches et complètes dont on voulait de la sorte éviter la nécessité...., car tout dès l'origine avait été remis sans défiance au défenseur de M. de C....

Mais l'injure était trop grave pour ne pas avoir excité de nobles susceptibilités ; M. de C.... avait ainsi rendu d'avance la transaction et l'arbitrage impossibles.

Que la responsabilité de ce triste procès, et de l'éclat qui en a été la suite, retombe sur sa tête !

Enfin l'assignation fut donnée, et M. de S.... ne vit pas sans étonnement qu'on lui demandait à la fois des comptes pour les années 1839 et 1840, et la nullité de la décharge comme surprise à la bonne foi de M. de C... qui l'avait signée sans la comprendre.

Réclamer des comptes pour 1839 et 1840, était une révoltante iniquité. On sait combien avait été courte la gestion durant cette période, et l'on a vu que tantôt par M. de S...., tantôt par son épouse, qui elle aussi avait administré, ces comptes avaient été rendus. De quel droit pouvait-il en être exigé de nouveaux? On n'alléguait pas avoir de rectification à faire. Et pour soutenir la prétention émise, il fallait recourir au mensonge, et dire que ces premières années n'avaient été suivies d'aucun règlement. L'arrêté mis au bas du compte de Mme de S..., les tableaux de situation de 1841 et 1842, et enfin la décharge du six août démontraient la fausseté d'une semblable assertion. Et pourtant elle a été soutenue avec une incroyable énergie. En vain faisait-on remarquer à

M. de C. .. qu'accepter des états dont le point de départ est 1841, c'est nécessairement reconnaître que le passé a été déjà soumis à un règlement antérieur : en vain lui faisait-on observer en outre que la décharge disait expressément que *tous les comptes qu'il pouvait avoir eus avec son beau-frère* étaient irrévocablement réglés. Cela lui importait peu ! sa persistance n'en était pas moins vive.... Et il a fallu que la Cour lui apprît, en déclarant inutile toute réponse à ce sujet de la part de M. de S.... combien ses allégations étranges trouvaient peu de crédit auprès de nos juges.

La Cour a fait justice non moins éclatante de l'incident relatif à la validité de la décharge elle-même. Il était plus encore de l'honneur que de l'intérêt de M. de S.... d'empêcher que ce titre libératoire ne fût brisé dans ses mains. N'avait-on pas imprimé dans le Mémoire, et hautement répété à l'audience, que cette pièce avait été surprise à la faiblesse du souscripteur, qui, sous la dictée de son Adversaire, avait tracé, sans les comprendre, les termes dans lesquels elle était conçue? Et après une incrimination semblable, M. de S.... était-il libre d'en faire l'abandon? Dans une telle conduite, n'aurait-on pas aperçu la reconnaissance tacite de la légitimité des plaintes dirigées contre lui? A cet égard encore on a su faire, de la résistance à l'annulation de la pièce, une nécessité impérieuse dont l'honneur ne permettait pas de se départir.

Ce n'est point de la validité de l'acte dans la forme qu'il fallait se préoccuper. M. de S.... n'attacha jamais à cette question qu'une importance accessoire. Mais c'est sous le point de vue de sa valeur morale que surtout il avait à cœur de faire apprécier ce titre. Car il constatait à la fois, et la remise des comptes antérieurs, et leur règlement, et l'acceptation de celui des deux dernières

années. Comment lui eût-il été interdit de s'en prévaloir
quand on venait audacieusement nier toutes ces choses,
et de répondre à tant de déclamations calomnieuses par
un aveu formel émané de M. de C.... lui-même ?

Qu'on n'affecte donc pas de se méprendre : dans cet
acte, M. de S.... n'entend puiser qu'une seule preuve,
à savoir que tous les comptes, sans exception aucune,
avaient été rendus par lui, et qu'affirmer le contraire,
c'était se mettre en opposition flagrante avec une vérité
acquise.

Que l'Adversaire maintenant propose des critiques ! Il
en a le droit ; et aucune fin de non-recevoir ne lui sera
par nous opposée. Nous entendions si peu nous placer
sous la protection d'un moyen de ce genre, que l'on a
vu la facilité avec laquelle, dès l'origine, ont été communiqués nos registres. L'homme dont la conscience est
inquiète et l'esprit troublé par de sérieuses alarmes pro-
cède-t-il avec un tel abandon ?

M. de S.... fidèle à ces sentiments de haute probité
que, grâces au ciel, jamais il n'oublia, avait constamment
déclaré que si des erreurs avaient été commises, il était
prêt à les réparer. Ce langage, consigné dans toutes ses
lettres, s'est retrouvé dans la bouche de son défenseur,
le jour où les Tribunaux ont été saisis du débat. Après
un examen approfondi, les Magistrats de première instance sont demeurés convaincus que si M. de C.... était
en droit de se plaindre de quelques omissions, des
erreurs non moins importantes avaient été commises au
préjudice de M. de S..., et que la compensation devait
en opérer l'extinction respective.

Le tribunal supposait que ce jugement tout paternel
ramènerait l'harmonie au sein de la famille. Son espoir
a été trompé. M. de C.... a voulu dénoncer à la censure
de la Cour la décision rendue ; et ses conclusions ont

fait renaître, sans exception aucune, toutes les difficultés du procès.

A l'exemple de son adversaire, M. de S.... n'a pas l'intention de discuter avec détail les points divers qui font l'objet du litige. Son but unique a été de rétablir la vérité, si gravement altérée, des faits de cette cause ; et de bien préciser le rôle qu'il a joué dans cette administration devenue aujourd'hui l'objet de critiques si amères.

On a vu combien elle avait été restreinte et à quelles choses seulement elle fut appliquée. Des chiffres positifs ont démontré déjà toute l'illégitimité des plaintes de M. de C.... sur la diminution prétendue de sa fortune : et il n'est pas sans doute nécessaire de répondre à cette ridicule imputation qui présenterait M. de S.... comme voulant construire sur le domaine d'Aufréry deux ou trois châteaux dont le moindre aurait entraîné une dépense de trois cent cinquante ou quatre cent mille francs. Que l'architecte ait tracé des plans fort beaux sur le papier, c'est chose très possible. Mais ces dessins sont demeurés dans le portefeuille de leur auteur, et pas une pierre n'a été remuée pour en préparer l'exécution. Quant à l'hôtel, c'est sous les inspirations de Mme de C.... elle-même que les projets en furent rédigés. L'état d'antiquité de cet immense bâtiment lui inspirait un invincible dégoût, et pour en triompher, il fallait se résigner à de considérables réparations et à d'énormes dépenses ; les plans lui furent soumis et approuvés par elle. Conçoit-on qu'aujourd'hui le beau-frère, chargé uniquement de la surveillance des travaux, puisse en être déclaré moralement responsable? Cet hôtel, du reste, a été l'une des causes principales du procès actuel. Si Mme de S.... avait consenti à en faire l'acquisition à son frère, les Tribunaux n'auraient eu à retenir d'aucune des réclamations qui maintenant sont produites. Il fallait à tout prix débarrasser la jeune épouse de cette habitation incommode, et la punition du refus a été l'agression violente que M. de S.... est obligé de combattre. On aurait peine à croire à de telles excentricités, si M. de C.... ne l'avait consigné dans plusieurs de ses lettres, et s'il n'avait chargé le Notaire Dupuy, qui l'a également écrit, de faire connaître cet étrange *ultimatum*.

Et c'est pour un motif si frivole, pour un intérêt si minime, qu'un homme honorable a été attaqué avec une violence inouïe, et qu'une famille patriarchale, heureuse de l'union intime de ses membres divers, s'est vue profondément divisée. Chacun ne doit-il pas détester et maudire le génie malfaisant qui a causé tous ces maux ?

Quels sont, en effet, au point de vue pécuniaire, les graves intérêts qui s'agitent ? En vain les conclusions de M. de C... . s'efforçaient-elles de les élever, tantôt à une somme de 250,000 fr., tantôt à une somme de 120,000. Les débats de l'audience les ont fait descendre de cette hauteur affectée, et les circonscrivant dans leur véritable limite, ont réduit leur importance à une somme de huit à dix mille francs environ.

Que l'on parcoure en effet les divers articles discutés, et l'on verra combien les explications les plus simples font aisément justice des exagérations de l'Adversaire.

Pour Rabaudy, des fruits sont demandés aux termes des quittances pour une somme de 23,400 fr.; et l'on s'étonne que M. de S.... n'ait accusé dans ses tableaux que la réception de six mille. Cet étonnement prétendu manque de franchise : M. de C.... avait sous les yeux les explications qu'il affecte de ne pas comprendre. En 1841, d'abord, époque à laquelle M. de S.... a perçu les pacts dont il se charge, la ferme ne produisait plus, d'après les concessions faites à Combeville, que 7,400 fr. par année ; et s'il n'a inscrit qu'une somme moindre, c'est parce que, à chaque échéance, pour le rembourse- ment d'avances imprévues, il y avait quelques compen- sations à subir. Tout homme dont les propriétés sont affermées, comprendra sans effort qu'il ait dû en être ainsi.

Et pour les années 1839 et 1840, si l'on avait pris la peine de jeter sur le compte-courant de M. F.... un regard attentif, on aurait vu qu'en deux fois une somme de 14,000 fr. avait été versée par le fermier Combeville dans la caisse de ce banquier qui s'en était débité aussitôt en faveur du propriétaire de Rabaudy.

Dès lors M. de C.... a reçu pour fermages de ce do- maine cette somme de 14,000 fr. d'un côté, et de l'autre celle de 6,000 fr. dont M. de S.... lui fait compte, ce qui forme un total de 20,000 fr. : quelle est la différence entre les quittances souscrites, et la somme ainsi retrou- vée ? 3,400 fr. et c'est sur ce chiffre seul que doit rou- ler le débat sur ce premier article. Or, Combeville n'a- t-il pas à cet égard donné, dans sa déclaration, une explication pleinement satisfaisante ? — Il vous dit que bien souvent le signataire du reçu n'était pas celui entre les mains duquel était faite la remise du fermage ; que les fonds s'arrêtaient au premier chez M. de C..., et qu'on montait ensuite au second pour demander la dé- charge à M. de S.... qui sans défiance n'hésitait pas à la souscrire. — Que maintenant l'on abuse de ces signatu- res diverses, comme si le procureur fondé et le commet- tant se trouvaient entièrement étrangers l'un à l'autre, la rigueur du droit peut bien autoriser cette façon d'agir ; mais la conscience et l'équité la réprouvent. Le public prononcera.

Que dire maintenant des fermages de Glatens dont on

demandait trois annuités à M. de S..., alors qu'une seule perception a été faite par lui, et que le registre du fermier qui le constatait, remis à M. de C..., n'a pas été encore rendu. Il était clair qu'une annuité seulement pouvait être obtenue, et M. de S.... avait eu le soin de la faire figurer dans ses comptes. Pourquoi donc en exiger davantage quand on avait en main, et que l'on retenait pour ne point la montrer, la preuve de l'injustice de cette demande? Mais à l'occasion de ce fait, il est bon de faire connaître un incident qui donnera la mesure de la bonne foi que l'on apporte dans le débat actuel. Le fermier de Glatens, au mois de décembre 1841, porta chez M. de S..., absent, une portion de l'annuité dont il était redevable. Mme de S.... qui la reçut, envoya, quelques jours après, et le 3 janvier 1842, six cents francs sur la somme comptée, chez M. F.... qui la porte sur l'actif de M. de C.... sans indiquer le nom de la personne par les soins de qui le versement a été fait. Une note tenue par sa fille était destinée à garder le souvenir de ce petit envoi. Néanmoins M. de S.... dans ses tableaux s'est chargé de l'annuité tout entière, comme si rien n'en avait été distrait. Et lorsque avec le compte F..., attestant le versement des six cents francs, et la note dont il vient d'être question, il a réclamé la réparation de cette erreur, il lui a été répondu que l'écrit de sa fille était sans valeur légale, et que l'énonciation du compte F.... était trop vague pour constituer un titre en sa faveur. Il est remarquable qu'à l'époque du versement, M. de C.... était à Paris, et que lui-même ne pouvait l'avoir effectué. Que l'on juge, après cela, de la moralité des exceptions dont il a été fait usage.

Pour Odars, la prétention de M. de C.... était plus inconcevable encore, car il voulait que M. de S.... se chargeât en recette de 3,000 fr. pour la récolte de

1842, alors que le compte-rendu était à la date du 30 juillet de cette même année, et que depuis cette époque il n'avait pris aucune part à l'administration ni de ce domaine ni d'aucun des autres. Il aurait fallu, pour que cette prétention fût admissible, que le blé eût été vendu alors que, renfermé encore dans l'épi, il était selon toute apparence abrité sous les hangars.

Nous ne dirons rien d'Aufréry : le livre du régisseur Savignol, dont on voulait argumenter contre nous, une fois expliqué, a réduit l'Adversaire au silence.

Reste seulement l'article des bons tirés sur M. F.... Ils représentent réunis une somme de 22,446 fr. M. de S.... les délivrait, à mesure, aux diverses personnes qui avaient des créances à réclamer contre M. de C... Certains de ces mandats portaient l'indication de la partie prenante, d'autres étaient simplement payables au porteur. Mais dans tous il était déclaré que la remise en était faite pour le compte de son beau-frère.

Il est remarquable que parmi ceux qui contiennent la désignation du porteur, et ceux-là étaient les plus nombreux puisqu'ils s'élèvent à 15,496 fr., il n'en est pas un seul qui n'ait eu pour cause véritable et légitime, le paiement d'une obligation de M. de C....

Les présomptions les plus naturelles ne veulent elles pas que pour les autres il en soit également ainsi ? Est-il vraisemblable que M. de S.... eût déclaré, dans ses mandats, qu'ils étaient souscrits pour le compte de M. de C..., si les fonds avaient dû tourner exclusivement à son profit ?

Mais il avait lui-même un compte ouvert chez M. F... : et quand une dépense devait avoir lieu dans son intérêt, c'est en son nom personnel qu'il signait et délivrait ses mandats. Pourquoi donc aurait-il fait usage du nom de son beau-frère, qui lui était inutile ? Il faudrait aller jusqu'à prétendre que c'est frauduleusement que cette énonciation s'y trouvait glissée, ce que personne n'a osé ni n'osera soutenir. Donc, la teneur même des mandats dont on excipe, condamne la réclamation dont ils sont l'unique fondement.

Un mot sur les détails.

La masse totale représentée par la valeur des bons est de. . . . . 22,446 fr·

On reconnaît que nous nous chargeons en recettes dans les comptes, soit pour les réparations de l'hôtel, soit pour divers autres articles, de.. 5,496

Ainsi le chiffre primitif se trouve réduit déjà à la somme de. . . . . 16,950 fr·

De cette somme, il faut déduire encore les versements faits pour le compte de M. de C..., dans la caisse de l'usine Boistel. . . . . 9,500 fr·

En effet, dans le cours des années 1841 et 1842, il a été payé à la décharge de celui-ci, pour le complément de sa mise de fonds, une somme de 17,500 fr. Les quittances de Boistel, ainsi que l'extrait de ses livres, attestent la rigoureuse exactitude de ce chiffre ; et la prétention élevée qu'une portion de ses paiements aurait été faite avec les sommes dues à M. de C.... pour le fermage de l'usine, est condamnée à la fois, et par les faits les plus constants, et par les livres de la fabrique. En fait, cette compensation n'a pu se réaliser, puisque dans son compte M. de S.... s'est chargé en recette des deux annuités du bail de cette usine. On ne compense une dette qu'avec une créance, et ici la créance de M. de C... n'existait pas ; elle se trouvait éteinte par le paiement réel. D'autre part, les livres de la fabrique attestent qu'en 1840, le compte particulier de M. de C... se balançait avec les

fournitures qui lui avaient été faites : qu'aucun reliquat
ne lui était dû, et que par suite, avec ce reliquat non
existant, il n'a pu éteindre la dette qui pour la mise de
fonds pesait encore sur lui. Il y a mieux , c'est qu'en
effet une compensation partielle a été opérée, mais seulement à concurrence d'une somme de 500 fr. ; que les
livres la mentionnent, et que si elle eût été plus forte,..
plus forte aussi elle aurait été inscrite sur ces livres
mêmes. Et c'est justement à cause de cette compensation
que la somme payée, qui d'après les quittances s'élevait
à 18,000 fr., se trouve réduite aujourd'hui à 17,500 fr.,
versée en numéraire.

Or, M. de S... n'a porté pour cet objet au chapitre de
la dépense qu'une somme de 8,000 fr., par où il est en
droit de réclamer à son profit une rectification de
9,500 fr.

Cette somme, déduite des 16,950 fr., réduit à 7,450 fr.
les bons tirés sur F..., et dont l'emploi n'est pas expliqué
avec une rigoureuse exactitude.

A quelle destination ont-ils été consacrés ? — Dans le
moment actuel, difficilement M. de S... pourrait le dire.
Ce qu'il sait d'une manière certaine, c'est que le montant
n'a jamais été versé dans ses mains. Ce qu'il affirme d'une
manière non moins positive, c'est que tirés pour le
compte de M. de C..., ils ont été employés au paiement
de dépenses faites dans son intérêt. Il ne crut jamais, en
acceptant la procuration de 1839, assumer sur sa tête les
obligations d'un comptable rigoureusement assujetti à
une exacte tenue de livres. Il lui semblait seulement que,
chargé de remplacer son beau-frère pendant ses absen-
ces, il n'aurait qu'à présenter la note des sommes qu'il
aurait reçues avec l'indication de l'emploi, pour être déchargé ; et que pour celles dont la remise aurait été
faite à d'autres, il n'aurait de responsabilité d'aucun genre
à subir.

Toutefois, en revenant sur le passé, il croit pouvoir certifier que ces sommes ont servi au paiement de certaines des réparations de l'hôtel, qui ne figurent point sur ses comptes. On remarque en effet que sur ces comptes mêmes, ne figure pour cette nature de dépenses qu'une somme de 13,771 fr., et le certificat délivré par l'architecte Bonnal atteste qu'il a été délivré des mandats à concurrence de plus de 22,000 fr. : ainsi se trouverait plus que comblé le déficit dont on recherche la cause.

M. de S... n'a point d'autres explications à donner : ce qu'il affirme sur l'honneur, c'est qu'il n'est point débiteur de cette somme ! Et maintenant si la justice croit, les textes à la main, ne pouvoir l'affranchir d'en faire compte, il en appellera à la conscience de M. de C..., à la nature des rapports si intimes qui existaient entre eux, et M. de C.... lui-même n'hésitera pas à croire à la sincérité de sa déclaration.

Un mot encore sur les omissions dont on a fait si grand bruit, et qui, pour l'indemnité du canal latéral, et pour les marbres Capel, s'élèvent à une somme de 2,000 f. environ. Elles sont à bon droit relevées, et M. de S.... s'est empressé de reconnaître la légitimité de la rectification sous ce double rapport. Mais c'était avec juste raison aussi, qu'au nom de M. de C..., on s'écriait : M. de S.... est-il bien sûr de n'avoir pas commis d'autres erreurs, d'autres omissions du même genre ? — C'est qu'en effet une erreur grave, une omission considérable avait été commise ; mais celle-ci l'avait été au préjudice de M. de S.... lui-même. Le 14 novembre 1841, il avait versé pour le compte de M. de C..., chez Me Dupuy, notaire, une somme de 6,000 fr., dont celui-ci s'était immédiatement chargé en recette. Le souvenir de ce versement s'était effacé de sa mémoire, et il ne figure dans aucun de ses tableaux de situation. Mais il ne pou vait être ignoré de l'Adversaire, qui dans son règlement avec Me Dupuy, avait dû le voir inscrit dans la colonne de·son actif. Et, chose aussi étrange qu'inexplicable ! lorsque M. de S.... a demandé la communication de ce règlement, on n'a répondu à ses insistances que par le plus obstiné des refus. Le hasard seul est venu lui procurer la découverte de cet article précieux dont on semblait s'efforcer de lui dérober la connaissance. Aujourd'hui que la justification en est rapportée, la Cour n'hésitera pas à en ordonner l'allocation.

Et cet article même démontrera à tous avec quel laisser-aller procédaient les deux beaux-frères. Sûrs de leur probité réciproque, ils savaient bien que l'un était incapable de retenir les deniers appartenant à l'autre, et aucune précaution n'était prise pour se prémunir contre des réclamations impossibles à prévoir.

Ces réclamations n'auraient jamais été produites, et la pensée malheureuse n'en serait même pas tombée dans l'esprit de M. de C..., si une main perfide n'était venue, comme il le dit lui-même, lui dessiller les yeux pour le jeter dans ce déplorable procès. Les armes dont il n'a pas craint de se servir à l'appui de sa cause, suffiraient au besoin pour déceler une influence étrangère. Eût-il pu songer, lui, à mettre en question la loyauté de M. de S..., et à l'effrayer par la crainte de voir à jamais perdues l'estime et la considération qui l'entourent ? Essayer d'obtenir des concessions au moyen de telles menaces, est un trop indigne calcul pour l'en croire coupable. A d'autres la responsabilité ! Mais c'était bien mal connaître le caractère de M. de S..., et la fierté de son âme, que de croire au succès d'une aussi affligeante combinaison. Loin, bien loin de fuir la publicité que l'on disait si redoutable pour lui, dès que sa délicatesse a été mise en jeu, il l'a réclamée au contraire avec une ardente énergie. C'est qu'une conscience pure, et un cœur ferme, ne transigent jamais avec l'honneur.

N'a-t-on pas vu bien souvent dans le monde des personnes d'ailleurs irréprochables devenir victimes, dans de semblables occasions, de leurs fausses alarmes ? Pour éviter un éclat dont il faudrait savoir affronter le péril, on se résigne à subir les conditions qui vous sont faites ; et bientôt le mystère est révélé ; la honte de la transaction qui vous condamne parvient à la connaissance de tous. Et le malheureux qui l'a souscrite, essaie en vain de se débattre contre les préventions dont il est de toutes parts assiégé. Il voit son honneur flétri, sa fortune compromise, et d'inconsolables regrets qui ne finissent qu'au tombeau, sont la triste conséquence de cet acte de faiblesse.

Eclairé par l'expérience, et n'écoutant que les inspirations de son cœur, M. de S.... a refusé de se soumettre à une aussi dure loi.

Et maintenant que sa conduite est connue, aucune émotion ne vient plus troubler la sérénité de son âme. On peut le condamner pour des erreurs involontaires, ou pour l'absence de quelques pièces justificatives. Mais après l'arrêt, comme avant, il pourra se montrer la tête haute, et fier toujours de l'estime de ses concitoyens, qui lui restera tout entière. Ni parents, ni amis, ni famille ne le désavoueront. Puisse M. de C.... rencontrer les mêmes sympathies !

A. Fourtanier, Avocat.

Astrié, Avoué.

A. De S....

Note. Ce Mémoire était déjà terminé, lorsque la Cour a prononcé son arrêt. Cette circonstance ne pouvait en empêcher la publication. M. de S.... n'en avait pas moins à remplir devant ses concitoyens le devoir de répondre aux blessantes incriminations dont il avait été l'objet. La justice de la Cour lui est un sûr garant que celle de ses concitoyens ne lui manquera pas.

COUR IMPÉRIALE DE TOULOUSE

(TROISIÈME CHAMBRE).

PRÉSIDENCE DE M. LE CONSEILLER SOLOMIAC *.

(MARS 1857).

MÉMOIRE

POUR M. AUGUSTE JAMME,

CONTRE

MESSIEURS LES SYNDICS DU CANAL DE LA NOGARÈDE.

La propriété d'un Canal artificiel entraîne-t-elle la propriété de ses francs-bords ? — Les rives d'un canal de cette nature sont elles prescriptibles ?

Prétendre, comme on l'a fait au nom des Syndics, que ce procès est sans importance aucune pour M. Jamme, puisqu'il se résigne à subir la double servitude du jet de pelle, et du passage pour la surveillance des eaux, n'est pas une chose sérieuse.

---

* Le siége du ministère public était occupé par M. l'avocat-général Cassagne.

Il s'agit pour lui de la conservation d'une propriété précieuse, que sa contiguité avec les eaux du Canal de la Nogarède appelle à un riche avenir, et qui est destinée à imprimer à l'industrie si prospère de Mazamet une impulsion et une activité nouvelles.

Les Syndics sont inspirés par des sentiments d'une bien autre nature. L'objet de leurs vœux, leur unique préoccupation, c'est de monopoliser dans leurs mains égoïstes, les richesses de ce cours d'eau que créa, non par l'effet de l'abus de sa puissance, mais en vertu des prérogatives attachées légalement à cette puissance elle-même, l'ancien justicier du pays. Ce qu'ils redoutent, ce qu'à tout prix ils veulent éviter, c'est une concurrence dont leurs intérêts privés éprouveraient peut-être quelque dommage, mais qui, au grand bénéfice de la contrée et de son avenir, faciliterait le développement et l'expansion de son génie industriel.

Aussi n'est-ce pas sans étonnement que nous avons entendu les Syndics parler, avec un enthousiasme dont ils savent si bien comprimer l'élan toutes les fois que la voix de l'intérêt se fait entendre, de l'accroissement rapide de Mazamet, de sa prospérité présente, et de celle qui lui est réservée.

Si, en effet, ces destinées brillantes pouvaient ne pas s'accomplir, c'est à eux, et à leurs combinaisons étroites, qu'il faudrait en attribuer la cause. L'inhibition qu'en vertu du droit de propriété dont ils se disent investis, ils infligeraient à toute création nouvelle, serait l'invincible obstacle contre lequel tous les efforts viendraient se briser.

Et personne ne s'est mépris, ni sur leur but, ni sur leurs intentions. Le commerce de Mazamet a les yeux fixés sur cette lutte qui, nous l'espérons bien, sera la dernière, et ses sympathies ne sont pas douteuses. En voici l'éclatant témoignage :

Nous, soussignés, Négociants de la ville de Mazamet, certifions à qui il appartiendra qu'il est du plus grand intérêt, pour l'industrie de cette ville, que les habitants puissent user des eaux du Canal de la Nogarède, comme on l'avait fait jusqu'à ces derniers temps, où les propriétaires des usines assises sur ce canal ont abusé de la force qu'ils ont puisée dans leur association, pour étouffer les droits privés de chaque habitant.

Nous certifions donc à qui il appartiendra, que, loin de pouvoir invoquer l'intérêt géneral dans leurs allégations erronées, MM. les propriétaires des usines n'exercent qu'un monopole tyrannique, et de tous points nuisible à l'intérêt commun, puisqu'ils ont fait détruire divers lavoirs et abreuvoirs, qui avaient existé depuis un temps immémorial, sur toute l'étendue dudit canal ; et que pendant l'été ils absorbent toute l'eau de la rivière de l'Arnette, si nécessaire à la salubrité de la ville, et assez importante, il y a peu d'années encore, pour faire mouvoir plnsieurs usines qui sont aujourd'hui réduites en état de chômage complet, pendant plus de trois mois de chaque année.

Mazamet, le 19 février 1857.

Suivent les signatures de : MM. Bru aîné, D. Baux, Sabatié frères, Augustin Périé et Cᵉ, Jeanty Cabibel, Cros cadet, Durand frères, Raynaud père et fils, Bonnafous aîné et jeune, Osmin Rives, Drouet fils cadet, Garric-Benezech, J.-F. Cabibel, Rives-Guilhou, Toulouse et Rives jeune, Cros jeune, V. Vène, Boudou fils aîné, Rives-Guiraud, E. Rives fils jeune, Defos-Artigue, È. Perrié, Puech frères,

OLOMBEL et BRUN, ROUCAYROL et fils,
BOUDOU, Etienne OLOMBEL, Noé MAFFRE et
fils, ESCUDIÉ Antoine, Elisée GAU fils aîné,
J. RIVES fils aîne, VIDAL-PRADES, M. BAUX
aîné, PEYRE, LONDIOS père et fils, ESTRA-
BAUT frères, D. GUIRAUD, SALVAING jeune,
GARRIC-BORDES, MAZIÉRES-RIVES, RIVES
Jacques, Jean MAZIÈRES, ALQUIER, P.
BRIEU, GAU-BOSC. Toutes ces signatures
sont légalisées.

Du reste, que les adversaires de M. Jamme ne lui attri-
buent pas des pensées qui ne sont pas les siennes. Il n'a
jamais entendu, et il n'entend pas que les droits acquis
aux usines existantes soient assujettis à des modifications
qui viendraient amoindrir leur force motrice. Cette
force qui leur appartient sera scrupuleusement respectée.
Mais si l'abondance des eaux permet d'utiliser leur action, qui dans le moment actuel est stérile ou perdue,
pourquoi interdirait-on aux riverains de la rendre féconde ? Il n'est pas un seul intérêt avouable qui puisse
s'en plaindre : c'est dans les priviléges absolus du droit
de propriété qu'on est contraint d'aller chercher un
asile pour légitimer une résistance.

Ce droit de propriété existe-t-il?— Tel est donc le problème à résoudre.

Pour être discutée sous toutes ses formes, la question
doit être considérée sous un triple point de vue : celui
de l'existence des francs-bords, celui de la nature des
concessions faites aux propriétaires d'usine, celui enfin de
la possession qui est invoquée tour-à-tour par les parties
contendantes.

§ Ier.

Le Canal de la Nogarède a-t-il jamais eu des francs-bords ainsi que les Syndics le soutiennent ?

La négative résulte invinciblement de tous les faits, de tous les actes, de tous les documents du procès.

Quelle est d'abord l'origine de ce Canal ? Par qui fut-il creusé ? Pour quelle cause, et dans quel but ?

Son origine se perd dans la nuit des temps. Le cadastre de 1646 le mentionne ; et il atteste que les propriétés qui le bordaient étaient compétiées alors sur un grand nombre de têtes différentes. Rien n'indique, du reste, qu'elles fussent primitivement sorties de la main du Seigneur, et soumises à des rentes féodales.

Il est au procès des actes qui remontent au XIII siècle, et qui en constatent également l'existence. Il est donc impossible d'assigner une date à sa création, et de dire si le long de son cours une langue de terre fut laissée à droite et à gauche pour en composer le franc-bord.

Mais pense-t-on qu'à ces époques lointaines, au milieu de l'ignorance qui régnait dans nos contrées, en présence de ce chaos d'où devait sortir la civilisation moderne, mais dans lequel étaient mêlés et confondus tous les droits, celui de propriété même ne pouvant pas se dégager encore des ombres qui l'enveloppaient, le Seigneur féodal, dont le pouvoir despotique n'admettait ni remontrances ni hésitation, ait eu le soin de prendre cette mesure que rien ne lui imposait ?

Les vraisemblances ne permettent pas de s'arrêter à cette hypothèse. Le Seigneur a tout simplement, en vertu du droit de haute justice qui lui appartenait, détourné le cours de la rivière de l'Arnette, lui a creusé un nouveau lit dont le développement est de trois kilomètres environ, et ses vassaux ont éxécuté ses ordres. Pour quelle cause aurait-il laissé un franc-bord ?

De deux choses l'une : ou c'était à travers ses terres que le Canal était tracé, ou c'était à travers les siennes et celles de ses vassaux. Et dans aucune de ces hypothèses, il ne devait se préoccuper de la nécessité d'un franc-bord.

S'agissait-il de ses propres héritages ? Il est évident que, propriétaire à la fois et du Canal et des terrains qui le bordent, il n'avait nul besoin d'établir une ligne purement imaginaire qui vînt déterminer la portion attribuée au Canal, et la portion qui garderait sa nature première. C'eût été une puérilité que de procéder de cette façon. Aussi les écrivains mêmes qui ont défendu avec le plus de chaleur la nécessité des francs-bords, reconnaissent leur complète inutilité quand le Canal est établi sur l'héritage de celui qui le creusait ; et, dans ce cas particulier, ils enseignent que la présomption contraire à leur existence est seule admissible. Tel est aussi, comme on le verra bientôt, le sentiment de la Cour impériale de Toulouse.

Le Seigneur, au contraire, a-t-il, comme investi de la haute justice, dirigé son Canal à travers les terres de ses vassaux condamnés à subir cet acte de souveraineté ? Il est manifeste que, dans cette seconde conjoncture, l'existence d'un franc-bord est moins supposable encore. Le Seigneur, en pareil cas, n'expropriait ni n'indemnisait personne, et dès lors le vassal, qui fournissait gratuitement le lit où allaient être amenées les eaux de la rivière, n'ajoutait pas à ce sacrifice une langue de terre qui lui aurait interdit toute sorte de communication avec ses eaux.

Ainsi le voulait la nature des choses : et c'est toujours ainsi que la doctrine a fixé les droits des riverains, quand il s'est agi de ces canaux d'antique origine, dont le développement et la longueur révèlent l'intervention du pouvoir féodal.

Chardon, dans son Traité de l'alluvion, n⁰ˢ 29 et suivants, a éclairé ce point de droit par des aperçus historiques du plus haut intérêt, et auxquels M. Daviel a donné son entière adhésion.

La non-existence des francs-bords se trouve donc établie déjà, et par son ancienneté, et par le titre ou le caractère de celui qui en a été le créateur, et par la nature des héritages qui ont été traversés.

Une chose incontestable surtout, c'est que le pré de la Nogarède-Vieille et le pré de la Vigne, sur lesquels a été creusé le Canal, étaient la propriété du Seigneur, et sont demeurés sur sa tête pendant plusieurs siècles consécutifs. Leur origine noble est attestée, et par l'ancien cadastre, et par les anciens titres versés au procès. Le Seigneur travaillait dès lors chez lui quand, dans cette partie de son parcours, il préparait aux eaux de l'Arnette le lit destiné à les recevoir. Comment supposer, en conséquence, que dans ce lieu il ait été laissé un franc-bord? — La prairie de la Nogarède est arrivée, le lendemain de l'entreprise, comme elle y arrivait la veille, jusqu'à la ligne où son sol a été tranché, et la seule chose qui lui ait été prise est celle où sont entrées les eaux. Tout le reste a continué de former et de représenter cette prairie, qui n'a pas éprouvé d'autre réduction que celle-là. Aussi, de tous les temps, le Seigneur, avant de l'avoir vendue, et les acquéreurs de ce dernier, depuis cette époque, ont-ils exploité jusqu'au fil de l'eau. Les plantations qu'ils ont faites y touchent immédiatement, et plusieurs arbres séculaires plongent et baignent leurs racines dans l'intérieur du Canal, si bien on s'est considéré comme propriétaire jusqu'à l'extrémité de la ligne.

Cet état de choses n'avait jamais provoqué de protestation d'aucun genre.

Il est si vrai, du reste, que ces francs-bords dont on ne peut déterminer ni la largeur, ni l'importance, n'existaient pas, que, si l'on étudie le Canal de la Nogarède au-dessous du pont du *Redondal* jusqu'à son embouchure dans la rivière de l'Arnette, il n'est pas un seul point où il soit possible de les établir avec certitude.

Immédiatement au-dessous du pont du *Redondal*, on rencontre l'usine de M. Olombel qui, assise sur la rive gauche, comprend dans son périmètre un terrain d'une assez vaste étendue, lequel est environné de murs de clôture arrivant jusqu'au fil de l'eau. Le prétendu franc-bord est incorporé dans l'héritage de l'usinier, et, chose remarquable, il y a fait entrer une portion de la prairie de l'exposant qui lui fut vendue par sa grand'mère. Sur cette fraction, on ne veut pas que le franc-bord existe, ce n'est que celle non comprise dans l'aliénation qui en serait grevée.

Plus bas, et à une faible distance, se présente l'usine de M. Barbey. Elle est dans les mêmes conditions que la précédente. Le prétendu franc-bord disparaît ici une seconde fois, et ici encore M. Barbey, par lequel a été achetée une parcelle de la prairie du concluant, a pris possession et conduit sa clôture jusqu'au fil de l'eau. C'est pour l'exposant seul qu'on veut faire une situation complétement en-dehors de la loi commune.

Plus bas, le canal pénètre dans la ville de Mazamet, et, comme l'atteste le cadastre, il est impossible de saisir nulle part des traces de franc-bord dans cette seconde partie de son développement. Les maisons qui le bordent lui sont contigües, et les murs entrent même dans l'intérieur du lit. Il en est qui sont à cheval sur son cours, et reposent à la fois sur les deux rives. Si, au lieu de propriétés bâties, ce sont des jardins qui le touchent, les murs de clôture arrivent jusqu'au fil de l'eau, soit qu'on les ait construits perpendiculairement à son tracé, soit que les constructions lui soient parallèles.

Ainsi, depuis des siècles, ces constructions nombreuses qui s'élèvent à plus de 50, viennent donner aux allégations tardives des Syndics un démenti éclatant.

Au-dessous de la ville, et à côté du moulin de la Prade, il en est de même. L'adjudication du 12 frimaire an III, et l'interprétation qui lui a été donnée par les décisions judiciaires intervenues, en sont une preuve certaine. Lorsque la Nation a saisi sur la tête de l'émigré Lonjon, et ce moulin et la prairie qui en faisait une dépendance, elle a vendu jusqu'au fil de l'eau. Le procès-verbal dressé par les experts pour préparer la vente ; la division en plusieurs lots, séparés l'un de l'autre par des lignes piquetées qui ne s'arrêtaient pas au franc-bord prétendu, mais arrivaient jusqu'au lit du canal ; la dénomination donnée à ce canal, qui dans les actes d'adjudication est appelé *Ruisseau* ; la prise de possession dont ces actes furent suivis ; tout se réunit pour démontrer encore que, dans cette dernière partie de son tracé, les francs-bords n'existaient pas non plus.

Or, est-il admissible que, le long de la prairie de la Nogarède, il en soit tout autrement ? — A qui persuader que le canal inspiré par une pensée unique, conçu et exécuté sans aucun doute sur un plan uniforme, présente cette bizarrerie inexplicable que des francs-bords le protègent à son point de départ pour le conduire jusqu'au pont du *Redondal,* et qu'à partir de ce point jusqu'à son embouchure, il en soit complétement privé ?

Une telle supposition n'est pas acceptable, et, s'il fallait admettre d'aussi étranges bigarrures dans l'exécution d'un travail qui les condamne par son unité, ce serait à l'hypothèse inverse que devrait être donnée la préférence.

Une chose positive effectivement, c'est que, le long du pré noble de la Nozarède et de la Vigne, le Seigneur était propriétaire à droite et à gauche de son canal. Les anciens compois l'attestent, et les qualifications données toujours à ces immeubles dans les titres les plus anciens comme dans les plus récents, ne permettent pas de le révoquer en doute. Là donc, l'inutilité des francs-bords est de la dernière évidence. Le canal était creusé sur le domaine de celui qui en était le créateur et allait en devenir le propriétaire. A quoi bon et dans quel but laisser cette langue de terre destinée à protéger, contre les infiltrations des eaux, les héritages qui lui sont contigus, et qu'on a été contraint de traverser pour y asseoir son lit? Ici, ils n'auraient pas de raison d'être, et c'est à bon droit que la jurisprudence et la doctrine, dans ce cas, repoussent la présomption qui, en général, et sauf preuve contraire, est favorable à leur existence.

Mais s'il est positif que, de la digue au pont du *Redondal*, le Seigneur était propriétaire des deux prairies riveraines, la même certitude n'existe pas pour le cours inférieur. Ici, rien ne constate, rien n'établit cette propriété exclusive qui, se développant sur une longueur de trois kilomètres, arriverait, sans rencontrer aucune propriété intermédiaire, jusqu'à l'embouchure de l'Aruette. Certes, il n'eût pas été impossible que le Seigneur possédât tous ces vastes domaines, mais il n'est pas impossible non plus qu'il en fût autrement, et si l'on interroge les anciens compois, seul guide qui soit offert à la conscience du juge, dans les questions de ce genre, cette dernière hypothèse est la seule acceptable. Le cadastre de 1646 nous montre en effet, divisés et inscrits sous le nom d'une foule d'individus divers, les articles qui com-

mencent au *Redondal* et finissent au moulin de la Prade.
Tous appellent pour confront le béal du Seigneur, et ils
sont au nombre de cent cinquante qui le bordent et le
touchent.

De cet état de choses qui date d'une époque si reculée,
on est bien en droit de conclure que le Seigneur n'était
pas propriétaire exclusif de tous les terrains traversés par
le canal, et qu'en vertu de la puissance attachée à son
titre, il a imposé à ses vassaux l'obligation de subir
l'établissement de ce cours d'eau artificiel qui prenait la
place de la rivière? — Or, s'il en est ainsi, comme le
démontrent toutes les vraisemblances, et les actes les
plus anciens, qui croira que, le long de son propre héritage, le Seigneur ait laissé des francs-bords inutiles,
et que quand il pénétrait dans l'héritage d'autrui, ces
francs-bords aient été supprimés? Cette présomption
bizarre serait justement l'opposé de celle qu'enseignent la jurisprudence et la raison, et c'est dire assez
qu'elle ne sera pas admise. Aussi, à cet égard, pou-
vons-nous sans crainte poser le dilemme suivant :

Ou le créateur du canal était dans toute la longueur
du parcours propriétaire de tous les héritages riverains,
ou cette propriété ne résidait sur sa tête que jusqu'au
pont du *Redondal.*

Au premier cas, c'est une même pensée qui a présidé à l'exécution de cette entreprise, et puisqu'en aval
les francs-bords n'ont pas été établis, ils ne l'ont pas été
non plus en amont, car tous les terrains traversés se
trouvaient dans une condition identique, et entre eux il
n'a été fait dès lors aucune différence.

Au second cas, les francs-bords ne commenceront que
lorsque le canal pénètrera dans les propriétés étrangères,
et si le long de celles-ci on n'en rencontre pas, il faudra
dire à bien plus forte raison que le long de celles du

Seigneur ils n'auront pas été établis non plus, puisqu'ici ils étaient inutiles, et que là au contraire leur nécessité pouvait être reconnue.

L'argumentation est sans réplique.

Mais, ici, les anciens cadastres viennent encore nous prêter l'appui de leur autorité. On sait toute la force légale qui s'attache aux énonciations contenues dans ces anciens documents, tradition précieuse et vivante de la situation des lieux que l'industrie humaine et la marche du temps ont dénaturée et transformée de tant de façons différentes. C'est à eux surtout que s'applique cet adage devenu un axiôme au palais : *In antiquis enuntiativa probant.* Et quand surtout il s'agit, non pas d'une ligne fugitive, présentant un sens plus ou moins équivoque à interpréter, mais d'une série d'articles remplissant plusieurs pages in-folio, toujours clairs, nets et précis, qu'il est aisé de recomposer sur le terrain à l'aide des descriptions et des limites qui y sont déterminées ; leur autorité n'est pas contestable, et la récuser est une imprudence sinon l'aveu d'une défaite.

Or, ce cadastre ancien que nous apprend-il ? — La Cour voudra bien prendre connaissance des extraits qui lui sont soumis. Il n'est pas un seul article qui ne vienne donner au système de M. Jamme une éclatante confirmation. Tous sans exception aucune appellent pour confront le *Bézal du moulin.* Mais il est remarquable en outre que, pour plus de quarante d'entre eux, on considère si bien ce canal artificiel comme le lit du ruisseau dont il a pris la place, qu'ils sont confrontés à l'héritage qui se trouve sur la rive opposée : *Bézal entre deux.* Que veut dire cette locution ? Évidemment que chacun des articles limités de cette façon aboutit au cours d'eau qui seul les sépare, et que ni sur l'une ni sur l'autre rive ne se trouve une langue de terre d'une largeur inconnue qui vienne s'interposer entre eux. C'est la condamnation la plus énergique et la plus directe du système des francs-bords. Dans l'hypothèse de leur non-existence , on devait nécessairement s'exprimer ainsi. Leur exclusion ne pouvait être formulée en termes plus énergiques. Si , au contraire , cette langue de terre supposée , s'étendant à droite et à gauche , n'eût pas appartenu au riverain , on aurait eu le soin de l'arrêter à cette ligne dont la constatation eût été d'autant plus nécessaire qu'aucune borne n'a jamais été plantée, et qu'aucune séparation n'a jamais été faite.

Cependant on insiste, et on dit : ce béal appelé pour confront se composait, dans la pensée du rédacteur du cadastre, du lit et de ses rives indispensables pour contenir les eaux, et qui en formaient dès lors une partie intégrante ; d'ou l'on conclut que les indications empruntées à ce document ne peuvent apporter au débat aucune lumière utile.

Cette objection, que le jugement attaqué reproduit aussi avec une certaine complaisance, n'est pas sérieuse. Elle repose sur la supposition prétendue légale de l'existence nécessaire d'un franc-bord pour constituer le canal. Cette doctrine enseignée par Proudhon, dont on a chanté la gloire avec une ardeur trop légitimement suspecte, est aujourd'hui condamnée par tout le monde. Daviel et Chardon, que l'adversaire traite avec tant de dédain, ont été les premiers à en faire justice ; et la Cour de cassation a donné à leur système le concours de son imposante autorité. Non, il n'est pas vrai de dire que, pour exister, un canal doit avoir nécessairement des francs-bords ; il peut faire couler ses eaux le long des terrains étrangers assujettis à les contenir à titre de servitude, et si c'est le long des terres qui lui sont propres, les francs-bords sont encore bien moins admissibles. La destination du père de famille suffit pour assurer l'existence du Canal.

Que l'on fasse donc le sacrifice de cette argumentation qui dans tout canal creusé de main d'homme, veut voir des frands-bords tellement incorporés à ce canal lui-même, qu'ils se trouvent virtuellement compris dans cette dernière dénomination, sans qu'une mention spéciale soit même utile pour le désigner.

Cette théorie maintenant ne saurait faire fortune; et dans l'espèce présente surtout elle n'est pas proposable.

Le mot *béal*, effectivement, a la même portée et la même signification dans tous les articles du cadastre qui l'appellent. Il ne serait pas sérieux d'alléguer que tantôt il désigne le canal sans ses rives, et tantôt le canal avec ses rives elles-mêmes , qui dans d'autres circonstances n'y auraient pas été comprises. De telles variations, de telles bigarrures ne sauraient être attribuées à un document officiel, rédigé avec le soin et le scrupule que commandait son importance.

Or, parmi ces articles si nombreux qui longent le canal il n'en est pas un seul qui n'aboutisse, par des constructions, par des jardins, par des murs de clôture, jusqu'au fil de l'eau : et lorsqu'à ceux-là on donnait pour limite *le béal*, c'était bien le lit et non les rives qui était désigné. Ce mot, en conséquence, dans le cadastre ancien, indique habituellement, on peut sans crainte dire toujours, le lit creusé par le Seigneur, qui reçoit les eaux, et les apporte, soit aux prairies, soit aux usines.

L'état des lieux vient donner donc la définition exacte de cette expression complexe qui, selon l'adversaire, comprenait tant de choses. La langue du rédacteur du cadastre nous est maintenant connue, et nous savons quelle est la portée du mot *béal* , dont si souvent il se sert. Cela posé, quand on donnera les confronts de la prairie de la Nogarède ou de *la Vigne*, ce mot perdra-t-il son acception première, et empruntera-t-il à la synthèse savante de Proudhon cette signification large et étendue qui permet d'y ajouter les francs-bords ou les rives? En vérité, il faudrait une complaisance bien illimitée pour entrer dans ce système. Si par béal, on a entendu le lit où coulent les eaux, dans tous les articles du cadastre, on n'a pas entendu autre chose le long du pré de la Nogarède. C'est sur le même document, c'est sur la même page que se trouvent consignées ces énonciations si parfaitement semblables, et il semble impossible de leur donner une interprétation différente.

Il suit de là que le cadastre dont le Tribunal et l'adversaire ont tenu si peu de compte, vient jeter une vive lumière sur la question des francs-bords, et la résout dans le sens favorable à M. Auguste Jamme.

Mais, indépendamment de ces précisions si péremptoires, M. Jamme invoque ses titres de propriété, qui ne sont ni moins formels ni moins décisifs.

C'est en 1768 que l'auteur de l'exposant est devenu acquéreur des prairies de *la Nogarède et de la Vigne*. Le sieur Escande, qui les lui a vendues, les tenait du sieur d'Hautpoul, qui les avait achetées lui-même à l'ancien Seigneur. Dans quels termes ont été conçus ces actes successifs d'aliénation? Dans tous, on trouve énoncée la même formule. Les deux prairies sont vendues avec les confronts et limites énoncés dans le cadastre de Mazamet. C'est à ce cadastre que les parties s'en réfèrent; ce sont ses énonciations qui feront loi et pour l'une et pour l'autre.

Or, ce cadastre que disait-il? Que la prairie confrontait au béal, et le long de cette prairie trois prises d'eau, qui la mettaient en communication directe avec ce béal lui-même, c'est-à-dire avec son lit, attestaient matériellement que l'héritage vendu y aboutissait.

En présence d'un acte si précis, est-on en droit de jeter entre le lit du canal et le pré qui y touche, un francbord intermédiaire? Le vendeur notamment, c'est-à-dire l'ancien Seigneur ou ses ayants cause, serait-il recevable à émettre une prétention aussi extraordinaire?

Quel serait son langage? — Toujours apparemment que le béal indiqué pour confront comprenait virtuellement les rives qui le longent : c'est sur cette magique définition que repose en dernière analyse tout le système des intimés. — Mais n'entendez-vous point M. Rives répondre à son vendeur, que le canal et le pré étant réunis sur une même tête, il a dû supposer que ce francbord n'existait pas. — Ne l'entendez-vous pas lui objecter en outre, qu'il était vendeur, et qu'en cette qualité la loi ancienne comme la nouvelle le contraignait de formuler nettement sa pensée à cet égard, sous peine de voir le pacte obscur s'interpréter contre lui? — Et, ici, son système devient d'autant plus péremptoire et d'autant plus décisif, qu'il n'y avait sur le pré vendu, ni délimitation, ni bornes; que, dès lors, il était indispensable de fixer la largeur de la rive réservée pour le Canal, et qu'en l'absence de ces précisions, l'acquéreur doit arriver jusqu'au lit, seul appelé pour limite. Quelle a été, quelle a dû être la conviction de celui-ci lorsque l'acquisition a été faite? Il a vu le pré de la Nogarède situé sur la rive droite, partant du bord du lit, et descendant par une pente unie et non accidentée jusqu'aux pieds du côteau, et ce pré tout entier, compris dans ces deux lignes, est justement la chose que, naturellement, il a entendu acquérir.

Cette conviction a-t-elle pu être ébranlée ou modifiée par les confrontations écrites dans le cadastre auquel s'en est référé le vendeur ? — Bien au contraire, comme on vient de le voir, cette clause devait avoir pour effet de lui donner une confiance plus absolue. Et si par conséquent un débat s'était élevé à ce sujet entre les parties contractantes, la solution n'eût pas été douteuse, et l'acheteur aurait obtenu un infaillible triomphe.

Le temps serait-il venu par hasard modifier les avantages de cette situation ?

Ici, encore, c'est justement l'inverse. M. Rives a pris son droit de propriété au sérieux. Sur le bord de ce Canal et touchant au fil de l'eau, existaient des arbres séculaires qu'il a constamment exploités. Des plantations ont été faites, soit par lui, soit par ses successeurs. Les vieux troncs ont été arrachés pour être remplacés par de jeunes arbres ; et, dans l'accomplissement de ces actes de possession qui étaient éclatants et publics, jamais il n'a éprouvé d'opposition d'aucun genre. L'herbe des prés se continuait jusqu'au fil de l'eau, et fauchée toujours par lui, elle entrait dans ses granges, sans que personne vînt s'en dire propriétaire. C'était de cette seule jouissance qu'était susceptible le terrain contesté, et elle était exercée dans toute sa plénitude, puisque toutes les productions étaient perçues, sans exception aucune, par le possesseur. Ce n'est pas au point de vue de la prescription que ces faits sont rappelés ici, mais bien comme constituant l'interprétation la plus sûre de l'acte de vente dont l'exposant est porteur. L'exécution est, sans contredit, le commentaire le plus infaillible et le plus irrécusable des conventions arrêtées entre parties, lorsque le sens en est obscur. Et ici cette obscurité qui, d'ailleurs, n'existe pas, serait promptement dissipée par la prise de possession publique et sans équivoque qui s'est accomplie sous les yeux du vendeur, dont le silence a la force et la portée d'une adhésion formelle.

Au nom des Syndics, on faisait observer que, puisque le vendeur n'avait pas réservé la servitude du passage et du jet de pelle, il avait nécessairement réservé la propriété de *la rive.*

La puérilité de l'objection en rendrait la réfutation inutile. Un esprit sérieux peut-il admettre que, parce qu'un droit restreint et limité n'a fait l'objet d'aucune stipulation précise, on a retenu dans ses mains un droit plus absolu et plus large ? Ce serait pour le vendeur une façon commode de conserver sur sa tête une partie des choses qui semblent intégralement aliénées. Lorsque la loi a voulu que l'interprétation des clauses obscures fût toujours faite contre lui, elle n'entendait pas apparemment lui ménager le privilége réclamé en son nom, et dont le résultat serait de consacrer une règle toute contraire. Cette théorie n'est pas sérieuse.

Mais est-il donc bien difficile de s'expliquer le silence gardé par l'acte de 1768, sur la servitude dont on paraît si vivement s'inquiéter ? — Non certes ; et si l'on se rappelle que le pré de la Nogarède a plusieurs prises d'eau sur le canal, que les avantages attachés à ce droit d'irrigation font la principale valeur de l'immeuble, que l'on ne peut sans une dépréciation énorme en faire le sacrifice, il est aisé de comprendre que celui à qui une partie de l'eau est vendue, qui doit être jaloux de la conserver, n'ait pas besoin d'être averti que les terres provenant du curage seront déposées sur son immeuble, et que le passage nécessaire pour la surveillance du béal et l'ouverture ou la fermeture de ses vannes y sera exercé.

Ceci tient à la nature même des choses ; ceci n'a pas besoin d'être écrit ; c'est la destination du père de famille annoncée par des signes apparents et extérieurs, qui le relève ; et il est de la dernière évidence qu'en l'absence de toute convention, celui qui longe un canal, qui a le droit de profiter de ses eaux, est tenu de subir les légers inconvénients attachés nécessairement à son existence, pour lui si fructueuse et si féconde.

Dès lors, ne soyons pas surpris du défaut de toute réserve à ce sujet dans l'acte de 1768; et gardons-nous surtout d'en conclure que parce qu'il n'a été rien dit de la servitude, on a retenu la propriété sur laquelle il n'a été rien dit non plus.

Pour celle-ci, une stipulation précise, déterminant la largeur du franc-bord, était indispensable, et le contrat ne la renferme point. Pour l'autre, son existence était de plein droit; c'était une conséquence de la co-propriété des eaux, de la contiguité des prairies avec elles, et par cela seul que les terres riveraines n'en étaient pas affranchies, elles continuaient d'y demeurer soumises.

Sous ce dernier rapport comme sous tous les autres, le système de l'exposant est le seul rationnel, le seul qui soit en harmonie avec les contrats invoqués par les parties contendantes.

Un acte extrajudiciaire non suspect, sous la date du 11 août 1770, vient prêter une nouvelle force à cette démonstration.

Un sieur Valade prétendait qu'Elisée Rives, l'acquéreur de la Nogarède en 1768, avait souscrit la promesse de l'associer aux bénéfices de cette acquisition, et que les lots mêmes avaient été formés entre les deux sociétaires. Or, voici les délimitations assignées à ces lots dans cet acte : « Que ledit Rives prendrait la moitié du pré de la Vigne du coté d'*Auta* attenant ses vergers et prés, et ledit Valade l'autre moitié du côté de *Biso, joignant son moulin à papier, et le long du canal noble, de façon néanmoins que chacun irait aboutir à la prise d'eau qui se trouve au bout du haut dudit pré.* » Toutes ces expressions sont précieuses. Elles attestent, sans controverse possible, que le pré arrivait au fil de l'eau. Cela est si vrai qu'il joignait l'usine de *Valade*, laquelle était, comme toutes les autres, établie sur le bord du canal. Cela est si vrai encore que ce lot destiné à Valade doit être établi le *long* du canal, et que ces mots indiquent bien que ce n'est pas le long d'une langue de terre intermédiaire qui l'en aurait séparé. Cela est si vrai enfin que l'acte ajoute que le passage le long de ce canal devait être réservé pour aboutir à la prise d'eau qui est au haut du pré. Or, la réserve de ce passage établit bien qu'il n'existait pas un franc-bord, sur lequel il eût pu être exercé, et que par conséquent l'immeuble arrivait jusqu'au fil de l'eau.

Ces énonciations dans un acte hostile, daté de près d'un siècle, viennent confirmer cette vérité qui se déduit si victorieusement de l'ensemble de tous les faits de la cause, que le canal n'a jamais eu de francs-bords, parce que jamais il n'en a eu besoin.

En présence de cette série d'actes et de faits, que l'on se demande si cette question peut être douteuse pour un esprit droit et consciencieux. Au lendemain de la vente consentie, et plus manifestement encore dans les temps postérieurs, l'hésitation n'eût pas été possible. Est-il donc survenu quelque évènement nouveau qui ait changé les droits et la position des parties ?

Oui ! disent les Adversaires : le règlement de 1820 et l'assentiment explicite que vous lui avez personnellement donné vous interdisent de contester des francs-bords qui y sont mentionnés en termes énergiques, et dont la conservation s'y trouve réglementée avec une sollicitude toute particulière. Dans ce règlement se trouve le germe d'une invincible fin de non-recevoir.

Cette objection n'est pas plus redoutable que celles qui ont été déjà débattues.

Quel est le but que l'on s'est proposé d'atteindre dans ce règlement, et quel est aussi le caractère qui lui appartient ?

Le but ! — Il est indiqué dans chacun de ses articles. Les usiniers et les propriétaires de prairies qui profitent des eaux empruntées à la rivière de l'Arnette, ont voulu d'une part veiller simultanément à la conservation de ces eaux, fixer dans un document administratif les droits de chacun à leur jouissance ; et déterminer, de l'autre, la contribution qu'auraient à subir les divers intéressés pour l'entretien et les réparations du canal où elles sont conduites. Dans cet objet, un garde a été nommé ; et sa mission consiste à ouvrir et fermer les vannes aux heures convenues, comme aussi à dresser contre les contrevenants les procès-verbaux destinés à établir les infractions qui pourraient être commises. Dans cette mesure, rien n'est plus légitime que les dispositions arrêtées avec le concours et l'assentiment de l'autorité publique.

Le caractère de ce règlement et l'esprit qui a dicté ses articles divers, ne permettent de le considérer que comme un acte administratif organisant un service qui, par l'importance du cours d'eau dont il s'occupe, s'élevait à la hauteur d'un intérêt général. Mais on ne saurait y apercevoir ni le germe ni l'apparence d'un contrat ayant pour effet d'aliéner des droits de propriété préexistants et d'en déposséder les uns pour en investir les autres. Si telle eût été l'intention des signataires, ce ne serait point dans cette forme que les conventions eussent été rédigées. L'autorité administrative eût été remplacée par la présence du notaire dont l'intervention eût été apparemment plus convenable et plus utile pour contracter une aliénation sérieuse. De plus, les conditions de cette aliénation, le prix qui en eût été l'élément principal, se trouveraient ramenés dans le titre, et soit dans la forme soit dans les termes, on trouverait le témoignage non équivoque d'un traité de cette nature. Rien de tout cela n'existe dans l'acte présenté, et dès lors l'on peut dire avec assurance qu'il n'est constitutif d'aucun droit nouveau ; qu'au point de vue de la propriété, il ne modifie en rien la situation des parties qui y concourent. Si l'on veut se prévaloir des énonciations que, par une combinaison plus ou moins habile, on est parvenu à y insérer, il faut que l'on arrive avec la preuve de la légitimité de cette énonciation elle-même. Le règlement, en un mot, n'a pas le privilége de créer un droit qui n'aurait pas antérieurement existé, et l'on est tenu par suite de justifier de cette existence antérieure pour être admis à s'en prévaloir.

Aussi, importe-t-il fort peu que, dans quelques-unes de ses dispositions, il soit dit que les francs-bords seront entretenus ou fortifiés, que les terres jectices y seront déposées pour leur donner une élévation plus grande ou pour améliorer leur état. Toutes ces mesures purement règlementaires, qui supposent ces francs-bords dont la largeur du reste n'est pas déterminée, ne sauraient avoir la force de leur donner la vie, si dans la réalité des choses le canal en était dépourvu. Pour qu'il en fût autrement, il faudrait supposer que le riverain qui n'y était nullement assujetti ait fait le sacrifice de son héritage, ce qui ne se présume jamais, et ce qui serait en outre démenti par la nature de l'acte dans lequel on s'efforcerait d'en trouver la preuve.

A l'égard des propriétaires des prairies, comme le sieur Auguste Jamme, la vérité de ces observations est plus saisissante encore. Pour eux, ils ne sont pas les auteurs du règlement, et n'ont pas été appelés aux délibérations qui en ont préparé les articles. C'est par une déclaration séparée que leur soumission a été faite. Et dans cette soumission, ils ne se sont préoccupés que de leur contribution à la dépense, et du nombre d'heures pendant lequel les eaux seraient consacrées à féconder leur terres. La formule qui leur a été remise le constate ; et certes quand ils auraient porté une attention spéciale sur les textes qui concernent les francs-bords, ils n'auraient jamais cru, par leur signature, s'engager à livrer une portion de leur immeuble. Est-ce de cette façon que peut s'accomplir une transmission gratuite? Aussi, la Cour d'Appel de Toulouse, en 1850, ne s'y est pas trompée, et avec une vigueur de logique qui rend superflue toute discussion nouvelle, son arrêt pose nettement les limites qui doivent être assignés aux articles du règlement relatifs aux francs-bords, précisément en ce qui touche les propriétés riveraines.

« Considérant, y est-il dit, que l'on ne peut voir, dans le règlement de 1820, un titre générateur de droits qui n'auraient pas existé jusque-là ; que d'abord ce règlement n'a été fait qu'entre les propriétaires des usines; que les propriétaires des prairies, dont les droits à ce canal étaient égaux à ceux des propriétaires des usines, n'ont participé à cet acte que par une soumission séparée de supporter une quotité des frais d'entretien ; que cette participation doit être restreinte dans son objet, sans qu'on puisse en induire que, s'il a été parlé de *francs-bords* dans le règlement, les propriétaires de prairies ont consenti à les établir sur leur héritage riverain du canal; que d'ailleurs, outre que cette convention toute principale aurait dû être articulée explicitement, elle sortait des bornes du projet, car on ne peut se dissimuler qu'en l'année 1820, les propriétaires des usines n'ont eu d'autre but que de faire un règlement de police ou de manutention des eaux, dont l'usage avait acquis un prix en rapport avec le grand développement de l'industrie dans la ville de Mazamet et de se placer sous le patronage de l'autorité publique.... ce qui explique pourquoi l'on voit dans ce règlement certaines dispositions telles que l'institution d'un syndicat et d'un garde chargé de la surveillance des eaux et des rives du canal, la prescription d'un recurement annuel et du rejet des terres sur les bords, l'indication de la largeur du canal, etc., etc.; tout autant de mesures qu'indiquait la nature même du nouvel acte qui devait servir de guide pour l'avenir ; mais ces dispositions innovatrices ne pouvaient que devenir l'exécution de droits préexistants, elles ne pouvaient créer elles-mêmes ces droits. Ce n'est donc point dans le règlement que les demandeurs doivent chercher un titre à l'appui de leurs prétentions. »

Il est impossible de rien ajouter à une appréciation aussi exacte et aussi logique de la portée du règlement et de ses conséquences. La Cour ne se borne pas à en déterminer la véritable nature et à en exclure ainsi toute pensée d'aliénation ou de transmission de droits, elle le considère aussi au point de vue de l'adhésion donnée par les propriétaires de prairies, et de la portée en ce qui les concerne de l'article relatif aux francs-bords; et elle repousse comme illégitime et sans valeur l'interprétation qui voudrait voir dans cette adhésion une reconnaissance ou un aveu. Ainsi s'échappe, des mains des syndics du Canal, cette arme dont ils se servaient avec tant de complaisance dans tout le cours de leur plaidoirie, et que la justice a, dans une occasion solennelle, définitivement brisée.

Et si l'on veut interroger encore les actes émanés des successeurs du sieur Rives, on acquerra la preuve qu'à leurs yeux les droits qui leur appartenaient jusqu'au fil de l'eau ne furent jamais incertains, et qu'ils les exerçaient en pleine sécurité dans toute leur étendue. Nous en avons vu déjà la manifestation dans des actes de possession multipliés et constants que l'on n'ose pas même dénier. Cette manifestation se produit plus énergiquement peut-être dans les actes de vente qui sont émanés d'eux. Et, chose remarquable ! ces actes de vente ont été justement souscrits en faveur de nos adversaires, qui alors, sans doute, avaient des convictions bien différentes de celles d'aujourd'hui.

Le 6 janvier 1838, Madame Landes veuve Rives, vend à M. Charles Olombel « une petite partie formant « triangle du pré qu'elle possède à Mazamet, entre la « rue du Moulin, celle du Galinier, et le Canal de la « Nogarède ; cette partie à prendre, attenant l'usine de « l'acquéreur, tient du levant et nord au pré restant, du « midi, par pointe, au bassin de cette usine, et du cou- « chant à ladite usine et *au Canal*..... La ligne divisoire « ira aboutir au jambage supérieur de la vanne qui se « trouve au-dessous de l'usine de l'acquéreur ; Mme Rives « conserve la propriété de cette vanne qui sert à prendre « l'eau du Canal pour arroser son pré..... Sur les deux « lignes divisoires, M. Olombel devra se clore à ses seuls « frais. »

Le même jour 6 janvier 1838, Mme Rives consent, en faveur de M. Polydore Barbey, une seconde aliénation ; les termes de l'acte sont aussi précieux à rappeler :

La vente a pour objet « une partie de pré qu'elle « possède audit Mazamet, entre la rue du Moulin, celle « de Galinier et le Canal. Cette partie tient du levant « au pré restant, du nord à MM. Vidal frères, du cou- « chant au Canal de la Nogarède, et du midi à une langue « du même pré ayant un mètre vingt-cinq centimètres « de largeur. Cette langue et une vanne qui est à son

« extrémité ouest, *au bord du Canal*, en amont de l'usine
« de l'acquéreur, demeurent la propriété de Mme Rives,
« et doivent lui servir pour prendre l'eau du Canal et la
« conduire à son pré.

« La ligne divisoire, du côté du midi, est perpendi-
« culaire à la première, et va aboutir au jambage infé-
« rieur de ladite vanne.....

« Sur les deux lignes divisoires, M. Barbey devra se
« clore à ses frais et sur son terrain. »

Les termes de ces deux actes sont sans équivoque ; la
portion de prairie vendue arrive bien jusqu'au fil de
l'eau : comment le révoquer en doute ? — La ligne divisoire est conduite jusqu'aux deux jambages dans lesquels
est enchassée la vanne, et qui plongent dans le Canal.
Comment le révoquer en doute ? — Pour arriver à cette
vanne, Mme Rives réserve le long de ce Canal une langue
de terre d'un mètre de largeur qui aurait été parfaitement inutile apparemment, s'il y avait eu un franc-bord
d'une grandeur égale.

Et de quelle façon, d'autre part, les acquéreurs ont-ils
exécuté leur titre, publiquement et sans résistance ? Ils
avaient pris l'obligation de se clore, et cette clôture a été
effectivement construite pour incorporer les terrains
acquis à leurs possessions antérieures. Ont-ils respecté
le prétendu franc-bord dont on fait tant de bruit maintenant ? Pas le moins du monde ; leur mur enserre,
comme l'établit le plan, tout le terrain jusqu'au lit du
Canal. Ils l'ont payé tout entier, car il a été vendu à tant
le mètre, et ces actes passés avec une loyauté parfaite
de part et d'autre, sont un témoignage non suspect de
la conviction qu'avait le vendeur de son droit, du sentiment conforme des acquéreurs à ce sujet, et de l'opinion
même des Syndics du Canal qui les laissaient accomplir
sans aucune résistance.

N'est-il pas vrai que par leur silence, à cette époque, et aussi par leur silence à la vue de cette prise de possession publique qui supprimait une partie importante de ces francs-bords si précieux, ils confessaient le droit du propriétaire, devenu plus tard l'objet de leurs ardentes poursuites ?

Et ces faits nouveaux, réunis à ceux qui viennent d'être discutés, ne complètent-ils pas la démonstration ?

Non ! s'est-on écrié dans leur intérêt, car la position topographique du Canal, la plate-forme qui le longe, les revêtements en maçonnerie destinés à soutenir les berges sur divers points menacés, et, enfin, le sentier assis sur la plate-forme décrite par l'expert, tout démontre l'existence naturelle des francs-bords objet du litige.

Un mot suffira pour faire justice de chacune de ces objections.

Et, d'abord, la situation topographique du Canal ! — Il est établi sur le flanc du côteau, à mi-pente, ce qui fait que l'une des rives est escarpée et rapide, tandis que l'autre ne s'élève qu'à quelques centimètres au-dessus des eaux qui y sont introduites. Que conclure de là ? — Qu'un franc-bord spécial, créé à l'aide de remblais artificiels, est indispensable pour les contenir. Ce n'est pas sérieux, et il faudrait n'avoir jamais vu de canaux placés dans une situation analogue pour se laisser prendre à un pareil sophisme. N'oublions pas que ce Canal est d'une largeur restreinte ; que l'expert lui attribue de deux mètres et demi à trois mètres, pas davantage ; que rien n'a été plus facile, dès lors, en préparant son lit, que de choisir sur le penchant du côteau une tranche de terre de cette dimension, qui a été plus profondément creusée du côté où le terrain s'élève que du côté où il s'abaisse, et n'a nullement nécessité la création de cette berge artificielle constituée, comme le voudrait l'adversaire, avec des terres transportées. Ce travail n'aurait été opportun qu'autant qu'on n'aurait pas voulu creuser dans la partie haute du côteau, et qu'en élevant à l'aide de remblais la partie basse, on aurait pu parvenir, avec les simples secours de la main de l'homme, à créer la berge factice qui se serait élevée au-dessus du sol. Mais dans les temps reculés où a été accomplie l'entreprise, on procédait avec une simplicité plus grande. L'art était moins avancé qu'aujourd'hui, et je ne sais si aujourd'hui même on ne ferait pas mieux d'adopter cette marche. On creusait le canal, et voilà tout. Si le terrain était en pente, le creusement était plus profond d'un côté que de l'autre, et sans remblais ni artifices, le lit était prêt à recevoir les eaux. C'était le sol battu et naturel qui, à droite et à gauche, avait mission de contenir les eaux, et, de la sorte, elles ne s'infiltraient pas, comme la chose arrive toujours, lorsque les rives sont faites avec des remblais. L'état des lieux, ici, atteste de plus que la construction a été faite sur ce plan. La rive gauche est escarpée et abrupte. Depuis des siècles, cet escarpement présente la même rapidité. La rive droite, en partant du bas de la montagne, s'élève insensiblement jusqu'au fil de l'eau avec ses herbes, ses plantations, et ses haies, et aucun accident de terrain ne vient rompre l'unité de cette pente qui exclut la présence de ce franc-bord, élevé par la main de l'homme, que l'œil détacherait aisément du sol sur lequel il aurait été établi.

Donc, la topographie des lieux ne vient prêter aucune force et aucun appui au système des Syndics.

Mais, cependant, il existe aujourd'hui une plate-forme dont le niveau est bien supérieur à celui des prairies qui la longent. Les mesures prises par l'expert ne permettent pas de dénier l'exactitude de ce fait.

Oui ! la plate-forme existe, mais depuis quand, et par

qui la construction en a-t-elle été faite ?— Voilà le problème à résoudre, et, ce problème, l'expert ne l'a pas résolu. Pourquoi ? c'est que les Syndics, qui n'ignoraient pas la nature des renseignements qu'allaient produire les témoins réunis autour du mandataire de la justice, n'ont pas voulu que la lumière se fît sur ce point essentiel. La vérité tout entière à cet égard, la voici néanmoins, et, si elle était contestée, nous offrons d'en rapporter la preuve.

M. Jamme a converti en jardin cette vaste prairie de la Nogarède qui est pour lui un héritage d'une grande valeur. Le terrain présentait un plan incliné qui l'aurait rendu impropre à ce genre de culture, si on ne lui avait pas fait subir des modifications considérables. Il a fallu, dès lors, pour parvenir au nivellement, élever les parties basses, et abaisser les parties hautes de la prairie. Les parties hautes longeaient le canal, et là ont été opérées des tranchées de terre et des déblais importants. Mais il fallait laisser, pour contenir les eaux du canal, une langue de terre d'une épaisseur suffisante, et cette langue est justement celle qui, par suite de ces travaux, se trouve détachée du sol adjacent et a revêtu les apparences de la plate-forme dont il a été si souvent question. C'est donc une entreprise toute récente, datant de 1851, qui a opéré cette innovation dans laquelle il serait peu équitable d'aller puiser un argument pour établir que cette plate-forme fut créée au dixième ou onzième siècle, époque à laquelle fut ouvert le canal en question.

Mais en approchant du pont du *Redondal*, la différence de hauteur entre le sol de la prairie et celui de la plate-forme devient beaucoup plus considérable, et les travaux récemment exécutés ne sauraient expliquer cette différence.

Ici, une double cause a produit ce résultat, et l'explication n'est ni moins péremptoire, ni moins complète.

Tandis que M. Jamme abaissait le sol de sa prairie pour obtenir le nivellement projeté, M. Olombel élevait les artifices de son usine, et par cette entreprise faisait refluer les eaux sur les terres environnantes. Pour se mettre à couvert, il fallait forcément élever la berge qui ne pouvait plus les contenir : et à raison de cette voie de fait, dont l'existence n'est pas contestée, un accord est intervenu entre lui et Mlle Rose Lafite, le 12 avril 1853. L'acte public qui le constate est joint au dossier. L'objection donc n'a aucune valeur, car c'est l'un de nos adversaires qui a été la cause directe de cet exhaussement dont il n'est pas dès-lors admissible à se prévaloir.

Et par là s'explique le bourrelet ajouté à la plateforme, qui a été signalé par l'expert. Cette origine n'est pas douteuse. D'une part effectivement, nous produisons les attestations de MM. Bonafous et Durand qui, avec notre autorisation, vinrent déposer sur notre rive des masses de terre extraite de leur héritage, et de l'autre, M. Olombel, lui-même, reçut de nous une autorisation semblable. C'est ainsi que l'exhaussement a été obtenu. N'est-il pas manifeste, dès lors, qu'il est sans influence aucune sur la difficulté actuelle ?

Mais les revêtements en maçonnerie sur une longueur de trente ou quarante mètres, incrustés dans les francsbords, ne sont ils pas, à leur tour, une preuve de leur existence ?

Non, certes, car ils ont été faits dans l'intérieur du canal, et dans un but de conservation, qui ne devait pas être considéré comme un attentat dirigé contre la propriété voisine.

Non, encore ! car ces travaux ont été éxécutés depuis le jugement possessoire, et au mépris de nos prétentions les plus énergiques. C'est à l'occasion de ces travaux que fut engagée par nous, devant M. le juge de paix, une action en dénonciation de nouvel œuvre, bien accueillie par ce magistrat, et proscrite en appel par le Tribunal. Que notre réclamation fût ou non fondée, ce n'est pas ce dont il faut se préoccuper aujourd'hui. Mais ce qui doit fixer l'attention de la Cour, c'est cette obstination à présenter comme remontant à des dates anciennes des travaux exécutés hier ; et cette facilité avec laquelle on invoque des actes exécutés pendant le litige, en vertu d'un jugement possessoire qui liait les mains à M. Jamme et l'obligeait à les souffrir sous peine d'avoir à combattre contre la gendarmerie requise par le maire de la commune, comme des témoignages certains des droits de nos adversaires. Ces simples précisions feront justice sans doute, et de l'argumentation, et de l'assertion inexacte qui lui servait de base.

Reste le sentier ! — Ce sentier est établi sur la plateforme. Quelle est sa date ? Sans doute celle de cette plateforme elle-même. Son existence ne saurait l'avoir précédé, puisqu'il y est assis. Or, la Cour le sait déjà, les jardins et la plate-forme sont de 1852. Les Syndics peuvent-ils s'en faire une arme ?

Avant 1851, et lorsque la prairie affermée à des fermiers jaloux de leur foin n'avait pas perdu sa nature, le sentier existait-il ? — La notoriété publique proclame le contraire. Les foins étaient exploités jusqu'au fil de l'eau. De quelle façon aurait pu être marqué ce passage ? par les étrangers ? l'entrée leur en était interdite. — Par le garde du Canal ? Il y vient deux fois par semaine seulement, et les traces fugitives de ses pas ne peuvent laisser sur l'herbe aucune empreinte durable. Il est donc impossible qu'antérieurement le sentier ait été marqué, comme le soutenaient les Syndics.

Mais quand la plate-forme a été créée ; quand ainsi

cette langue de terre a été séparée du reste de l'héritage; lorsque des jardins nombreux ont été établis à la place du pré de la Nogarède; qu'ils ont été divisés et affermés à un grand nombre de personnes; que le passage n'a plus été comme autrefois interdit au public, on conçoit aisément que le sentier ait été battu, et que l'expert en ait constaté l'existence.

Et c'est pour ce motif encore que nous produisions devant lui nos témoins que vous lui avez défendu d'entendre, et qui seraient venus raconter ces faits notoires et incontestables.

N'essayez donc pas non plus d'asseoir sur ce fait une objection qui vous soit favorable. La base en étant fausse, elle est d'avance frappée d'une impuissance absolue.

Nous avons, dès lors, le droit de dire que, dans la vérité des choses, les francs-bords le long de notre pré n'existent pas et qu'il n'est pas un seul des moyens invoqués pour justifier le contraire qui résiste à l'épreuve d'une discussion approfondie.

Et cependant notre héritage est tenu de subir et le passage du garde-canal et le jet des terres provenant du curage; nous ne le contestons pas, et dans notre citation nous avons spontanément offert de nous y soumettre.

Mais cette double servitude ne sera pas plus rigoureuse sans doute à notre égard, qu'à l'égard des autres riverains. Ceux-ci ont pu se clore, et, en donnant le passage ou à travers leurs jardins et leur cour, ou même à travers leurs propriétés bâties, ils ont satisfait à tous leurs devoirs. Pourquoi l'exposant serait-il traité avec plus de rigueur? De même aussi, pour les terres jectices, ils les reçoivent ou sur leur héritage quand il est ouvert, ou dans les jardins et les cours dont ils ouvrent les portes, et personne ne réclame. Pour quelle cause imposerait-on à M. Jamme des conditions plus sévères ?

Il faut, cela est vrai, que le canal puisse être surveillé et recuré, personne ne le conteste. Mais, dès l'instant où toutes les facilités pour accomplir cette double opération, vous seront offertes, vous n'aurez pas le droit de nous assujettir à de nouvelles exigences. Ainsi le veulent la raison et la loi. Du reste, le moment n'est pas venu de débattre cette question. C'est de la propriété seule que nous avons à nous occuper.

Et quant à la faculté de prendre les eaux pour la mise en jeu des usines qu'il nous plaira de créer, difficilement aussi vous pourrez nous l'interdire. Sans doute, nous devrons respecter toute la force motrice qui vous appartient, soit en vertu de votre possession, soit en vertu de vos titres ; mais, quant à la force qui se perd et n'est utilisée par personne, nous la saisirons sans crainte aucune, et nous braverons vos attaques qui seront alors inspirées par un sentiment détestable. Que si vous nous disiez que l'eau nous a été attribuée pour *l'arrosage tant seulement*, notre réponse serait facile : c'est dans la vente de la métairie de la Saigne que cette clause se trouve, et non dans celle de la prairie de la Nogarède, qui nous donne le Canal pour confront, et nous confère toutes les prérogatives attribuées à cette contiguité précieuse.

Ainsi laissons au débat actuel son caractère ; et si vous ne sortez pas de ses limites, afin de jeter le trouble et la confusion dans les esprits, vous vous trouverez en présence d'actes et de faits qui rendent aujourd'hui le triomphe de votre système impossible. La Cour sanctionnera donc une seconde fois celui qu'elle a consacré par son arrêt de 1850.

§ II.

Propriété du Canal.

Le Canal appartient-il aux syndics, comme ils l'ont soutenu avec tant d'énergie ?

Cette question ne comporte pas les développements qu'a nécessités la première.

Si l'on consulte les titres de la plupart des usiniers, ils sont obligés de reconnaître que leurs droits se bornent à de simples usages sur les eaux. Les termes de concessions dont ils sont porteurs étaient trop positifs pour rendre une controverse possible à ce sujet.

C'est donc maintenant une vérité acquise.

A qui autrefois appartenait le Canal ? Sur ce point, nous sommes également d'accord ; il apartenait au Seigneur qui le mentionne dans son dénombrement de 1672, ainsi que les deux moulins de la Ville et de la Prade qui étaient mis en jeu par ses eaux. Le détenait-il comme propriété privée ou comme une émanation de son droit de haute justice ? A cet égard, l'arrêt de la réformation de 1670 fournit des lumières précieuses ; c'était si bien de la haute justice que découlait son droit de propriété, que le procureur du roi lui ayant contesté, au nom de sa Majesté, cette haute justice qu'il disait être assise sur sa tête, la propriété du Canal devint incertaine, et le sort en fut subordonné au résultat de cette contestation elle-même. Il suffit de jeter un coup-d'œil sur le plan pour être convaincu qu'il ne s'agit pas ici d'un simple Canal privé dont la longueur eût été peut-être d'une centaine de mètres pour la mise en jeu d'un moulin, mais bien d'un nouveau lit creusé à la rivière de l'Arnette pour la conduire dans la ville de Mazamet. Aussi a-t-il trois kilomètres d'étendue. Un travail de cette nature a tous les caractères d'une entreprise d'utilité publique, semblables à celles qu'exécutaient les Seigneurs en vertu des pouvoirs féodaux dont ils étaient investis, et que les anciens auteurs désignaient sous le nom de *fausses rivières*.

S'il en est ainsi, tout le monde le reconnaît, le Canal n'est pas du domaine privé ; c'est un cours d'eau substitué à l'ancien et soumis aux principes qui auraient été applicables à ce dernier ; les auteurs sont unanimes sur ce point, et Daviel surtout, dans son n° 847, a mis cette vérité merveilleusement en lumière. L'Adversaire ne le conteste pas.

Mais il soutient que c'est un Canal privé ; l'Etat ne le pensait pas ainsi quand il vendit à Vidal le moulin de la Prade et les terres adjacentes, car il qualifie le Canal de ruisseau, vend les terres jusqu'à son lit, et ne transmet avec le moulin que les eaux nécessaires à son exploitation. Pour l'établir, nous produisons les actes officiels.

Cependant on insiste, tous les usiniers s'effacent ; mais, parmi eux se trouve un sieur Azam qui, en l'an V, a acheté à M. Falguerolles, le moulin de la Ville avec ses dépendances, et dans ses dépendances, prétendent-ils, était compris le Canal. Il y était compris, car M. de Falguerolles, par ses auteurs, en était devenu expressément adjudicataire en 1777, et quand il a vendu l'usine, il n'est pas vraisemblable qu'il ait voulu retenir le lit dans lequel coulaient les eaux nécessaires a sa mise en jeu.

Est-il vraisemblable qu'en l'an V, M. de Falguerolles se soit considéré comme le propriétaire de ce Canal si riche d'avenir, si important à cette époque même, et sur le cours duquel étaient assis un si grand nombre d'établissements industriels ? Est-il vraisemblable qu'il ait aliéné tout cela avec le moulin, les trois meules qui y fonctionnaient, le jardin, le rivage, les terres adjacentes, moyennant la somme de 12,000 livres ?

Ce n'est pas admissible, et bien certainement à cette époque ni l'une ni l'autre des parties contractantes n'entendaient traiter sur la propriété du cours d'eau.

La preuve, c'est que l'acte est muet à cet égard, et justement dans l'hypothèse ou il n'est rien dit dans la vente de cette nature de propriété, Daviel, Chardon, et la jurisprudence nous disent que le Canal n'a pas été vendu, et que l'acheteur ne peut élever des prétentions que sur l'usage des eaux. Pourvu que cet usage soit respecté, il n'est ni admis à se plaindre, ni recevable à s'opposer à ce qu'une autre usine soit établie sur le même Canal. C'est ce qu'a jugé la Cour de Grenoble dans l'arrêt inédit rapporté par le premier de ces auteurs, dans une espèce identique avec le procès actuel.

Maintenant, veut-on que M. Azam soit propriétaire ? Nous sommes loin de le concéder. Mais il est utile de dire, et les titres joints au dossier le prouvent, que si, en l'an V, il acheta, conjointement avec la dame Olombel, la propriété entière du moulin fut plus tard concentrée sur sa tête ou celle de son fils, qui aurait été, en conséquence, l'unique Seigneur et maître du Canal de la Nogarède.

Or, nous avons de celui-ci une déclaration formelle dont on a jugé convenable de passer les termes sous silence, qui reconnaît explicitement notre droit, contient l'engagement de n'y porter aucun trouble, et proclame le fait de notre possession. En voici la teneur :

« Je, soussigné, Joseph Azam, propriétaire, demeurant à Mazamet, reconnais et déclare que le franc-bord du Canal de la Nogarède, qui a sa naissance dans la rivière de l'Arnette, là où il borde ou traverse les propriétés de M. Jamme, a été toujours joui et possédé par celui-ci ou par ses auteurs; que, notamment ils ont toujours joui la prairie de la Nogarède-Vieille, jusqu'au lit du Canal, qu'ils ont perçu les fruits et les émondages des arbres, coupé les arbres, haies et broussailles qui se trouvaient au bord de l'eau, recueilli les herbes, et fait tous les actes de propriétaire, et qu'en ma qualité de propriétaire du moulin de la Ville, je n'ai jamais exercé aucun acte de propriété, ou de possession, sur les rives du Canal en cet endroit.

« Mazamet, le 1ᵉʳ mars 1856.

« JOSEPH AZAM.

« Vu pour légaliser la signature du sieur Joseph Azam, apposée ci-dessus : ledit Azam est décédé le 18 septembre dernier.

« Mazamet, le 15 décembre 1856.

« *Le Maire,*

« MARAVAL. »

Que résulte-t-il de ce document si positif? Evidemment que toute discussion est maintenant impossible sur la légitimité de notre droit. Une seule personne, d'après les adversaires, avait la propriété du Canal, c'était Azam. Lui seul aurait été investi du pouvoir de s'armer de son titre pour nous enlever la propriété de la langue de terre qualifiée franc-bord ! Les autres concessionnaires l'avouent, n'ayant que l'usage de l'eau, ils sont sans qualité pour engager et soutenir le débat. Or, Azam, le seul à qui cette qualité appartienne, serait repoussé s'il agissait en son nom, et le même obstacle s'oppose au succès de l'action lorsque les Syndics en prennent en main l'exercice. La chose est de la dernière évidence.

Mais cet Azam, sous la protection duquel on s'efforce de se placer, n'a jamais eu de prétentions si hautes. Il a interprété, lui, son titre de l'an V, comme l'exigeaient et son texte, et l'esprit qui avait présidé à sa rédaction. Il n'a jamais su y lire cette transmission de la propriété du Canal qui est la base du système de nos Adversaires. Le droit à l'usage des eaux est la seule chose qu'il ait entendu acquérir, et la seule chose aussi qui soit entrée dans son domaine. Aussi, suivez-le depuis l'an V jusqu'à ces derniers temps, et voyez si, dans ce long intervalle, il a fait un seul acte de maîtrise qui vienne distinguer sa position de celle des autres concessionnaires ? A-t-il autorisé sur le Canal la création de nouveaux établissements ? s'est-t-on adressé à lui pour obtenir cette faveur dont il aurait été le dispensateur et l'arbitre suprême ? Rien de tout cela ; personne ne lui a attribué un pouvoir de cette nature, et lui-même n'y a jamais prétendu. Simple usager comme les autres, il s'est servi des eaux pour l'exploitation de son usine, et n'a jamais essayé de franchir cette limite qui est restée la même pour tous.

Il y a mieux ; quand il a vendu son moulin, il a été fidèle à cette pensée qui était la seule interprétation raisonnable de son titre de l'an V, et il a fixé avec précision le caractère et l'étendue des droits qu'il avait puisés dans ce dernier acte. Personne ne pouvait en être le commentateur plus exact et plus digne de confiance. Certes, ce ne sera pas lui qui s'attachera à restreindre les priviléges si importants dont il aurait été investi. Ces priviléges viendront donner à son immeuble une valeur exceptionnelle, et, dans la convention qui va l'en dessaisir, il se gardera bien de les passer sous silence. En 1856, date de son aliénation, le droit exclusif à la propriété du Canal était d'un prix inestimable, et il aurait fait l'objet d'une clause spéciale que nous y trouverions soigneusement ramenée comme traitant de la partie la plus précieuse de la chose vendue. Si, autrefois, le Canal avait été un simple accessoire du moulin, la suite des temps et les développements prodigieux de l'industrie de Mazamet avaient profondément modifié cette situation ; et, aujourd'hui, ce Canal était devenu pour son heureux propriétaire une source de richesses dont il eût été insensé de faire gratuitement le sacrifice.

Que lisons-nous, toutefois, dans l'acte de vente consenti le 7 avril 1856, par Azam, à M. Cormouls ? — Que le modeste meunier se borne *à céder à son acquéreur ses droits au Canal de la Nogarède et au barrage établi sur le Canal pour le service du moulin.* Telles sont les expressions sacramentelles de l'acte. Le vendeur énumère, article par article, toutes les choses comprises dans l'aliénation. Il n'omet ni un carré de jardin, ni un crible, ni un blutoir. Pense-t-on que si, à ses yeux, le Canal lui-même eût été sa propriété, il n'en aurait rien dit, ou plutôt, qu'il eût donné de son droit une définition qui le fait entrer dans la catégorie des simples usages ?

Non, sans doute ; et remarquez bien qu'il n'ignorait pas être le représentant exclusif de M. de Falguerolles. Il expose lui-même dans le contrat quelle est l'origine de sa propriété. Si, en l'an V, deux acquéreurs traitaient avec celui-ci, le vendeur actuel leur a été tour-à-tour subrogé par deux actes : l'un du 26 juillet 1808, émanant de la veuve Olombel ; l'autre, du 12 février 1809, consenti par M. Azam père. Sur sa tête, dès lors, sont passés tous les droits de M. Falguerolles, et ces droits consistent dans l'usage des eaux qui coulent dans le Canal pour le besoin de son usine.

Rien de plus explicite et de plus décisif que cet acte.

Il enlève aux Syndics le dernier abri sous lequel ils placent leur défense. Ce n'étaient pas eux, c'était M. Azam
qui était propriétaire du Canal ; et Azam vient leur dire,
avec une simplicité et une précision désolantes, que
jamais il n'a aspiré à ce titre qui jamais ne lui a appartenu.

C'est la répétition, dans un acte authentique, de la
déclaration dont nous sommes porteurs.

Les adversaires l'ont bien compris, et, en conséquence, ils ont supposé que, par le règlement de 1820,
le sieur Azam s'est dépouillé de son droit exclusif et en a
transmis une quote-part aux autres usiniers.

Ce système ne fera pas fortune, repoussé qu'il est
par les considérations si puissantes développées à ce
sujet sur la première question. Non, l'acte de 1820 n'est,
ni par son but, ni par son caractère, un titre translatif;
c'est un règlement de police, comme l'a dit la Cour, et
l'on ne doit pas y voir autre chose.

Du reste, cet arrêt a discuté aussi la question de propriété au point de vue de la déclaration que les usiniers
ont jugé convenable d'y inscrire.

Il repousse cette déclaration comme inefficace et sans
valeur, et refuse de leur reconnaître cette qualité qu'ils
étaient si empressés de conquérir.

Est-ce l'autorité judiciaire seule qui a proscrit cette
prétention ? Non assurément, et l'autorité administrative
n'a pas été moins absolue, ni moins sévère.

Voyez les appréciations de ses ingénieurs. Dans leurs
rapports approfondis, et non moins recommandables par
la position élevée de ceux de qui ils émanent, que par
une logique ferme et rigoureuse, ils font ressortir toute
la futilité des prétentions des Syndics, et toute l'injustice
de leur humeur envahissante.

Voyez le Conseil-d'Etat. Il est saisi de l'opposition de

ces mêmes Syndics contre la construction de l'usine
Carayol. Carayol, riverain du Canal, ne se borne
pas à prendre les eaux ; il coupe la berge , les
détourne et les conduit dans l'intérieur d'un lit qu'il
leur a préparé. Certes, dans ce fait se trouve un double
attentat qui est dirigé, et contre les eaux, et contre
le Canal lui-même. On proteste, on s'oppose. Une
longue instruction est faite, et à suite de cette instruction, l'entreprise de Carayol obtient la sanction de l'autorité supérieure.

N'est-ce pas énergiquement proclamer que les usiniers
ne sont pas propriétaires ; que ce Canal constitue un
véritable cours d'eau que les riverains ont la faculté de
consacrer à leurs usages, pouvu qu'ils ne nuisent pas
à des droits protégés par une prise de possession
antérieure. Et, s'il en est ainsi, n'est-il pas clair que les
Syndics dépassent les limites qui leur sont assignées, et
par le titre, et par la nature même des choses, en affec-
tant des prétentions à une dominité absolue qui jamais
n'a résidé sur leur tête ?

Allègueront-ils encore que Carayol ultérieurement s'est
humilié devant eux et a reconnu l'existence du droit qu'ils
invoquent.

Ce serait une inexactitude nouvelle ; Carayol n'a
jamais accepté cette situation. Porteur de son ordon-
nance, il a bâti son usine et l'a librement exploitée ; plus
tard il l'a vendue, et en a garanti sans crainte la jouissance ; l'acte contenant cette aliénation ne manifeste pas
la moindre crainte ; c'est bien le propriétaire qui, en
pleine sécurité, dispose de son immeuble. Celui qui
avait vaincu les syndics dans cette longue lutte, n'allait
pas sacrifier sans motifs un succès qui lui avait coûté
tant de peines.

Mais il est vrai que l'acquéreur Galibert, débiteur de

sa part contributive pour l'entretien du Canal, a payé une somme de 2,000 fr., et qu'il a été dit que cette somme était comptée soit pour l'extinction de cette dette, soit pour l'établissement de l'usine. Que signifie cette satisfaction donnée aux prétentions des syndics ? Est-ce la reconnaissance d'un droit réel et dont on redoutait l'exercice ?

Il faut y voir simplement une satisfaction donnée à l'amour-propre, et peut-être un moyen de se ménager pour l'avenir la possibilité d'amoindrir la puissance de cet antécédent qui avait déconcerté d'injustes espérances.

Mais le fait conserve toute son autorité ; et il est dès lors constant que les syndics n'ont sur le Canal aucun droit de propriété.

Ils n'en ont dès lors aucun sur ses rives ; et le cours d'eau assimilé à un ruisseau ordinaire autorise chaque riverain à arriver jusqu'à son lit.

C'est là ce que M. Jamme réclame ; et c'est aussi ce qu'il a justifié.

§ III.

De la prescription.

Les rives d'un Canal artificiel sont prescriptibles. C'est maintenant une vérité légale à l'abri de toute controverse.

Le passage de l'eau dans le Canal, n'empêche pas cette prescription de courir. C'est encore un point de droit aujourd'hui incontestable.

Le passage du propriétaire du moulin sur la rive et le dépôt des terres jectices, n'est pas non plus un obstacle. La jurisprudence et la doctrine sont unanimes à cet égard.

Maintenant, quels seront les actes qui constitueront une possession efficace ? Ceux, sans aucun doute, qui consisteront dans la perception complète et absolue de tous les fruits produits par la chose possédée. La jouissance ne peut pas se manifester par des actes plus absorbants et plus énergiques.

Or, ce sont ceux précisément dont M. Jamme offre la preuve séculaire.

Il a fauché les foins jusqu'au fil de l'eau.

Il a coupé les arbres vieillis et les a remplacés par des plantations nouvelles.

De tous les temps, c'est par lui que les arbres ont été émondés.

Il a perçu les fruits produits par les châtaigners en grand nombre qui bordent le Canal, et ces fruits étaient affermés au prix annuel de 150 fr.

Il a planté les haies.

Il les a arrachées quand elles étaient vieilles, sans que jamais aucun de ses actes ait été combattu ou simplement contredit.

N'est-ce pas là une possession génératrice du droit de propriété, quand elle se prolonge durant toute la période prescrite par la loi ?

De telles propositions ne se démontrent point ; il suffit de les formuler pour en faire ressortir l'évidence.

La preuve sera donc admise : elle est pertinente et son résultat non douteux.

Aussi, l'espoir de M. Jamme dans la justice de la Cour ne sera pas trompé ; et l'usurpation dont on voudrait le rendre victime n'obtiendra pas le triomphe que l'on s'était promis.

COUR IMPÉRIALE DE TOULOUSE

PRÉSIDENCE DE M. PIOU, PREMIER PRÉSIDENT *.

AFFAIRE FAURE

CONTRE FRAISSE ET TARRIDE.

EXPOSÉ.

Au mois de mars 1856, M. Faure se trouvait à Paris, logé en garni, et prenant ses repas à la table de l'hôtel du boulevard des Italiens, entrée rue de Choiseul.

M. Charles Fraisse était lui-même un des habitués de cette table; il sut bientôt que M. Faure, vieillard maladif, était un homme ayant à sa disposition des capitaux considérables, et il chercha à tirer parti de la situation, en se donnant à lui comme un riche financier, familier des plus grandes maisons de Paris, éclairant ses opérations aux sources les plus certaines, et dis-

---

* Dans cette affaire, plaidée en 1858, le siége du ministère public a été successivement occupé par M. le premier avocat-général Charrins, et M. le substitut Dulamon.

posant ainsi, en maître absolu, des faveurs de la fortune.

Lorsqu'il était absent, des amis complaisants ajoutaient au tableau.

M. Faure remit à M. Fraisse une somme de 30,000 f. pour l'achat d'un certain nombre d'actions de la Compagnie l'*Union des Gaz*.

Quelques jours après, M. Fraisse restitue cette somme, en indiquant qu'il a étudié cette affaire, qu'elle ne lui paraît pas bonne, et qu'avec un ami tel que M. Faure il ne veut rien hasarder.

Ce trait, a dit M. Faure à l'audience, me toucha.

Cependant M. Fraisse lui persuade qu'il ne doit pas laisser ses capitaux inactifs ; que, placés dans ses mains, il a les moyens de les utiliser de la manière la plus féconde ; qu'il jugera pour son propre compte des résultats fabuleux qu'il obtient. Et M. Faure, qui se croit en présence d'un homme éminent, également considéré à Paris et à Toulouse, fils de magistrat, époux et père (c'est ainsi que certains habitués de l'hôtel du Boulevard des Italiens l'ont tour à tour peint à ses yeux), croit faire une chose utile en lui confiant ses capitaux. Les 20 et 23 avril 1856, il lui remet, avec le mandat de les *faire valoir pour son compte*, des titres pour une valeur réalisable de 230,000 francs.

Ce fait est établi au procès par une lettre produite dans l'intérêt de M. Fraisse. M. Faure lui écrivait de Pau, le 14 septembre 1856 :

« Veuillez, s'il vous plaît, déduire par conséquent ces « valeurs, qui figurent sur le bordereau, de celles « que j'ai eu l'honneur de vous adresser le 23 *avril* « *dernier*. »

Il paraît certain que ces valeurs, immédiatement après leur remise, sont devenues, en tout ou en partie, l'objet d'une couverture pour une opération de bourse à la hausse et à la baisse, jouée par Fraisse et Tarride, qui ont réalisé un bénéfice important.

Mais il fallait régulariser la situation qui était faite par les lettres échangées les 20 et 23 avril ; le moment de rendre compte des capitaux que Fraisse voulait garder serait trop tôt venu ; et le mandat du 29 avril, que le riche financier obtient sans effort du crédule vieillard, vient lui en faciliter les moyens : Tarride, jeune homme sans consistance et sans valeur, est là pour jouer le rôle qui lui est assigné.

Comment cet acte, qu'on dit l'œuvre d'un agent d'affaires appelé Miquel, et dans lequel la Cour reconnaîtra facilement les marques non équivoques du dol organisé par Fraisse, ainsi qu'on l'a dit dans les conclusions versées au procès, a-t-il été obtenu ? M. Faure affirme que c'est par Fraisse seul qui le lui a présenté à signer dans l'appartement qu'il occupait, hôtel de Bade, rue du Helder, en dehors de toute autre présence, et surtout en l'absence de l'acte de société et de la contre-lettre du 6 mai suivant, qu'on a essayé de faire remonter au 29 avril, pour les placer sous les yeux de M. Faure, sans paraître se douter que par cette allégation on tendait à démontrer que M. Faure était frappé d'aliénation mentale à un haut degré.

Le 6 mai suivant, un acte de société intervient entre Fraisse et Tarride, pour l'organisation d'une maison de banque, qui aura son siége à Paris, rue Laffite, 29, sous la raison Tarride et Cᵉ. Cette Société est en nom collectif pour Tarride, en commandite pour Fraisse. Elle a pour objet la commission pour l'achat et la vente des valeurs cotées à la Bourse, ou toutes autres actions industrielles. Le fonds social doit se composer de 300,000 fr., montant de la commandite Fraisse, et de 100,000 fr., formant la mise de fonds Tarride.

Tarride a droit à un prélèvement de 12,000 fr. *pour frais de représentation*. La Société s'interdit *toutes opérations de bourse*, sous des peines sévères. (Art. 13.) Sa durée est fixée à cinq ans, à partir du 29 avril 1856, et elle ne peut être dissoute que d'un commun accord, à peine de 100,000 fr. de dommages-intérêts.

Il faut remarquer qu'aux termes de ces clauses, MM. Fraisse et Tarride doivent s'occuper en commun des affaires sociales, bien que le dernier ait seul la signature sociale, sous la raison Tarride et Cᵉ, et que le rôle de M. Fraisse doit être si actif, qu'aucune opération importante ne peut être faite sans le consentement exprès et par écrit de chacun des associés. (Article 14.) L'article 8 porte que le sieur Tarride sera obligé à représenter le fonds social à première réquisition, soit en espèces, soit en valeurs, SOIT EN REÇUS OU EN QUITTANCES DE FRAISSE.

A côté de cet acte de société qui est légalement publié les 9 et 10 mai, les associés se hâtent de placer une contre-lettre qui en détruit l'économie, et qui, dissipant la fiction, vient établir leur pensée intime sans aucun détour. Elle porte aussi la date du 6 mai, et son importance au procès nécessite d'en placer le texte tout entier sous les yeux de la Cour.

« Entre les soussignés, M. Charles Fraisse, proprié-
« taire, demeurant à Toulouse, 22, rue Mage, élisant
« domicile à Paris, chez M. Miquel, 14, rue des Moulins,
« d'une part ; et M. Achille Tarride, banquier, demeu-
« rant à Paris, 22, rue Laffite, d'autre part ; a été con-
« venu et arrêté ce qui suit :

« ARTICLE 1ᵉʳ. Quoique aux termes de l'art. 9 de
« l'acte de société intervenu entre les soussignés à la
« date de ce jour, il soit alloué à M. Tarride une somme
« de douze mille francs par an, à titre de frais de repré-

« sentation, il ne lui revient, en réalité, que la somme
« de six mille francs ; le surplus de ladite allocation de
« douze mille francs, soit six mille francs, sera attribué
« à M. Fraisse.

« ART. 2. Il est convenu, en outre, que la part
« accordée à M. Faure, qui constitue vingt-cinq pour
« cent des bénéfices, sera prélevée, tant sur la part des
« bénéfices afférents à M. Fraisse dans la société formée
« entre les soussignés cejourd'hui, que sur celle afférente
« à M. Tarride.

« ART. 3. Il est encore convenu que M. Tarride aura
« *toute latitude* pour faire la mise de fonds, qui pourra,
« à sa volonté, être réduite à cinquante mille francs au
« lieu de cent mille francs stipulés dans l'acte de société;
« *cette même latitude* est aussi convenue quant à ce qui
« concerne les soixante-dix mille francs, qui, avec les
« deux cent trente mille francs versés, doivent compléter
« la somme de trois cent mille francs, stipulée dans
« l'acte de société, montant de la commandite de
« M. Fraisse.

« ART. 4. Il est expressément convenu que les pré-
« sentes modifications, arrêtées à l'amiable, ne pourront
« être considérées, dans aucun cas, comme entraînant
« la nullité des engagements contractés dans l'acte de
« société intervenu entre les soussignés cejourd'hui.

« ART. 5. Pour le cas où M. Fraisse désirerait être
« en nom, dans la société en nom collectif formée entre
« les soussignés, il en aura le droit après un an, à partir
« de ce jour.

« Fait double, à Paris, le 6 mai 1856.

« Approuvé l'écriture ci-dessus :

« A. TARRIDE, CH. FRAISSE, signés.

« Tout ce dessus est la copie ou extrait conforme des
« originaux, entre mes mains, je le certifie.

« Paris, le 8 novembre, 1857.

« Ch. Pouget, signé. »

Remarquons que les bases de l'acte social sont complétement renversées ; sur les 12,000 francs alloués à Tarride, à titre de frais de représentation, 6,000 francs sont attribués à M. Fraisse. La mise de fonds de Tarride, fixée à 100,000 fr. dans l'acte social, peut être réduite de moitié, avec toute latitude pour en faire le versement. M. Fraisse y stipule aussi à son profit toute latitude pour verser les 70,000 fr. qui, avec les 230,000 f. de M. Faure déjà versés, doivent former le montant de sa commandite ; et si on rapproche ces clauses de celle formant l'art. 8 du contrat de société, ayant pour objet d'obliger Tarride à représenter le fonds social à première réquisition, soit en espèces, soit en valeurs, *soit en reçus ou quittances de M. Fraisse*, etc., il devient évident qu'il n'existe dans la caisse de la Société que le capital confié par M. Faure aux mains de M. Fraisse, dont celui-ci se réserve la disposition absolue, puisque ses quittances dans la caisse sociale peuvent en être la représentation.

Quel emploi en a-t-il fait ? Il avait reçu le mandat de former ou de commanditer une maison de banque ; il dissipe les capitaux de son mandant en prodigalités inouies. A Paris, il achète à un marchand de chevaux, demeurant aux Champs-Elysées, deux chevaux irlandais qu'il paie *quatorze mille francs* ; à Toulouse, il étale un luxe extraordinaire dans sa maison, dans ses équipages ; à St-Michel-de-Lanés, domaine de sa femme, il exécute les plans du bois de Boulogne, en même temps qu'il restaure les bâtiments avec un luxe princier.

De son côté, Tarride, jouant pour le compte de Fraisse le rôle de banquier, devait aussi avoir sa part dans les avantages qu'il procurait. Logé dans la somptueuse maison Laffite, près St-Germain, il y menait, pendant l'été de 1856, une vie de dissipation et de désordres, qu'il continuait au mois de septembre dans les Pyrénées. Et pour la forme, pendant son séjour à St-Germain, il se rendait quelquefois à Paris, dans les prétendus comptoirs de la rue Laffite, où il pouvait bien se livrer à l'agiotage pour son compte, ou pour le compte de Fraisse, mais où, assurément, il ne s'est jamais occupé du mandat confié à Fraisse par M. Faure.

Pendant ce temps, M. Faure était à Pau, souffrant, malade ; il avait quitté Paris, le 3 juin 1856, se dirigeant sur La Flèche, où il devait visiter une famille amie ; son indisposition le force à y séjourner dix à douze jours ; c'est lui-même qui l'indique dans une lettre à Fraisse, portant la date du 28 juin, versée au procès, et il n'atteint Pau que le 19 dudit mois de juin.

Là, il ignore si bien ce qui a été fait pour l'exécution du mandat qu'il a donné, que dans la même lettre du 28 juin, il transmet des instructions pour la négociation de certaines valeurs déjà opérée ; et c'est là où Fraisse va le poursuivre impitoyablement pour le dépouiller davantage, en employant de nouveaux moyens où le dol et la fraude se produisent avec un cynisme dégoûtant. Sûr de son influence, Fraisse écrit, dans ce même mois de juin 1856, à M. Faure, qu'il suppose encore à Paris, lui parle de la concession du réseau pyrénéen, indique que le moment « *est venu de réunir leurs forces, de* « *frapper un grand coup et sûr, qu'il a dans les mains,* « *et dont il dispose* ; » et il amène ainsi l'envoi qui lui

est fait, le 14 juillet suivant, d'une somme de 30,000 fr.
sur la Banque, à Toulouse, valeur au crédit du compte
particulier de M. Faure, dont il n'accuse réception que
le 24 juillet, avec cette indication : « *et dont je créditerai*
« *votre compte particulier en dehors de nos affaires de*
« *la maison de Paris.* » Plus tard, il obtient, sous le
même prétexte, une nouvelle somme de 20,000 francs,
qui lui est transmise le 6 octobre, qu'il a reçue, et portera, après négociation, au compte personnel de M.
Faure, suivant sa lettre du 16 octobre, dans laquelle il
annonce, pour la première fois, la vente *des Lyon*, à la
bourse du 2 mai. Et, chose étrange, on a fait usage à
l'audience, dans l'intérêt de M. Fraisse, d'une correspondance avec M. Dauzat-Dembarrère, qui, avant même
l'envoi des 30,000 francs, du 14 juillet 1856, apprenait
à M. Fraisse que la Compagnie Dembarrère n'avait plus
de chance pour obtenir la concession du réseau pyrénéen.

Dans les premiers jours de septembre 1856, M. et
Mme Fraisse étaient à Pau, chez M. Faure, où pendant
deux jours celui-ci se consume en efforts pour leur faire
les honneurs de sa maison. Le moment du départ est
venu : il n'a pas encore été question d'affaires, et M.
Faure ose à peine glisser un mot timide au *puissant*
financier, pour lequel il suppose que ses valeurs sont
relativement d'une chétive importance. On lui promet,
pour plus tard, un état de situation de la maison de
Paris, *de plus en plus florissante.* A l'égard des 30,000 f.
affectés à l'achat d'actions du réseau pyrénéen, ces
actions ne sont pas encore émises, dit Fraisse ; mais,
en attendant, j'ai utilisé la somme dans une affaire
Combolas ; et M. Fraisse est parti.

M. Faure est rentré à Paris vers la fin du mois de
novembre 1856. Fraisse est absent ; mais Tarride,

revenu des eaux, est établi rue Laffite, 29, luttant contre une situation créée par on ne sait quel genre d'affaires, que ses livres ne révèleront pas certainement. C'est là qu'il subit les rares visites de M. Faure, allant, comme il l'a dit lui-même, fumer une cigarette, et qu'il éconduit dès qu'un visiteur se présente, sous prétexte que sa présence pourrait gêner la communication des clients. Là, comme à Pau, en présence de M. Fraisse, M. Faure craindrait de demander aucun détail, aucune communication des livres. M. Fraisse lui a promis un état de situation, lui a dit que la maison était florissante. On lui fait l'insigne faveur de l'associer à une maison de banque, qu'il suppose organisée dans les conditions des maisons d'escompte de Paris, et qui doit réaliser des bénéfices importants ; il se gardera bien de faire paraître aucune défiance, on pourrait le désintéresser immédiatement et le priver ainsi des avantages considérables de l'avenir.

Tel est le mobile qui l'anime, dont tous les faits de la cause attestent l'existence et la sincérité ; que les lettres de M. Faure, versées au procès, indiquent avec évidence.

M. Faure a ainsi disposé de tous les capitaux qu'il avait disponibles ; il n'a pu compléter les 20,000 francs de son envoi du 6 octobre 1856, qu'en empruntant 4,000 francs à M. Bergerot, banquier à Pau ; et sa lettre d'envoi demande à M. Fraisse s'il aura la facilité de de lui avancer 2 ou 3,000 francs qu'il lui faudra pour ses dépenses. La fraude ne peut donc plus rien sur sa bourse, elle est vide désormais ; mais ses anciennes relations dans le monde commercial ont pu lui laisser un crédit. Le 13 mars 1857, il est au lit malade, après deux applications successives de sangsues, rendues nécessaires par des crachements de sang : un sieur

Ferradou, ami de M. Fraisse, se présente chez lui de grand matin, pénètre dans sa chambre, une bougie à la main, et lui présente à signer l'acceptation de deux lettres de change, formant ensemble *50,000 francs,* qui doivent, dit-il, servir au cautionnement de Tarride et C⁰, dans une entreprise relative aux houilles de Saint-Geniès-les-Graissessac. M Faure refuse, Ferradou insiste ; mais ne pouvant vaincre sa résistance, il se retire ; et bientôt Fraisse lui-même se présente dans la chambre du malade : il est à Paris depuis la fin de décembre.

M. Faure cède encore, non pas seulement pour fournir son acceptation aux traites présentées par Ferradou, mais son endossement à *400,000 francs* de valeurs tirées par M. Dauzat-Dembarrère. Fraisse a reproduit les basses et ridicules adulations qu'il lui a prodiguées dans ses lettres ; il a invoqué les avantages fabuleux qui seraient retirés de l'exploitation d'un brevet d'invention s'appliquant à une scie mécanique, la responsabilité de M. Dauzat-Dembarrère, possesseur d'immenses biens ; et ne pouvant dissiper l'hésitation du malade, il sort de sa poche la fameuse déclaration du 13 mars, dont voici le texte :

« Je déclare avoir obtenu de la complaisance de M.
« André Faure, son endos pour *quatre cent mille francs*
« de valeurs, et son acceptation pour *trente mille.* Mon
« ami, M. Faure, a fait cela pour faciliter les opérations
« de la maison Tarride et C⁰, mais à ma seule considé-
« ration ; il résulte de cela que je garantis à M. Faure,
« sur toute ma fortune présente et à venir, toute pour-
« suite de ma part et de tout tiers-porteur, devant payer
« les entières sommes personnellement.

« Paris, ce 13 mars 1857.

« Ch. FRAISSE, *signé.* »

M. Faure signe ; il écrit encore, sous la dictée de son impitoyable ami, et il signe une lettre à M. Authier, banquier, à Toulouse, pour faciliter la négociation des valeurs indiquées. Cette lettre a été produite dans l'intérêt de M. Fraisse ; mais il faut remarquer que ce dernier n'a pas osé en faire usage, elle est demeurée en son pouvoir, et il n'a pas craint la grave induction qui résulte de ce fait en la versant au procès. »

Il faut remarquer encore que, dans les longs développements donnés à la défense de Fraisse, il n'a pas été dit un mot de la déclaration du 13 mars 1857 ; on s'est borné à soutenir que M. Faure avait agi avec discernement, dans l'intérêt de la maison où il avait engagé ses capitaux, en passant sous silence cette déclaration qui allait trop directement contre l'explication donnée.

Peu après, le 20 avril, M. Dauzat-Dembarrère dessillait les yeux de M. Faure, si longtemps fermés à la lumière, et il se rendait précipitamment à Toulouse, le lendemain ou le surlendemain, après avoir cherché, à l'aide des indications de Fraisse, dans sa lettre du 13 avril 1857, où il osait encore lui parler de *magnifiques affaires*, l'adresse de M. Charles Pouget, qui lui était fournie à Toulouse par M. Blaja, conseiller à la Cour.

M. Charles Pouget était l'homme appelé par Fraisse pour représenter, à Paris, ce qu'il appelait ses intérêts communs avec M. Faure ; il accueillit celui-ci avec bonté, jugea bientôt la profondeur du piége dans lequel il était tombé, et voulut l'aider à en sortir, sinon pour ses capitaux qu'il considérait comme gravement compromis, au moins pour obtenir la restitution des signatures qu'il avait données, et qui auraient consommé sa ruine, si elles avaient pu être négociées. Il réussit dans cette œuvre de bien : Fraisse n'avait pas pu négocier les valeurs Dauzat-Dembarrère-Faure, dont il avait inondé sans succès la place de Castelnaudary ; et surpris à Saint-Michel-de-Lanés par la présence de M. Faure, accompagné par M. Pouget, il consentit à se dépouiller d'une partie de ces mêmes valeurs qu'il avait à Saint-Michel ; d'autres furent anéanties à Toulouse, d'autres enfin, plus tard, à Paris. M. Faure était sauvé à ce point de vue, parce que sa signature et celle de M. Dauzat-Dembarrère n'avaient été acceptées par personne. 30,000 fr. seulement de ces acceptations se trouvent encore aujourd'hui dans les mains de MM. Dardenne, Plattard et Ce, auxquels elles avaient été remises pour former un cautionnement annulé depuis, et où une opposition est venue les atteindre. Il faut consigner ici que M. Tarride, qui avait lui-même quitté Paris avec Fraisse, après l'obtention des signatures du 13 mars, averti sans doute de l'arrivée de M. Faure à Toulouse, par le nommé Siclair, commis unique de la prétendue maison de banque de la rue Laffite, se trouva sur le passage de M. Faure, se rendant à Saint-Michel-de-Lanés, où il vint avec lui, et d'où il repartit en feignant de se rendre aux mines de Saint-Geniès-les-Graissessac. M. Faure en effet, avant de quitter Paris, s'était rendu précipitamment rue Laffite, 29 ; il avait voulu voir les livres, et il avait été terrifié par l'étonnement de Siclair quand il se dit intéressé dans la maison. Cet employé lui apprit qu'il n'y avait sur ces livres aucun compte ouvert à une commandite quelconque ; et des renseignements ultérieurs indiquent qu'à partir de ce moment et jusqu'à sa retraite, en mai 1857, il tremblait de voir exécuter à son égard, par la force publique, un mandat d'amener.

M. Faure quittait Toulouse dans les derniers jours d'avril 1857 : un an à peine s'était écoulé depuis la fatale imprudence qu'il avait commise le 29 avril de l'année précédente, et il était dépouillé, sans retour peut-être, d'une partie très considérable de sa fortune ; tout ce qu'elle renfermait de certain et de liquide était englouti ; sa trop grande crédulité avait été exploitée par deux habiles industriels.

C'est dans ce fâcheux état qu'il sollicita M. Charles Pouget de l'aider de tout son pouvoir dans cette déplorable affaire, puisque M. Fraisse lui-même l'avait engagé à se mettre en rapport avec lui, dans sa lettre du 13 avril 1857, en ajoutant : « Vous pouvez vous y fier, comme à moi-même. » M. Pouget s'était rendu à Paris en mai 1857, pour vérifier l'état de la prétendue maison de banque Tarride ; il ne trouva chez elle que des écritures irrégulières et confuses, qui se traduisaient par les détails suivants :

Les livres n'avaient commencé que le 1er juillet 1856, bien que la Société eût été constituée, en apparence, depuis le 29 avril précédent ;

Ils s'arrêtaient au 28 février 1857 ;

Aucun compte n'était ouvert à la commandite ;

Un compte particulier était ouvert à M. Fraisse, soldant en sa faveur, par *un calcul* poussé au 20 juillet 1857, c'est-à-dire au moment où M. Pouget résumait la situation, par 54,845 fr. 60 c. ;

Ailleurs, M. Fraisse lui-même était débité de 61,000 fr ;

Un second compte lui était ouvert, sous le titre de *Compte Fraisse, liquidation*, qui l'établissait débiteur de plus de *cent mille francs ;*

Enfin, un compte était ouvert à un sieur Granville, nom fictif et inconnu, pseudonyme de Fraisse, sans doute, l'établissant débiteur d'environ 200,000 fr.

Tel était l'ensemble de la situation présentée par ces livres, que M. Pouget crut devoir parapher, dans l'intérêt de sa responsabilité, en se bornant à en constater les résultats. Ce mandat amena de sa part des avances de fonds qui atteignirent à peu près le chiffre de 20,000 fr.; il fut celui d'un simple liquidateur de cette singulière maison de commerce, et, hâtons-nous de le dire, il amena Fraisse, presque contraint et forcé, à en appliquer une partie en faveur de l'homme qu'il avait si indignement dépouillé et qui se trouvait en avoir un besoin impérieux.

Plus tard, M. Charles Pouget devait plaider lui-même contre Fraisse et Tarride, pour obtenir son remboursement.

C'est dans ces circonstances que M. Faure, à bout de voie, puisque M. Pouget s'était déclaré impuissant pour amener une conciliation qu'il avait inutilement tentée, fit signifier à Fraisse l'acte extra-judiciaire du 29 juin 1857, contenant copie d'un compte établi avec intérêts à 5 p. 0/0 l'an, qui le constituait créancier d'une somme d'environ 270,000 fr., valeur 30 avril 1857, en y comprenant les 50,000 fr. versés les 14 juillet et 6 octobre 1856, pour l'achat d'actions du réseau pyrénéen, avec sommation d'effectuer sans délai le remboursement de ladite somme, qui, après certaines rectifications relatives à des actions d'une compagnie (L'Africaine), qui étaient une non-valeur, fut réduite au chiffre non contesté de 257,575 fr. 70 c.

Cette sommation étant demeurée sans effet, M. Faure obtint de M. Pouget la communication de certains documents qu'il transmit à Toulouse, et l'instance fut engagée contre Fraisse le 7 août suivant. Le 6 décembre 1857, Fraisse et Tarride déclaraient tout simplement la dissolution de la prétendue société, dont les bureaux étaient abandonnés depuis plusieurs mois.

Et le 22 février 1858, la cause arrivait devant le

Tribunal civil de Toulouse, dépourvue de tous renseignements que M. Faure, malade à Paris, n'avait pas même jugés utiles, supposant que sa réclamation ne pouvait pas être contestée ; et le jugement dont est appel fut la conséquence de cet état de choses.

C'est en apprenant ce résultat que M. Faure jeta le cri d'alarme au sein de sa famille, qui jusque-là avait été dans l'ignorance absolue de ses rapports avec Fraisse ; elle s'émut naturellement, et instruisit le procès en appel. Il est arrivé dans ces conditions aux audiences de la Cour des 14, 15, 20, 21 et 22 décembre 1858, jour où l'arrêt qui ordonne la mise en cause de M. Tarride est intervenu.

Monsieur Faure a conclu à ce qu'il plaise à la Cour :

« Disant droit sur l'appel, réformant : rejeter le « déclinatoire proposé par le sieur Charles Fraisse, « comme reposant sur l'existence d'une association com- « merciale qui est nulle et sans valeur pour cause de dol « et de fraude ; dire, en conséquence, que l'action dirigée « contre le défendeur a pour objet le remboursement « d'une somme remise à un mandataire infidèle, et non « le paiement d'une mise sociale ou de bénéfices qui « auraient été réalisés.

« Ce faisant retenir la cause.

« Et évoquant, condamner le sieur Charles Fraisse à « payer au concluant l'entière somme capitale de *deux* « *cent cinquante-sept mille cinq cent soixante et quinze* « *francs soixante-dix centimes*, avec les intérêts légiti- « mement courus depuis le 30 avril 1857.

« Le condamner en outre à lui payer la somme de « cinq mille francs à titre de dommages-intérêts, avec « contrainte par corps, dont l'arrêt à intervenir fixera « la durée.

« Subsidiairement, condamner tout au moins ledit

« Charles Fraisse à payer immédiatement et sans délai,
« au concluant, la somme de *cinquante mille francs* en
« capital, plus celle de *deux mille trois cent treize francs*
« pour intérêts échus au 30 avril 1857.

« Le condamner en outre aux intérêts courus depuis
« ladite époque, et à payer au concluant la somme de
« cinq mille francs, à titre de dommages-intérêts,
« avec contrainte par corps, dont la Cour fixera la
« durée.

« Faire main-levée de l'amende et condamner l'adver-
« saire en tous les dépens. »

La justification de ces conclusions est une tâche facile
après l'exposé des faits qui précède. La question qui se
pose devant la Cour est, en effet, une question de fait
pure et simple : M. Fraisse est-il ou n'est-il pas un mandataire infidèle ? Les conséquences juridiques découlent
naturellement de la solution donnée.

Mais avant d'entrer dans l'examen de cette question, il
faut que la Cour connaisse M. Faure, qu'elle sache que,
quoique membre d'une maison de banque établie à
Madrid, comme associé de M. François Faure son frère,
et de demoiselle Antonia Roguiero ; atteint, fort jeune,
d'une maladie grave, qui affectait la poitrine, il dut se
vouer exclusivement au soin de sa santé ; et le climat de
Madrid lui étant contraire, c'est dans les voyages qu'il
chercha les distractions qui étaient le remède le plus
efficace à la dangereuse affection dont il était atteint.
En 1853, il continuait encore le même genre de vie,
lorsque le décès de M. François Faure arriva, la liquidation de la maison de Madrid s'en suivit ; elle fut opérée
par Mlle Antonia Roguiero, et M. André Faure n'eut qu'à
en recueillir les fruits. Il vint en France chez Mme veuve
Barral sa sœur, qui habitait Ganges, dans le département de l'Hérault ; mais habitué aux voyages, au séjour

des grandes villes, il eut la malheureuse pensée d'aller se fixer à Paris, où l'attendait un si malheureux destin.

Se peut-il qu'il ait été crédule à ce point de tout accepter de la part de Fraisse, même les choses les plus extraordinaires, sans rien connaître, sans aucun contrôle? Interrogeons les faits.

M. Faure a remis à Fraisse, les 20 et 23 avril, une somme de 230,000 francs, avec le mandat de les faire valoir pour son compte. Le 29 avril, il a consenti à préciser ce mandat, qui a été celui de fonder ou de commanditer une maison de banque ; et le 3 juin suivant, il quitte Paris pour n'y rentrer qu'à la fin du mois de novembre. On a dit qu'il savait que ses fonds étaient aventurés dans des opérations de bourse, qu'il savait tout ce qui se passait ; mais la correspondance vient donner un démenti formel à cette assertion ; tandis qu'en fait Fraisse a fait plaider que, dès le mois d'octobre 1856, la maison Tarride était réduite aux plus dures extrémités, circonstance qui, même sur le terrain où se place l'adversaire, ne pouvait être que le résultat d'un ensemble d'opérations malheureuses.

M. Faure écrivait à Fraisse, de Pau, le 28 juin 1856 : « *Votre opinion sur la marche future de nos affaires me fait plaisir.* » Il donnait des instructions pour la négociation ou la vente de certaines de ces valeurs, alors qu'elle était déjà opérée. On sait que M. Fraisse ne lui avait annoncé la vente de ses *Lyon*, qui avait eu lieu le 2 mai 1856, que le 16 octobre suivant.

Le 3 juillet, M. Faure, répondant aux lettres de Fraisse du mois de juin, regrettait de ne pouvoir disposer que de 30,000 fr. pour l'opération du réseau pyrénéen, il demandait si on voulait les accepter ; on les accepta, sans doute, comme on avait fait pour les 230,000 francs au mois d'avril précédent, et ils furent transmis en un bon sur la Banque le 14 juillet.

Enfin, le 6 octobre, 20,000 francs sont encore en-voyés pour l'opération du réseau pyrénéen. Pour y parve-nir, M. Faure emprunte *quatre mille francs*, et demande humblement à Fraisse s'il pourra lui avancer *deux ou trois mille francs* pour ses dépenses.

Le *style, c'est l'homme !* Jamais cet axiôme n'a trouvé d'application plus heureuse que dans la cause actuelle. Toujours, à côté d'une naïveté digne des temps antiques, M. Faure place des témoignages de sympathie, que Fraisse cherche à emprunter dans ses propres lettres. Et cet homme, qui est heureux de l'état florissant dans lequel on lui peint la maison de Paris, qui verse *cin-quante mille francs*, les 14 juillet et 6 octobre, pour l'opération du réseau pyrénéen, sur les exagérations ridicules de Fraisse, sans s'entourer d'aucun renseigne-ment ; qui signe, plus tard, 400,000 francs de traites sur la déclaration inqualifiable du 13 mars 1857, aura tout su, tout connu : l'acte social, la contre-lettre du même jour, les opérations de la prétendue maison, les livres dont la Cour connaît la teneur ? En vérité, M. Fraisse en est réduit à de bien dures extrémités.

Est-il ou n'est-il pas un mandataire infidèle ?

Pour répondre à cette question, tous les faits du pro-cès viennent démontrer, avec évidence, l'affirmative ; mais précisons davantage au moyen des actes émanés de Fraisse lui-même :

Sur le premier plan, se place la contre-lettre du 6 mai 1856 ; inutile de revenir sur sa portée.

Puis la correspondance.

Fraisse écrit le 28 juin 1856 : « Tarride marchera « sous peu de jours, vous devez probablement le savoir ; « je m'occupe activement de la province, qui répond au- « delà de tous mes désirs ; je crois que, malgré moi, les « affaires vont dépasser les espérances que j'avais, et

« que je vous avais fait entrevoir. » A l'audience de la
Cour, M. Fraisse ne savait rien des opérations de la
maison Tarride.

Le 24 juillet 1856, il dit à M. Faure : « Après que je
« vous aurai fait ma visite, je partirai de suite pour
« Paris, où ma présence est indispensable ; M. Tarride
« s'est conformé aux instructions de votre lettre du 28
« juin ; il n'y a de vendus que 11,000 fr. 3 p. 0/0 dettes
« extérieures nouvelles, et tout le reste est en porte-
« feuille. »

Mensonge.

Le 18 août, il écrit : « Je viens de courir le monde
« pour le réseau pyrénéen, et je ne suis fixé sur rien en
« particulier des affaires de Paris, si ce n'est de la situa-
« tion en général, qui est excellente ; aussi je vais me
« mettre immédiatement en mesure de vous satisfaire,
« en demandant un bordereau de situation, que je vous
« montrerai dans quelques jours, *pour satisfaire à votre*
« *juste impatience.* » M. Faure savait tout, dit-on.

Le 27 septembre, M. Fraisse écrit encore : « M. Tar-
« ride que j'ai vu, et avec lequel je suis resté deux jours,
« est reparti pour Paris ; il m'a chargé de vous dire
« mille choses aimables ; il s'en va, disposé à gagner
« beaucoup d'argent ; sa présence était indispensable à
« Paris, à cause de la baisse provoquée, je crois, par
« l'escompte de la Banque de France. »

Le 12 novembre, par une lettre adressée à Nîmes :
« Vous me permettrez de ne vous rien dire aujourd'hui,
« d'abord, parce que je suis encore bien malheureux,
« et ensuite, parce que je n'ai pas mes lettres de Paris,
« qui se trouvaient avec les vôtres ; je serai à Paris le
« 20 courant, et compte vous y trouver ; nous causerons
« de tout. »

M. Fraisse ne savait rien, et M. Faure savait tout.
(*Sic.*)

Le 13 avril 1857 : « Je serai à Paris le 15 ou le 20 mai,
« sans faute, et j'espère que nous pourrons nous voir et
« causer tranquillement de nos *magnifiques affaires*. »
Ces précisions sont écrasantes; la question est évidemment résolue.

Que dire au sujet des 50,000 fr., dont le versement
a été provoqué sous le prétexte mensonger du réseau
pyrénéen?

Que dire encore de la déclaration du 13 mars 1857,
relative aux signatures? Toujours le même système de
fraude et de mensonge. Précisons :

Le 18 août 1856, M. Fraisse, sachant que la Compagnie Dembarrère n'obtiendra pas la concession du réseau
pyrénéen, écrit à M. Faure : « Je viens de courir le
« monde pour la combinaison du réseau pyrénéen. »
Et ailleurs : « Vous me demandez si j'ai pris des actions
« du réseau pyrénéen. Je vous répondrai que je ne puis
« pas avoir pris un titre qui n'existe pas encore ; mais
« je compte en avoir beaucoup. Du reste, permettez-moi
« de renvoyer toute explication, etc. »

Puis il provoque l'envoi des 20,000 fr., qu'il reçoit le
6 octobre. Et il fait plaider ensuite tout naturellement
devant la Cour, qu'il a versé ces 50,000 fr. dans la
maison de Paris.

Le 13 mars 1857, il dicte à M. Faure une lettre
adressée à M. Félix Authier, banquier, à Toulouse, pour
faciliter la négociation des 400,000 fr. de traites. Et il
n'ose pas en faire usage.

Enfin, en l'état de l'instance pendante devant le Tribunal civil de Toulouse, il déclare avec Tarride et il publie
la dissolution de leur prétendue société, conformément
à la loi, sans prendre même la précaution de nommer un
liquidateur. A quoi bon, en effet, un liquidateur là où il
n'y avait rien à liquider ; tout avait disparu, *le tour était*

fait. Et l'on riait sous cape de la crédulité du vieillard, qui avait la malencontreuse prétention de demander compte devant les tribunaux d'une fortune qu'on avait eu, *disait-on*, tant de peine à lui faire lâcher !

La Cour, dans se haute justice, appréciera.

NOTE SUR LA COMPTABILITÉ.

§ 1er.

Au mois d'avril 1856, Fraisse et Tarride, qui s'étaient livrés déjà à des opérations hasardeuses, étaient en présence de besoins et de difficultés qui ne toléraient pas d'ajournement, et, à tout prix, il fallait se procurer des ressources.

Pour triompher de cette situation embarrassante, Fraisse s'adresse à Faure et abuse de sa crédulité.

Le 23 avril il reçoit de sa victime 230,000 francs de valeurs ; aucune association n'est encore faite, et le projet même n'en sera mentionné, pour la première fois, que dans le traité du *29 avril*, dont la pensée unique a été d'autoriser le mandataire à retenir les valeurs remises pendant cinq années.

Mais dès le 23, c'est-à-dire six jours avant cette convention, *cent* obligations de Genève étaient remises par Fraisse à Tarride, qui les négociait, et recevait en échange, en numéraire, une somme de 49,967 francs.

La copie, non-contestée, du bordereau des agents de change, constate que cette première opération fut faite les 23 et 24 avril, comme on vient de le dire.

Pourquoi réaliser avec cette promptitude ? Etait-ce

dans un intérêt social ? Aucun traité n'était encore conclu, et l'association future ne pouvait avoir d'aussi impérieux besoins.

Evidemment il y avait des obligations urgentes à satisfaire, et ces obligations ne concernaient pas Faure, qui les aurait mentionnées dans son mandat, au lieu de se borner à dire qu'il faisait la remise de ses titres à Fraisse pour la création d'une maison de banque.

Le 26 avril, a été écrit l'acte où cette mission a été donnée ; mais il ne s'agit encore que d'un simple projet et non d'une entreprise réellement et sérieusement constituée.

Toutefois M. Fraisse veut faire un voyage à Toulouse, où l'attendent des dettes à payer et des embellissements dispendieux à exécuter sur le domaine de sa femme, à Saint-Michel. Que fait-il ? Il prend dans le portefeuille de M. Faure, d'où l'on a sorti déjà *cent obligations de Genève*, *quinze actions de Lyon* ; et le 2 mai, comme l'établit la copie du bordereau de l'agent de change, il les négocie et reçoit une somme de 21,759 fr. 90 c., qu'il emportera dans sa bourse, et dont il ne sera plus question.

L'acte de société n'est pas encore souscrit, et déjà 71,726 fr. 90 c. ont été réalisés par les deux Adversaires, qui se sont jetés avec une précipitation inouïe sur les valeurs dont la délivrance avait été faite dans un tout autre but.

Ces premiers détournements, qui absorbent le tiers du capital, ne sauraient trouver leur justification dans les nécessités d'une entreprise qui n'était pas encore née.

Les 21,759 fr. 90 cent. des *Lyon*, emportés à Toulouse, n'ont pas été, assurément, consacrés à cet emploi.

Et, chose importante ! ces négociations se faisaient à

Pàris, alors que Faure s'y trouvait avec ses Adversaires, puisqu'il n'en est parti que dans les premiers jours du mois de juin, et cependant aucune communication ne lui en était faite.

Nous en avons la preuve positive dans la correspondance. Le *P. S.* d'une lettre de Fraisse, en date du 16 octobre 1856, constate que l'avis de la vente des *Lyon* ne lui a été donné qu'à cette dernière époque, c'est-à-dire six mois environ après l'opération faite.

Or, qu'on ne l'oublie pas, au jour de cette opération elle-même, tous étaient ensemble à Paris; et la dissimulation dont on usait envers la partie la plus intéressée, fait connaître suffisamment quelle était la loyauté des deux autres.

Le 6 mai 1856, l'acte de Société et la fameuse contrelettre sont signés par Fraisse et Tarride; et celui-ci, dès les premiers jours de juin, se trouve seul à la tête de l'entreprise et seul dépositaire des valeurs qui restent en portefeuille.

Mais il a reçu les instructions de son complice et il s'y conformera.

S'il faut l'en croire, du 6 mai au 30 juin, il a consacré tous ses soins et toute son ardeur à organiser la maison dont il va être le chef; et ses écritures ne s'ouvrent effectivement qu'à la dernière de ces deux dates.

Mais avant le 30 juin, il viendra une seconde, ou plutôt une troisième fois, toucher à ce portefeuille déjà singulièrement amoindri, et les ressources, sous le coup de cette dernière attaque, en seront presque entièrement épuisées.

Le 20 juin, il se présente à la maison Rotschild, remet en nantissement pour 123,000 fr. de valeurs en titres espagnols, et reçoit, en échange, un bon sur la Banque de 120,000 fr.

L'extrait du compte de la maison de Rotschild ne permet pas de dénier, non plus, la réalité de cette opération, qui, à 20,000 fr. près, complète la spoliation de la victime.

Ici, encore, se produisent, à l'égard de celle-ci, la même dissimulation et le même mensonge.

Quand on négociait en avril et en mai, aucune communication ne lui était faite, ainsi que l'a établi la lettre du 16 octobre.

Pour la négociation du *20 juin*, le système ne change pas ; M. Faure écrit, sous la date du *28 juin*, de sa résidence de Pau, où il était arrivé après de longues souffrances, une lettre contenant les instructions qui doivent être suivies pour la perception des coupons d'intérêt provenant de ses rentes espagnoles.

Et Fraisse s'empresse de répondre, en juillet, que Tarride s'est conformé scrupuleusement aux instructions données ; qu'il a détaché les coupons, et que les titres sont encore dans son portefeuille.

Or, tout cela était contraire à la vérité : c'était la maison Rotschild qui était détentrice de ces valeurs, et non le portefeuille de Tarride.

C'est par elle que les coupons avaient été détachés et perçus.

Le bon sur la Banque, reçu par Tarride, en représentait le prix à 3,000 fr. près, et, par conséquent, la réalisation de ces titres était un fait accompli.

Toutefois, la maison n'avait pas encore ouvert ses écritures : sur 230,000 francs, 210,000 francs avaient disparu, avant même le commencement des opérations.

Qu'on ne cherche pas à équivoquer et à dire que les rentes espagnoles n'étaient pas, en effet, vendues au mois de juillet, puisque le compte de M. Rotschild atteste que la négociation en a été faite à la Bourse de 25 *août*.

Ce serait une bien étrange argumentation, en effet ; de quoi faut-il se préoccuper pour l'appréciation de la conduite de Fraisse et de Tarride dans le procès ?

Est-ce du jour où le prix définitif des titres espagnols a été fixé pour l'établissement du compte, ou bien de celui où le montant en a été perçu par les Adversaires ?

Evidemment, de ce dernier seul, car c'est ce jour-là que la spoliation est devenue un fait irrévocablement accompli.

Or, c'est bien le 20 juin, et non pas le 25 août, que Tarride a reçu le montant des titres espagnols, et qu'a ainsi disparu le capital énorme versé par M. Faure.

Matériellement, du reste, on ne disait pas vrai, quand on affirmait que ces rentes, qui étaient passées dans les mains de M. Rotschild, étaient encore dans le portefeuille de Tarride.

Matériellement, on ne disait pas vrai, quand on affirmait que celui-ci avait détaché et perçu les coupons, alors que c'est la maison Rotschild qui, seule, comme l'atteste son compte, a fait l'une et l'autre opération.

Au point de vue moral, le langage de M. Fraisse est bien plus injustifiable encore : il savait bien, lui (car c'était dans son intérêt que le bon sur la Banque de 120,000 fr. avait été sollicité et obtenu), que les titres espagnols avaient été consacrés à en payer la valeur ; or, affirmer, en présence de ce fait, que ces titres n'avaient pas été négociés, et qu'on n'avait encore vendu, sur les valeurs de M. Faure, que 11,000 piastres, à la Bourse du 1er juillet ; était-ce parler franchement, sans réticence et sans dissimulation aucune ?

Il n'est pas une conscience honnête qui hésite à répondre :

En dernière analyse, avant le 1er juillet, toutes les valeurs sont négociées, à l'exception des 11,000 *piastres* vendues ce jour-là, qui, d'après le bordereau de l'agent de change, produisent une somme de 20,457 fr.

§ 2.

Qu'est devenu le capital provenant de la négociation ?

1° Les 21,756 fr., prix des *Lyon* vendus par Fraisse le 2 *mai* : ils ont disparu, et on n'essaie pas même de contester qu'emportés par celui-ci à Toulouse, il n'en a jamais été question dans les livres de la Société ;

2° Les 49,967 fr. perçus par Tarride les 23 et 24 avril : ils ont disparu comme les premiers, et sur les livres sociaux, dont la production a été faite, on chercherait vainement à en saisir une mention, même éloignée.

Cependant, et par un simple résumé, soit sur le journal, soit sur le grand-livre, il semblait impérieusement nécessaire d'en dire quelque chose ; assurément la somme en valait bien la peine : il s'agit d'un capital de 50,000 fr.

Les livres n'en disent rien.... Qu'en conclure ? Que ce capital a été détourné, et qu'il a eu le sort des *Lyon* dont s'est emparé M. Fraisse.

Qu'a-t-on fait pour échapper à l'irrésistible puissance de cette argumentation ?

M. Tarride s'est présenté à l'audience, tenant dans ses mains une feuille volante où seraient mentionnées les opérations par lui faites, pour le compte social, avant le commencement des écritures.

Tentative bien imprudente ! et dont les conséquences pourront devenir bien douloureuses pour ceux qui n'ont pas craint de la hasarder en désespoir de cause.

Et d'abord : où, dans quel lieu a été fabriquée cette feuille ? Elle est de la main de Tarride ; et Tarride, qui était à Toulouse lorsque la Cour a ordonné l'apport des livres, a déclaré n'être pas allé lui-même à Paris pour les prendre, il déclare ne pas être sorti de la ville depuis l'arrêt intervenu.

D'autre part, il ajoute que le carnet, dont cette feuille présenterait le résumé, ne lui a pas été transmis par le mandataire, qui, à Paris, est allé prendre les livres dans un placard dont il a fallu forcer la serrure.

Donc il n'a pas sous les yeux ce carnet indispensable dont il présente le résumé.

De quelle façon a-t-il pu l'établir ? De mémoire ? c'est impossible ! Il s'agit de comptes remontant *à trois années environ* ; et, sur la feuille produite, nous voyons la plupart des articles se composer, avec une précision rigoureuse, de francs et de centimes. Il n'est donné à personne de faire avec ce seul secours, au bout de *trois années*, le résumé d'une gestion *de deux mois*, embrassant des opérations compliquées et nombreuses.

Comment donc a fait M. Tarride ?

De deux choses l'une : ou il a le carnet relatif à cette gestion antérieure à l'ouverture des livres, et alors son refus de le produire confirme toutes les accusations dirigées contre lui ; ou, pour les nécessités de sa défense, il a créé, à la veille de l'ouverture du débat, cette feuille sans valeur, fruit de son imagination, et qui ne peut être considérée que comme un moyen impuissant de sortir d'une situation inextricable.

Nous ne dirons rien de l'explication dérisoire qu'il a essayé de produire par l'organe de son défenseur.

S'il faut en croire celui-ci, Tarride, qui, depuis 1857, ne s'occupe plus de ces déplorables affaires sociales; qui, d'après les assertions de Pouget, a fait, le 7 décembre 1857, un traité avec Fraisse, dont les clauses laissent sur la tête de ce dernier tous les périls, tous les embarras et tout le passif de la liquidation ; qui ne se trouvait à Toulouse, à l'époque des premières plaidoiries, qu'accidentellement, et pour faire à sa famille une simple visite, avait eu la précaution d'emporter dans sa poche cette feuille de compte, produite à l'audience, qui s'est ainsi miraculeusement trouvée sous sa main, quand il a fallu expliquer la disparition des 49,967 fr. qu'il avait reçus les *23 et 24 avril*, et sur lesquels les livres véritables gardent un silence si éloquemment significatif ! On ne répond pas à de telles allégations, et le fait de la production de cette feuille n'en conserve pas moins, à la charge de nos adversaires, sa redoutable autorité morale.

Voulez-vous qu'on la discute ? En peu de mots il en sera fait complète justice.

Ouvrez les livres... Il n'y a pas un seul article se rattachant à des opérations antérieures. On débute, dans toute l'énergie de ce mot ; et cependant, si le passé dont on se prévaut avait eu une existence réelle, il aurait fatalement réfléchi sur les nouvelles écritures ; il n'eût pas été, selon toute apparence, réglé et liquidé juste le *30 juin 1856*, époque où s'ouvraient les livres nouveaux. Ceux-ci, qui n'étaient que la continuation du carnet dont parle Tarride, porteraient des traces vivantes de ce passé qui ne s'arrête pas tout court, et qui forme, avec le présent et l'avenir, une chaîne dont les anneaux ne peuvent être brusquement brisés.

Ceci est si vrai que, pour *deux débiteurs* de la Société notamment, je les vois inscrits sur votre feuille volante, sur le journal, et sur le grand-livre ; ce sont : MM. C... et Ernest B... Sur la feuille volante ils sont inscrits pour une dette : l'un de 13,000 fr., l'autre de 17,000 fr.

Et sur le grand-livre produit, aucun de ces deux chiffres ne se retrouve ; mais c'est un compte tout-à-fait nouveau, ne se rattachant à aucune dette antérieure, qui rend le premier débiteur de 3,431 fr., et le second de 3,925 fr. N'auriez-vous pas réuni cette seconde dette à la première, si l'une et l'autre eussent été au crédit de votre *fameuse* maison de banque ? Mais prenez garde encore : si vous les réunissez, vous dépassez, dans une large mesure, le chiffre que Fraisse a inscrit, pour ces deux causes, sur le tableau des pertes sociales.

En matière de comptabilité et de livres de commerce, est-il possible de rencontrer de semblables anomalies ?

Maintenant, en tête de votre crédit et sur la feuille volante, vous avez inscrit le nom de M. Dembarrère pour une somme de 16,000 fr. environ, dont vous lui auriez fait la remise le *6 mai*, date de la signature de l'acte de société, en échange de traites exigibles au *31 juillet*.

Que sont devenues ces traites ? Si elles sont restées impayées, montrez-les nous ? Si le remboursement en a été opéré, le crédit de la maison doit, par la force même des choses, être augmenté à due concurrence ?

Or, que contient le livre de caisse ? Au crédit de M. Fraisse, à la date du *18 septembre 1856*, une somme de 25,000 fr. Ce même article se retrouve à son compte particulier, et toujours à son crédit, et il suit de là que lorsque la caisse a remis, le *6 mai*, à M. Dembarrère la somme de 16,000 fr., elle l'a inscrite au chiffre de ses dépenses, et que, lorsque cette somme est rentrée, le *18 septembre*, au lieu de la recevoir comme une valeur qui était sienne, destinée à balancer ou niveler ses lignes, elle s'en est débitée au profit de M. Fraisse, qui l'a fait inscrire à son compte particulier, comme si elle était sa propriété personnelle, et que la remise en eût été opérée avec ses propres deniers.

De là ce fait étrange et anormal, que la caisse prête à Dembarrère et fournit les fonds qui lui sont délivrés, et que c'est Fraisse qui reçoit le remboursement et s'en prévaut.

Si le système de Tarride était vrai, et si les opérations qu'il allègue étaient sincères, voilà la conséquence : ce serait un détournement de 16,000 fr. au profit de Fraisse, et au préjudice de la maison sociale.

Mais là n'est point la vérité : ce qui est positif, c'est que ces 16,000 fr. concernaient Fraisse tout seul, débiteur envers Dembarrère d'un capital énorme ; que la maison de banque n'avait pas commencé ses opérations le 6 mai, date du jour où furent échangées les signatures, et qu'alors on a pu et on a dû, le 18 septembre, porter au crédit particulier de Fraisse les 25,000 fr. qu'il versait.

Mais de là il suit également que la feuille présentée par Tarride est un mensonge, sa fausseté est établie par les livres mêmes qui en auraient été la suite.

Comment s'y arrêter, enfin, quand on prend connaissance des derniers et des plus importants articles qui la constituent ?

Qu'on interroge d'abord l'avoir de la caisse, c'est-à-dire la colonne de gauche. Sous la date du 18 juin, j'y vois une somme, portée en recette, de 11,750 fr.

Quelle est son origine ? Serait-ce une fraction du bon de 120,000 fr. donné par Rotschild sur la Banque de France ? Vraisemblablement c'est bien là la source qu'on voudrait lui attribuer, puisque ce bon de 120,000 fr. est réduit, sur le livre de caisse, le 3 juillet, à la somme de 99,000 fr.

Mais les chiffres ne concordent plus, et les deux fractions réunies ne me donnent pas le total de 120,000 fr., comme il le faudrait ; et puis, tout a été confondu, et cela devait être, puisque l'imagination faisait seule les frais de ce travail.

Le bon n'a été délivré que le *20 juin*, et il n'est guère possible que le paiement partiel en ait été effectué *le 18*, et, enfin, dans tous les cas, qu'est devenue la différence ?

D'autre part, et sur la même colonne, le sieur Tarride a inscrit une somme de 39,000 fr. par lui versée le *30 juin*. Pourquoi ne l'a-t-il pas fait figurer sur le livre-journal et sur le grand-livre ?

C'était pour lui d'un intérêt puissant ; une notable portion de sa fortune était représentée par ce capital. Ne convenait-il pas d'en mentionner le versement sur ces livres, dont la régularité présentait une toute autre garantie que ce carnet informe ?

Sa seule excuse est de dire : que les livres n'ont été ouverts que *trois jours* après, c'est-à-dire le *5 juillet* ; mais cette excuse n'est pas acceptable : le journal commence le *30 juin*, précisément le jour où il a fait son versement, et sur ce journal, justement à cette date, il a inscrit la somme de 135,000 fr. versée par M. Fraisse. Devait-il se montrer plus diligent pour l'affaire de ce dernier que pour lui-même ?

Le grand-livre, à son tour, commence le *30 juin* ; le compte particulier et le compte de liquidation de M. Fraisse l'établissent. D'où vient donc cette regrettable lacune ? Toute hésitation est impossible : c'est que la feuille volante ne dit pas la vérité !

La colonne des dépenses contient, à ce sujet, une démonstration non moins saisissante. Effectivement, on porte comme pertes, à la liquidation du *30 juin*, les articles concernant MM. C..... et Ernest B...., et Fraisse et Faure ; le total dépasse, ou atteint, tout au moins, la somme de 80,000 fr.

Pourquoi ces trois articles, encore, ont-ils été passés sous silence sur les livres ? On l'a vu, ils se sont ouverts le *50 juin*, et c'est le 30 juin que la liquidation a été faite. Le carnet, dès ce jour, était abandonné, et les livres réguliers venaient en prendre la place : le moment était bien opportun pour les y inscrire ; la responsabilité de Tarride lui en faisait un devoir, car il constatait ainsi la disparition d'une partie considérable de ses ressources, au moment où commençait la marche régulière de son entreprise ; et cela, néanmoins il ne l'a point fait. Et il espère, au moyen d'une feuille volante fortuitement oubliée dans sa poche, se justifier des détournements dont on l'accuse ; mais il est d'autant plus inexcusable, sur ce dernier article, que puisque la perte éprouvée se *réfère*, comme le dit sa feuille, à la liquidation du *50 juin*, le paiement n'a été opéré que le *4 juillet*.

C'est, en effet, un usage constamment suivi, à la Bourse de Paris, comme à la Bourse de Toulouse et des autres villes de France, de faire les liquidations selon la valeur du *15* et du *50*, mais de ne balancer, de ne régler et de ne payer la différence que le *19*, pour les opérations du *15*, et le *4* du mois suivant, pour les opérations du *50*.

C'est donc après le *5 juillet* que le paiement des liquidations du *30 juin*, dont parle la feuille volante, a été opéré, et, par suite, les livres étaient ouverts ; Ziclair, qui les tenait, se trouvait à son poste, et la maison était en plein exercice. Pourquoi donc n'a-t-on pas inscrit une somme aussi considérable ? — La raison en est simple : C'est qu'elle était purement imaginaire, ou concernait exclusivement M. Fraisse, qui jouait avant la création de la Société, comme il a joué depuis, ainsi que le démontrent les livres mêmes qui ont été communiqués.

Qu'on poursuive, en effet, ces livres de commerce, et chaque *quinzaine* on verra figurer le compte de liquidation de cet associé, de même qu'on le trouve inscrit sur le grand-livre, où sont ramenés, sur le folio 30, les divers détails dont l'examen est recommandé à l'attention de la Cour.

La feuille volante doit donc être écartée, et il est positif que les 71,000 fr. touchés par Fraisse et Tarride, les 23 et 24 avril, et le *2 mai*, ont été détournés de leur destination et ne sont jamais entrés dans la caisse sociale.

§ 3.

La maison de banque n'a donc commencé ses opérations, comme on vient de le voir, que le 30 juin 1856 ; et si un passé plus ou moins lourd pesait sur les Adversaires, ce n'est pas elle qui devait en supporter le fardeau, comme le justifierait au besoin le silence des écritures.

La correspondance viendrait encore mettre cette vérité en lumière. Qu'on lise la lettre écrite le *14 juin* par M. Fraisse à M. Faure, et tous les doutes seront dissipés :

« Tarride, y est-il dit, marchera sous peu de jours,
« vous devez probablement le savoir ; je m'occupe acti-
« vement de la Province, qui répond au-delà de tous
« mes désirs ; je crois que, malgré moi, les affaires
« vont dépasser les espérances que j'avais et que je vous
« avais fait entrevoir. »

Comment insister encore, et parler de ces opérations rétrospectives et de ce compte volant, contre la sincérité duquel se dressent tant de preuves morales ? Il n'est pas jusqu'à l'article du paiement, fait d'avance, du premier trimestre de la location, qui manque de vraisemblance.

Effectivement, à Paris, les usages ne sont pas les mêmes qu'à Toulouse : quand il s'agit d'appartements non garnis, le loyer ne se paie que terme échu, au lieu d'être exigible d'avance, comme le supposerait la note précitée.

Mais enfin les livres vont s'ouvrir, nous sommes à la fin de juin ; quels sont les premiers articles qui y figurent ?

M. Fraisse a laissé parfaitement ses instructions, et l'on va rigoureusement exécuter la contre-lettre, qui autorise le prétendu commanditaire à remplacer par des reçus les fonds de la commandite. Lisez le livre de caisse, qu'y trouvez-vous ? A la recette, c'est-à-dire à la colonne du débit, quatre articles dont les principaux consistent en un bon de 99,000 fr. sur la Banque de France, et en un capital de 20,437 fr. provenant de la négociation faite à la bourse du 1er *juillet* d'un titre de 11,000 piastres, le dernier de ceux que Faure avait si aveuglement livrés ; la réunion de ces différentes sommes représente un chiffre de 135,000 fr. Qui les a versés ? C'est M. Fraisse, comme le constate le premier article de son compte particulier qui l'en crédite sur le grand-livre ; c'est 100,000 fr. de moins qu'il n'avait reçu, car tous les titres sont maintenant réalisés, et ils ont produit une somme de 227,000 fr. La différence est considérable, elle a été détournée ou retenue par le mandataire du capitaliste.

Mais, chose incroyable, ce même jour, qu'est-il fait ? Voilà que cette maison, qui débute, achète à MM. Séraphin, Guastalla et Piet, pour 102,000 fr. de valeurs industrielles. Que signifie une opération de cette nature ? La maison débute ; son actif, qui devait être de 400,000 fr., n'est que de 135,000 fr., et le premier jour, cet actif tout entier elle le consacre à cet achat inouï que rien ne lui impose et qui va épuiser sa caisse.

Un commencement de cette nature ne laisse-t-il pas entrevoir le mystère qui se cache sous le voile de la fondation de cet établissement industriel ?

De quoi s'agit-il, en effet ? D'opérer pour le compte de la maison qui vient de naître ? Personne ne le croira, et les écritures vont, dans une certaine mesure, nous initier aux secrets de cette étrange combinaison.

Cet achat d'actions de l'Union des Gaz, qui est effectué sur une aussi vaste échelle, est pour le compte de M. Fraisse, qui jouait avant, et qui après continuait de jouer encore.

Aussi le livre-journal contient-il, sous la date du *30 juin*, ces énonciations importantes :

Après avoir crédité Fraisse des 135,000 fr. versés, il le débite aussitôt de 102,284 fr., qui sont justement employés au paiement des sommes dues à MM. Séraphin, Guastalla et Piet.

Il suit de là que le versement opéré est purement chimérique et qu'il ne reste, des fonds remis par Fraisse, qu'une trentaine de mille francs, le surplus étant consacré, par lui, à cette opération que l'on trouve au premier jour de l'entreprise; et ici, il n'y a point d'équivoque possible ; car, sur la première page du journal, on voit littéralement reproduite cette double passe d'écritures :

1° Doivent divers à compte de liquidation :

Fraisse. . . .	102,284 fr.	»» c.
Despagnol . . .	14,741	»»
Profits et pertes.	71	50
Total. . .	117,096 fr.	50 c.

» 2° Doit compte de liquidation à divers :

1° Séraphin	31,000 fr.	» »
2° Guastalla	39,656	» »
3° Piet	31,500	» »
4° Despagnol. . . .	14,741	» »
5° Profits et pertes.	199	» »
Total . . .	117,096 fr.	» »

C'est donc bien là l'opération qui a été faite. Les 102,284 fr. pris par Fraisse ont été consacrés, le jour même de leur versement, à l'acquisition de ces actions nombreuses vendues par Séraphin et consorts.

Et, en dernière analyse, la caisse n'a soldé qu'une faible partie de la somme qui, en apparence, lui était remise.

Le versement était donc une fiction, et entendre le mandat que Faure lui avait donné d'une façon aussi étrange, c'était en violer, à la fois, et l'esprit et la lettre.

Il est encore une précision qui doit être faite sur le livre de caisse : c'est qu'indépendamment du prélèvement opéré pour payer Séraphin et consorts, il a été payé pour le compte de Fraisse un règlement avec le sieur Rolland ; la mention de ce fait est écrite en caractères particuliers sur la ligne même du carnet qui se *réfère* à cet article.

De telle sorte qu'en définitive, la presque totalité du versement a été reprise le jour même, et ainsi s'explique la modicité du restant en caisse, qui, le soir, atteint à peine la somme de 15,000 fr.

Où sont, dès lors, les 230,000 fr. de M. Faure ? Se sont-ils montrés au moment où a commencé l'entreprise ? Non, certes. Celui qui les avait reçus a eu bien soin de les garder, et jamais il ne s'en est dessaisi.

Aussi, dès le *13 août*, Tarride pousse le cri d'alarme et réclame, avec une énergique insistance, des fonds qui doivent lui être envoyés de Toulouse, pour parer à ses engagements.

Croyez-vous que si les détournements dont se plaint M. Faure n'avaient pas été commis, cette maison, qui débute et qui n'a fait encore aucune affaire importante, aurait éprouvé de tels embarras ?

Si sa caisse est vide, c'est parce que les versements promis n'ont pas été réalisés ; et cependant toutes les valeurs de M. Faure sont vendues et converties en numéraire ; rien ne serait plus facile que d'en opérer la remise, si l'on avait l'intention d'accomplir le mandat ; mais cette intention n'est pas celle des Adversaires, et la caisse reste vide.

Voyez comme on est peu soucieux de venir à son aide : le 7 novembre 1856, on procède au règlement définitif avec M. de Rotschild, qui est reconnu débiteur, à suite de la vente des titres espagnols, d'un reliquat de 3,610 fr.; et ce reliquat, perçu par Tarride, n'entre pas dans cette caisse déshéritée de toutes les ressources qui lui étaient promises ; les livres n'en font aucune mention.

Maintenant M. Tarride fils a-t-il fait un versement quelconque en conformité de l'obligation prise dans l'acte de société destiné à être rendu public ? Les écritures nous apprennent qu'il a mieux aimé suivre scrupuleusement la contre-lettre, et jouir de la latitude que lui laissait cet inqualifiable traité, de ne point réaliser sa mise de fonds. La balance de son compte particulier, folio 134, le constitue créancier de 3,221 fr. Voilà le versement effectué.

Il est bien vrai que, sous le folio 122, on voit figurer Tarride père pour un crédit de 23,475 fr. Mais ce n'est pas une mise de fonds exposée à périr dans les hasards de l'entreprise, c'est une créance qui sera à la charge de la maison, dont l'actif demeurera le gage.

M. Tarride, en faisant intervenir le nom de son père, a eu le soin de se prémunir contre les éventualités attachées au titre d'associé ou de gérant.

Son traité du 7 décembre 1857, avec M. Fraisse, le couvrait, d'ailleurs, contre les conséquences de ce versement, dans l'hypothèse où il aurait eu lieu, et un remboursement plus que complet lui a été assuré par cette convention dont l'exploit de Pouget rappelle toutes les clauses.

La conduite de M. Fraisse a été exactement la même, et celui-ci avait, néanmoins, dans ses mains, l'énorme capital que M. Faure avait confié à sa foi.

Non-seulement il n'a pas versé sa mise de fonds, mais il n'a compté, sur les 230,000 fr. reçus pour la Société, qu'une vingtaine de mille francs, à peine.

Lisez son compte à la date du 27 *février*, époque à laquelle ont cessé les opérations, comme le confessent toutes les parties, et vous y verrez :

1° Que son compte particulier se balance par une somme, à son crédit, de. . . . . 171,294 fr.

Et son compte de liquidation, par une somme, à son débit, de. . . . . 148,787 fr.

Par où il n'a réellement donné à l'entreprise, que. . . . . 22,507 fr.

C'est justement la somme qui résultait de la première page du livre de caisse dont l'analyse a été présentée plus haut.

Par où il a retenu 210,000 fr. sur les 230,000 fr. livrés par Faure en avril, indépendamment des 30,000 fr. et des 20,000 fr. qu'il a reçus avec une autre destination, en juillet et en octobre.

Ces chiffres sont inflexibles.

Dans le compte de profits et pertes, on ne trouvera rien qui les contrarie, car ce compte se balance par un bénéfice de 5,886 fr., ce qui ne permet pas de supposer que les titres ou les fonds de Fraisse sont venus à son aide.

Il suffit, d'ailleurs, d'étudier ces éléments pour se convaincre de la négative ; que si l'on veut consulter la position de M. Fraisse en juillet 1857, son crédit, au lieu d'augmenter, éprouve une réduction sensible, c'est M. Pouget qui nous l'apprend, dans l'acte signifié à sa requête, constatant que la solde créditeur du compte particulier a été réduit à 54,000 fr., et que le solde débiteur du compte de liquidation s'élève toujours à plus de 100,000 fr.

Loin, dès lors, d'avoir à cette époque, si éloignée du jour où le versement aurait dû être fait, délivré les fonds reçus de M. Faure, il puisait dans la caisse de l'entreprise et augmentait l'importance du passif.

Aurait-il versé plus tard ?

On a parlé d'une somme de 50,000 fr. empruntée à M. Cabrol, ET DES MESSAGERIES APPARTENANT A M. LE DOCTEUR MACARY, qui auraient été envoyées à la maison Tarride.

Certes, il était trop tard, à cette époque ; et, en admettant la réalité de l'envoi, le détournement originaire n'en aurait pas moins été opéré, et ses conséquences ruineuses n'en seraient pas moins certaines.

C'est le *6 mai 1856*, ou tout au moins le *30 juin*, que les fonds auraient dû être remis ; et en ne se conformant pas à cette obligation rigoureuse, sous le double point de vue de la légalité et de l'honneur, M. Fraisse a trahi son mandat et ne s'est point conformé à l'obligation qu'il avait souscrite.

D'autre part, le but et la cause de ces emprunts divers dont il se prévaut, étaient d'une bien autre nature, et des embarras de toutes parts l'assiégeaient alors de telle façon, que la maison de Paris était l'objet, fort éloigné, de ses préoccupations et de ses sollicitudes.

Délaissée par lui au début, il ne s'est pas souvenu d'elle quand sa perte était devenue inévitable ; et s'il a tenté de la relever, c'est quand il a surpris à M. Faure ces 430,000 fr. de signatures. Contraint de les restituer, à suite des révélations qui parvinrent au trop confiant signataire, il n'a plus eu aucun souci de cette entreprise, qui n'avait servi qu'à lui fournir des ressources désormais épuisées, et qui, dès lors, étaient pour lui sans importance aucune.

Mais il n'est pas impossible qu'il ait joué encore, et que ces hasards tentés, malgré les rudes leçons reçues, aient absorbé les capitaux empruntés aux deux personnes qu'il désigne.

Ce qui ressort victorieusement de tout ceci, c'est que les 230,000 fr. n'ont jamais été versés dans la caisse de la maison Tarride, et cette chose est la seule qui était à établir.

Cette maison, du reste, n'a point éprouvé les pertes énormes que l'on allègue, et sa chute doit être attribuée à une tout autre cause ; pour le démontrer, voici le tableau de ses pertes :

§ 4.

Avec la clientèle qui n'aurait pas exactement payé les dettes dont elle était tenue :

GRAND-LIVRE.

Fᵒ	96.	1ᵒ Villarson.	10,000 fr.
Fᵒ	80.	2ᵒ Ernest B.	3,925
Fᵒ	96.	3ᵒ Carle.	3,431
Fᵒ	48.	4ᵒ Bors.	9,000
Fᵒ	133.	5ᵒ Dast.	500
		6ᵒ Salvaire.	1,800

Total. . . . . 28,656 fr.

A ces créances impayées, il convient
d'ajouter, quoique nous soyons loin d'en
reconnaître la légitimité, les pertes subies
sous le nom de Granville, fᵒ 78. 52,785

Total. . . . . 81,441 fr.

Nous n'y faisons figurer ni les frais généraux, ni les
avances faites à la scie Kehr, parce que ces articles sont
portés au chapitre des profits et pertes, et que ce chapitre se balance par un bénéfice de 5,886 fr.

Voilà donc, en dernière analyse, toutes les pertes
éprouvées ; si les valeurs de M. Faure avaient été remises,
la maison serait encore debout ; c'est parce que cette
remise n'a pas été faite, parce que jamais on n'a eu l'intention de l'effectuer, que sa perte était inévitable.

Ceux qui l'ont fondée ne l'ignoraient pas ; mais ils ne
l'ont jamais établie pour lui donner une existence
sérieuse ; sa création n'a été qu'un moyen d'assurer le
succès de la fraude préparée avec une habileté déplorable.

Il faut bien aujourd'hui qu'ils rendent compte de ces
manœuvres, et que celui qui en a été la victime obtienne
une éclatante réparation !

NOTE ADDITIONNELLE.

Notre dessein n'est pas de revenir sur les détails si nombreux et aujourd'hui devenus si clairs de cet affligeant procès. Mais il est des précisions que nécessitent les derniers développements présentés par nos Adversaires à l'audience, et la Cour nous excusera de lui imposer cette fatigue nouvelle en vue du but que nous nous proposons. Il faut que la lumière se fasse, si éclatante et si vive, que toutes les ombres soient dissipées, et que chacun subisse sa part de responsabilité dans les manœuvres dénoncées aux sévérités de la Justice.

Nous dédaignerons de répondre aux agressions personnelles dont M. Faure a été l'objet. Outrager sa victime après l'avoir spoliée, est un système qui peut convenir à certaines situations et plaire à quelques esprits aventureux, mais que réprouve la conscience publique et qui est sans péril dès que le masque de l'insulteur est tombé. Le docteur Macary, dont nous ne rappellerons pas l'histoire, n'a-t-il pas été transformé en un vil usurier, en pleine audience, par ceux qui s'étaient audacieusement emparés de ses titres, et cela avec une assurance dont le souvenir nous frappe encore de stupeur? Pourquoi donc M. Faure serait-il étonné de voir s'accumuler sur sa tête les accusations les plus inouïes?

En un mot, toutefois, la situation se résume. De lui n'est émané ni un écrit, ni une lettre, ni une parole qui permette de supposer qu'il ait jamais été initié aux projets de ses adversaires, ruinés déjà quand ils ont fait un appel à sa trop crédule et trop aveugle confiance.

Depuis le premier jour jusqu'au dernier, ils ont abusé de sa bonhomie.

Après lui avoir enlevé 230,000 fr. de valeurs, ils ont fait, pour les retenir, un acte de société dont l'objet unique était de masquer les opérations de jeu, auxquelles, pour leur compte individuel, ils se livraient avec une véritable frénésie.

Comme on l'a vu dans la note antérieure, dès le 30 juin 1856, jour où s'ouvrent les livres de cette maison étrange qui reçoit la dénomination de *Tarride et Cᵉ*, 210,000 fr. ont été utilisés pour leurs besoins personnels et exclusifs; et le soir de ce 30 juin, il ne reste, du capital versé par Faure, qu'une quinzaine de mille francs.

La première page du livre de caisse contient, à sa dernière ligne, la preuve matérielle de ce fait, dont aucun commentaire ne saurait amoindrir la gravité.

Faut-il en être surpris ? Ces jeunes hommes à qui l'on avait eu l'indignité (pour employer le langage de leur défenseur), de remettre 230,000 fr. destinés à troubler leur imagination et à égarer leur innocence, n'avaient-ils pas déposé l'expression de leur pensée et de leur dessein dans la contre-lettre qui accompagne le pacte social ? Est-ce le même démon tentateur qui inspirait à ces enfants, parvenus à leur quarantième année, les coupables stipulations que renferme ce traité secret dont les clauses honteuses font si bien ressortir le caractère et la moralité des contractants qui ont eu le malheur de les concevoir et de les revêtir de la forme d'une convention sérieuse ?

Au début, donc, nous rencontrons le dol ; et venue au monde sous de tels auspices, l'association, qui à son berceau a reçu l'empreinte d'une aussi déplorable flétrissure, ne faillira pas aux conséquences et aux nécessités de son origine.

Ce qui importe, surtout, c'est d'entretenir Faure dans une sécurité trompeuse, de lui faire croire à l'existence

d'une entreprise prospère, et de lui arracher encore et
de l'argent et des signatures.

Voyez à l'œuvre ces industriels qu'exploite, dit-on,
avec tant d'habileté et de perfidie, cette couleuvre au
regard froid et fascinateur qui se nomme M. Faure !
Ainsi, en effet, on l'a qualifié, au milieu des emportements d'une discussion qui avait perdu le sentiment des
rôles assignés à chacun dans ce triste débat.

Voyez-les à l'œuvre !

Dès le 13 du mois d'août 1856, Tarride, en proie à
des difficultés inextricables, présente le tableau de sa
détresse et à grands cris réclame des fonds pour payer
les échéances qui le menacent.

C'est à Fraisse que cette lettre est écrite : c'est lui qui
l'a versée au procès. Le voilà bien renseigné sur la situation de sa maison de banque.

Cinq jours après, et le 18 août, il prend la plume à
son tour afin de faire parvenir à Faure, malade à Pau,
les renseignements que celui-ci sollicitait avec sa timidité
et sa mesure ordinaires.... Que va-t-il lui dire ?

Il est parfaitement fixé sur toutes choses, et si ses
intentions sont droites et loyales, avec franchise il fera
connaître les embarras dont il est assiégé.

Lisez sa lettre, et vous aurez peine tout d'abord à
vous expliquer la dissimulation qui règne dans chacune
de ses lignes. Il ne peut pas, sans doute, déclare-t-il,
envoyer immédiatement un bordereau exact et détaillé
qui, du reste, sera remis sous peu *à son excellent ami ;*
mais ce qu'il peut affirmer, c'est que la marche de la
maison est excellente, et qu'elle est dans une situation
des plus heureuses.

Or, tout cela était directement contraire à la vérité.
— Pourquoi parlait-on ainsi ?

C'est qu'il n'était pas possible d'avouer au trop confiant bailleur de fonds, qu'un mois et demi après le commencement des prétendues opérations sociales, les 230,000 fr. étaient dévorés, et que déjà la maison était dans l'impuissance de tenir ses engagements?

Une telle confession était elle possible en présence de la lettre du 14 juin, écrite aussi par M. Fraisse, qui annonçait que ses espérances étaient dépassées, que la Province donnait avec un enthousiasme inouï, et que le chiffre des bénéfices qu'il avait fait entrevoir s'élèverait dans une large proportion ?

Le mensonge était donc une nécessité fatale dont il fallait user sans aucune réserve pour arriver à la consommation de l'œuvre.

C'était un homme si facile à tromper, d'ailleurs, qui était tombé dans les mains si peu scrupuleuses de ses calomniateurs actuels.

Que la Cour veuille bien revoir les lettres de juin, de juillet et d'octobre, relatives au fameux réseau pyrénéen, au grand coup qu'il faut frapper avec la certitude du succès, à cette somme de 200,000 fr. qui se trouve dans le moment même dans la caisse *parfaitement vide* de M. Fraisse, et à l'appel de fonds qu'il adresse, en termes pleins du dévouement le plus affectueux, à l'homme qui lui a inspiré l'amitié la plus tendre et dont il veut agrandir la fortune.

Ce sont des modèles du genre ! Et ces lettres furent suivies de la remise encore d'un capital de 50,000 fr. destinés au réseau dont on savait, dès lors, que la concession était faite à un autre.

Ici, encore, les caractères des deux correspondances se dessinent avec une netteté remarquable. D'un côté apparaît la ruse, et la crédulité de l'autre. Mais quel est le trompeur et quel est le trompé ? S'il faut en croire nos Adversaires, c'est toujours le démon tentateur qui a eu l'infamie de se dessaisir de son argent et de le laisser tomber dans les mains innocentes et pures qui étaient tendues pour le recevoir. Si l'honnêteté publique était appelée à répondre, est-il besoin de dire quelle serait sa sentence ?

Mais il existe un dernier document qu'avec raison nos Adversaires ont affecté de laisser dans l'ombre, et qui, rappelé aux souvenirs de la Cour, donne la mesure de l'aveuglement de M. Faure et de la conviction où était M. Fraisse qu'avec ce vieillard, livré à sa discrétion absolue, il pouvait tout entreprendre et tout oser.

Après lui avoir arraché, le 13 mars 1857, ces 430,000 fr. de signatures que sur sa fortune présente et sur sa fortune à venir il prenait l'obligation, comme en termes pompeux, d'éteindre personnellement, il lui écrivait encore, le 15 avril, une lettre jointe au dossier, où il annonce un prochain voyage à Paris pour l'entretenir de *ses magnifiques affaires.*

Peut-on pousser plus loin les témérités et les audaces du langage ? Peut-on proclamer, d'une façon plus énergique, le cas que l'on fait de l'intelligence et de la perspicacité de celui auquel on ne craint pas d'écrire de telles énormités !

Quoi donc ! Depuis le 27 février, la maison de banque Tarride a clos ses opérations et fermé sa porte. Sa déconfiture est un fait irrévocablement accompli ; son gérant, dont l'œuvre est terminée, s'éloigne et disparaît. Mars et avril s'écoulent sans que personne semble avoir le moindre souci de cette situation désespérée. Ce n'est qu'en avril, et vers le milieu de ce dernier mois, que Fraisse, afin d'entretenir les illusions de son bon ami, choisit Pouget pour son mandataire et lui confie, après avoir fait un éloge bizarre de sa probité et de son expérience, la mission de reprendre ou de continuer les écritures. Il ne s'agit pas, alors, il ne peut être question de relever une maison irrévocablement *perdue* et qui n'a eu qu'une existence éphémère; et le fondateur de cette maison, qui n'ignore rien, parle des *magnifiques affaires* dont il est impatient d'instruire son bailleur de fonds !

Que d'autres qualifient de tels procédés et de telles pratiques ! Nous craindrions, pour notre part, d'employer des expressions trop vives et trop empreintes de l'indignation qui agite notre âme. Nous laissons à nos juges, plus impartiaux et plus calmes, le soin de prononcer.

Sur les faits généraux, nous n'insisterons pas davantage.

Mais il est deux observations principales que, relativement aux livres, la discussion présentée par le défenseur de Tarride nous fait un devoir de soumettre à la Cour.

La feuille volante destinée à combler la prétendue lacune qui existait entre le 6 mai 1856, date de l'acte de société, et le 30 juin suivant, époque à laquelle auraient commencé les écritures communiquées, doit tout d'abord appeler notre attention.

Nous avons dit et essayé de prouver déjà que cette feuille, fabriquée à Toulouse pour satisfaire aux besoins ou plutôt aux nécessités du procès, ne pouvait inspirer aucune confiance, et que les mentions qui s'y trouvent manquent à la fois de vraisemblance et de sincérité.

Nous ne reviendrons pas sur cette démonstration. Mais quelques objections ont été faites, et il est utile de ne pas les laisser sans réponse.

Sommé d'abord de faire connaître à la Cour l'origine de cette note et la date de sa fabrication, M. Tarride a déclaré qu'elle avait été faite en avril 1857 pour M. Pouget, placé dès cette époque à la tête de la maison de banque.

Ceci est-il acceptable ? Qu'on examine la note : l'humidité de l'encre et les manipulations amenées par les plis de la feuille qui en a reçu les détails, se décèlent à l'œil et révèlent une fabrication beaucoup plus récente.

Pourquoi, d'un autre côté, la remettre à Pouget? Il n'avait que faire des articles qui y sont maintenus et qui ne se rattachent, ni directement, ni indirectement, à la gestion dont il fut investi après la déconfiture.

Si elle a été remise à Pouget, comment en est-elle sortie, et par quel phénomène surtout est-elle passée dans les mains de Tarride qui, traitant le 7 décembre avec Fraisse, s'est déchargé sur celui-ci de tout le fardeau de la liquidation et du paiement de la totalité des dettes?

Si la restitution, enfin, en a été faite à Tarride, par quel prodige s'est-il fait que, le 20 décembre 1858, alors qu'il était venu à Toulouse accidentellement, pour voir sa famille et non pour le procès, ainsi que lui-même en a fait la déclaration à l'audience, il l'ait emportée dans sa poche pour l'avoir, à point nommé, sous sa main, et tenter de combler, avec son secours, l'énorme lacune que laissait la production des livres, si les opérations avaient réellement commencé avant le 30 juin?

A toutes ces impossibilités, à toutes ces invraisemblances, aucune réponse n'a été faite.

Mais la note, à elle seule, et les articles qu'elle contient, justifient sa parfaite sincérité, selon le défenseur de Tarride.

Et voici que tout d'abord, à la colonne de la recette, il pousse un cri de triomphe à la vue de l'identité parfaite du chiffre qui s'y trouve inscrit, comme provenant de la négociation des cent actions de Genève, ainsi que de la rente 4 1/2, et du chiffre accusé par les bordereaux des agents de change, dont la copie littérale a été versée au procès par M. Faure lui-même.

Le prix obtenu, les déductions faites pour le courtage,

le reliquat demeuré libre et versé par l'agent de change, tout cela est d'une similitude rigoureuse à un centime près.

Or, ajoute-t-on, si la note de Tarride n'avait pas été relevée sur son carnet renfermé dans le fameux placard, aurait-il rencontré si juste, et sa mémoire, qui seule dans notre système en aurait fait les frais, n'eut-elle pas été en défaut ?

Courbez donc humblement votre front et reconnaissez les injustes témérités de votre attaque ?

Est-ce que, par hasard, nos Adversaires se persuadent être encore en présence de l'homme aveugle et confiant dont ils ont si déplorablement abusé ? On le croirait, vraiment, à entendre leur langage. Pensent-ils que la Cour ait oublié que la copie des bordereaux des agents de change a été produite lors des débats qui ont précédé la mise en cause de Tarride, et que la pièce qui les contient fut communiquée à l'adversaire dont le défenseur en discuta les éléments et la portée ?

Est-il donc bien merveilleux que Tarride, qui avait cette pièce sous ses yeux, puisque Fraisse l'avait à sa disposition, ait trouvé cette coïncidence admirable qui excitait l'enthousiasme de son défenseur et lui paraissait une démonstration si péremptoire ?

On ne réfute pas de telles puérilités !

Ce que Tarride aurait mieux fait de justifier, c'est la négociation des valeurs déjà faite et le prix perçu le 23 et le 24 avril, alors qu'aucun traité social n'était encore intervenu, que l'autorisation de commanditer une maison de banque ne fut donné que quatre ou cinq jours après, c'est-à-dire le 29 avril, et que l'acte de société ne fut souscrit que le 6 mai suivant.

Ce fait si gravement accusateur était autrement digne de fixer son attention, et imposait, d'une façon plus sérieuse, la nécessité d'une explication ou d'une réponse. Le silence, en pareille conjoncture, n'aurait-il pas l'autorité et la force d'un aveu ?

Ce même silence, on l'a observé avec le même scrupule en ce qui touche les articles portés à la colonne de la recette et à le colonne de la dépense du 30 juin 1856 Pourquoi ne pas inscrire ceux-ci sur les livres qui commencent? On y voit figurer, sous cette date, le premier crédit et le premier débit de M. Charles Fraisse, et dès lors il n'y a pas de motif pour justifier l'omission des 39,000 fr. versés, suivant la feuille volante, par M. Tarride, et le montant des liquidations de ce même jour, 30 juin, qui n'auraient été payés pour le compte de MM. C..., B..., Faure et Fraisse réunis, que le 4 juillet suivant.

Une telle omission ne peut s'expliquer que d'une seule manière : c'est que dans l'impossibilité de justifier, avec les livres, la ruine de la maison, il a fallu recourir à des opérations fictives ou réelles, mais qui, dans tous les cas, ne la concernaient point, afin d'échapper à l'accusation du détournement des 71,000 fr. négociés le 24 avril par M. Tarride et le 2 mai par M. Fraisse lui-même.

Aussi il n'est pas un article de cette note qui ne vienne se heurter contre des impossibilités matérielles qu'on a vainement essayé de combattre.

Deux seulement doivent être, dans ce dernier travail, rappelées au souvenir de la Cour :

La première concerne les 16,000 fr. qui auraient été comptés le 6 mai à M. Dembarrère. Les observations déjà produites ont fait justice de cet article, d'autant plus inacceptable, que M. Fraisse, débiteur, dès cette époque, de sommes considérables envers l'emprunteur prétendu, aurait simplement payé une partie de sa dette. — La maison de banque n'avait pas été créée, apparemment, avec les deniers de Faure, pour éteindre le passif de son mandataire.

Mais, d'autre part, on a prétendu que cette somme de 16,000 fr. n'avait pas été détournée de sa destination, puisque le remboursement en avait été effectué en septembre 1856 par l'emprunteur.

Notre réponse a été aussi simple que péremptoire. Nous avons démontré, les livres à la main, que la somme de 25,000 fr. provenant des traites Dembarrère, reçue le 18 septembre 1856 d'après le livre de caisse, avait été portée au crédit de M. Fraisse, et qu'ainsi le remboursement était une fiction et un mensonge.

A quelle ruse a-t-on eu recours afin d'échapper à la puissance de ce fait, consigné en toutes lettres dans les livres?

On a relevé, sous la date de ce même mois de septembre, un autre article se référant à des titres remis par MM. Fould et Oppenheim, dont le chiffre s'élève à 25,919 fr., et qui, ayant été inscrit à tort au crédit du compte particulier de M. Fraisse, a été l'objet d'une contre-passe destinée à rectifier l'erreur commise.

Mais c'est là une confusion qui ne saurait tromper personne. Quand Tarride, à l'audience, avait répondu à l'interpellation qui lui fut faite, sur la date du remboursement de l'emprunt Dembarrère, il avait signalé comme ayant opéré ce remboursement les 25,000 fr. de traites de celui-ci; et de la maison Fould et Oppenheim, il n'avait pas été dit un seul mot. Et puis, pour faire justice de toutes ces allégations dolosives, il suffit d'un seul mot. Dembarrère, qui ne devait, d'après vous, que 16,000 fr., n'en aurait pas, sans doute, versé soit 25,000, soit 25,900 fr. Pour que votre version soit acceptée, il faut ou qu'il ait contracté un second emprunt, ou que vous lui ayez fait compte de la différence.

Or, lisez vos livres, lisez son compte particulier, et vous y trouverez qu'aucune restitution ne lui a été faite, et qu'aucun emprunt nouveau n'a été contracté par lui. Timidement, à la dernière audience, vous essayez de laisser croire à cette dernière hypothèse ; mais les livres viennent vous donner un cruel démenti, et cette ressource extrême échappe de vos mains.

La vérité, la voici. C'est qu'avec les nombreuses signatures, dont le chiffre dépassait 400,000 fr., et que l'imprudent M. Dembarrère avait livrées à son cousin, celui-ci battait monnaie, et négocia, en septembre 1856, 25,000 fr. de ces valeurs. Ces 25,000 fr. furent portés à son crédit particulier, et tout fut fini. Cette opération, pas plus que celle Fould et Oppenheim, n'a aucun rapport avec l'énonciation capricieuse et dolosive de la feuille volante exclusivement fabriquée pour les besoins de la cause.

Voulez-vous une preuve nouvelle de la fausseté des énonciations de cette feuille? Nous venons de la découvrir, et sa puissance démonstrative est telle, qu'il faudra bien qu'on s'avoue vaincu sur ce terrain, où, pour nos Adversaires, le débat sera désormais impossible.

Nous voulons parler de l'article écrit sous la date du 6 mai 1856, pour le remboursement fait à M. Fraisse, au nom de la Société Tarride et Cᵉ, des sommes qu'il avait versées dans l'entreprise de la scie Kehr.

De ce remboursement, opéré le 6 mai 1856, il résulte bien, sans contestation possible, que, dès cette époque, l'affaire de la scie est devenue une affaire sociale. Dans cette condition, le paiement opéré est sans motif et n'aurait aucune raison d'être.

Et pourtant tout cela était faux. Nous venons de découvrir l'acte de société qui a été fait pour l'exploitation de cette fameuse scie. Il est sous la date du 23 janvier 1857.

Il a été publié dans la *Gazette des Tribunaux,* nº du 1er février suivant, et voici quelles en sont les clauses importantes.

La maison Tarride et Cᵉ n'y figure pas comme partie intéressée, elle n'apporte rien à l'entreprise, et réciproquement elle n'a rien à percevoir sur les bénéfices. Les associés sont M. Kehr l'inventeur, M. de la Thibaudière, M. Tarride en son nom personnel, et M. Fraisse à son tour en son nom personnel. Le premier remet son brevet d'invention, et le second un capital de 10,000 fr.

Le troisième, M. Tarride, promet tout son temps et son industrie. De la maison de banque, à laquelle il aurait dû et cette industrie et ce temps, il ne se met nullement en peine. L'un et l'autre sont aliénés par lui au profit de la scie Kehr. Mais il ne lui donne pas autre chose.

Quant au quatrième, M. Fraisse, il doit verser 40,000 fr., sur lesquels un à-compte de 11,000 fr. a été déjà versé par lui, et pour le surplus, divers termes sont stipulés.

Chacun, comme on le voit, a ses obligations spéciales parfaitement déterminées, et de la Société Tarride et Cᵉ il n'est pas dit un seul mot.

Pour les bénéfices, voici quelle en est la distribution : Kehr a 30 pour 0/0 ; la Thibaudière, 30 pour 0/0 ; Tarride, 10 pour 0/0, et enfin M. Fraisse, 30 pour 0/0.

Où est l'être collectif et moral représenté par Tarride, rue Laffite nº 29 ? Nulle part. La distribution inégale des bénéfices entre Fraisse et Tarride, démontre suffisamment que la maison de banque n'est pour rien dans cette entreprise.

Or, quand on écrivait tout cela, on était au mois de janvier 1857.

Et dès lors, il n'est pas vrai de dire que la maison

Tarride et C⁰ avait remboursé, le 6 mai 1856, à M. Fraisse, les fonds par lui comptés à l'inventeur de la scie. Cette affaire, alors, pas plus qu'en janvier 1857, n'avait point cessé d'être la propriété de Fraisse ; et ce n'est qu'à l'aide d'un mensonge rétrospectif qu'on a pu insérer sur la feuille volante l'article relatif à ce remboursement, dont l'acte sus-mentionné démontre l'inexactitude.

Savez-vous sur ce point encore où est la vérité ? La voici : En janvier 1857, on considérait encore l'exploitation de la scie comme une opération féconde, et qui recélait pour l'avenir de précieux avantages. Aussi la gardait-on pour soi et pour l'ami Tarride. La maison de banque n'avait rien à y voir. Elle n'avait pas été créée et mise au monde pour faire des bénéfices. Inventée dans le but unique de confisquer les 230,000 fr. de M. Faure, fallait-il donc s'en occuper pour autre chose ? Mais quand l'affaire a trompé les espérances que l'on avait conçues, et qu'il est devenu important de grossir le chiffre des pertes alléguées, nos Adversaires ont appelé la scie à leur secours, et de là le grand rôle qu'on lui a fait jouer.

Mais si la chose était possible pour l'avenir, le passé, avec l'inflexibilité de ses écritures, ne se serait pas plié aux mêmes combinaisons, si la fertile imagination de M. Tarride n'avait inventé la feuille volante, dont la sincérité, désormais, ne peut plus être décemment soutenue.

Sur les livres, nous n'avons rien à ajouter, car on n'a rien répondu.

Il est irrévocablement acquis, maintenant, que si un versement de 135,000 fr. a été fait le 30 juin, avec un peu plus de la moitié des valeurs remises par M. Faure, le même jour, ou le 3 juillet suivant, il a fallu en distraire 102,000 fr. pour payer la liquidation du 30 juin de M. Fraisse.

C'est-à-dire que M. Fraisse, dont le nom seul figure sur les livres, a disposé en maître de nos fonds, s'en est servi pour se livrer à un jeu effréné, au bout duquel la balance de son débit, sur ce même compte de liquidation, s'est élevée à 148,000 fr.

Etait-ce ainsi qu'il remplissait le mandat à lui donné de commanditer ou de fonder une maison de banque.

Qu'on veuille bien le remarquer, du reste : L'emploi de cette somme de 102,000 fr. ne s'applique pas à une opération entreprise le jour où s'ouvrent les écritures. C'est la suite d'une partie antérieure commencée par M. Fraisse à une époque qui ne nous est pas connue ; c'est une *liquidation*, comme parlent les écritures, et non pas un achat principal et à nouveau. En d'autres termes, M. Fraisse, avec ce capital, solde une dette qui lui était exclusivement personnelle, et il reprend, à la prétendue maison de banque, l'argent dont en apparence il lui fait la remise.

Pour éviter toute confusion, il importe de remarquer encore que c'est pour lui, et pour lui seul, que ce paiement est effectué. Les titres achetés en apparence, ou payés avec ces 102,000 fr., n'appartiennent qu'à lui et non à la maison de banque. Toute équivoque, à ce sujet, est impossible. On tenterait en vain d'insinuer que sous le nom de Fraisse c'était la maison qui jouait, achetait et payait. La partie a été trop longue pour qu'on puisse se réfugier dans ce dernier asile.

Fraisse, comme l'atteste son compte de liquidation, n'a pas cessé de suivre ses opérations de jeu jusqu'au moment où tout étant épuisé, les écritures ont été closes.

Ainsi que la Cour le sait, on a fait jouer aussi la maison à une époque déterminée, mais c'est sous le nom de Granville. Or , ce nom n'apparaît sur le livre-journal qu'à la date du 10 août 1853, pour se montrer ensuite à chaque liquidation de quinzaine. Mais, en se produisant, Granville ne met pas à l'écart M. Fraisse, qui continue son jeu pour son compte personnel et garde ainsi, jusqu'au bout, son individualité qui ne s'efface jamais. On trouve ces deux noms, Fraisse et Granville, inscrits à la suite l'un de l'autre, ayant leur compte particulier et leurs liquidations spéciales. Dès lors, point de confusion possible.

Et quand M. Fraisse prend, le 30 juin 1856, 102,000 fr. pour acquitter sa dette de liquidation, c'est bien lui qui en dispose à son profit et qui en dépouille la prétendue maison de banque dont la recette purement fictive se résume à une simple contre-passe d'écritures.

Ceci posé, et les livres interdisant jusqu'à la possibilité d'une dénégation, est-il possible de prétendre encore que le mandataire a rempli sa mission, et qu'il a donné à l'établissement commercial dont il devait être le fondateur serieux, les ressources pécuniaires qui lui avaient été promises ?

Comme on vient de le voir, il a tout retenu ; et ce qui est plus triste encore, c'est qu'on ne saurait se soustraire à la conviction qu'au moment même où il souscrivait ses engagements envers le sieur Faure, dans le fameux traité du 29 avril, son plan était arrêté, ses combinaisons ourdies avec une habileté peut-être sans exemple, et qu'en mettant la main sur ce portefeuille objet de ses convoitises, son dessein préconçu était de ne pas le rendre.

L'impunité ne saurait être le couronnement et la récompense d'une aussi coupable conduite.

C'est encore une triste manœuvre que celle de l'apparition, à la fin de la dernière audience, d'une dépêche télégraphique qui établirait le paiement, avec une valeur signée de M. Faure, de différences perdues dans une partie de jeu à laquelle il se serait spontanément associé.

Il suffit de rappeler que c'est en mars 1857 que la négociation dont on parle, d'après la dépêche elle-même, aurait été opérée. Or, le 13 mars, Fraisse arrachait à Faure, au moyen de la déclaration perfide qu'il remettait à sa victime, pour 430,000 fr. de signatures mises à la suite de celle de Dembarrère !

N'est-il pas de la dernière évidence que si la dépêche exprime un fait réel, c'est une ces valeurs qui aurait été remise, et à l'aide de laquelle Fraisse tâchait de payer ses engagements ?

Un nouvel abus de confiance serait-il une justification ou une excuse ?

L'arrêt rendu par la Cour a condamné les Adversaires de M. Faure à lui rembourser toutes les sommes qu'ils en ont reçues pour la création de la maison de Banque de la rue Laffite.

COUR IMPÉRIALE DE TOULOUSE

PRÉSIDENCE DE M. PIOU, PREMIER PRÉSIDENT *.

———

QUESTION DE COMMUNAUTÉ.

MÉMOIRE

POUR MADAME DELARUELLE CONTRE SON MARI.

La Cour a, par un arrêt contradictoire, en date du 26 février 1850, prononcé la séparation de biens réclamée par l'Exposante. Elle a condamné de plus M. Delaruelle à rembourser à son épouse le montant intégral de ses reprises.

C'est sur l'exécution de cet arrêt que s'est engagée la contestation actuelle.

Sommé par deux fois différentes de comparaître devant un notaire de Toulouse, à l'effet de procéder à la liquidation des sommes dont il est débiteur, M. Delaruelle a fait défaut. Un procès-verbal qui le constate, et qui con-

---

* Le siége du ministère public était occupé par M. le premier avocat général, Daguilhon Pujol.

tient aussi un projet de liquidation, non accepté par le mari, a été dressé le 12 mars 1850.

En présence des refus obstinés de M. Delaruelle, de procéder aux comptes ordonnés par les arrêts de la Cour, il a été sommé d'audience, et, alors seulement, par des conclusions prises le jour des plaidoiries, il a fait connaître les exceptions et les critiques qu'il entendait faire valoir pour repousser les prétentions de l'Exposante.

Dans sa première action, comme l'attestent les conclusions par lui immédiatement déposées, il accepte franchement, sans arrière-pensée, le débat sur le fond, et se borne à formuler les rectifications que devait recevoir, suivant lui, la liquidation présentée par son épouse.

Dans la seconde plaidoirie, il a jugé convenable de modifier cette attitude nette et loyale en se plaçant sous la protection d'un moyen de rejet qu'il n'a pas développé, il est vrai, mais qu'il a déposé dans ses conclusions dernières, comme une pierre d'attente, qui, selon les conjonctures, pourrait être utilisée.

Cette façon de procéder peut être habile, mais elle révèle de secrètes alarmes qui témoignent du peu de confiance qu'inspirent les exceptions si péremptoires dont on se dit armé.

Du reste, nous sommes devant le juge souverain. Pourquoi demander dans les conclusions écrites un rejet que l'on abandonne en plaidant ? Est-ce dans le but de former un pourvoi contre la décision à intervenir ? Mais ne serait-il pas plus convenable et plus utile, si ce rejet est fondé, d'en établir la justice, et d'épargner de la sorte à toutes les parties les lenteurs et les procédures nouvelles dont il pourrait devenir la source.

Du reste, nous vous répondons : 1° Ce rejet, vous l'avez couvert en acceptant purement et simplement le débat sur le fond, comme l'attestent vos conclusions primitives ;

2° Vous y renoncez une seconde fois, en déclarant que vous n'entendez ni le développer, ni le faire valoir ;

3° Il est insoutenable en présence de l'arrêt de la Cour qui, réformant le jugement par lequel la séparation de biens avait été refusée, prononce cette même séparation et vous condamne à restituer les reprises de l'Exposante, qui poursuit simplement aujourd'hui l'exécution de cet arrêt.

Cependant vous l'avez proposé, il faut bien que la Cour statue. Sans insister davantage, arrivons à la fixation du chiffre des reprises.

SECTION Iʳᵉ.

LIQUIDATION DES REPRISES DE Mᵐᵉ DELARUELLE.

§ Iᵉʳ. *Reprises ayant pour cause la vente de ses propres immobiliers.*

Le germe de toutes ces reprises se trouve déposé dans le contrat de mariage. C'est ce titre à la main que la fixation doit en être faite.

1° Mᵐᵉ Delaruelle possédait, à l'époque de son contrat de mariage, divers immeubles qui ont été vendus depuis son union. Aucun débat ne s'élève ni sur leur importance, ni sur le prix moyennant lequel l'aliénation en a été consentie.

Il est convenu que, pour cette cause, Mᵐᵉ Delaruelle est créancière d'une somme de . . . . . . 66,250 fr.

2° Encore, et à raison de ses droits immobiliers, il lui revient, pour une vente faite le 30 juillet 1840, c'est-à-dire, postérieu-

rement au mariage, du terrain mentionné
sous le nº 4 de l'état annexé aux conventions matrimoniales, une somme de 3,000

Total des reprises immobilières. . . . 69,250

Ces deux chiffres sont alloués par les Adversaires :
seulement, et par suite de je ne sais quel calcul, M. Delaruelle fait figurer ce dernier capital de 3,000 fr. dans la
catégorie des sommes qu'il a reçues de l'hérédité Lefèvre, et lui donne ainsi un caractère purement mobilier.
C'est une erreur démontrée par la lettre même des actes.
Il est très-vrai que Mme Delaruelle se rendit, dans la
succession bénéficiaire de M. Lefèvre, adjudicataire
de cet immeuble, comme elle y acheta également six
esclaves, et non les cinquante-six qu'elle possédait au jour
de son mariage ainsi que le fesait affirmer malicieusement
M. Delaruelle à la dernière audience. Les procès-verbaux
d'enchères sont dans nos mains. Ces procès-verbaux
sont antérieurs au mariage, et par conséquent la propriété immobilière résidait sur la tête de Mme Lefèvre
avant son union. Aussi l'état annexé en fait-il mention
expresse sous le nº 4, et par suite l'aliénation qui en a
été faite depuis, et le versement des deniers dans les
mains de l'époux, donne naissance à une reprise qui a
pour cause le prix d'un propre immobilier.

Ceci n'est pas susceptible de contestation.

§ II. Reprises mobilières.

1º L'apport constaté par le contrat de
mariage . . . . 10,000 fr.

2º Vente des esclaves appartenant à l'é-
pouse . . . . 132,250 fr.

Sur ce second article, de vifs débats se sont élevés

entre les deux époux. Il importe de préciser quelques
points essentiels pour trancher les difficultés que l'on a
fait surgir.

Que dit Mme Delaruelle ? — Lorsque mon mari eut
conçu la pensée de mobiliser toute ma fortune, il s'oc-
cupa de la vente de mes esclaves, qui en représentaient
la portion la plus importante et la plus précieuse. Pour
les ventes mobilières, la forme des enchères publiques
est généralement adoptée dans la colonie. Ce qui le
prouve, ce sont les ventes du même genre dont a été
l'occasion l'hérédité Lefèvre ; c'est l'encan qui a eu lieu
pour le mobilier garnissant notre habitation. Se conformant à cet usage, M. Delaruelle fit à la régie de l'enregistrement, plusieurs jours à l'avance, la déclaration
exigée par la législation fiscale. Au jour indiqué, ce fut
lui qui requit la mise aux enchères, et ce fut en son nom
seul qu'il fut procédé.

Tous ces faits sont justifiés par la représentation des
actes publics eux-mêmes, revêtus de la signature de mon
mari.

Or, dans ces documents officiels, je trouve écrit que
mes esclaves ont produit une somme de 132,250 fr.

De quel droit donc pourrait-on me refuser cette somme?

M. Delaruelle n'objecte qu'une chose : il dit que, malgré la teneur des actes sanctionnés par sa signature, en
fait ce n'est ni pour lui, ni pour sa femme, que les enchères ont eu lieu : que le jour même, et au moment sans
doute où l'opération allait commencer, il a conclu avec
MM. Monès et Jouvancourt un traité mystérieux par
lequel il cédait à ces messieurs pour 125,000 fr. soixante-
quatre esclaves, et qu'en conséquence il n'est comptable
que de cette somme, dont le chiffre devrait même être
réduit de 10,000 fr. représentant la valeur des huit esclaves qu'il avait ajoutés à ceux de sa femme.

Nous répondons que cet acte, qui n'a vu le jour qu'à la veille du débat, ne nous est pas opposable; que l'acte ostensible et public est notre seule loi, et que n'étant pas intervenue personnellement dans cet accord, Mme Delaruelle ne saurait être condamnée à en subir l'autorité.

Nous ajoutons que ce traité ne contient pas l'expression sincère des conventions intervenues. On n'y a pas mentionné la portion du prix qui fut payée comptant, et qui dépassait la somme de 20,000 fr.; il n'y est parlé que du capital dont les acquéreurs prétendus demeurent reliquataires.

D'autre part, rien n'indique que la cession ait été faite avant ou après la clôture des enchères. Le procès-verbal et le traité sont de la même date, du même jour. Les délais ou termes de payement stipulés sont les mêmes; seulement Monès et Jouvancourt se réservent la faculté d'un escompte de 9 pour 0/0 au cas où il se libéreraient par anticipation, et ce même droit n'est pas dévolu aux adjudicataires. Aussi, ce qui a lieu probablement, c'est un contrat contenant à la fois une transmission des droits de M. Delaruelle contre les enchérisseurs, et la vente des nègres non adjugés, moyennant un prix qui ne saurait être celui porté dans les accords où il n'est fait mention que de la somme restant due.

Ce qui nous confirme dans cette conviction, c'est qu'autrement la vente aurait été manifestement faite à vil prix.

Quel est le nombre des esclaves adjugés? — Nous avions dit cinquante-un, et ce serait cette quantité qui aurait produit 132,250 fr. Si à ce chiffre, il fallait en ajouter treize encore, comme le prétend M. Delaruelle, il est de la dernière évidence qu'en prenant le prix moyen résultant des enchères, il faudrait ajouter au capital obtenu 33,000 fr., représentant le quart des 132,250 fr., produit de l'adjudication, comme treize représente le quart de cinquante-deux, nombre des esclaves vendus.

Or un tel sacrifice n'est pas admissible : colon depuis longtemps, fixé comme il l'était sur la valeur des esclaves, peut-on supposer qu'il eût conclu un marché aussi désavantageux ?

On a compris la puissance de l'objection, et pour y répondre, qu'a-t-on imaginé? — Le voici.

Ce ne sont pas cinquante un esclaves seulement qui ont été vendus aux enchères publiques, c'est le nombre de cinquante-six, et déjà une première erreur doit être rectifiée. Cinq enfants vendus avec leur mère, qui figuraient justement dans l'état annexé aux conventions matrimoniales, complètent le chiffre que vous n'aviez pas aperçu. Et vous avez, ajoute-t-on, d'autant plus de tort de vous plaindre à ce sujet, que ces cinq enfants, nous les tenions de vous qui refusez aujourd'hui d'en tenir compte.

Dans les détails du genre de celui-ci, ce qui importe surtout, c'est d'être exact. Il faut épargner au magistrat la fatigue d'aller puiser dans les pièces, les documents qui doivent servir de base à la décision. Aussi, une entière bonne foi me paraît-elle un devoir impérieux.

Voici donc la vérité.

Il est très-vrai qu'en ajoutant les cinq enfants en bas âge qui ne pouvaient être séparés de leur mère, aux esclaves vendus, on arrive aux cinquante-six dont parle l'Adversaire. Mais ces enfants, dont le plus âgé n'avait pas quatre ans, étaient considérés comme un accessoire, et réunis en seul lot avec leur mère, étaient vendus en une seule enchère.

Sur les cinq, deux au moins étaient nés depuis le mariage contracté, et ne se trouvaient pas inscrits dès lors sur l'inventaire annexé au contrat.

Sur cet inventaire on ne voit portés que deux enfants, l'un âgé d'un an, et l'autre de trois mois, ayant le nom de *Marie-Rose* et de *Virginie*, inscrits tous les deux à la suite de *Rose*, créole âgée de vingt ans, qui selon toute apparence était leur mère.

A l'encan de 1843, cette même *Rose* est vendue avec trois enfants, ce qui indique qu'un troisième était né depuis le mariage des époux Delaruelle.

Quant à *Charlotte*, vendue avec deux enfants, d'après le procès verbal d'enchère, elle n'en avait aucun lors du mariage des parties contendantes, et dès lors ils ne pouvaient être mentionnés dans l'inventaire, qui est aussi complètement muet à cet égard.

Cependant, *sous le n° 5* de cet inventaire, on trouve inscrite une *Marie-Thérèse*, âgée de deux ans, et il ne serait pas impossible que ce fût l'un des enfants de *Charlotte*, quoique le nom de celle-ci ne figure que sous le n° 15. A cet égard, le défenseur de Mme Delaruelle ne peut exprimer que des doutes, laissant à la Cour le soin de prononcer.

Mais ce qu'il y a de positif, c'est que tous les autres esclaves, sans exception, d'après leur âge, leur état, la vente individuelle dont ils ont été l'objet, ne peuvent être compris dans l'indication générale des enfants vendus avec leur mère.

De ces précisions découlent deux conséquences :

La première : que l'addition de ces cinq enfants, âgés les uns de quelques mois, les autres de trois ou quatre années au plus, n'a exercé sur le prix qu'une faible influence, et que Mme Delaruelle avait eu raison de dire que 132,250 f. étaient le prix véritable des cinquante-un esclaves vendus aux enchères, la présence des enfants ayant amené tout au plus une augmentation de quinze à seize cents francs.

La seconde : que M. Delaruelle se trompait étrangement, quand il affirmait d'une manière absolue, que ces enfants, d'une valeur minime, étaient justement ceux que Mme Delaruelle avait apportés dans son contrat de mariage.

Sur les cinq, il y en a trois au plus à qui l'observation est applicable. Les deux autres, nés depuis le mariage, dont l'âge était dès lors beaucoup plus tendre, sont nécessairement étrangers à ce contrat.

Et en conséquence, l'argumentation puisée dans la vilité du prix pour démontrer la dissimulation contenue dans le traité Jouvancourt, n'a perdu qu'une faible partie de sa force.

En fait, il demeure toujours constant que cinquante-un esclaves, plus cinq enfants en bas âge, ont été vendus aux enchères 132,250 fr., que huit esclaves de plus, au prix moyen de 2,600 fr.; résultant de ce chiffre, auraient produit 20,800 fr. qui ajoutés aux 132,250 déjà obtenus, forment un total de 153,050 fr.

Or, est-il admissible qu'au moment de l'adjudication, les prétendants étant réunis dans la salle des ventes, M. Delaruelle ait cédé pour 125,000 fr. ce qui devait en produire 153,050 ?

Ce ne serait pas quelques deux ou trois mille francs que Monès et Jouvancourt auraient gagnés dans cette opération si simple, et d'une appréciation si facile, mais bien 28,050 fr., ce qui constitue un bénéfice trop exorbitant pour être réel.

De là il faut conclure que le traité privé, que l'Adversaire avait toujours tenu serré dans son portefeuille, n'exprime pas le véritable chiffre des accords.

Une portion du prix fut payée comptant. M. Delaruelle sait bien que la position de l'un des acheteurs, dont il faisait des négociants placés à la tête du commerce de la colonie, lui imposait le devoir de prendre cette mesure de prudence pour être certain de l'exécution complète des engagements contractés envers lui.

Dans cette situation, qu'y a-t-il à faire ? — Evidemment s'en tenir aux actes publics, qui seuls sont à l'abri de toute sorte de soupçon.

M. Delaruelle va plus loin encore : non-seulement il soutient n'être tenu que des 125,000 fr. dont il est question dans l'acte privé conclu avec Jouvancourt; mais de plus, il veut que l'on fasse subir à cette somme une réduction de 10,400 fr., représentant, dit-il, au taux moyen de 1,300 fr. la valeur des huit esclaves qu'il avait ajoutés à ceux de l'Exposante.

Selon nous, ce serait une augmentation, et non une réduction qu'il conviendrait de faire subir au chiffre résultant de la vente.

Savez-vous pourquoi ? C'est qu'au nombre des esclaves mentionnés dans l'état annexé aux conventions matrimoniales, il en était cinq d'une valeur fort considérable qui ne furent pas compris dans les adjudications.

C'était Mélanie, âgée de 35 ans, portée dans l'état sous le n° 7 ;

François, âgé de 10 ans, en 1839, et de 14 en 1843, porté sous le n° 10 ;

Isidore, âgé de 37 ans, porté sous le n° 22 ;

Léveillé, âgé de 34 ans, porté sous le n° 42 ;

Et Louisa-Malaise, âgée de 35 ans, sous le n° 49.

Il est de la dernière évidence que, d'après le prix auquel les autres, d'un âge à peu près égal, ont été vendus, ces cinq esclaves auraient produit une somme de plus de 15,000 fr. Et c'est lorsque sans les y comprendre, on a atteint le chiffre de 132,250 fr., que l'on a le courage de réclamer une réduction ! — Ce n'est ni raisonnable, ni sérieux.

Mais comment surtout M. Delaruelle ose-t-il demander une diminution proportionnelle ? — Il n'ignore pas, lui, que ces huit esclaves qui auraient été des conquêts de communauté, n'avaient qu'une valeur extrêmement modique. — L'allocation du prix moyen, il le sait donc également, serait une souveraine injustice.

Heureusement les divers traités intervenus, le contrat de mariage et le procès-verbal d'enchère, nous permettent d'établir la véritable situation des huit esclaves qu'il réclame.

Ces huit esclaves quels sont-ils ?

1° Les deux qui sont nés dans l'intervalle du 4 juin 1839, date du mariage, au jour de l'enchère qui est du 17 septembre 1843, c'est-à dire le troisième enfant de *Rose* et le second de *Charlotte*.

L'un n'avait que quelques mois et l'autre avait deux ans.

Est-ce un prix moyen de 1,300 fr. qu'il vous est possible de réclamer pour ces deux ?

2° Dans le procès-verbal d'enchères, tous ceux qui sont vendus se trouvent les mêmes que ceux inscrits dans l'inventaire annexé, à l'exception de trois.

De ces trois nous avons et le nom et le prix d'adjudication portés dans ce même procès-verbal.

Ce sont : Narcisse, âgé de 46 ans, adjugé
au prix de . . . . 1,250 fr.
Nicolas, âgé de 57 ans, adjugé
au prix de 550
Sophie, âgée de 34 ans, adjugée au prix de 1,200

C'est là le prix de l'adjudication ; mais ce n'est point celui que Delaruelle a obtenu, puisqu'il a cédé pour 125,000 fr. ce qui en aurait produit 153,000 à ses cessionnaires.

Il a perdu dès lors, dans les accords privés qu'il a faits, un cinquième environ, ce qui réduirait le prix des trois, fixé par l'enchère à 3,000 fr., à la somme de 2,400 fr.

3° Enfin, le traité Jouvancourt nous fait connaître l'âge et le nom des trois autres qui, avec les cinq précédents, font les huit que Delaruelle réclame comme conquêts de communauté.

Ce sont, appert de ce traité : Philippe, âgé de 57 ans ;
Laval, âgé de 62 ans ;
Emilie, âgée de 60 ans.

On comprend que leur âge avancé ne permit pas de les mettre en vente. Ce procès-verbal d'enchère nous apprend qu'un esclave de 57 ans fut vendu 550 fr. Ceux de 60 et 62 auraient à peine atteint le prix de 400 f. Les trois réunis valaient donc au plus de 12 à 1,400 fr., même aux prix de l'enchère publique supérieure d'un cinquième à celui des accords privés.

Comment donc avoir le courage de réclamer pour ces trois vieillards, pour les deux enfants qui viennent de naître, et pour les trois dont le procès-verbal indique le prix, la somme énorme de 10,400 fr. ?

C'est à peine s'il serait possible de leur attribuer les deux cinquièmes de ce chiffre.

Mais il est manifeste qu'en présence d'un accord aussi singulier que celui du 17 septembre 1843, conclu dans le mystère, et par lequel les intérêts de l'épouse auraient été si évidemment sacrifiés, aucune réduction ne sera faite, et que le chiffre au moins de l'adjudication publique nous sera alloué.

Le second article de nos reprises mobilières se réfère à la vente de la négresse *Louisa*.

Nous produisons l'inventaire annexé qui constate l'apport de cette esclave, femme de chambre et brodeuse, âgée de 35 ans.

Nous produisons la déclaration faite devant le maire, qui constate la vente que M. Delaruelle en a consentie.

Le prix de 1,500 fr. par nous indiqué, en l'absence du titre que M. Delaruelle juge convenable de retenir, est exempt de toute exagération. Pour en être convaincu, on n'a qu'à lire le procès-verbal d'enchères.

Qu'objecte-t-on ?

L'esclave était malade, on l'a cédée pour 100 fr. dont il aurait été fait cadeau à Louisa elle-même.

En vérité, il eût mieux valu tout simplement l'affranchir. L'invention n'est pas heureuse.

Ce qu'il y a de sûr, c'est que la négresse était, quand elle a été vendue, non pas dans sa case aux prises avec une grave maladie, mais en location comme femme de chambre.

Ce qu'il y a de sûr, c'est que son intelligence et son habileté dans la broderie en faisaient une fille extrêmement précieuse, et que M. Delaruelle reçut, en présence du maire, devant qui fut faite la déclaration du transport de propriété, pour opérer l'enregistrement prescrit par la législation coloniale, le montant du prix de son acquéreur M. Louis Cudenot, propriétaire, à Saint-Pierre.

Les 1,500 fr. provenant de cette vente ne sauraient donc nous être refusés.

Le quatrième article de nos reprises mobilières est relatif aux 4,661 fr. de la vente du mobilier.

Que nous dit-on ?

Cette somme représente à la fois la valeur de vos meubles, et celle des miens. Il faut en conséquence déduire de ce total un chiffre que l'on évalue au quart, à peu près, du produit de l'adjudication.

Cette critique est de peu d'importance sans doute ; il ne s'agit que d'un millier de francs, mais elle est d'une injustice extrême.

Comme le dit M. Delaruelle, je reconnais que tous les meubles vendus n'étaient pas la propriété de la concluante. Parmi eux figurent quelques-uns des objets de mince valeur que possédait le mari lorsque l'union fut contractée. Mais que sont-ils? A peine le dixième du mobilier de l'exposante qui avait une belle fortune et un ameublement en harmonie avec cette situation.

De plus, si tous les objets vendus ne lui appartenaient pas, il en est un grand nombre qui lui appartenaient, justifiés par l'inventaire annexé au contrat de mariage, et qui ne figurent pas dans le procès-verbal de vente. Ils avaient été aliénés par des actes distincts, écrits ou verbaux. Pour éviter les détails, nous avons signalé notamment treize bœufs, une vache et sa génisse, vingt-trois cabris, une ânesse et cent vingt volailles.

Croyez-vous maintenant que ces treize bœufs, cette vache, cette génisse, etc., ne représentent pas le millier de francs que vous voudriez reprendre, comme valeur des meubles qui vous étaient personnels?

N'est-il pas de la dernière évidence que ce serait un forcement qui devrait être ordonné, et non pas une réduction?

Inutile d'insister davantage.

Le dernier article concerne les reprises qui ont été versées dans les mains de M. Delaruelle, et qui proviennent de la succession Lefèvre.

Le chiffre total s'en élève à la somme de 5,750 fr., qui se décompose de la manière suivante :

1° 274 fr. 50 cent. reliquat de la liquidation des deniers déposés dans les mains de Me Lafont, notaire, et payés aux époux Delaruelle, comme le justifie l'acte public joint aux pièces du 16 avril 1844.

Cette somme, M. Delaruelle reconnaît qu'il doit en être chargé ; il nous l'alloue dans ses conclusions.

2° 972 fr. 50 cent. qui ont été remis avant la liquidation définitive dont le reliquat vient d'être indiqué, à M. Delaruelle qui l'a reconnu, en concourant à l'acte où ce versement est constaté, et en y apposant sa signature.

Le notaire dépositaire ne parvient à réduire son reliquat aux 274 fr. 50 cent. prémentionnés, qu'en portant au débit de Mme Delaruelle les 972 f. comptés à son mari, et il est clair que, si ce versement anticipé n'avait pas eu lieu, ce reliquat se fût augmenté de 972 fr., qui dans cette hypothèse ne seraient pas sortis des mains de Me Lafont.

Ces deux sommes sont dès lors de même nature.

L'acceptation de la première ne permet pas de contester la seconde.

L'acte d'ailleurs est formel : il constate que Delaruelle a reçu ces deux sommes des deniers de l'hérédité, qui reste encore débitrice de l'Exposante de 40,000 fr. environ.

Le remboursement par suite en est incontestablement dû.

3° Le sieur Delaruelle est devenu, dans l'encan des valeurs dépendantes de l'hérédité Lefèvre, adjudicataire d'une créole nommée Alexandrine, au prix de 1,125 fr. Nous représentons le procès-verbal d'enchères sous la date du 16 février 1840. — L'esclave était déjà revendue à l'époque *du traité Jouvancourt*.

Cette somme de 1,125 fr. était due à la succession Lefèvre, comment a-t-elle été payée ?

Elle a été payée par Mme Delaruelle, ainsi que le prouve l'acte de distribution de deniers, en date du 20 mai 1842, joint également aux pièces, où l'on voit que la liquidation de ses reprises en élève le chiffre à 59,399 fr. 78 cent., et qu'en paiement de cette somme elle reçoit un capital de 19,253 fr. 94 cent., dans lequel entrent les 1,125 fr. prix d'Alexandrine, dû par son mari, dont elle le libère au moyen de cette compensation.

L'acte qui le constate a été passé avec la présence, le concours et la signature de l'Adversaire. Il est joint aux pièces, et rend à ce sujet toute controverse impossible.

4° La dernière somme dont M. Delaruelle est tenu à raison des perceptions faites sur l'actif de l'hérédité Lefèvre, s'élève au chiffre de 3,379 fr. 45 c.

Cette perception est justifiée aussi par l'acte du 20 mai 1842, dans lequel on lit que les époux Delaruelle ont fait le recouvrement des différentes sommes ci-après contre le sieur Saulnier qui en était débiteur envers l'hérédité Lefèvre, et que Mme Delaruelle, créancière de 59,000 fr. de reprises, prend aussi à son compte :

1° Pour le loyer d'Armande. . . . . 827 fr. 50 c.

2° Pour les intérêts de cette somme jusqu'au 12 avril 1841, date évidemment de la libération de Saulnier . . . 153 70

3° Pour loyer d'Alexandrine et d'Ernestine. . . . . 2,165 ,

4° Intérêts de cette somme jusqu'au 12 avril 1841, date aussi du payement par Saulnier 233 25

Total 3,379 45

Quelle exception a-t-on opposée à cette réclamation appuyée sur un titre formel ?

On a dit, en premier lieu, que ces sommes avaient été payées à Mme Delaruelle, avant son mariage, et que la preuve en résultait de cette circonstance que le loyer d'Armande avait pris fin le 1er avril 1839, date de son décès.

Oui, Armande est morte le 1er avril 1839; mais ce

fait n'implique pas nécessairement que Saulnier se soit libéré de sa dette, le jour même du décès de l'esclave.

Quant au loyer d'Alexandrine et d'Ernestine, il n'a pris fin, d'après l'acte lui-même, que le 6 février 1840, et contre celui-là aucune objection n'est possible.

Mais que vaut l'argument sur l'article premier ?

A votre conjecture je réponds par les termes formels de l'acte : *les époux Delaruelle ont reçu*. — Donc c'est après le mariage qu'a été effectué le payement.

Je réponds par cette autre circonstance non moins péremptoire, que les époux Delaruelle ont reçu de Saulnier les intérêts du capital dont celui-ci était débiteur jusqu'au 12 avril 1841, ce qui démontre que la libération a eu lieu à cette date.

Et il n'est pas possible de prétendre que ces intérêts soient ceux dont les époux Delaruelle auraient été tenus comme ayant eu le capital dans leurs mains, car dans cette hypothèse il serait impossible d'expliquer pour quelle cause on se serait arrêté dans la liquidation de ces intérêts au 12 avril 1841, alors que l'acte était passé et le compte produit le 20 mai 1842 seulement.

Mais ce qui dissipe tous les doutes, c'est que l'on a très-bien distingué dans les sommes dont le compte est à leur charge, ce qui se réfère au capital, et ce qui se réfère aux intérêts.

Ainsi, ils se chargent comme capital reçu de Saulnier, à la date du 12 avril 1841, de 3,379 fr. dont les éléments viennent d'être indiqués, et puis ils font compte des intérêts que cette somme a produits à leur charge de ce même jour, 12 avril, date de la perception.

L'équivoque n'est donc pas possible.

Et comme c'est en moins prenant, et en compensant à due concurrence avec le montant de ses reprises, que ce compte a eu lieu, il est clair que M. Delaruelle qui avait perçu a gardé, et qu'en conséquence il est tenu du remboursement envers son épouse.

Que dit-il encore? — Que dans cette hérédité il a payé différentes sommes aux avoués à la décharge de sa femme, et que la restitution devrait lui en être faite.

Où sont les justifications à l'appui? — Aurait-il négligé de formuler cette demande dès le principe, si elle eût été sérieuse?

Et puis, quand il émettait cette allégation sur un ton vague et peu affirmatif, on voyait aisément qu'il craignait de trouver dans les mains de ses Adversaires la preuve de l'illégitimité de cette prétention.

Cette preuve existe en effet : elle est écrite dans la décharge du 16 avril 1844, où l'on voit que tous les frais ont été payés avec les deniers de l'hérédité, et par l'intermédiaire de Me Lafont, dépositaire d'une partie du prix des ventes mobilières, qui les fait figurer au crédit de son compte.

Ce fait matériel, établi par un acte dans lequel Delaruelle a été partie, ne permet pas de réplique.

Donc sur ce dernier point aussi la justification est complète.

Il suit de là que les reprises de la dame Delaruelle se composent des éléments ci-après, entièrement justifiés, et s'élèvent à la somme totale de 223,411 fr.

Savoir : 1º Reprises immobilières. . .   69,250 fr.
2º Vente d'esclaves. 132,250
3º Vente de Louisa.   1,500
4º Vente du mobilier.   4,661
5º Perception provenant de l'hérédité Lefèvre.   5,750
6º Apport constaté par le contrat de mariage. 10,000

Total égal. . . . . . . 223,411 fr.

    22

SECTION 2.

Cette somme, dont l'Exposante est créancière, lui a-t-elle été payée ?

L'affirmative est soutenue par M. Delaruelle, et pour arriver à la démonstration qu'il poursuit, il commet des doubles emplois nombreux, dont il importe dès l'abord de faire justice, afin de fixer avec certitude le terrain du débat.

Que fait M. Delaruelle? Il nous dit d'abord qu'il a remis à l'Exposante, une fois 60,000 fr. représentés par la créance Chauvet, et que nous avons touché en second lieu 131,000 fr., envoyés par Cerclé en lettres de change sur Marseille, Nantes et Paris, et que ces deux perceptions ont éteint le chiffre de nos reprises à due concurrence.

Il ajoute que nous devons imputer encore sur ces mêmes reprises, non-seulement les 60,000 fr. qu'a coûtés la maison Roquelaine, mais encore les 5,000 fr. des frais et loyaux-coûts, les 10,000 fr. prêtés ou remis au vendeur à titre de garantie, les 4,330 fr. comptés par Marceille pour complément du dividende de 50 pour %, le mobilier garnissant notre chambre, dont il élève le prix à 4,661 fr.; en un mot, tous les placements en achat ou en créances.

Cette manière de procéder fait naître dans le débat une confusion qu'il importe d'éviter. Il est manifeste que si l'Exposante est tenue d'imputer sur ses reprises les deux sommes qui sont arrivées dans ses mains, elle ne saurait être assujettie à prendre également à sa charge et en imputation sur sa créance, les articles mentionnés dans le paragraphe précédent, car c'est avec les deux sommes reçues qu'elle a fait ces emplois, et si elle fait compte des sommes, elle n'a plus rien à imputer ou à remettre.

Ceci est de la dernière évidence.

Considérons dès lors un instant Mme Delaruelle, non comme une femme mariée, mais comme un créancier ordinaire à qui son débiteur a fait des remises dont le chiffre est connu, et demandons-nous, dans cet ordre d'idées, quelle sera la position respective des deux époux, et la balance de leur compte.

Nous savons ce qui est dû à Mme Delaruelle : sa créance se porte à. . . . . 223,411 fr.

Que lui a remis l'Adversaire ? 1° 60,000 fr. créance Chauvet ; 2° parvenus dans ses mains, contre le gré du mari. . . . . 131,000 fr.

C'est 131,000 fr. et non 136,000 fr. comme l'alléguait l'Adversaire à la dernière audience : les lettres de change sont là pour l'établir.

1° N° 85. — 30 nov. 1844. — Traite Bautanay. — Ordre Delaruelle. . . . . 15,000 fr.
2° N° 84. — 30 nov. 1844. — Traite Bautanay. — Ordre Delaruelle. . . 24,000
3° N° 83. — 30 nov. 1844. — Traite Bautanay. — Ordre Delaruelle. . . 26,000
4° — 28 déc. 1844. — Traite Godard-Boutan. — Ordre Delaruelle. 31,000
5° — 31 janv. 1845. — Traite Godard-Boutan. — Ordre Delaruelle. 25,000
6° — 31 janv. 1845. — Traite Godard-Boutan. — Ordre Delaruelle. 10,000

Total. . . . . 131,000 fr.

Voilà les seules sommes qui aient été versées dans les mains de l'Exposante. Nous ne dirons rien de cette insinuation non développée à l'audience, qu'à son départ pour la Réunion, en octobre 1844, M. Delaruelle aurait laissé 8,000 fr. à sa femme. C'est une allégation aussi inexacte que ridicule, et qui n'a pas besoin de réfutation. M. Delaruelle lui a laissé, cela est vrai, la créance Chauvet et Bertault, sur Nantes, de 60,000 fr., et pas autre chose.

Voilà donc, perçus par l'exposante, d'un
côté. 131,000 fr.
            De l'autre. 60,000
                  Total. . . . . 191,000 fr.

Qu'a retiré depuis M. Delaruelle ?

1° Il avait été acheté un mobilier de plus de 13,000 fr. : la police d'assurance signée par lui, en 1845, lui donne cette évaluation.

Or, ce mobilier, profitant de l'absence de son épouse qu'une maladie grave retenait aux eaux thermales, il l'a enlevé et vendu, ne lui laissant qu'une chambre garnie, dont le mobilier, dans une seconde police d'assurance, a été évalué à la somme de 3,000 fr.

Ces deux titres, l'un de 1845, l'autre de 1848, font connaître, avec autant d'exactitude que de précision, l'importance des soustractions commises.

Elles s'élèvent à. . . . . 10,000 fr.

Secondement, dès son arrivée à Toulouse, en août 1845, il reprit la direction exclusive de toutes les affaires. Les actes faits par l'Exposante, avant son arrivée, avaient provoqué chez lui une irritation très vive ; et se prévalant de ses droits de mari, chef de la communauté, il ne partagea plus avec elle une administration qu'il disait avoir été déplorable : il présentait Mme Delaruelle comme une créole demeurée toujours étrangère aux affaires, sans expérience aucune, d'une faiblesse d'esprit désastreuse, et d'une ignorance profonde. Ce langage, il le consignait même dans les actes judiciaires auxquels nous venons de l'emprunter.

C'est ainsi qu'il entama tour à tour le procès en nullité de l'achat Roquelaine, de l'achat Pinet, et du prêt consenti à Migioule.

C'est également ainsi que Marceille n'eut à compter désormais qu'avec lui seul.

C'était son droit, il l'exerçait; mais il est étrange qu'aujourd'hui il veuille en décliner les actes.

Le compte de Marceille constate qu'il a été pris chez lui :

1° Le 23 septembre 1845.	1,200	fr.
2° Le 7 octobre	1,015	
3° Le 1er novembre.	6,098	
4° Le 15 novembre.	1,135	
5° Le 27 mars 1848	18,000	
6° Le 25 avril, même année	6,000	
TOTAL	33,448	fr.

Par qui ces perceptions ont-elles été faites ? — Elles sont toutes postérieures au retour de M. Delaruelle, de M. Delaruelle irrité de l'usage qui a été fait de sa procuration, à qui appartient la disposition exclusive du mobilier de sa femme, qui intente et suit tous les procès, qui paraît seul dans les réunions des créanciers, qui a repris en un mot et son administration et ses droits..... Comment donc admettre que le versement ait été effectué dans d'autres mains que les siennes ?

Les dénégations timides de l'audience ne seront pas essayées de nouveau.

Si, du reste, les fonds avaient été pris par les deux époux, il serait responsable envers nous de l'emploi, et la situation serait identique.

Enfin, il avoue avoir pris 24,000 fr., et cet aveu ne

permet pas de douter que toutes les sommes payées depuis son retour aient été reçues par lui seul.

Donc, pour cette seconde cause, il a repris . . . . 33,448 fr.

qui réunis aux 10,000 fr. de mobilier soustrait, ci 10,000

font un total de . . . . 43,448 fr.

qu'il faut déduire des 191,000 fr. reçus par Mme Delaruelle, ci 191,000

par où il n'est resté dans ses mains que. . 147,552

Or, sa créance étant de 223,411

elle reste encore créancière de . . . . . . 75,859 fr.

Voilà le reliquat qui lui serait dû, si les deux époux, étant entièrement étrangers l'un à l'autre, devaient régler leurs comptes, abstraction faite des lois qui régissent l'association conjugale et des droits et des devoirs qui en découlent.

§ 2.

C'est sous ce dernier rapport qu'il nous reste à présenter quelques réflexions à la Cour.

Le droit nous paraît constant. Aussi l'analyserons-nous en quelques mots.

Les époux étaient mariés sous le régime de la communauté d'acquêts.

De là, pour le mari la faculté et le pouvoir de disposer de toutes les valeurs mobilières de l'épouse. Il n'était assujetti qu'à une seule chose : la restitution du prix à l'époque de la dissolution de la communauté.

Ce principe est écrit dans les articles 1498, 1428 et 1503 du Code civil.

L'art. 1498 attribue à la communauté ainsi établie la jouissance de tous les biens des époux tant mobiliers qu'immobiliers. Ainsi la communauté est usufruitière, et à ce titre elle est propriétaire et a la libre disposition des meubles, surtout fongibles, sauf à en rendre l'équivalent à l'époque de la dissolution.

L'art. 1428 attribue au mari toutes les actions mobilières. C'est lui attribuer justement la libre disposition des meubles, dans l'acception la plus générale de cette expression.

Enfin, l'art. 1503 indique comment s'opère le prélèvement du mobilier non mis en communauté, mais dont la jouissance appartient à l'association conjugale, et il déclare que chaque époux, à la dissolution, a le droit de *prélever ou de reprendre sa valeur.*

C'est sa valeur qui est reprise : c'est à la dissolution que s'ouvre le droit.

Ces principes sont empruntés eux-mêmes à l'ancienne jurisprudence, et à Pothier qui s'exprime de la manière suivante, sur Orléans, introd. au tit, 10, n° 61 : « La « réserve des propres, dit-il, n'empêche pas le mari de « disposer des effets mobiliers réservés propres par sa « femme. Tout l'effet est de donner à celui des conjoints « qui a fait la réserve ou à ses héritiers, le droit de « reprendre avant part, sur les biens de la commu- « nauté, la somme à laquelle montent les biens meubles « réservés propres. »

Il développe cette doctrine dans son Traité de la communauté, n° 325 :

« Au contraire, dit-il, les mobiliers réalisés ou pro- « pres conventionnels, *se confondent dans la commu- « nauté, avec les biens mobiliers de la communauté, qui « est seulement chargée d'en restituer, après sa dissolu- « tion, la valeur,* à celui des conjoints qui les a réalisés.

« La réalisation de ces meubles et leur *exclusion* de
« la communauté ne consiste que *dans une créance de*
« *reprises de leur valeur*, que le conjoint qui les a
« réalisés a droit d'exercer, après la dissolution de la
« communauté, contre la communauté dans laquelle ces
« *meubles réalisés se sont confondus*, et c'est à *cette*
« *créance de reprise*, que la qualité de propre conven-
« tionnel est attachée. »

Voilà les vrais principes.

Confusion dans la communauté des meubles déclarés
propres, ce qui explique l'administration souveraine dont
le chef de l'association conjugale est investi.

Créance de reprise dont l'exigibilité est ajournée à la
dissolution, pour assurer à l'époux la restitution des
choses mobilières qu'il a entendu exclure.

Ceci a été néanmoins contesté pour les meubles non
fongibles.

Mais, c'est reconnu par tous les auteurs et par la jurisprudence, quand il s'agit au contraire des choses fongibles, c'est-à-dire dont l'usage implique l'aliénation ou la
consommation, comme les sommes d'argent.

De là, la doctrine de Troplong et de tous les auteurs
sur le droit exclusif qui appartient au mari de poursuivre les débiteurs d'un capital mobilier, quelle que soit
son origine, provînt-il même de l'aliénation d'un immeuble propre à la femme. — Troplong, *Traité du contrat
de mariage*. tom. II, n° 993 et n° 1444.

Ces principes posés, quelles sont les conséquences ?

M. Delaruelle dit à son épouse : Vous avez reçu de
moi 191,000 fr. : sur cette somme, vous avez placé sur
Migioule 20,000 fr.; sur les actions de l'*Équitable*,
20,000 fr. encore, et enfin, sur Marceille 96,000 fr. : je
sais bien que cette dernière créance a éprouvé une perte
de 50 p. %; mais c'est sur vous que cette perte doit

retomber, car le placement qui est votre œuvre, constituait un véritable remploi de vos propres aliénés. De ce remploi s'évinçait nécessairement ma libération personnelle.

L'Exposante répond : Si, en effet, le prix de mes biens propres a été l'objet d'un remploi, je n'ai plus le droit d'exercer la reprise que je réclame aujourd'hui. Mais ce remploi existe-t-il ?

Il existe sans aucun doute à concurrence de 65,000 fr. sur la maison Roquelaine. Mais en dehors de cette acquisition, il n'est pas possible d'en constater l'existence légale.

La question, en effet, se réduit à savoir si, sous le régime de la communauté, un placement en créance peut constituer un remploi des propres de l'épouse.

Or, le problème ainsi posé, la solution négative est de la dernière évidence.

Qu'est-ce qu'un remploi ? — C'est l'attribution de la dominité de la chose acquise sur la tête de la femme, en telle sorte qu'elle seule désormais en ait la disposition, et que l'aliénation ne puisse pas en être faite sans sa volonté et son consentement.

Sous le régime de la communauté, une créance remplit-elle ces conditions ? — Non évidemment ; car c'est une chose mobilière, une chose qui se consomme par l'usage, et dont la propriété appartient au mari en sa double qualité d'usufruitier et d'administrateur.

Seul il peut en exiger le paiement aux termes de l'art. 1428 du Code civil, qui lui attribue l'exercice exclusif des actions mobilières, et par conséquent, la femme n'en est point propriétaire. Comme le dit Pothier, son droit consiste uniquement dans *la créance de reprise*.

Le remploi donc, libérant la communauté envers l'épouse, investissant celle-ci d'une dominité véritable, ne peut consister qu'en immeubles. Si la chose acquise est mobilière, il n'y a pas remploi, car le mari, en vertu de la puissance conjugale, en conserve la complète disposition ; et aux termes de l'art. 2135 du Code civil, la femme garde son hypothèque, ce qui suppose nécessairement que la créance continue de subsister.

C'est du reste la doctrine de Troplong, t. II n° 1142, où il s'exprime de la manière suivante :

« Le remploi doit s'effectuer en immeubles qui rem« placent la chose aliénée par une chose d'égale valeur. « Si ce ne sont pas des immeubles qui sont pris en rem« ploi, il faut au moins que ce soient des valeurs mobi« lières immobilisées, comme les actions immobilisées « de la Banque de France. »

Pothier, n° 199, et Lebrun, p. 319, n° 74, enseignent les mêmes principes.

Cependant on s'est demandé si l'immeuble acquis avec des sommes d'argent, provenant de la vente du mobilier propre de l'épouse, ne constituera pas un acquêt de communauté, au lieu d'avoir le caractère d'un propre immobilier résidant sur la tête de la femme. Ceux qui voulaient y voir un acquêt de la communauté, soutenaient, comme l'Adversaire, que la chose achetée en remploi devait être de même nature que la chose aliénée, dont celle-là était destinée à prendre la place.

Cette thèse n'a pas prévalu. La consacrer, eût été mettre le mari dans l'impossibilité de se libérer envers l'épouse, avant la dissolution de la communauté. L'article 1595 du Code civil tranchait d'ailleurs la question. Il autorise la vente d'immeubles par le mari à la femme, pour le remploi non-seulement du prix des biens immobiliers de cette dernière, mais encore pour le remploi des deniers dont la jouissance seule appartient à la communauté. Ce texte, combiné avec les art. 1433, 1434 et

1435 du Code civil, est une démonstration nouvelle de l'impossibilité absolue de remployer les deniers de la femme autrement qu'en immeubles.

De là il s'évince que le placement chez Marceille n'est pas un remploi, et que la créance qui est née le jour de la remise des fonds, a été la propriété du mari et non celle de la femme.

De là il s'évince que la perte éprouvée ne peut être pour le compte de l'Exposante.

Et il est si vrai que M. Delaruelle a compris ainsi et toujours ses droits de cette manière, qu'à la colonie, c'est lui seul qui vend le mobilier de sa femme, sans même l'assentiment et la présence de cette dernière ; que lui seul en perçoit le prix en faisant tirer les lettres de change de Monès et Jouvancourt à son ordre ; en déposant les fonds chez Cerclé qui lui ouvre un compte personnel ; en faisant tirer également à son ordre les traites envoyées de la colonie, et notamment même celle de Chauvet et Berthault : en faisant placer enfin sur sa tête la créance Gimart dont les deniers proviennent de la vente des immeubles mêmes de l'Exposante.

Il est si vrai qu'après la translation de son domicile en France, et le prêt consenti à Marceille, il l'a compris ainsi, que c'est par lui que tous les fonds de cette créance réduite à 50 p. % ont été perçus sans le concours de sa femme qui n'a touché qu'en 1849, après la demande en séparation de biens engagée, le reliquat du dividende se portant à 4,330 francs.

Le fait et le droit sont en conséquence parfaitement d'accord.

Mais deux autres objections ont été faites.

On a dit : Par l'acte du mois d'octobre, M. Delaruelle avait délégué à sa femme le pouvoir d'administrer ses propres dont il était investi par la loi, et de la sorte sa responsabilité a été complétement dégagée.

Cette délégation et ce privilége étrange de s'affranchir des obligations que la loi fait peser sur la tête du mari dans l'intérêt de la femme, ne sauraient légalement exister. Dans le contrat de mariage, la femme peut se réserver, comme le dit Toullier, le droit d'administrer ses propres, puisqu'elle pourrait se marier sous le régime de la séparation de biens qui implique ce même pouvoir. Mais une fois l'union contractée sous le régime de la communauté légale ou d'acquêts, il n'est plus possible de toucher aux attributions qui sont pour le mari la conséquence de ce régime. La responsabilité est écrite dans le contrat de mariage dont les conventions sont immuables. Il n'est permis à personne de la modifier.

Troplong, sous les n°s 974 et 975, expose quélle est l'origine de ce droit d'administration conféré par l'article 1421, et cette origine seule démontre combien il est impossible de s'en dessaisir.

Mais alors elle était mandataire, elle doit compte des fautes qu'elle a commises !

Non, elle ne doit pas compte de ces fautes en supposant qu'elle en eût commis, car l'art. 1990 du Code civil la met sous ce rapport à l'abri de tout recours.

Mais Mme Delaruelle était autorisée ! — Entendons-nous.

Elle était autorisée vis-à-vis des tiers, cela est vrai. Mais dans ses rapports avec vous, autorisée par vous à contracter des engagements dont le bénéfice vous serait réservé !

Ce n'est pas sérieux, *nemo autor esse potest in rem suam*, dit la loi Romaine.

Et la doctrine enseigne unanimement que la femme n'est pas valablement autorisée par le mari, quand il s'agit de s'obliger envers ce dernier lui-même, et non envers des tiers. — Ceci est élémentaire.

Duranton, II p. 429 ; Favart de Langlade, v° AUTORI-
SATION, tom. I, p. 254 ; Vazeille, tom. II, p. 40 et 102.

Donc aucun recours ne vous appartient , même en
supposant que des fautes eussent été commises.

Mais ces fautes n'existent pas.

Que lui reprochez-vous ? — D'avoir remis les deniers
chez Marceille ? — Il est constant qu'à l'époque de cette
remise, le banquier jouissait du crédit le plus étendu et
de la confiance générale.

D'avoir retiré, après vous avoir écrit la lettre si positive
du 31 juillet, les fonds de chez Viguerie, pour les remettre
à un autre ?

Dans sa lettre du 31 juillet, elle n'a point menti.
Quand cette pièce a été écrite, l'opération était faite déjà.
Le banquier dont il est parlé, était justement Marceille,
dans les caisses de qui les versements avaient été faits
les 23 et 29 juin précédents.

Vos plaintes ne reposent donc sur aucun fondement
sérieux.

De quoi vous plaignez-vous encore ? — De ce qu'elle
a conclu avant votre arrivée l'achat de la maison Roquelaine ? Elle l'accepte et s'en contente. Vous n'en éprouvez
donc aucun dommage.

De ce qu'elle avait acheté la maison Pinet ? — Cet acte
avait obtenu votre ratification. Plus tard, ayant découvert la fraude dont Mme Delaruelle a été victime, vous
l'avez fait annuler. Dès lors, il n'en résulte aucun dommage, et Mme Delaruelle, victime seulement d'un dol, ne
peut être considérée comme coupable d'une faute.

Vous le voyez donc, au point de vue du mandat,
aucune action ne vous appartient.

Restent les principes de droit déjà développés. Vous
avez perçu les deniers représentant mon entière fortune.
Cette fortune n'a pas pu se perdre : il faut qu'elle se
retrouve.

Aujourd'hui je la reprends au moyen de l'achat de la maison Roquelaine, qui est le seul emploi régulier existant dans le procès, et, pour le surplus, j'ai mon action en reprise.

En vertu de cette action, je retiendrai : 1° les 4,330 fr. remis par Marceille, pour complément du dividende. . . . . 4,330 fr.

    2° La créance sur Roquelaine, évaluée   6,000

    3° La créance Gimart au capital de.. . 50,000 plus les intérêts courus jusqu'au jour de la demande en séparation de biens. . . . mémoire.

    4° Les rentes sur l'Etat, achetées par M. Delaruelle, avec une portion des deniers retirés de chez Marceille, et par lui représentées lors du débat contradictoire sur la séparation de biens, ci. 14,000

    5° Le mobilier laissé par Delaruelle à l'époque des soustractions commises dans le domicile conjugal. 3,000

    6° Ce qui pourra être retiré sur la créance Migioule, portée provisoirement à son chiffre nominal. . . , ... 20,000

    7° Ce que produiront les actions sur l'*Equitable*, dont s'est emparé le sieur Delaruelle, comme il s'est emparé du contrat Migioule, porté provisoirement au chiffre de l'achat, ci. 20,000

Et enfin, le prix d'acquisition avec les loyaux-coûts de la maison Roquelaine. . . 65,000

        Total. 182,330

qui, déduits du montant des reprises, s'élevant à. 223,411

la laisseront encore créancière à concurrence de.. . . . . 41,081 dont, selon toute apparence, elle ne sera jamais remboursée.

Que si M. Delaruelle avait fait disparaître les 14,000 fr. de rentes qu'il montra lors de la discussion contradictoire sur la séparation de biens, la perte serait pour elle bien plus considérable encore. Elle s'élèverait à 55,084 fr., ce qui dépasse de beaucoup le chiffre de la réduction qu'a fait subir à la créance Marceille la faillite de ce dernier.

Ces observations montrent assez quelle est la situation qui est réservée à l'Exposante, et que, dans tous les cas, ses pertes en fait, sinon en droit, seront supérieures au chiffre des sommes dont le sort se trouverait compromis.

Un fait doit être signalé encore à l'attention de la Cour sur la question du remploi.

L'Adversaire reconnaît dans tous les cas que le remploi du prix des immeubles reste à sa charge, et que le remploi de fonds dérivant de ventes immobilières, ne peut consister que dans des acquisitions de choses de même nature. Ici s'appliquent directement, et dans toute la rigueur de la loi, les articles 1433, 1434 et 1435.

Eh bien! en fait, il est constant que ce prix des immeubles de l'épouse n'a pas été remployé.

Que faut-il pour que la chose soit réputée accomplie? Les dispositions précitées le déclarent en termes explicites.

Il faut que les deniers employés à l'achat proviennent de l'immeuble aliéné;

Que cette origine soit explicitement constatée par le contrat; qu'enfin la déclaration de remploi y soit faite incontinent.

Ici, où pourrait-on trouver le remploi des deniers immobiliers de l'épouse?

Dans un seul acte, celui relatif à l'acquisition Roquelaine.

Or, cet acte qui constate que le prix a été payé avec les sommes provenant de l'aliénation des *biens* et non des *immeubles* propres de l'épouse, ne peut être considéré comme opérant l'emploi du prix de ces immeubles.

En effet, la créance sur Chauvet et Berthault qui a servi au payement, avait pour cause uniquement la vente des valeurs mobilières.

Le prix des immeubles vendus à Vidal Classun et C⁴ n'a été payé que plus d'une année après l'acquisition Roquelaine, et il a servi à prêter à Gimart la somme dont celui-ci s'est déclaré débiteur. L'acquisition Roquelaine ne constate donc qu'un remploi de valeurs mobilières.

Et pour les immeubles aliénés, l'action appartient toujours à l'Exposante qui ne peut être tenue d'accepter en échange la créance Marceille ; car ici, et sans contestation possible, s'agissant de deniers dérivant de ventes immobilières, il n'y a d'emploi dégageant la responsabilité du mari, que celui consistant dans un achat d'immeubles, art. 1433 du Code civil.

Et si ces immeubles n'ont pas été achetés, tout au moins l'épouse a un droit, et un droit exclusif sur la créance, qui a pour origine et pour cause ce même prix non remployé, c'est-à-dire sur la créance Gimart, qui doit garder cette destination spéciale.

Quant aux valeurs mobilières, on a vu que le prix de la maison Roquelaine, la créance Migioule, les actions de l'*Equitable*, le mobilier de 3,000 fr., la créance Roquelaine de 6,000 fr., les rentes sur l'État et le complément du dividende Marceille, sont loin d'équivaloir au chiffre qu'elles représentent.

Ces valeurs diverses réunies s'élèvent à 132,330 fr. et les reprises mobilières se portent à 154,161

Excédant des reprises 21,831
Ajoutez-y l'excédant des reprises immobilières sur la créance Gimart, qui est de 19,250 fr., ci 19,250
_____
Total de l'excédant 41,081

Et dans cet ordre d'idées je suppose qu'on pourra retirer des mains de Delaruelle les 14,000 fr. de rentes sur l'État, ce qui est au moins problématique, et ce qui élèverait l'excédant des reprises, sur les sommes reçues, à la somme déjà signalée de 55,081 fr.;

Chiffre toujours bien supérieur aux pertes éprouvées dans la faillite Marceille, qui sont de 48,000 fr. seulement.

Ce qui démontre que, dans toutes les hypothèses possibles, quelles que soient les solutions données par la Cour aux questions soulevées par l'Adversaire, les attributions que sollicite l'Exposante, pour la remplir de ses droits, devront lui être accordées.

COUR IMPÉRIALE DE TOULOUSE

(DEUXIÈME CHAMBRE.)

PRÉSIDENCE DE M. DE CASTELBAJAC, CONSEILLER *.

RÉSUMÉ

POUR M. PROSPER FERRADOU, ANCIEN MAGISTRAT

CONTRE M. HENRI FERRADOU.

La gravité des intérêts qui s'agitent dans cette cause, la rigueur et l'importance des condamnations prononcées par le jugement attaqué, le caractère odieux de la réclamation formée par l'Adversaire, le but déloyal et doublement spoliateur qu'il s'efforce d'atteindre, tout nous fait un devoir de placer encore une fois sous les yeux de la Cour un rapide tableau des actes et des faits qui doivent déconcerter cette triste combinaison.

---

* Le siége du ministère public était occupé par M. l'avocat-général de Vaulx.

On le sait : le 9 mai 1843, M. Henri Ferradou, dont la vie aventureuse avait largement déjà ébréché la fortune, et qui, pour satisfaire aux dettes les plus ruineuses, était contraint de recourir à d'incessants emprunts, devenait cessionnaire du greffe du Tribunal de commerce, que son vieil oncle Jean-Pierre Ferradou avait géré durant une période de vingt-cinq ou trente ans.

Pour ceux qui connaissaient les habitudes et les goûts du titulaire nouveau, ce traité était un indice certain de sa déconfiture. Nul n'ignorait effectivement ses habitudes de dissipation, ses répugnances pour les occupations sérieuses, pour la vie calme et sédentaire qu'imposait une situation de cette nature, et d'impérieux besoins pouvaient seuls expliquer cette transformation inattendue.

Deux contrats furent rédigés, l'un ostensible, l'autre secret. Le premier fixait à 40,000 fr. le prix de l'office, le second à 60,000 fr. La valeur réelle s'élevait au moins à ce dernier chiffre, et la dissimulation n'avait d'autre but que d'éviter à l'acquéreur des droits de mutation trop élevés. La jurisprudence n'avait pas encore frappé, avec la rigueur déployée depuis, ces contre-lettres proscrites maintenant comme portant atteinte à l'ordre public. En adhérant aux sollicitations de son neveu, le cédant était loin de croire qu'il se rendait coupable d'un quasi-délit, et pour l'honneur du premier, il faut bien supposer qu'alors au moins il ne cachait pas, sous les apparences d'un service dont seul il devait recueillir le fruit, un piége et une perfidie.

Quoi qu'il en soit, les accords furent conclus dans ces termes. L'époque des paiements était la même dans tous les deux. La première échéance fut fixée, pour 30,000 fr., à l'expiration de la quinzaine qui suivrait la prestation du serment ; la seconde, et c'est un point capital dont l'Adversaire n'a tenu aucun compte, au terme de trois ans à partir de la même époque.

Une chose importante à retenir aussi, c'est que M. Henri Ferradou ne put payer ni les droits d'enregistrement de la cession, qui furent avancés par son notaire, ni le cautionnement de 3,000 fr. auquel sa charge était assujettie, et dont le notaire Caze lui fit encore l'avance.

Il prêta serment le 9 janvier 1844 ; quinze jours après, devaient être comptés les 30,000 fr. Ils ne le furent pas : le cessionnaire était sans ressources ; mais il était habile, audacieux, et en présence d'un vieillard dont le caractère timide, les forces morales affaiblies, la loyale simplicité, lui offraient une proie facile, et il n'était pas homme à la laisser échapper.

Si dès les premiers jours il n'avait pas conçu la pensée du regrettable procès intenté aujourd'hui, il est pour nous certain que, dès les premiers jours, il a préparé les manœuvres destinées à l'affranchir de l'obligation de payer le prix de l'office qui venait de lui être cédé.

Toutes les circonstances le démontrent.

Au 24 janvier, aux termes des accords, il est tenu de compter 30,000 fr., et sa caisse est complétement vide. Il importe néanmoins de donner au vendeur une apparence de satisfaction. Il vient de se dessaisir de son greffe, et en échange, une somme quelconque doit lui être remise. On parlemente plusieurs jours avec lui, et enfin ce sont 5,000 fr. puisés dans la caisse de Caze qui seront proposés. Le vieillard consentit à les accepter ; il était sans défiance. Comme on l'a dit, la fortune immobilière du débiteur, dont la ruine était encore secrète, devait écarter toutes les craintes. Il possédait encore et Donneville, et Rouffiac, et l'hôtel du Midi, et le Lordadais : d'où seraient venus les soupçons et les alarmes ? Mais il fallait régulariser toutes choses : trente mille francs étaient exigibles depuis près d'un mois au 15 février, et c'était ce capital que l'on entendait éteindre. Si l'on ne donnait pas des écus pour la totalité, c'est que, l'argent étant rare, quelques jours étaient indispensables pour se les procurer. En attendant, des valeurs allaient être remises à la place, et, pour M. Ferradou qui n'en avait aucun besoin, ce léger retard ne devait amener ni dérangement ni inquiétude. M. Caze, du reste, devait être chargé de lui payer les intérêts de ce capital, dont le paiement était opéré en billets ou lettres de change.

Les instances du neveu triomphèrent. Ce n'était pas un créancier ordinaire qui se laissait entraîner ainsi. Parent très-proche du débiteur, vieux et fatigué, sa condescendance ne surprendra personne. Si cette substitution d'une dette à une autre lui avait été demandée sans qu'aucun paiement partiel intervint, on eût été moins heureux, selon toute apparence ; et l'objection prise de l'inadmissibilité d'une facilité aussi dangereuse pourrait avoir quelque valeur. Mais il convient de ne pas oublier qu'il y avait numération d'une partie de la dette, que le titre primitif allait subir une réduction qui en amoindrissait l'importance, et qu'alors une novation se comprend d'autant mieux que, l'échéance étant arrivée, un terme nouveau était indispensable au débiteur.

Caze fut exact à servir les intérêts de la portion du capital des 25,000 fr. impayés, et jusqu'en 1845, M. Jean-Pierre Ferradou qui, du reste, n'en avait pas l'emploi, se contentait de la situation qui lui avait été faite. Mais le second semestre de 1845 ne fut pas compté, et le notaire cessait ses fonctions vers cette même époque.

Alors des réclamations furent produites. Henri Ferradou, durant de longs mois, feignit de ne pas les entendre. Depuis 1845, il vendait ses immeubles. C'est justement à cette époque que se placent les aliénations de plusieurs parcelles du domaine de Donneville, de ce domaine tout entier à Blot de qui il a été contraint de le reprendre, de l'hôtel du Midi, et enfin de toutes ses propriétés, à l'exception de Rouffiac, dont la valeur entière est absorbée par d'innombrables hypothèques.

Certes, jamais ses ressources n'ont dû être plus considérables : ces ventes multipliées, l'énormité de ses revenus doivent faire affluer les capitaux dans sa caisse. Si la Cour a retenu le souvenir des descriptions pompeuses faites en son nom à la dernière audience, il était alors parvenu à l'apogée de sa puissance comme capitaliste. Ses immeubles, payant un impôt de plus de 3,000 fr., étaient à peu près intégralement vendus.

Et toutefois il est sourd aux lamentations de son oncle. Depuis le mois de mars 1845, dernier semestre qui a été compté par Caze, il ne lui remet rien. Nous sommes au mois de juillet 1846, et ce qu'il délivre pour couvrir les vingt-cinq mille francs exigibles depuis si longtemps, consiste dans des titres de créance fractionnés à l'infini, dont les débiteurs paysans résident dans le Lordadais, au fond des montages de l'Ariége, et dont l'échéance est ajournée à dix, douze et quinze ans.

Pour le vieillard de 79 ans, était-ce une satisfaction sérieuse ? Il fut contraint de l'accepter néanmoins, car la déconfiture de son débiteur, secrète en 1844, était devenue notoire en 1846. Mais n'est-il pas manifeste que la remise de ces valeurs à longs jours accusait hautement l'impuissance et la détresse de Henri Ferradou ? — Aimerait-il mieux que la cause en fût attribuée à son mauvais vouloir ou à un indigne calcul ?

Ce qu'il y a de certain, c'est que ces contrats furent délivrés, non pas à titre de garantie ou de couverture, comme on l'a plaidé à l'audience avec une énergie d'autant plus singulière que les réponses faites par le client, dans son interrogatoire, donnaient aux paroles de l'Avocat un affligeant démenti. Il est aisé de comprendre pour quelle cause la simple garantie était substituée à un paiement réel. Celui-ci n'était pas soutenable, puisque le second terme de trente mille francs, stipulé par le traité secret, n'était pas exigible au 13 juillet 1846. Or, faire de M. Henri Ferradou un débiteur qui toujours se libère par anticipation, était une prétention par trop exorbitante et par trop monstrueuse pour être reproduite une seconde fois. L'habile défenseur ne s'y est pas trompé.

Mais le langage de son client ne lui laissait pas cette précieuse latitude. Lisez son interrogatoire, pages 17 et 25, et vous y verrez qu'au 13 juillet 1846, il a fait à son oncle un paiement définitif ; qu'il était au moment de quitter Toulouse, et que rien ne lui a paru plus légitime que la réclamation de son créancier, auquel il a été donné une satisfaction immédiate ; que d'ailleurs il y trouvait lui-même son compte, en se déchargeant de l'ennui de poursuivre des débiteurs éloignés et plus ou moins difficiles à atteindre.

Telle est l'analyse exacte de sa déclaration, et cette déclaration pour les besoins de la cause, il n'est pas possible de la modifier.

Que suit-il de là ? — Que Ferradou a émis une prétention révoltante ; que nul ne croira qu'en échange de la partie du prix non quittancée, protégée par le privilége, car le titre de greffier était encore sur la tête de son cessionnaire, l'ancien greffier ait accepté des titres aussi véreux et d'un recouvrement aussi impossible ; que bien moins encore on comprendrait que pour réaliser une opération aussi déplorable, il eût accepté la charge singulière de faire notifier, à ses frais, la cession onéreuse qui lui était faite, aux nombreux débiteurs dont l'interminable nomenclature décore le contrat. Là donc n'est point la vérité.

Mais ce qui est vrai, c'est que l'ancien titulaire s'était mis en dehors d'une quittance qui à due concurrence éteignait son titre ; qu'à sa place il n'avait dans son portefeuille que des obligations dont la valeur était devenue problématique ; que ces obligations n'étant point payées, il dut accepter en échange des titres qui paraissaient plus solides, malgré les ennuis et les embarras dont ils devaient être la source, et qu'en présence de ces deux maux il dut choisir le moindre. C'était un avantage que cette substitution allait lui procurer, et cet avantage il le paie en acceptant les frais de notification.

Qu'y a-t-il de plus simple et de plus vraisemblable que cela, surtout si l'on veut bien se rappeler le caractère et la situation des deux parties qui se trouvent en présence ?

Cet acte du 13 juillet 1846, comme il le déclare du reste, n'est donc qu'un échange ; et l'opération qu'il constate n'est ni un paiement partiel, ni encore moins un solde.

Aussi, qu'on veuille bien ne pas l'oublier : il laisse ouverts les deux actes de cession du greffe ; ni l'un ni l'autre n'a été quittancé. — La créance qu'ils établissent n'est pas éteinte, et si les parties ne déposent, dans cet acte, aucune stipulation à ce sujet ; si même Henri Ferradou ne demande aucune quittance qui le libère même sous signature privée, c'est que le titre doit continuer de vivre, et que l'acte de 1846 lui a laissé toute sa force et toute son autorité.

Qu'advient-il encore maintenant ?

Ce sont les lettres d'avril 1847 et de 1848 ; l'une et l'autre attestent d'une façon éclatante que tout n'était pas terminé entre les parties. Voyez ces doléances formulées avec une timidité qui émeut et attriste, adressées par le vieillard à son perfide débiteur. Il ne veut pas se trouver seul en sa présence, tant il le redoute. Il lui faut la présence d'un tiers, du notaire Amat, qui est l'homme de confiance de son Adversaire, et dont il invoque pour lui le concours et le patronage. Il espère qu'une entrevue amènera un règlement, et que la tranquillité lui sera rendue. Sa position financière est en souffrance ; il sollicite et prie pour que son débiteur s'exécute enfin et lui vienne en aide. C'est bien toujours le même homme , craintif et tremblant en face de ce neveu qui l'a ruiné, et contre lequel il n'ose éclater que dans ses confidences aux parents et à ses amis les plus intimes.

Mais ces lettres, comment les concevoir, si Henri Ferradou est définitivement libéré? Elles prouvent, du reste, qu'il n'avait quitté Toulouse ni en 1846, ni en 1847, et que son prochain départ qui aurait été, selon lui, la cause déterminante de la cession du 13 juillet 1846, était une assertion inexacte. — Mais comment les expliquer, si la liquidation définitive a eu lieu, et si le solde a été versé depuis un ou deux ans dans les mains de cet importun vieillard ?

C'était impossible : et voilà pourquoi l'Adversaire a inventé le système de la garantie ou de la couverture, dont le Tribunal, égaré dans ses souvenirs, a pris droit à son tour.

Et ils n'ont pas remarqué l'un et l'autre que cette hypothèse, créée pour se soustraire aux embarras d'une argumentation inébranlable, était repoussée par les dires de Ferradou lui-même, et que la déclaration de ce dernier, consignée dans son interrogatoire, devait obtenir la préférence. Il a, comme on l'a vu, payé et non pas garanti.

Les lettres s'appliquent donc à la seconde échéance ; venue en janvier 1847, elles lui sont postérieures. Les sollicitudes du vieillard s'expliquent trop bien. Pour cette

dernière portion du prix, le privilége lui avait échappé.
M. de Lapeyrouse avait été nommé greffier à la fin du
mois d'août 1846. — De la sorte la garantie était éteinte.
Jusqu'à l'époque de l'exigibilité, le vieil oncle avait espéré
et il attendait, non sans être assiégé de préoccupations
sérieuses. Le terme advient, et aucun paiement n'est
opéré : il réclame, et parle de ses sollicitudes. — La
cause, quelle peut-elle en être ? — A quoi la reporter ?
— Aux titres cédés sur les acquéreurs du Lordadais ?
— Mais sa position n'a pas changé vis-à-vis d'eux.
Elle est, en 1847, ce qu'elle était en 1846, et par conséquent la réclamation qui a pour objet de reconquérir
une tranquillité perdue serait sans prétexte. — Dira-t-on,
comme l'allègue Henri Ferradou dans son interrogatoire,
qu'on avait effrayé le vieillard en 1848 par le prétendu
danger de l'abolition des dettes ? — Ridicule et bien
insuffisante explication que celle-là ; car, d'un côté, nul
esprit sérieux ne s'arrêta à une crainte semblable, et de
l'autre, la lettre de 1847, ne tombant pas sous le coup
de l'objection, conserve toute sa puissance.

Mais les deux lettres, choisies au milieu de bien d'autres, et que sépare un si long intervalle, démontrent avec
quel dédaigneux sans-façon la plainte du vieillard était
accueillie par le neveu, et combien peu il avait souci de
calmer ses inquiétudes.

Ce qu'il y a de certain, c'est que 1848, avec ses périls
et ses émotions, vint en aide au débiteur pour s'affranchir à bon marché de ses engagements.

Après avoir laissé languir, sans même lui répondre,
ce créancier si peu redoutable, et dont il connaissait la
faiblesse et la timidité, il annonce que sa position est
perdue, sa ruine accomplie, et son impuissance à remplir ses engagements manifeste pour tous les yeux. —
. Son dernier immeuble, il vient de le vendre à M. Roux-

Gui, et le prix en est absorbé par les hypothèques. Rouffiac, qui lui reste encore, est grevé à son tour d'un passif supérieur d'un gros tiers à sa valeur réelle. — Il ne lui reste donc plus rien.

Que pourra faire contre cette situation cet oncle qui s'est toujours montré pour lui si plein de bienveillance ? Rien ! puisque tout est perdu, et le privilége sur le greffe, passé sur une autre tête, irrévocablement anéanti.

Il lui reste, il est vrai, cette cession sur les acqué-reurs de l'Ariége dont l'exigibilité est si lointaine et le recouvrement si difficile. Lui, jeune encore, il pourra utiliser ces titres. Mais le vieillard, parvenu à quatre-vingt-deux ans, ne saurait se promettre de vivre jusqu'à leur échéance, et il serait chimérique de songer, au milieu des troubles qui agitent le pays, en présence de la rareté du numéraire, à trouver un acquéreur. Dans ces conjonctures, il offre d'abandonner tout ce qu'il possède : 8,000 fr., déguisés sur le prix de vente de Donneville, dont nul ne connaît l'existence, que personne ne peut saisir, et qu'il est prêt à délivrer à son oncle.

Le tableau était vrai. Tombé dans les serres de ce débiteur impitoyable, impatient de s'en dégager, crai-gnant de perdre cette dernière fraction de sa créance, si audacieusement anéantie, le vieillard en sanglotant se résigne, et l'acte du 21 juillet 1848 intervint.

Sa vieille fille de service va chercher dans un panier la somme en numéraire, qui lui est remise dans l'étude du notaire où en avait été effectué le dépôt, et, trop faible pour porter ce fardeau, elle appelle à son aide un homme de peine qui lui donne son concours.

Ces faits s'accomplissent au vu de plusieurs personnes également considérables et honnêtes, dont le témoignage dissiperait toutes les incertitudes ; et toutes les fois que M. Ferradou oncle entretient ses amis et sa famille de ces mécomptes et de ces indignités, il éclate en sanglots et en malédictions contre son spoliateur.

Il mourut en 1849. M. Prosper Ferradou, son héritier, se demanda s'il devait poursuivre la réparation de toutes ces injustices. Il y renonça. Son Adversaire portait son nom ; les liens du sang les unissait l'un à l'autre ; c'en était assez pour le déterminer au sacrifice. D'autre part, le spoliateur était ruiné, et son insolvabilité le protégeait d'avance contre les condamnations qui auraient pu l'atteindre.

Mais qui aurait prévu que, dix ou onze ans après, prenant lui-même une audacieuse initiative, il viendrait demander le remboursement d'un prix qui n'est jamais sorti de sa caisse, et qu'ainsi il tenterait de réaliser la détestable combinaison de dérober tour à tour à l'ancien titulaire ou à son représentant, et l'office dont il n'a pas payé le prix, et sa valeur en numéraire, et les intérêts de quinze ans ?

Peu d'hommes sans doute seraient capables de concevoir, bien moins seraient capables d'exécuter, après l'avoir conçu, un aussi odieux dessein.

Ce qui, dans tous les cas, nous rassure, c'est que Dieu ne doit pas vouloir que de telles entreprises soient couronnées de succès. La lumière se fera, et la décision des premiers juges, rendue plusieurs mois après les discussions orales, n'a pas ébranlé notre confiance.

DISCUSSION.

Quel est l'objet de l'instance engagée par M. Henri Ferradou ?

Il poursuit contre nous la restitution d'une somme de vingt mille francs en capital, qui aurait été payée à notre oncle en sus du prix fixé dans la cession du greffe du Tribunal de commerce, soumise à la sanction de la chancellerie.

Il s'agit dès lors du remboursement d'un capital illégalement perçu, et la condition rigoureuse qu'il est tenu de remplir, c'est de justifier d'une manière éclatante, sans équivoque, que le versement a été opéré. Qu'y aurait-il de plus révoltant et de plus inique que de soumettre celui qui n'a pas touché, à compter une somme qui ne serait pas entrée dans sa caisse, et dont s'enrichirait, au grand scandale de tous, un spéculateur audacieux?

Il faut donc une preuve positive qui dissipe toutes les ombres et donne à la conscience du juge la plus entière sécurité.

La possédez-vous?

Montrez d'abord vos quittances. En votre pouvoir, il n'en existe qu'une, et elle est de la somme de trente mille francs. Or, ce chiffre est inférieur à celui du titre officiel, et avec cette justification vous ne pouvez faire triompher votre cause.

Vous avez encore, il est vrai, une cession de 25,000 fr., intervenue le 13 juillet 1846 ; mais j'y cherche vainement une quittance en votre faveur ; c'est vous, au contraire, qui déclarez avoir reçu la contre-valeur des titres cédés à cette époque.

Que vous reste-t-il? La rétrocession de 1848. — Sauf à en déterminer plus tard les caractères, elle n'ajoute rien à l'acte de 1846, qui alors aurait été l'objet d'un nouvel échange.

Mais une seconde quittance partielle, ou une quittance finale, où la trouverons-nous? — Nulle part.

Jamais M. Ferradou oncle n'a signé ce mensonge, qui soulevait en lui de si douloureuses émotions, que vous lui avez compté le prix total convenu dans les accords privés ; jamais vous n'avez osé lui faire cette proposition révoltante ; et, ni en 1846, ni en 1848, quand intervenaient les deux actes qui se placent sous cette double date, il n'a été écrit un mot d'où l'on puisse induire un fait de cette nature.

Rien ne s'y opposait toutefois ; car, d'un côté, le vieillard était sans défiance, et s'il eût reçu l'argent, la reconnaissance en aurait été faite sans hésitation ; de l'autre, vous aviez intérêt à établir votre libération et à éteindre le titre qui constituait votre dette.

Pourquoi donc manquez-vous de cette justification qui se rencontre toujours dans ces sortes de procès, quand il s'agit de transmission d'office remontant à cette date reculée, où les contre-lettres n'avaient pas été signalées à tous les yeux comme renfermant une atteinte à l'ordre public ?

Une seule raison peut en être donnée : c'est que le paiement n'a pas été fait, et, au début de la discussion, l'impuissance de l'Adversaire se montre déjà à découvert.

Il est loin toutefois de s'avouer vaincu. A défaut de pièces justificatives, il fait appel aux présomptions, que le juge, en cette matière spéciale, est en droit d'interroger, et qui, dans certains cas, peuvent suffire pour porter la conviction dans sa conscience.

J'admets le principe ; mais j'ajoute que le magistrat doit être sévère dans l'appréciation de ces présomptions, et que l'évidence doit en sortir pour que le remboursement puisse être prononcé.

Dès ce moment, il faut bien le reconnaître comme le Tribunal l'a proclamé, le droit de faire appel à ces présomptions humaines appartient aussi au défendeur. Entre eux doit exister une réciprocité parfaite, et nous ne saurions admettre cette théorie par trop avantageuse qui permettrait à l'une des parties de s'insurger contre les titres, de leur demander autre chose que ce qu'ils contiennent, tandis que l'autre y serait étroitement rivée et serait tenue de se courber devant leurs énonciations diverses.

La question, du reste, ne se présente pas dans l'hypothèse actuelle ; car, ainsi que l'a dit le Tribunal, les commencements de preuve par écrit abondent, et il n'est aucun des actes invoqués qui ne tombe ainsi sous le coup de l'art. 1347 du Code Napoléon. A mesure que la diffi·culté surgira dans le cours des développements qui vont suivre, quelques précisions seront faites pour mettre cette vérité en lumière.

Cela dit, quelle est la première, ou plutôt la seule proposition développée par l'Adversaire ?

Il affirme avoir payé à son oncle, en or et en billets de banque, le 15 février 1844, trente mille francs ; et il ajoute, que, ce même jour, au même instant, M. Caze, son notaire, remettait une somme de cinq mille francs : de la sorte, trente-cinq mille francs étaient perçus par le créancier.

Examinons :

Ferradou a compté, le 15 février 1844, une somme de trente mille francs puisés dans sa caisse, et qui ne provient ni d'un emprunt, ni d'une négociation d'effets, ni d'un prix de vente de ses immeubles ?

Nous disons que ce fait est matériellement impossible, et que sa situation ne lui permettait pas de trouver sous sa main, et dans sa caisse constamment vide, un capital de cette importance. Le compte de Caze nous présente un tableau fidèle et des embarras pécuniaires de Ferradou et de ses ressources. Si on jette un coup d'œil sur l'ensemble, on y voit que, de 1837 à fin octobre 1844, il a été toujours reliquataire, et qu'il n'est pas une seule année prise dans cette période qui ne le constitue débiteur pour balance d'une somme plus ou moins considérable. Son débit, au jour de la liquidation, est de plus de cinq mille francs, et il confesse lui-même ne s'être pas encore libéré. Pourquoi donc ce vieux passif n'a-t-il pas été éteint ? Par sa date, il remonte à cette époque où l'or affluait dans ses caisses, et où sa propriété industrielle du Lordadais, ses six cent mille francs d'immeubles, lui procuraient de si magnifiques revenus. Or, voilà que son notaire, tombé dans l'infortune, obligé de vendre tous ses biens, de faire rentrer tous ses fonds, frappe vainement à sa porte pour obtenir un aussi modeste capital, et il ne peut le satisfaire ! Cette impuissance n'est-elle pas une éloquente et péremptoire réfutation des chiffres qu'avec tant d'art, au moyen de lettres triées avec soin, on faisait miroiter à la dernière audience? Que si M. Henri Ferradou voulait bien fouiller dans ses vieux cartons pour y prendre les lettres où des créanciers impatients et irrités le menacent de poursuites ; si de ses dossiers judiciaires, il consentait à détacher les assignations et les commandements qui s'accumulaient sur sa tête, les couleurs du tableau seraient vite assombries.

Mais en pénétrant dans les détails du compte de Caze, il est facile de lever un coin du voile qui cache la situation. En 1837 et en 1838, deux condamnations consulaires étaient prononcés contre Ferradou, et sa prospérité était si brillante, qu'en 1843 il était encore sous les liens de la contrainte par corps ; car, en payant le capital de cette double condamnation, il soldait, comme l'attestent les deux premiers articles, les intérêts courus jusqu'à cette dernière époque.

Et puis, chose bien singulière ! c'est à peine si, dans le cours de la période de six années qui mesure la durée de ce compte, il a versé de ses deniers, dans la caisse de son mandataire, une somme de 1,000 à 1,200 fr. A l'emprunt seul, il a demandé les ressources dont il est dépourvu, et pour les dépenses les plus minimes, la bourse de l'officier public était mise à contribution. C'était tantôt son loyer, tantôt ses fournisseurs de toute sorte, qui allaient recevoir à cette adresse le montant de leur modeste créance. Ceci n'atteste-t-il pas une pénurie extrême, occasionnée par les habitudes de prodigalité qui si rapidement ont dévoré un riche patrimoine?

Or, le prodigue n'a jamais 30,000 fr. soigneusement accumulés dans sa caisse, et il est dérisoire d'alléguer que Henri Ferradou les possédait au 15 février 1844.

Il avait dit pourtant, dans son interrogatoire, que les fonds de roulement destinés à l'exploitation de sa forge atteignaient ou dépassaient ce chiffre.

Nous lui avons prouvé devant les premiers Juges, que cette industrie prétendue de maître de forges était une allégation menteuse, et qu'il ne s'était paré de ce titre pompeux, qu'à l'époque où il faisait un appel aux actionnaires parisiens, pour la construction du chémin de fer de l'Ariége.

Ce fait était notoire, et il a bien fallu s'incliner devant l'évidence des preuves. Mais alors une profession non moins lucrative a pris la place de celle qu'on était contraint de sacrifier. Ferradou n'avait plus son fonds de roulement pour la forge qui était affermée, mais pour la fabrication du charbon destiné à l'alimenter.

Ceci n'est qu'une ruse nouvelle, et aussi un aveu d'un premier mensonge commis. De fonds de roulement, il n'en exista jamais. Mais le mandataire Pons, dont on ne présente qu'un seul état, soldait avec l'argent payé par M. Esquirol les dépenses de la fabrication, et le reliquat était à mesure et par fraction reçu par Ferradou, dont les mains percées ne le retenaient pas longtemps.

Veut-on, au surplus, que nous descendions dans l'examen des calculs fantastiques qui ont été produits ? — Les énormes revenus du Lordadais vont singulièrement se réduire. N'oublions pas que ce vaste domaine, composé de montagnes, les unes boisées, les autres complétement arides, n'était point payé, et que le service des intérêts du prix de vente était dû par le possesseur. Le chiffre de la dette pour cette cause s'élevait à 150,000 fr., c'est-à-dire qu'il était dû un intérêt annuel de 7,500 fr.

Or, que touchait-on ? Prenez l'année la plus productive, c'est-à-dire la première, dont le tableau a été versé au procès. Pons accuse une recette de 20,000 fr. mais la dépense s'élève à 11,000 fr., d'où il s'évince que le net produit s'élève à 9,000 fr., desquels il faut distraire encore l'intérêt dû au vendeur, soit 7,500 fr.; par où la balance amène tous les ans dans les caisses de l'Adversaire la somme énorme de 1,500 fr. Qu'est-ce, grand Dieu ! qu'un chiffre pareil pour un dissipateur aussi déterminé ?

Et le fonds de roulement de la forge qui a fourni le capital payé, où le trouverons-nous ?

Ne me parlez pas des 12,500 fr. qui, sur l'un des emprunts contractés, vous ont été remis par Caze, car cette remise remonte à 1842, et c'est en 1844 qu'aurait été effectué le paiement, objet du litige ; car, d'un autre côté, votre interrogatoire constate que les deniers consacrés à cet emploi ne proviennent pas d'une semblable origine.

Ne me parlez pas de la prétendue soulte que vous aurait comptée votre frère pour l'échange de l'hôtel du Midi, car vous faites remonter cet échange à 1844, et puis les fonds remis à votre oncle ne proviennent pas, c'est vous qui l'avez dit, d'une cession ou d'une vente d'immeubles.

Ne me parlez pas de l'argent trouvé, soit dans la succession de votre père, soit dans la succession de votre mère; car dans ces deux hérédités il n'existait point de numéraire, et vous avez été obligé d'emprunter pour payer les dames Broucard, à qui votre père avait remis des obligations éteintes en 1843 seulement, et les autres dettes, grevant ces deux successions, n'ont été éteintes par vous qu'en 1844, avec les deniers provenant de l'emprunt Guenin. C'est le compte approuvé par vous qui nous le révèle.

Ne me parlez pas de la transaction sur l'hérédité maternelle qui vous aurait procuré, en 1843, un capital de 40,000 fr., car rien ne détermine l'époque où aurait été payée cette somme, et le compte de Caze nous apprend qu'en 1842, pour règlement avec Auguste Ferradou, il a touché 3 ou 4,000 fr. qui sont portés à votre crédit sur ses livres.

Donc toutes ces explications, qui signalent chez vous l'embarras dont est fatalement assiégé tout homme que l'intérêt entraîne dans la voie du mensonge, ne sauraient être acceptées.

Ce qui demeure, ce qui est écrit en lettres ineffaçables sur le compte de Caze, c'est qu'au mois de décembre 1843, vous étiez reliquataire d'une somme de plus de 10,000 fr. Ce qui est encore écrit et démontré par ce compte, c'est qu'au 6 janvier 1844, vous n'aviez pas en main la modeste somme de 3,000 fr. pour faire le cautionnement exigé, et que, créancier déjà d'un capital considérable, le notaire était obligé d'ajouter à ses avances antérieures cette nouvelle avance.

Ce qui demeure, et ce qui est encore écrit sur ce document, dont l'étude est recommandée à toute la sollicitude de la Cour, c'est que le 15 février vous étiez dans l'impuissance encore de payer 5,000 fr. à votre oncle, et que cette somme était encore puisée dans la bourse du notaire, qui se trouvait ainsi en dehors de 18,000 fr.

Voilà dans quelles limites il convient de serrer le débat : 31 décembre 1843, et 15 février 1844. Or, dans cette courte période, vous aviez si peu trente mille francs en or ou en billets de banque à votre disposition, que votre détresse est accusée par les 18,000 fr. que vous empruntez à votre mandataire.

Ne sortez donc pas de ce cercle pour nous appeler dans vos forges et dans vos forêts, dont il est si facile de grossir les revenus. N'essayez pas de nous entraîner non plus vers un temps trop éloigné de cette époque décisive. Avec un homme tel que vous, les situations changent vite, et c'est de votre situation contemporaine du paiement allégué que doit principalement se préoccuper la Justice. Or, cette situation est mise à nu maintenant, et il en résulte que trente mille francs au 15 février 1844 ne pouvaient pas se rencontrer dans votre caisse.

Le paiement allégué est dès lors impossible.

Nous soutenons par suite qu'il n'a pas été fait, et toutes les circonstances de la cause nous prêtent, pour le démontrer, un concours décisif.

Précisons bien, sur ce point capital du procès, l'attitude respectivement prise par les deux contendants.

Pour justifier son système du paiement intégral du prix mentionné dans le traité secret, Henri Ferradou a besoin d'établir non seulement qu'au 15 février il a été payé par lui une somme de trente mille francs, mais qu'à cette époque son créancier aurait en outre reçu un capital de cinq mille. Si ces preuves sont insuffisantes sous ce dernier rapport, et s'il s'évince, au contraire, des circonstances du procès que ces allégations sont menteuses, l'entier échafaudage s'écroule, et ses spoliatrices combinaisons se trouvent déconcertées. Il ne lui est plus possible, en effet, d'aller demander à l'acte du 13 juillet 1846 la démonstration prétendue du solde final de sa dette, car, à cette époque, c'est une cession de vingt-cinq mille francs qu'il a consentie, et ses engagements s'élevaient au chiffre de trente mille. On est fatalement entraîné dès lors, et dans cette hypothèse, à placer à côté de cet acte du 13 juillet une interprétation différente, interprétation, du reste, qui se trouvera en parfaite harmonie avec la lettre des clauses qu'il renferme.

Le premier obstacle donc contre lequel viennent se briser les efforts de l'Adversaire, c'est l'impossibilité où il se trouve d'établir ce paiement de cinq mille francs, si capital dans le débat.

Que peut-il invoquer, en effet? — Le compte de Caze? — Il m'est étranger, et ne prouve rien contre moi qui n'ai été appelé ni à en approuver ni à en combattre l'exactitude. — La quittance du 15 février 1844? — Elle se dresse contre lui et concourt à dévoiler la fraude dont il voudrait nous rendre victimes; car il n'y est mentionné qu'une somme de trente mille francs, ce qui démontre que ce jour-là, 15 février 1844, seule elle aurait été remise. Et que la Cour veuille bien le remarquer : cette quittance et l'article du compte se concilient à merveille. — Tout fait présumer que les cinq mille francs inscrits au débit de Henri Ferradou sont entrés dans la quittance même qui porte une date identique, et dont le rédacteur était justement le même que le bailleur de deniers. Jusqu'ici donc il n'est invoqué, à l'appui de cette thèse, ni indice ni présomption de nature à rassurer

la conscience du magistrat auquel on demande la condamnation draçonienne poursuivie par l'Adversaire.

En présence de cette pénurie, dont l'aveu involontaire
échappait de sa bouche, il a eu recours à un étrange
sophisme.

C'est l'acte du 13 juillet 1846 qui est devenu dans ses
mains la preuve qu'au 15 février trente-cinq mille francs
avaient été reçus. Mais on oublie donc que cet acte ne
pourra devenir une arme sérieuse contre nous que lorsqu'il aura été justifié que cette numération a été faite.

Prouvez d'abord que la somme dont il s'agit a été
comptée, et vous aurez ensuite le droit de dire que l'acte
du 13 juillet a eu pour cause nécessaire le solde de la
créance. Croyez-vous donc que les magistrats auront
oublié que cet acte lui-même ne dit rien sur ce solde ;
qu'il est indispensable d'en rechercher et le sens littéral
et l'esprit ; et que l'interprétation dont vous entendez
vous prévaloir ne pourra lui être donnée qu'après avoir
démontré le paiement de trente-cinq mille francs en 1844.
C'est donc un paralogisme singulier que le vôtre ! Vous
demandez à un acte dont la rédaction donne naissance à
l'une des graves difficultés du procès, la démonstration
d'un paiement antérieur, qui n'est pas établi, et qui a
besoin de l'être d'une façon péremptoire, pour que la justice puisse accepter la signification que vos prétentions
s'efforcent d'assigner à cet acte.

Nul ne saurait être dupe d'un aussi grossier sophisme ;
et avant d'arriver à 1846 pour découvrir ce que l'on a
entendu faire à cette époque, forcément il faut vous arrêter (l'ordre des temps et la logique l'exigent de concert)
sur cette date du 15 février 1844 que vous fuyez avec
tant de persévérance.

Je vous y rappelle donc, et je vous dis qu'en 1844
vous n'avez point payé cette somme de cinq mille francs,

dont la non justification ruine votre système et décon-
certe tous vos calculs.

Pourquoi ce paiement aurait-il été fait? — La somme
n'était pas exigible. Qu'on lise, soit l'acte public, soit l'acte
privé, et dans l'un comme dans l'autre on verra que, quinze
jours après la prestation du serment, c'est le capital de
30,000 fr. qui seul vient à échéance. — Est-il vraisemblable que, dérogeant à toutes ses habitudes, M. Ferradou se soit donné le singulier plaisir de se libérer par
anticipation? Je comprendrais ce sacrifice si les besoins
impérieux de l'oncle créancier, l'énergie de ses sollicitations, en eussent imposé le devoir à ce neveu si désintéressé et si tendre. Mais telle n'était pas la situation. Le
vieillard n'avait pas de dettes, et sa vie, si régulière et
si économe, ne réclamait pas une pareille avance.
Comment, dès lors, l'accepter comme sérieuse? Ce qui
rend, au surplus, l'allégation plus difficile à admettre,
c'est que Ferradou avait, dans son propre système,
épuisé toutes ses ressources, et qu'il aurait eu recours à
l'emprunt pour acquitter une dette non échue. Ceci
n'est-il pas plus invraisemblable encore? Et à qui se
serait-il adressé dans son impatience d'accomplir cette
libération anticipée? — Au notaire Caze, c'est-à-dire,
à l'homme envers lequel il est débiteur déjà d'un reliquat
de plus de treize mille francs, et dont il aurait fallu,
sans nécessité, mettre la bienveillance à une nouvelle
épreuve.

La Cour appréciera.

Mais si cette somme a été comptée indépendamment
des 30,000 fr., selon toute apparence une quittance a
dû être souscrite. Un officier public ne procède pas différemment. La prudence la plus vulgaire l'exige, et puis
c'est à un vieillard octogénaire, que la mort peut frapper
à tout instant et à toute heure, que cette somme est déli-

vrée ; ne convient·il pas de se prémunir contre les dangers d'une dénégation qui, chez l'héritier futur, même sans mauvaise foi, pourrait se produire ? Enfin Caze lui-même n'agit pas en son nom personnel : il est comptable vis-à-vis de son commettant, et au jour de la liquidation les pièces justificatives seront réclamées. La quittance aurait donc été demandée et souscrite dans l'hypothèse du paiement allégué ; et cependant elle n'existe pas ; nous pouvons l'affirmer avec assurance, car aux sommations faites, soit en première instance, soit devant la Cour, d'avoir à la représenter, il a été répondu par un obstiné silence.

Nous ajoutons que cette pièce aujourd'hui serait passée dans les mains de notre Adversaire , et que la responsabilité de sa situation pèserait exclusivement sur sa tête. Effectivement la note marginale qui accompagne le compte de Caze, prouve que le dossier tout entier est passé des mains de celui-ci dans celles de l'oyant qui a eu le soin de préciser quelles étaient les pièces non produites. Celle-ci n'est pas de ce nombre et elle ne pouvait pas en être. Son importance était trop grande pour supposer une disparition involontaire. Et , chose digne de remarque, c'est qu'avec elle auraient été perdues les deux quittances d'intérêts semestriels payés à M. Ferradou oncle , par le même notaire , dont la main eût été en vérité bien malheureuse, si tous les documents utiles à consulter aujourd'hui avaient eu une aussi mauvaise fortune. De telles coïncidences sont pour le Juge des révélations saisissantes. Ce n'est point le hasard qui dispose si bien toutes choses pour dérober à la justice la lumière dont le fraudeur est condamné à redouter l'éclat. Nul ne peut s'y tromper ; et ces manœuvres , ces dissimulations, et ces mensonges retombent sur celui-là même qui les supposait propres à assurer le succès de son entreprise.

Ainsi les preuves s'accumulent.

Il est un troisième argument qui n'est ni moins saisissant, ni moins péremptoire. C'est bien au même jour, à la même heure, dans l'étude du notaire Caze, que le paiement des 30,000 fr. et des 5,000 fr. aurait été effectué. Il n'y a place, sous ce rapport, ni à la cavillation, ni au doute. Le compte est positif, et au jour où la numération était faite, le carnet ou la main-courante de l'officier public en retenait mémoire. L'erreur est impossible, d'autant plus impossible qu'il serait bien moins vraisemblable encore qu'après avoir reçu l'échéance entière, fixée par la cession du greffe, l'oncle se fût présenté une seconde fois pour toucher une somme additionnelle. Or, nous avons la date de la quittance de 30,000 fr. qui jette sur ce chef du débat une lumière précieuse. C'est bien le jour où les 30,000 fr. furent quittancés que le vieillard comparut dans l'étude, et c'est ce jour aussi que sur le compte est écrit le versement des cinq mille. On essaierait en vain de contester cette identité de jour, si bien démontrée d'ailleurs par les écritures qu'a versées au procès Henri Ferradou lui-même. Qu'il se résigne donc à en subir les douloureuses conséquences.

Or, ces conséquences, elles sont écrasantes; car, si effectivement les deux sommes avaient été comptées, comme on l'allègue, Caze, qui tenait la plume et rédigeait la quittance des trente mille francs, y aurait ajouté les cinq mille, et un seul instrument aurait constaté la libération. Il ne l'a pas fait toutefois, et la seule explication d'une omission pareille, acceptable par un esprit sérieux, c'est que la première de ces deux sommes a seule été remise : nous verrons plus tard en quelles valeurs.

Mais poursuivons encore, et toutes les obscurités, qu'à l'aide de l'acte du 13 juillet 1846, on a essayé de répandre sur ce point culminant du litige, vont être dissipées.

La Cour devine que je fais allusion à la seconde partie de la quittance du 15 février, dont la rédaction, comme l'atteste l'écriture, appartient exclusivement à M. Caze. Il y est dit, après avoir constaté la remise des *trente mille francs*, que le surplus du prix, c'est-à-dire les 30,000 fr. encore dus seront exigibles, avec le taux de l'intérêt à cinq pour cent, à l'expiration des trois années dont le point de départ est signalé avec une précision rare. Etait-il possible de dire plus nettement et en termes plus énergiques que trente mille francs avaient été uniquement comptés, et qu'il ne serait pas remis une obole de plus avant l'échéance du terme.

Conciliez, s'il est possible, une déclaration de ce genre avec votre système qui veut prétendre qu'à l'instant même où elle était écrite, on ajoutait cinq mille francs à la somme dont la perception était constatée par la quittance.

L'évidence ne se démontre pas; et si jamais proposition dut paraître certaine aux yeux de tout homme intelligent, c'est que les cinq mille francs du 15 février n'ont pas été réunis aux trente mille mentionnés dans ce titre.

Que faut-il conclure de là? Que l'acte du 13 juillet 1846 n'était pas destiné à établir le solde de la dette. En effet, tout le monde confesse que, du 15 février 1844 à cette date de juillet 1846, aucun à-compte n'a été versé. Donc il était dû au jour de cet acte trente mille francs, et vingt-cinq mille ne pouvaient procurer au débiteur sa libération.

Cette libération, d'ailleurs, est-elle bien supposable? Le solde n'était pas encore exigible, puisque le *9 janvier 1847* était l'échéance fixée par les accords pour le second paiement. Ce serait dès lors de la part de ce débiteur si obéré une anticipation nouvelle. Que la Cour veuille bien ne pas le perdre de vue, il s'agit d'une anticipation nouvelle. C'est là un point sur lequel la discussion de l'Adversaire a laissé régner une perpétuelle équivoque. — L'ancien greffier, disait-il, aurait été créancier, selon vous, en 1846, de 55,000 fr. Comment donc se serait-il contenté de titres que l'on fractionnait pour en réduire l'importance à 25,000 fr. ? Rien, en tenant compte des faits, n'est plus simple à concevoir. Nous sommes en présence d'un débiteur qui fait souffrir ses créanciers au lieu de les satisfaire avant l'heure. Or, au 13 juillet 1846, les trente mille francs derniers n'étaient pas exigibles, et il ne devait venir à l'esprit de personne d'en exiger la remise. Ce qui était dû, c'étaient les 25,000 fr. complément des cinq mille, dont la quittance de 1844 attestait la délivrance. Pour ceux-là, dont les intérêts avaient été servis par M. Caze durant sa gestion, une garantie était réclamée par le vieil oncle, et la cession du 13 juillet eut pour but de lui donner satisfaction en calmant ses sollicitudes ; c'est pour cette cause qu'il paie les frais de notification. Mais aurait-il consenti alors à échanger, pour le reliquat de la créance, son titre encore privilégié (car le greffe n'est passé de la tête de Henri Ferradou sur celle de M. de Lapeyrouse qu'au mois d'août suivant), contre les créances fractionnées et à long terme dont la cession lui fut consentie ?

La proposition même ne pouvait pas en être faite, tandis qu'à l'égard de ces vingt-cinq mille francs si imprudemment quittancés, la situation était tout autre. Le privilége était perdu, le débiteur prodigue et obéré, et dès lors on n'était pas en position de se montrer bien difficile. On accepta donc. Et comme le dit l'acte, ce fut un échange qui intervint entre les deux parties contractantes, et non pas une quittance finale.

Mais, nous objecte Ferradou, vous attaquez ainsi la teneur de la quittance du 15 février, et à vous ce droit ne saurait appartenir. L'art. 1341 du Code Napoléon vous oppose une infranchissable barrière.

Je réponds que cette quittance ne dit pas en quelles valeurs la somme de 30,000 fr. a été comptée, et que le notaire qui tenait la plume, obéissant aux habitudes du notariat, n'aurait pas fait faute de constater le paiement en numéraire, si réellement il avait eu lieu de cette façon. De cette première observation, il résulte que je n'attaque pas la quittance elle-même, et que je demande seulement à fixer, par les présomptions empruntées aux circonstances de la cause, le sens qu'il convient d'attribuer aux termes dont le rédacteur s'est servi. Ceci n'est point prouver contre le contenu en l'acte, mais simplement l'interpréter. Je n'entends pas établir que la somme a été quittancée sans être reçue, ce qui serait violer les prohibitions de l'article précité ; mais bien indiquer en quelles valeurs cette somme a été remise, ce qui est tout autre chose. Il suffit de cette précision pour faire justice de l'argument.

Et puis, est-ce que les commencements de preuve par écrit n'abondent pas, pour faire écarter l'obstacle sous lequel on voudrait s'abriter ? Ainsi l'a pensé le Tribunal, dont la sentence l'a proclamé à différentes reprises.

Voyez votre interrogatoire d'abord : vous dites avoir payé les 30,000 fr. *en or* et en billets de banque, en 1844, et l'invraisemblance de l'allégation à cette date, rend déjà vraisemblable, et par conséquent admissible la preuve de ma prétention contraire.

Vous ajoutez, ayant la quittance du 15 février dans la main, que vous n'êtes pas sûr de la présence de M. Caze dans son cabinet au moment où fut fait ce paiement, et cette hésitation indique la crainte que vous inspire le témoignage de cet officier public, ainsi que le désir de vous soustraire aux conséquences de l'énergique démenti sur lequel vous ne pouvez pas vous méprendre. — N'y a-t-il pas là un nouveau commencement de preuve par écrit ?

Le compte de Caze approuvé par vous, et dont vous vous êtes approprié les énonciations diverses, est devenu à son tour votre œuvre personnelle ; et en constatant que le 15 février 1844, il n'est sorti de la caisse de cet officier public qu'une somme de 5,000 fr. pour Jean-Pierre Ferradou, il rend vraisemblable, d'un côté, le fait que cette somme fut la seule comptée en numéraire, et de l'autre, que la caisse du cessionnaire était vide, puisque l'emprunt lui venait en aide pour payer un à-compte aussi modeste. La loi n'en exige pas davantage.

L'acte du 13 juillet 1846 réunit à son tour toutes les conditions prescrites par la loi en cette matière ; car il prouve qu'au jour où les parties comparurent, Ferradou oncle avait déjà payé à son neveu la contre-valeur des titres cédés, et puisque aucune quittance n'avait été souscrite, c'était au moyen des effets antérieurement reçus que le cédant Henri Ferradou obtenait satisfaction.

L'objection puisée dans le droit n'était donc pas sérieuse, et la preuve testimoniale aussi bien que les présomptions peuvent être interrogées par la Justice.

Cette vérité une fois admise, nous avons le droit de ressaisir cette quittance du 15 février 1844, et de lui demander en échange de quelles valeurs elle a été consentie.

Or, ici reviennent avec toute leur puissance les considérations développées déjà, et il n'est pas un esprit bien fait qui puisse éprouver une hésitation ou un doute. Inutile d'en rappeler le souvenir. Qu'il nous soit permis seulement d'exprimer le regret de la suppression calculée de cette double quittance d'intérêts mentionnée sur le compte de Caze. Il y est dit, à coup sûr, quels sont ces vingt-cinq mille francs dont les intérêts sont servis par le notaire rédacteur de la quittance. Pourquoi ces deux pièces sont-elles obstinément soustraites à tous les yeux? Ce n'est pas apparemment parce qu'on y signale le capital comme le reliquat dû sur le prix de l'office. Ne sommes-nous pas en droit de dire que la latitation provient d'une cause diamétralement contraire? C'est Henri Ferradou qui a, dans sa main, ce document d'où la vérité jaillirait dégagée des voiles qui l'enveloppent, et cette main, il refuse de l'ouvrir. — Qu'en conclure? — A nos Juges seuls il appartient de répondre.

Toutefois, l'on a dit que la quittance de 1844 serait inexplicable, si elle avait été donnée en échange de billets ou lettres de change, dont la garantie était loin de valoir le privilége résultant de la cession ; que, dans cette hypothèse, le créancier se montrait bien peu soucieux de ses intérêts, puisqu'il allait se trouver, par suite de cette opération, en face du même débiteur, mais avec une sûreté de moins, ce qui témoignerait d'un désintéressement ou d'une ignorance également inadmissibles : qu'il faut donc supposer que le paiement a été, en effet, opéré *en pièces d'or et en billets de banque.*

Dans la bouche de Henri Ferradou, l'objection est étrange et s'accorde bien peu avec l'ensemble de son système.

Il s'étonne qu'en 1844, l'ancien greffier ait voulu consentir à recevoir des valeurs commerciales à la place du privilége dont il était porteur. Mais cette substitution, qu'il déclare impossible à cette première époque, est justement celle qu'il affirme avoir été opérée en 1846. — En 1846, et le 13 juillet, quel était le titre de l'oncle? — Une créance privilégiée, assise sur le greffe, qui encore n'avait pas été transmis à un second cessionnaire ? — Qu'aurait-il accepté ou reçu en échange ? — Ces créances à longs jours, fractionnées à l'infini, et dues par ces montagnards domiciliés au fond du département de l'Ariége. Voilà ce que l'Adversaire nous déclare, et qui est répété en son nom. Est-ce donc à lui de trouver étrange qu'en 1844, son oncle ait accepté les billets ou lettres de change qui lui étaient proposés ?

Il y a plus : en 1846, rien ne commandait cette opération singulièrement périlleuse, puisque les échéances n'étaient pas arrivées, et le doute serait possible.

Au contraire, en 1844, les choses n'étaient pas dans une situation semblable. L'échéance était venue, et le débiteur avait besoin d'une prorogation de terme. De plus, et pour convaincre les répugnances du créancier, on versait dans sa caisse une portion de la somme qui lui était due. De la sorte, la création d'un titre nouveau paraissait convenable. De quoi s'agissait-il, après tout ? D'accorder au débiteur, dont les propriétés immobilières étaient considérables, le temps de se retourner pour emprunter ou pour vendre. Devait-on, dans cet état de choses, s'en effrayer beaucoup ? — Il semblait que non : et puis, ce débiteur était un parent assez proche ; au cas où le bon oncle vînt à mourir, il ne fallait pas le laisser sous le coup d'un engagement exigible : ce serait un danger pour l'un sans aucune utilité pour l'autre, et à l'aide de ces considérations on triomphait de toutes ses répugnances. C'était inévitable !

Cette objection dernière n'est donc pas plus puissante que les autres ; et toutes en dernière analyse viennent se briser contre ce fait matériel invinciblement établi, que les cinq mille francs de Caze sont entrés dans les trente mille portés dans la quittance, ce qui ébranle et renverse la pierre angulaire de l'édifice construit par l'Adversaire avec une si déplorable habileté.

Nous nous sommes expliqué déjà sur l'acte de 1848, arraché au vieillard désolé, au nom d'une insolvabilité qui alors n'était plus ignorée de personne. Cet acte, du reste, n'ajoute rien à ceux qui l'ont précédé, dont il n'est que la conséquence. Il a été seulement l'occason d'une spoliation nouvelle.

Les lamentations du vieillard n'ont cessé de le redire jusqu'à sa dernière heure. Les parents, les amis ont reçu ses confidences. Il ne mentait pas, lui ; et tous ceux qui l'ont connu seraient prêts à rendre hommage à son irréprochable loyauté. Telles étaient néanmoins les accusations que formulait sa bouche indignée, et nul ne douta jamais de la sincérité de sa parole. N'est-ce pas une condamnation prononcée d'avance contre l'audacieuse entreprise de l'homme qui empoisonna les derniers jours de sa vie ?

Il est descendu dans la tombe pauvre et ruiné lui-même par toutes ces perfidies. De ces soixante mille francs que l'on dit avoir versé dans ses mains, il n'existe plus de traces. Aucun emploi n'en a été fait. Et dès lors, au bout de quatre années, cet homme aux habitudes parcimonieuses aurait dévoré un capital aussi considérable. A qui le persuader ?

Pour échapper aux conséquences de l'argumentation empruntée à ce fait si considérable, on a eu recours à des insinuations blessantes contre lesquelles M. Prosper Ferradou était impatient de protester.

N'essayait-on pas, en effet, de laisser croire que ce capital avait pu glisser des mains du vieillard dans celles du neveu préféré qui a recueilli sa succession, soit pendant sa vie, soit après sa mort ?

Cette supposition est une indignité ajoutée à bien d'autres. Pour ceux qui connaissent la délicatesse rigoureuse de l'homme dont la moralité est mise en jeu, il serait inutile de protester. Mais se résigner à subir en silence un outrage aussi peu mérité, n'est pas en son pouvoir.

Il me charge donc de dire et de proclamer bien haut qu'aucune trace de ces soixante mille francs prétendus comptés ne s'est trouvée dans le patrimoine de son oncle ; que ni avant, ni après sa mort, il n'en a pas touché une obole ; que son portefeuille était vide, et qu'il porte le défi à son Adversaire, aussi bien et mieux fixé que lui-même sur la position de l'oncle commun, de signaler un effet, un seul titre de créance public ou privé dont la propriété ait résidé sur sa tête, et qui en établissant un emploi, puisse faire présumer un paiement.

Que l'on fasse un appel aux agents de change, aux commerçants, aux banquiers, aux notaires ; il le réclame avec instance, et ne craint pas de subordonner le procès au résultat de ces investigations.

Ce que nous disons aujourd'hui, nous l'avons dit devant les premiers juges, et le défi n'a pas été relevé. C'était une raison peut-être pour s'abstenir de ces réticences calculées, qui pour un cœur loyal sont plus cruelles mille fois qu'une accusation à front découvert.

La Cour, qui connaît la moralité des parties, saura bien de quel côté se trouve la vérité, de quel côté la perfidie et le mensonge.

Aux preuves déjà produites viennent donc se réunir, contre la réalité du paiement, les doléances du vieillard, et le non emploi du capital énorme qui serait entré dans sa caisse.

N'est-ce pas assez pour lever tous les doutes ? Et au spoliateur de l'office, faut-il accorder encore les quarante mille francs qu'il réclame, pour le dédommager de cette spoliation dont seul il a profité ?

Ce scandale, nous en avons la certitude, ne s'accomplira pas !

Nous ne dirons rien des conclusions subsidiaires ; leur pertinence n'a pas été débattue. Comment la contester du reste ? Qui mieux que le notaire Caze connaît la portée de la quittance dont il est le rédacteur, le chiffre de la somme comptée, et la cause des intérêts servis en 1844 et 1845 par son intermédiaire ? Qu'on l'appelle, et la vérité ne restera pas longtemps obscure.

Qui mieux que le notaire Amat connaît le caractère et le but du traité du 13 juillet 1846, la nature des valeurs remises en échange des contrats de l'Ariége, et la pensée des lettres écrites, en1847 et 1848, par le désolé vieillard dont il a reçu les confidences ? — Qu'on nous permette de le faire ouïr, et la vérité sortira des ombres qui pourraient l'envelopper encore !

Qui, enfin, mieux que le notaire rédacteur de l'acte de 1848 doit connaître le chiffre de la contre-lettre relative au prix de Donneville, et de la somme comptée à Ferradou en échange de ces créances ariégeoises acceptées sous le coup de trop légitimes alarmes ?

Qu'il soit encore entendu, et que la vérité brille d'un éclat qui rassure toutes les consciences.

Si la lumière n'était pas faite, il serait donc facile de l'obtenir, et, dans cette hypothèse bien peu vraisemblable, avant de prononcer les condamnations exorbitantes que contient la sentence des premiers juges, avant de jeter dans les mains de l'homme si peu digne d'intérêt qui nous poursuit, l'énorme capital que nous n'avons pas trouvé dans la succession de notre oncle, et dont nous serions déclaré responsable, la Cour voudra être pleinement édifiée, et toutes les voies nous seront ouvertes pour éclairer sa justice.

Pourquoi, dès lors, éprouverions-nous des craintes sur le résultat définitif de cet affligeant procès ?

COUR IMPÉRIALE DE TOULOUSE

(PREMIÈRE CHAMBRE.)

PRÉSIDENCE DE M. PIOU, PREMIER PRÉSIDENT *

AFFAIRE DE M. LE COLONEL D'OUVRIER

CONTRE LES MM. DE FALGUIÈRE

(MAI 1860).

NULLITÉ DE TESTAMENT.

Mémoire.

Les Adversaires nous accusent d'avoir outragé dans notre défense la mémoire du commandant d'Ouvrier, en livrant à la risée publique les infirmités physiques et morales qui vinrent affliger les dernières années de sa vie ?

Etrange reproche que celui-là ! — Les hommes cupides qu'égarent des convoitises flétries par la morale la plus vulgaire, seraient heureux de voir consacrer cette commode doctrine : protégés par elle, ils seraient assurés de retenir dans leurs mains le fruit de leurs déloyales manœuvres, et aux plaintes de l'héritier qui réclame, ils répondraient que cette spoliation doit être respectée,

---

* Le siége du ministère public était occupé par M. le procureur-général Gastambide. *Conclusions conformes à l'Arrêt.*

sous peine de profaner la tombe de celui dont ils ont dérobé la fortune.

Ces lieux communs, dont le bon sens public a fait depuis longtemps justice, ne sauraient être relevés ni par l'éclat de la parole, ni par l'attitude superbe et dédaigneuse des spoliateurs.

Oui! dans cette cause on a été prodigue d'insultes et d'accusations non moins injurieuses qu'impies.

Ceux dont la bouche intéressée les laissait échapper presque sans les comprendre, se disaient apparemment qu'aucun devoir de reconnaissance ne les enchaînait à l'égard de cet oncle qui les traita toujours avec une froide indifférence, et c'est pourquoi dans leur bouche l'agression n'a pas connu de mesure.

Quel portrait nous a-t-on présenté de ce bon commandant qu'entourèrent durant sa vie les amitiés les plus hautes et dont le cœur aimant et sensible se dessinait si bien dans la correspondance ? — Cette correspondance, il est vrai, était un mystère pour vous ; jamais vous n'en avez eu les honneurs ; et dans vos mains déshéritées il ne se rencontre pas une seule lettre qui vienne témoigner soit de son affection, soit de sa confiance.

Est-ce donc là un prétexte qui puisse justifier vos écarts ? Selon vous, c'étaient l'avarice et l'égoïsme qui s'étaient incarnés dans cet homme, célibataire au cœur froid et dur, dont le langage inspiré par l'hypocrisie et d'odieux calculs, promettait à tous une fortune qui devait lui valoir des attentions et des soins rémunérés au moyen de ces fallacieuses espérances.

Pendant une heure entière vous avez complaisamment développé cette pensée injurieuse, essayant de provoquer sur les lèvres de vos auditeurs les sourires qui ont refusé de répondre à votre attente.

C'est ainsi que vous honoriez les souvenirs de cet oncle dont l'héritage vous paraît si précieux à retenir !

A nous, il appartient de prendre sa défense, car cette mission nous l'avons reçue de sa tendresse ; à nous, il appartient de protester contre ces déplorables agressions, et de rendre au tombeau de notre bienfaiteur le respect qui lui est dû.

Quelle différence entre notre position et la vôtre ! — Dépossédés par un acte menteur d'un patrimoine qui nous fut deux fois donné, et que le commandant destinait à nous seuls, nous venons dire à nos juges : Ce testament a été fabriqué par une main coupable, et les traces matérielles de son altération suffisent pour porter la conviction dans les consciences les plus rebelles.

Dans tous les cas, notre bienfaiteur, dans les dernières années de sa vie, fut en proie à une maladie cruelle qui brisa ses forces physiques, et porta à son intelligence une atteinte profonde. Telle est la fragilité de notre nature que les esprits les plus élevés, les organisations les plus puissantes ne sauraient se promettre d'être à couvert de cette infirmité douloureuse. Et à côté de cet homme affaibli, dont la raison ruinée par la souffrance ne pouvait plus opposer d'obstacles à de funestes combinaisons, il s'est rencontré un être cupide, qui entrevoyant la possibilité d'un abus odieux, a fait tracer par cette main privée d'intelligence une exhérédation que repoussent les sentiments de sa vie tout entière.

A qui dans notre système s'adresse l'accusation, et pour qui est l'injure ?

Est-ce le vieillard maladif dont nous avons raconté les souffrances qui aurait eu à s'en plaindre ? — Toutes les adresses du langage seront impuissantes à amener une telle méprise. — Le seul contre qui nos coups aient été dirigés ; le seul que nous entendions dénoncer à toutes les rigueurs de la justice, c'est le faussaire audacieux, ou l'homme sans scrupule, qui fait tourner, au profit de ses convoitises, des souffrances et des maux dont la nature aurait dû éveiller dans son âme de tout autres pensées.

Les rôles et les situations ainsi rétablies, abordons le débat.

§ I.

Quelles étaient les affections du commandant d'Ouvrier? — A qui était destinée sa fortune? — Sa position de famille, et ses préférences bien connues ne désignaient-elles pas les héritiers que son cœur avait choisis?

Il était célibataire, cela est vrai, mais il est vrai aussi que le célibat n'avait pas desséché son âme, et détruit en lui toutes les facultés aimantes.

De sa famille si nombreuse ; — elle était composée de six garçons et de quatre filles, — il n'avait vu s'élever autour de lui dans la seconde génération qu'un seul enfant mâle, héritier d'un nom dont il était fier, et à qui par intérêt comme par orgueil il avait voué la tendresse la plus vive.

C'était le fils de l'aîné de ses frères ; de celui qu'il considérait comme son chef, comme son ami le plus tendre, et à ce titre encore l'enfant avait des droits nouveaux à son affection.

Devenu homme, cet enfant était entré comme lui dans la carrière des armes, et ses succès rapides le remplissaient de satisfaction et d'orgueil.

C'était donc son héritier nécessaire. — Et sans demander encore, ni à ses écrits ni à ses discours, le nom que sa main inscrira sur son acte testamentaire, chacun le connaît déjà, car il est des situations qui s'imposent, et dont tous sans distinction nous acceptons le joug avec bonheur.

A côté de cette affection si légitime, il en était une autre qui avait à son tour ses priviléges et ses exigences : Le commandant d'Ouvrier, dont le cœur était sympathique et aimant, avait grandi à côté d'une sœur à peu près de son âge, qui fut de sa part l'objet de l'affection le plus constante. La vie dévorante de Paris, dont on a fait une description si singulière et qui étoufferait dans nos cœurs les affections de famille, ne produisit pas chez le commandant d'Ouvrier cette désastreuse conséquence. Soldat et parisien, il eut toujours ses regards tournés vers son pays que fréquemment il visitait, et que jamais il ne quitta sans esprit de retour.

C'était dans la maison de sa sœur bien-aimée que, durant ses visites annuelles, il faisait sa résidence. C'est là que les siens venaient le voir, et c'est de là qu'à son tour il partait pour faire les tournées de famille commandées par les convenances.

Ce n'est pas en 1844 que pour la première fois, comme on l'alléguait, les choses furent disposées ainsi. Dès 1811, ces habitudes étaient prises et le commandant s'y montra toujours fidèle. Dans toutes les maisons qui ont successivement appartenu à la famille de Clausade, il a eu son appartement déterminé, et c'est pour cela qu'en 1844 on lui proposait de choisir le premier étage dans une maison récemment acquise, ce qu'il ne voulut pas accepter, comme le justifie sa lettre. Ne dites donc pas que ses préférences avaient pour cause la mort de Mme de Falguière, décédée en 1839, puisque en fait vous savez bien que dans les vingt-huit années qui ont précédé cette mort, jamais le commandant ne descendit chez elle.

Et puis, ne voyez-vous pas combien sa conduite fut constamment en harmonie avec les affections et les penchants qui dominaient son cœur ?

Lorsque la résolution fut prise par lui de renoncer au séjour de la capitale, et de venir au sein de sa famille goûter les joies du foyer domestique dont il savait apprécier toutes les douceurs, où envoya-t-il ses meubles ?

Ils furent envoyés chez Mme de Clausade, dans l'appartement qui lui était assigné, et ils y sont demeurés jusqu'à sa mort, jusqu'au jour où Robert armé de son exécution provisoire, est venu les faire enlever.

Et lui-même quand il vient dans nos contrées, où va-t-il reposer sa tête, et quel est l'asile qui obtient ses préférences ?

N'est-ce pas dans cette même maison Clausade, qu'il est venu s'établir, qu'il a vécu, qu'il a souffert, et qu'il a terminé son existence ?

Comment donc essayer de combattre des faits, dont l'éloquence parle si solennellement et si haut ?

Et quand toutes ces choses s'accomplissent aux yeux de tout un pays, où étaient les Falguière, et quelle était leur position à l'égard de leur oncle ?

Leur nom n'est pas prononcé une seule fois. Leurs mains sont complétement vides de ces témoignages d'affection dont nous produisons les preuves éclatantes. Pas une lettre, pas un mot d'amitié ne leur a été écrit, dans cette longue période que nous venons de parcourir. Pour la première fois, ils allèguent que le commandant était assidu auprès de leur père, et que dans la maison de celui-ci, il rencontrait des amis qui refusaient d'aller le voir dans la maison Clausade. Triste et malicieuse ressource d'un système qui ne peut s'appuyer sur aucun fondement solide. Est-ce que l'on oublie que Robert, Waldemar et Louis vivaient éloignés du toit et du foyer paternel ? Que l'un soignait ses vaches à Coustalet, que l'autre jetait son argent dans les fossés en se livrant à des opérations agricoles plus ou moins bien conduites, et que le troisième était entré dans l'administration des finances? C'est le commandant lui-même qui présente ce tableau dont les couleurs n'appartiennent qu'à lui.

Et alors que restait-il dans cette maison? Le vieux Falguière, avec ses quatre-vingts ans, ses infirmités et un état de maison qui rendaient impossibles ces visites fréquentes dont on a si témérairement parlé. Mais à Rabastens tout le monde sait que dans cette maison on ne recevait personne, et que les prétendus amis, qui sur ce terrain neutre seraient venus serrer la main du commandant, ne s'y présentèrent jamais. Les habitudes du vieillard qui aurait prêté territoire pour ces rencontres inventées à plaisir, auraient suffi pour y mettre obstacle. Il n'allait pas chez les autres, et son système ne fut jamais, conséquence forcée de cette habitude, de recevoir chez lui. Ce n'est pas avec un tel homme que le commandant était jaloux d'établir des relations quotidiennes. La veuve Prim, garde-malade, affirme le contraire, nous disait-on à l'audience, et le langage de cette femme suffit pour établir que dans la maison Falguière s'établissaient chaque jour ces réunions d'anciens amis politiques, qui se refusaient à franchir le seuil de la maison Clausade!

Quoi donc! C'est à l'aide d'une femme de service, chargée de veiller à côté du lit du malade octogénaire, que l'on entend établir un fait de cette nature?

Et pourquoi n'a-t-on pas interrogé ces visiteurs eux-mêmes, qui auraient pu, ce semble, fournir des explications bien autrement précises, et dont nos adversaires se vantent d'avoir toutes les sympathies?

De telles déclarations, qu'on n'a pas osé même provoquer, auraient eu une tout autre importance : car

en être réduit sur un fait semblable au témoignage
d'une garde-malade, qui ne dit rien d'ailleurs de ces
réunions, contre l'existence desquelles protesterait la
ville entière de Rabastens, c'est confesser une pauvreté
bien grande.

Lorsque vous vous présentiez à l'enquête escortés de
MM. de Toulouse, de Carrière et Tristan de Lafitte, il
vous était facile assurément de faire un appel à leurs
souvenirs à cet égard, et vous n'avez pas osé l'entreprendre.

Personne ne se méprendra sur le motif de cette
réserve ! — C'est que si la garde-malade a vu quelquefois le commandant d'Ouvrier venir rendre visite à son
beau-frère, dans le cours de l'année 1854, la maison
de ce beau-frère n'en était pas moins solitaire et délaissée, comme la notoriété publique le proclame.

Laissons donc à l'écart ces allégations sans portée, et
disons avec assurance, que les affections du commandant étaient concentrées sur la tête du colonel son
neveu, et de M. de Clausade fils unique de sa sœur
bien-aimée.

Un refroidissement inattendu est-il venu briser ces liens
si profonds, et que leur date ancienne semblait mettre
à couvert d'un péril de cette nature ?

Pour le colonel d'Ouvrier, qu'allègue-t-on ? — Elève
de l'école polytechnique en 1830, il fut un des héros
des journées de Juillet, et ce souvenir pesait au cœur
de son vieil oncle ! — On n'a pas osé insister : mais on
aurait mieux fait encore de ne pas exhumer ce ridicule
et frivole motif. On sait maintenant combien peu étaient
ardentes les opinions politiques du commandant. Il se
laissait gourmander par M. Tristan de Lafitte qui se
plaignait de sa tiédeur, et avec son esprit élevé il appré-
ciait les choses et les hommes d'une tout autre façon.

Sa correspondance de 1847 nous en a donné la preuve,
et jamais il n'aurait pu se résoudre à sacrifier les devoirs de famille et les amitiés du sang et du cœur à
des ressentiments puisés à une source semblable.

De tels prétextes ne sont pas admissibles, et pour les
proposer, il fallait être dépourvu de ressources. Sur
ce terrain il eût été plus sage de ne pas soutenir la
lutte.

Nos armes vous étaient connues, et pourtant vous
avez persisté, comme si la correspondance tout entière
ne venait pas vous donner le plus éclatant démenti!

Depuis la première lettre communiquée, portant la
date du 6 février 1844, jusqu'à la dernière que traçait,
le 10 décembre 1854, la main tremblante du vieillard,
n'avez-vous donc pas vu déborder de son cœur les
sentiments de tendresse dont il était rempli?

Que veut-il? Quel est son désir le plus vif? — C'est
de passer auprès de ce neveu chéri les derniers jours
de son existence. Si, en 1849, ce neveu est en garnison
à Paris, malgré ses répugnances pour cette grande ville
où il a vu tomber ses amis les plus chers, le commandant se fait un bonheur d'y prolonger son séjour.

Le colonel vient-il en 1851 et 1852 en garnison à
Toulouse? L'oncle l'y accompagne et vit dans l'intimité la
plus étroite et la plus continue avec ce fils de ses affections, auquel jamais il ne fit un crime de s'être battu
à 18 ans pour la défense des libertés de son pays.

Cette cause de froideur n'est donc pas acceptable!

Vous n'osez plus parler de ses inexactitudes dans les
comptes qu'il aurait eu à rendre au commandant des
sommes perçues en exécution des procurations trans-
mises.

Ces accusations étaient un outrage, et de plus elles
étaient un mensonge!

Un outrage! — car en les formulant, vous saviez bien que le colonel était incapable d'avoir retenu contre le gré de son oncle, des titres, des valeurs, ou des sommes d'argent appartenant à celui-ci !

Un mensonge! — car les lettres du mois de novembre, et celle surtout du 10 décembre 1854, attestent que le commandant entendait gratifier son neveu du capital touché, et le laisser libre de payer les intérêts comme et quand il le jugerait convenable. Dès-lors aucune plainte et aucun ressentiment n'étaient possibles chez celui qui avait donné une faculté pareille !

Un mensonge! — car le colonel avait exigé de son oncle qu'il acceptât un billet d'une somme égale à celle touchée, et l'existence de ce billet enlevé par Robert n'est plus contestable, puisqu'elle est constatée par le modèle de codicille d'avril 1855, que les adversaires ont eux-mêmes produit au procès.

Un mensonge! — car le 12 février 1855 le commandant qui attendait avec impatience le colonel appelé avec tant d'insistance par les dernières lettres de 1854, lui communiqua le testament, et l'informa ainsi de la quote-part dont il était gratifié par cet acte suprême !

Un mensonge enfin! — car dans cette pièce insensée portant le n° 36, écrite à l'occasion du mariage de Waldemar, c'est-à-dire en février 1855, il laisse éclater cet amour qui vit encore dans son cœur malgré l'affaissement de son intelligence, et trouve quelques lignes raisonnables en parlant du bonheur qu'il aura à embrasser ce fils adoré, et à le lui dire.

Où trouver, dans cette longue période, un intervalle dans lequel on puisse placer le mécontentement et la froideur ?

Les adversaires ont été mis au défi de le faire, et à ce défi il n'a pas été répondu.

Mais le colonel marié depuis 1846 n'avait point d'enfants en 1854, et l'espérance de le voir perpétuer un nom dont son oncle était orgueilleux semblait s'évanouir. — Rien de plus naturel alors, ajoute-t-on, que de le voir se jeter dans les bras du jeune Robert de Falguière.

Quoi donc! — Est-ce que Robert était marié? — Est-ce que des enfants nés de son union étaient venus intéresser et attendrir le cœur du commandant? — Est-ce que ses faiblesses pour des personnes appartenant à une condition qui n'était pas de la sienne, devaient lui valoir l'honneur d'être considéré comme le continuateur de la famille?

C'est insensé ceci, et aucune réponse ne doit y être faite.

Mais qu'on y prenne bien garde! — A quelle époque le commandant désespérant de la lignée qui lui était promise, aurait-il effacé le nom du colonel de son acte testamentaire pour y substituer celui de Robert?

Ce n'était pas en 1848 apparemment, puisqu'alors au contraire il écrivait les dispositions dont l'exécution est maintenant demandée?

Ce n'était pas en 1850, non plus, puisqu'il venait vivre alors à Toulouse, auprès de ce neveu dont il ne se sépara qu'après une attaque terrible de la maladie qui devait abattre cette forte nature.

Ce n'était pas en 1852, car il remettait à cette époque son testament à M. Faure. Car il écrivait, à la fin de cette année et dans le courant du mois d'août, au père du colonel, sa fameuse lettre relative à l'achat des prairies contiguës au domaine de ce dernier, à qui de son vivant il voulait les transmettre.

Ce n'était pas en 1854... J'en atteste la lettre du 10 décembre!

Ce n'était pas le 12 février 1855... La communication de l'institution universelle fut faite ce jour-là !

Quand donc cette cause d'exhérédation se serait-elle emparée de son esprit ? Ce serait dans les six semaines qui séparent cette communication solennelle, du 10 avril 1855, date donnée au titre qui contiendrait cette exhérédation elle-même !

Ainsi ce serait dans cet espace de quelques jours, que cet homme dont les volontés étaient si persévérantes et si fermes, qui savait le 12 février, comme il le savait le 10 avril, que l'union de son neveu était encore stérile par suite d'accidents imprévus qui devaient entretenir les espérances au lieu de les éteindre ; ce serait dans cet espace de quelques jours que perdant ses dernières illusions, il aurait tout-à-coup pris la plume pour donner à un autre la fortune destinée à celui-ci !

D'aussi absurdes hypothèses ne sauraient faire fortune auprès des magistrats qui nous écoutent !

A l'exhérédation il n'y a point de cause ! Serait-ce le départ pour la Crimée ? — Ah ! je comprends les tristesses et les lamentations de l'oncle, quand son œil entrevoit les dangers qui vont menacer cette tête chérie ! — Mais il ne m'est pas possible d'attribuer à un égoïsme froid et intéressé les soupirs qui s'échappent de son cœur ! — C'est un indigne outrage que les usurpateurs de sa fortune auraient dû épargner à ses cendres.

C'est l'amitié la plus ardente et la plus vive qui éclate dans ses discours, et ce ne sera pas ce moment, qui aurait ravivé plutôt les sentiments de tendresse dont il était animé, que choisira son cœur pour exhéréder son enfant adoptif.

Il est des choses qui se sentent. On ne les démontre pas.

Et puis, avez-vous donc oublié que le 10 avril 1855

le commandant ignorait encore le sort et la destination de son neveu? Lisez la lettre du 22 avril 1855 à Mme Waldemar, lettre qui accompagne le projet du codicille daté du mois de mai, et vous y verrez la recommandation de ne pas communiquer à l'oncle le commandement dont le colonel vient d'être investi.

Le billet du colonel à Mme Waldemar sa nièce, portant la date du 4 avril, ne peut plus être opposé comme contraire aux énonciations de la lettre du 22. L'erreur de date est démontrée. Elle résulte des précisions mêmes que ce billet renferme. Le colonel y dit effectivement qu'il partira le mardi 15 du courant pour embrasser sa mère à Béziers, et le 15 du mois de mai est réellement un mardi, tandis que le 15 d'avril en 1855 était un dimanche. D'après la teneur de ces deux lettres successives, il faut bien d'ailleurs qu'il en soit ainsi. Le colonel ne pouvait pas écrire le 4 avril à sa nièce, que le vieil oncle l'informerait du commandement dont il était investi à l'armée d'Orient, alors que dix-huit jours après, c'està-dire le 22, il l'aurait prié de ne faire aucune communication à ce même oncle dont il voulait ménager la sensibilité. En rétablissant les dates, tout devient simple et s'explique sans effort. Le 22, le colonel, qui vient d'en être informé à l'instant, donne avis à sa nièce de son prochain départ pour la Crimée. Il veut que cette nouvelle, qui doit attrister le cœur du vieillard, demeure secrète jusqu'à ce qu'il juge convenable de la lui confier. C'est dans les premiers jours du mois de mai que cette confidence est faite, et alors, le 4 de ce même mois, est écrit le billet qui annonce à Mme Waldemar dont la discrétion ne devra pas se démentir, qu'elle apprendra par son oncle une chose que pourtant elle a su la première.

L'évidence de cette rectification de date était trop saisissante pour ne pas être acceptée.

On est donc bien tenu de reconnaître que les périls qui attendaient le neveu préféré en Orient n'ont pu être à leur tour d'aucune influence sur les résolutions du testateur qui n'en avait pas même connaissance, à l'heure où sa plume aurait écrit les dispositions testamentaires dont on se prévaut.

Ne dites plus au légataire exhérédé : Vous alliez à la gloire sans vous inquiéter de la situation de l'oncle qui vous avait assuré sa fortune, et celui-ci, tourmenté de la crainte de voir cette fortune tomber dans des mains étrangères, a fait choix d'un autre héritier. Cette dernière ressource vous manque encore, et les dates viennent ruiner toutes vos combinaisons.

De là résulte invinciblement que l'exhérédation n'a point de cause, et que le testament qui est dans vos mains demeure toujours inexplicable.

Faut-il maintenant répondre à la considération puisée dans l'absence de toute libéralité entre vifs, souscrite par le commandant en faveur du colonel son neveu ?

De quelle importance peut être une observation de cette nature ? Est-ce qu'on est en droit d'en induire que la prédilection du commandant était une chimère, et ses témoignages de tendresse une tromperie ou un mensonge ? On n'a pas craint de plaider avec une insistance singulière, comme si ce fait était la preuve de la froide insensibilité dont on a fait tant de bruit, et un argument à l'appui de l'institution de Robert.

Où a-t-on vu d'abord que jamais la demande d'un don entre vifs eut été adressée au commandant ? — Le Tribunal lira la lettre de 1844, et l'examen de cette pièce fera justice de l'allégation.

Quel est d'autre part le motif pour lequel il n'est pas intervenu d'une manière active dans le contrat de mariage de son neveu? — Est-ce son éloignement qui en a été cause, ou bien lui répugnait-il en 1844 de se dessaisir d'une partie de sa fortune? — Je ne le sais. Mais ce qui paraît hors de toute controverse, c'est que à cette époque même ses dispositions de dernière volonté étaient écrites, et qu'une large part était assurée au colonel.

Ce qui est certain encore, c'est que le commandant écrit avec une précision et une gravité qui ne permettent à personne de révoquer en doute la sincérité de son langage, et que supposer ce langage menteur ou hypocrite serait faire à son honneur la plus odieuse des injures.

Ce qui démontre enfin combien serait téméraire une semblable supposition, c'est que dans un second testament il a déposé l'expression de cette même volonté, et qu'en présence de l'acte de 1848, toutes les insinuations, toutes les réticences, et toutes les perfidies doivent s'évanouir.

Ajoutons, pour terminer à cet égard, que si le commandant ne vint pas dans le Midi pour assister en 1846 au mariage de son neveu, c'est parce que celui-ci devait quelques jours après aller passer un mois à Paris où il était attendu par son oncle. Ce voyage fut réalisé; et les jeunes époux furent accueillis avec la bienveillance et la tendresse dont alors comme depuis il n'a cessé de leur donner les plus éclatants témoignages. — Dénier ces choses est plus qu'une maladresse, c'est un acte de mauvaise foi.

Mais M. de Clausade n'aurait-il pas encouru l'animadversion et le légitime courroux de son oncle?

Pourquoi donc aurait-il démérité?

Dans l'origine vous aviez dit que désertant le drapeau légitimiste en 1847, il avait perdu ses titres à l'affection

du vieux soldat qui après la révolution de Juillet avait
brisé son épée!

C'était toujours l'homme politique qui étouffait en
lui les sentiments et les affections de l'homme privé.

N'était-ce pas à ces idées premières qu'involontairement vous retourniez, lorsque vous rappeliez à l'élève
de l'école polytechnique sa participation aux journées de
Juillet?

Mais on vous a répondu que le testament est de 1848,
c'est-à-dire postérieur à cet abandon du drapeau de la
légitimité dont vous nous fesiez un crime.

On vous a répondu qu'en 1849, et malgré son attitude si blâmable, s'il faut en croire les sévérités de
votre langage, la correspondance est là pour établir
que Gustave de Clausade était à Rabastens le seul
homme de confiance, et le seul représentant de son
oncle.

La lettre de M. Lapalme écrite à une époque non
suspecte, est venue faire justice enfin de vos déclamations.

Ce terrain si commode n'était plus tenable pour
vous... il a fallu l'abandonner.

Avez-vous été plus heureux dans vos nouvelles inven-
tions?

Le commandant n'est plus ce puritain farouche dont
vous nous présentiez autrefois le sombre portrait.

C'est un homme, vous le reconnaissez, qui s'accom-
mode très bien des idées nouvelles, qui parle sans
beaucoup de révérence d'une compagnie célèbre à
laquelle il ne paraissait pas accorder de bien vives
sympathies, et qui par conséquent serait porté à l'indulgence envers ce neveu dont les opinions lui sont
assez indifférentes.

Mais ce qui l'a profondément irrité d'après vous,

c'est ce vide qui à Rabastens s'est fait autour de lui...
Ses vieux amis, ses anciens compagnons d'armes n'ont
pas voulu le voir dans la maison de M. Gustave de
Clausade, et alors ses colères ont éclaté et l'exhérédation est venue !

Dans cette voie, vous ne serez ni plus heureux ni
plus sincères !

Lisez d'abord la déposition de M. de Toulouse, et
voyez s'il hésitait à venir voir le commandant dans la
maison Clausade. C'est vous qui l'avez fait entendre,
et les faits qu'il rapporte démentent vos odieuses accusations.

Et puis, vous oubliez donc que si le testament de 1848
vous a prouvé que la candidature de 1847 n'a pas
réfroidi l'amitié du commandant pour M. de Clausade,
le dépôt du testament en 1852 chez Me Faure, prouve
que votre seconde explication n'a pas non plus la moindre valeur.

Vous oubliez enfin que la communication du testament
au colonel *le 12 février* 1855, et sa confirmation à
ce moment suprême font tomber toutes ces déclamations aventureuses, inventées par l'intérêt, et propa-
gées par la calomnie.

Il ne vous restait plus qu'à alléguer méchamment, et
avec la certitude de la fausseté de cette dernière assertion, qu'en 1848 M. de Clausade aurait été Commissaire de la République à Rabastens, sur la désignation
du Commissaire de Gaillac, qui se nommait Estenave !

Où veut-on en venir avec ce système de dénigration
et de haine ?

Le but de l'invention est facile à comprendre. On se
trouve en présence d'une exhérédation sans cause, et
l'on essaie alors, pour relever un système inadmissible,
de jeter, sur les affections si peu équivoques du com-

mandant, des ombres ou des incertitudes qui puissent
permettre de franchir cette barrière, la plus insurmon-
table de toutes au point de vue de la moralité du
procès.

On avait tenté aussi, sous l'inspiration de cette même
pensée, de soutenir que M. de Clausade, repoussé par
le commandant, n'avait jamais été investi de la gestion de
sa fortune. A cette allégation téméraire, il a été répondu
encore par des documents sans réplique. La liasse des
lettres, à partir du n° 8 jusqu'au n° 14, démontre
qu'à Rabastens le commandant ne voulut jamais avoir
d'autre représentant que celui-là. C'est par ses soins
que les capitaux de Paris furent placés dans le pays
où l'oncle venait désormais fixer sa résidence, et lorsque le mandataire était absent, c'était à sa sœur, c'était
à sa mère que l'on fesait appel ; mais pour cette opération
importante qui exigea des actes si nombreux, le concours
des Falguière ne fut pas réclamé une seule fois. La
déposition de M. Faure, notaire, auquel le commandant ne cessa d'accorder la confiance la plus absolue, met en relief cette participation constante et active
de M. de Clausade, qu'établit d'ailleurs si bien la correspondance.

Si on lit les lettres si affectueuses du 10 octobre 1844,
(n° 4), du 8 janvier 1847 (n° 5 bis, et n° 5 ter) ; la
lettre si pleine d'effusion du commandant à sa sœur
préférée, du 22 avril 1848 (n° 5), et celle enfin du
21 mars 1851 (n° 6), on verra que les préférences du
commandant ne pouvaient être douteuses, et que le
seul intermédiaire qui pût être désigné pour accomplir
la translation de sa fortune dans le Midi où il venait se
fixer, est justement celui qui a été l'objet de cette préférence.

Et puis, ce qui tranche le débat, c'est qu'en dernière

analyse le vieil oncle, qui a fait porter chez sa sœur les meubles de son appartement de Paris, est venu chez elle également chercher les soins et le repos qu'exigeaient les infirmités qui affligèrent les dernières années de sa vie.

Cette demeure où il fut entouré jusqu'à la fin de ses jours d'une sollicitude et d'une tendresse que ne purent refroidir ni les dégoûts, ni les ennuis qui étaient le triste cortége de ses souffrances, il l'avait choisie dans la force de l'âge, il s'y était fixé quand il était encore en pleine possession de sa volonté et de son intelligence, et la mort seule l'en a fait sortir.

En présence d'un fait aussi éloquent, est-il possible de se méprendre sur les sentiments qui animaient son cœur? N'écrivait-il pas en quelque sorte son testament tous les jours; et n'y aurait il pas eu ingratitude et une sorte de perfidie à effacer de cet acte solennel le nom de ceux qu'il avait institués avant même d'entrer dans leur maison et dans leur famille ?

C'eût été une souillure pour la mémoire et l'honneur du commandant, et cette souillure il ne l'a pas méritée.

Nous ne dirons rien de l'appréciation blessante que l'on a faite, au nom des défendeurs, du testament de 1848. C'était, s'il faut les en croire, un acte de joyeux avènement, une promesse fallacieuse que le commandant laissait échapper de ses lèvres dans ses égoïstes combinaisons, pour obtenir des égards et des soins qui sans cela ne lui auraient pas été accordés. Ainsi il payait par le mensonge le dévouement affectueux qu'il était venu chercher dans la maison Clausade.

C'est jeter l'opprobre et la honte sur la mémoire d'un homme, que de lui prêter ces indignes pensées. Le commandant n'a permis à personne de le traiter avec une telle insolence. Le célibataire au cœur dur, dont on a fait un avare sordide, a répandu dans sa correspondance toutes les délicatesses de son âme. Le Tribunal voudra bien lire les lettres de novembre et de décembre 1854 ; il lira aussi celle du 21 avril précédent, et il y verra si l'amour de l'or avait seul le privilége d'éveiller ses émotions. A son neveu le colonel, dans la correspondance qui vient d'être rappelée, il fesait spontanément l'abandon du capital et des intérêts des valeurs industrielles qui venaient d'être vendues. Aucunes prières, aucunes sollicitations ne l'avaient convié à cet acte de générosité qui indique si bien de quel côté penchaient ses affections et ses tendresses. Les lignes qui accompagnent le bienfait sont en outre précieuses à retenir. Elles établissent son désintéressement de toutes choses, et répondent victorieusement à l'avarice dont on l'accuse. Je n'ai besoin de rien, s'écrie-t-il : le capital, je veux que tu le gardes ; et pour les intérêts, tu les serviras à ton aise, sans avoir besoin de te préoccuper de leurs échéances. Est-ce dans ces termes que se serait exprimé l'être sordide dont vous avez crayonné le portrait ?

Restituons dès lors, restituons à cette grave et simple physionomie les traits qui lui appartiennent, et ne le transformons pas en un spéculateur de bas étage qui montre à des parens avides un testament trompeur pour payer avec cette fausse monnaie le bon accueil qu'il sollicite.

L'invention, du reste, n'a pas été heureuse !

A qui donc aurait-il tendu ce piége ridicule ? — A son neveu le colonel ! — Mais il ne lui communique l'institution dont il l'avait gratifié, que le 12 février 1855, époque à laquelle depuis bientôt trois ans il était installé dans la maison Clausade. — Quel retour d'ailleurs pouvait-il se promettre d'un officier que les devoirs de sa position militaire tenaient éloigné de lui ? — A son égard, la supposition est simplement absurde.

Serait-ce la famille de Clausade que son dessein aurait été d'entretenir de fausses espérances ?

Mais à celle-là justement il n'a fait de communication d'aucun genre. Son testament est demeuré mystérieux pour elle. Le colonel d'Ouvrier seul avait été initié aux secrets et aux pensées intimes de son oncle. Où donc est la spéculation, et où est le mensonge ? Et voilà pourtant à quels écarts, à quels outrages, et à quelles combinaisons malheureuses, entraînent les nécessités d'une défense impossible, et le besoin d'expliquer des choses inexplicables !

Il aurait mieux valu, en vérité, faire l'aveu de son impuissance.

On le voit donc : rien n'était plus grave, plus sérieux, et plus solennel que l'acte testamentaire de 1848. Jamais dispositions ne se présentèrent plus dégagées de cette pression et de ces insistances qui bien souvent assiégent les derniers jours des mourants, ou les infirmités de l'intelligence qui s'affaisse. C'est dans sa liberté et dans sa force que le commandant a écrit cette œuvre solennelle, expression de sa volonté et des sentiments que durant sa vie entière il a nourris dans son âme : la Justice peut la sanctionner sans crainte. C'est bien la loi que le vieillard a entendu dicter à sa famille.

Robert de Falguière se montre à nous toutefois porteur d'un autre testament qui l'investit et qui nous dépouille.

De cause à l'exhérédation il n'en existe pas, comme on vient de l'établir ; mais Robert de Falguière a-t-il, par de longs soins, et une assiduité qui contrastait avec la froideur des deux neveux préférés, conquis sur le cœur de son oncle un empire et des droits légitimes ?

On a bien compris que cela était nécessaire pour rendre vraisemblable et sérieuse l'institution dont il s'arme contre nous.

Parler de ces caprices étranges, de ces legs imprévus, que recueillent les annales des bizarreries de notre pauvre nature, n'est pas accepter la discussion avec résolution et franchise. Le commandant était un homme positif et sérieux, dont toute la vie proteste contre la possibilité d'un écart de ce genre. S'il lui fût échappé, c'est que son intelligence aurait été perdue, et sa raison éclipsée.

Il faut donc se résoudre à faire le sacrifice de ces généralités sans valeur, et essayer de trouver à l'institution une cause réelle.

On l'a compris, et quoique avec regret il a fallu nous suivre sur ce difficile terrain. Qu'était donc Robert pour le commandant qui l'aurait gratifié de toute sa fortune?

Ses antécédents ne plaidaient guère en sa faveur, et son éducation incomplète, ses habitudes dont on nous révélait certains détails à la dernière audience, le relâchement de ses mœurs, rien de tout cela n'était de nature à lui conquérir les tendresses du testateur.

A quelle heure d'autre part veut-on le faire paraître sur la scène, et appeler sur lui les regards de l'ancien soldat qui va lui donner toute sa fortune?

Ce serait en mai 1854, au moment où M. de Falguière parvenu à l'âge de quatre-vingt-un ans fut frappé d'une attaque d'apoplexie qui, en l'absence de tous les siens, vint le frapper dans son lit où le matin il fut trouvé mort par ses domestiques.

Les lamentations de Robert, quand il arriva, furent si vives et si émouvantes que le commandant, qui les entendait, lui adressa des paroles de consolation et d'amitié.

Voilà le point de départ de cette tendresse improvisée qui, au bout de quelques mois, aurait amené une institution universelle.

C'est pour donner à ce tableau une sorte de couleur dramatique que l'on suppose que le commandant ne connaissait pas encore Robert. Il était établi à Rabastens depuis deux ans, et il n'est pas admissible que durant un intervalle aussi long, ce neveu auquel étaient réservées des destinées si brillantes, se fût dérobé à ses regards. Il était parfaitement connu de lui ; et de là même venait son indifférence.

Cependant il est vrai que Robert n'habitait pas Rabastens. Comme nous l'apprennent le témoin Gaubert et M. de Sagnes, il résidait à Coustalet, propriété de son père dont l'administration lui avait été confiée, et qui le retenait loin de sa famille. De son oncle d'Ouvrier, il s'occupait fort peu. La pensée de s'emparer de sa fortune ne s'était pas encore présentée à son esprit. Pour réaliser un dessein aussi hardi, il fallait attendre que la raison fût éteinte.

Et quant à la scène des lamentations dont la femme Prim a rendu compte, un esprit grave ne saurait l'accepter ni comme un témoignage d'affection, ni comme une promesse. Ces deux hommes, la veille, étaient entièrement étrangers l'un à l'autre. Si des liens de parenté les unissaient, à ces liens n'était venue se joindre aucune des relations habituelles de la vie qui font les amitiés et qui en amènent les témoignages. Les paroles que l'oncle fait entendre n'ont d'autre but dès lors que d'apaiser une douleur exagérée, dont l'éclat exige son intervention, et qu'il blâme aussitôt dans son entretien avec la garde-malade.

Maintenant, a-t-il dit, comme le rapporte cette dernière, calme-toi, je ne t'oublierai pas ? — Le mot *oublier* est-il surtout sorti de sa bouche ? — Je ne le sais : mais il est difficile de croire que la Femme Prim qui le rapporte, en ait quatre ans après conservé un souvenir fidèle, sans qu'aucun intérêt lui fît un devoir d'en fatiguer sa mémoire. Il est bien permis de croire à la possibilité d'une erreur ; et quand c'est sur ce mot seul qu'on bâtit un système, le fondement n'en paraît pas très solide.

Dans la situation qui nous est décrite, des consolations se comprennent, mais il n'y a pas de place pour autre chose, et aussi ce sont des consolations qui ont été simplement données.

N'insistons pas davantage !

Que deviendra Robert après l'événement qui vient d'affliger sa famille ? — On s'occupe du partage : et c'est en septembre 1854 que les trois frères d'accord en arrêtent les bases. Pour lui son lot consiste en sommes d'argent, et de la sorte il n'est plus enchaîné par les liens pesants d'une exploitation agricole. Ses revenus sont considérables, et son dessein est de venir fixer sa résidence à Toulouse. Une telle résolution qui devait l'éloigner du commandant, par la plus étrange des contradictions, va-t-elle lui gagner sa tendresse ? Il n'est personne qui ose le prétendre ; et chose essentielle en outre, c'est que le commandant en a eu connaissance, et qu'il le dit au colonel dans sa lettre du 25 septembre de cette même année 1854. Est-ce en présence d'une éventualité de cette nature que va naître cette amitié inattendue qui, dominant toutes les facultés aimantes de cet homme, effacera les sentiments de sa vie tout entière, et lui fera oublier jusqu'aux plus vulgaires devoirs de la reconnaissance ?

A l'âge où il est parvenu, lorsque la vieillesse, les infirmités, et les douleurs ont refroidi la chaleur de l'âme, de tels enthousiasmes ne sont guère admissibles, et chez le commandant surtout dont le caractère était si froid et si positif, au dire des parties adverses, on ne saurait aisément y croire. Pour y croire d'ailleurs il faudrait une cause, et l'on vient de voir que la seule qui s'est produite aurait amené un éloignement plutôt que tout autre chose.

Aussi dans les temps qui ont suivi cette scène funèbre on n'a pas pu saisir un seul mot qui soit venu constater cette transformation accomplie dans les sentiments du testateur.

Après de longs soins, et des efforts surhumains ; grâce à l'influence exercée sur une partie de la population de Rabastens, et à l'exploitation de quelques hostilités aveugles dirigées contre M. de Clausade , qu'a-t-on obtenu ?

Deux témoignages sans portée , et dont la timide réserve contraste avec l'unanimité, la franchise , et la netteté des dépositions qui sur ce point ont été produites par les demandeurs.

C'est d'abord M. Darmagnac , qui à une époque qu'il ne peut pas déterminer a entendu le commandant lui dire : *C'est un bon petit garçon que ce Robert*. Que conclure de cette parole banale que l'on applique à tout le monde , et qui n'est qu'un lieu commun dont la formule consacrée par l'usage , se retrouve au besoin dans la bouche de chacun de nous ?

Est-il sérieux d'y voir un signe précurseur de l'institution universelle qui déjà lui serait destinée ? — On ne le prétendra pas. Et pourtant c'est avec de telles futilités qu'on tente d'expliquer et de justifier cette institution elle-même.

Puis se présente M. de Toulouse , qui dans le temps où le commandant se promenait seul , aurait eu avec lui une conversation relative aux libéralités qui doivent être faites aux parents dont la tendresse nous aide à supporter le poids de la vie. Le commandant ne fit aucune réponse à cette ouverture dont la curiosité aurait été le seul mobile. Toutefois il en aurait gardé mémoire , et quelques jours plus tard, Robert qui l'avait recueilli de la bouche de son oncle aurait fait part à l'interlocuteur de l'impression produite par sa tentative.

De ce récit sur lequel on a insisté longtemps, que peut il résulter ? — La volonté d'instituer Robert ! — Et pourquoi ? — Parce que le vieillard n'a pas répondu aux questions de son ancien compagnon d'armes ? Ce serait rendre en vérité le silence par trop éloquent et par trop fécond. Aussi n'est-ce pas l'argumentation que l'on propose. Mais on dit que le commandant, en fesant choix de Robert pour lui rendre compte de l'entretien qu'il avait eu, témoignait ainsi de sa confiance dans le jeune homme et laissait entrevoir ses intentions futures. — Quel art et quelle habileté il n'a pas fallu pour découvrir tant de choses sous l'enveloppe de ce fait qui pour les intelligences ordinaires serait passé inaperçu !

Et d'abord qui vous a dit que Robert ait été le seul confident de l'entretien de M. de Toulouse ? — Est-ce que l'enquête le constate, ou bien en a-t-on trouvé la preuve dans des documents étrangers à l'enquête ? En aucune sorte. Et c'est en dénaturant ou en exagérant la portée de ce témoignage que l'on arrive aux conséquences extrêmes qu'exigent les nécessités de la cause. Mais si l'on avait pu prévoir qu'un incident de cette nature pût devenir si grave dans les mains de nos Adversaires, il aurait été facile d'établir que la tentative un peu étrange de M. de Toulouse avait plusieurs fois égayé le salon de M. de Clausade, et que Robert l'avait recueilli dans ce salon même. Le commandant n'en fesait pas mystère et on ne comprendrait pas le motif qui l'aurait engagé à réserver la confidence pour un seul membre de la famille. Il trouvait plaisante l'ouverture de son vieil ami, et il en riait avec tout le monde. Rien de plus légitime, et aussi rien de moins important que cette conversation dans laquelle on essayait d'entrevoir le germe du legs universel que l'on est condamné à défendre.

Et voilà néanmoins tout ce qu'ont pu les MM. de Falguière pour répondre à cette première nécessité du débat. N'est-il pas manifeste qu'ils ont été frappés d'une complète impuissance ?

Ce serait vainement encore que l'on voudrait chercher l'explication du testament de Robert, dans les soins affectueux qu'il aurait donnés à son oncle.

M. Béringuier nous apprend que ses soins n'ont commencé qu'après son retour de Paris, c'est-à-dire en décembre 1855, et comme l'acte auquel il faut donner une cause porte la date du 10 avril 1855, cette considération ne saurait être invoquée.

Remarquons de plus que ce médecin, qui était l'ami et le confident naturel du vieillard, ne l'a jamais entendu parler de ce neveu, tandis que ses sentiments de tendresse pour le colonel d'Ouvrier et Mme de Clausade sa sœur éclataient à tout instant.

Mais du reste, comment concevoir que, de la fin de septembre 1854, date de la lettre du commandant annonçant la résolution de Robert qui doit fixer son séjour à Toulouse, jusqu'au 10 avril 1855, ce jeune homme soit parvenu à s'emparer de l'affection du testateur au point d'obtenir une institution universelle ?

Jusqu'au 10 décembre 1854, la correspondance du commandant nous a appris que loin de se refroidir sa tendresse pour le colonel est plus ardente et plus vive. Il est en proie à de cruelles souffrances ; il sent que la vie va lui échapper, et au milieu de toutes ses préoccupations et de toutes ses douleurs, il devient plus expansif et plus sensible. La communication du testament est annoncée dans ce dernier écrit de la façon la moins équivoque.

Robert n'a donc pas supplanté encore ce neveu de prédilection.

Nous entrons dans l'année 1855.... Quels sont les

événements qui tout d'abord se présentent à nous ? — C'est le mariage de Waldemar Falguière avec Mlle Marie de Mus, et ce mariage auquel, dit-on, le commandant a concouru, n'appellera pas sans doute ses libéralités sur le jeune célibataire qui y demeure tout à fait étranger !

En effet, le commandant persiste dans ses intentions et les donne à lire au légataire lui-même.

Ainsi nous arrivons jusqu'à la fin du mois de février.

Puis se déclare cette attaque terrible du 2 mars qui fit craindre pour ses jours, et provoqua l'apparition de l'état automatique, selon le langage du docteur Béringuier !

Qui le soigne, et qui l'entoure durant ce mois tout entier ? — Est-ce Robert ? Personne n'a encore prononcé son nom, et pas un témoin ne vient raconter ni son dévouement ni son zèle. Ecoutez le médecin, et il vous donne une réponse énergiquement négative.

Mais autour du vieil oncle, je vois Mme de Clausade, Mlle Louise de Clausade, dont la constante sollicitude ne recule devant aucune fatigue ; Mme de Mus, Mme Waldemar, en un mot toute la famille que le récent mariage avait appelée à Rabastens.

Il n'y avait pour ainsi dire pas de place pour Robert.

Et lorsque le commandant a des titres industriels à envoyer au colonel, c'est la main de Mme de Mus, sœur du neveu préféré, qu'il emploie, et non celle de Robert.

Nous voici maintenant arrivés avec la correspondance de la famille et avec les témoignages jusqu'au mois d'avril 1855, et le nouveau légataire universel qui va être investi de toute la fortune du testateur, n'a pas encore paru.

Dites-moi donc quels sont ses titres, quels sont ses droits, quelle est la cause de l'anéantissement de ces dispositions antérieures que le commandant traçait encore

il y a un mois à peine d'une main ferme quoique défaillante, et si à cette question redoutable il vous est impossible de trouver une réponse, confessez votre impuissance
et reconnaissez avec nous que l'acte dont vous êtes
porteurs est le résultat d'un crime ou d'un dol audacieux,
auquel la Justice ne peut ni ne doit prêter son concours.

Toutefois on veut saisir, en mars 1855, un fait qui
révèlerait déjà l'influence acquise par Robert sur l'esprit
du commandant.

Quand on sentit la nécessité d'attacher un domestique
à sa personne, Mme de Clausade fit appeler Lordat, et
après s'être entretenue avec lui, le renvoya à Robert pour
débattre le chiffre du salaire qui lui serait accordé. Vous
le voyez, dit-on, le jeune homme se montre, et son
intervention dans les affaires du commandant se trouve
officiellement reconnue par un membre de sa famille !

Quelle puérilité que d'argumenter ainsi, et comme
votre embarras doit être grand pour trouver un motif
à l'exhérédation des uns, et à votre institution personnelle !

Qui donc vous envoie Lordat ? — Est-ce le commandant ? Il gisait dans son lit frappé de cette stupeur qui
effrayait si profondément toute sa famille, et que décrit
si bien la correspondance contemporaine. Le choix du
domestique était fait à son insu, et sans même qu'on lui
demandât son adhésion. Il n'a donc pas pu faire acte de
confiance à l'égard de Robert.

C'est Mme de Clausade qui l'avait désigné : sachant que
Robert le connaissait beaucoup, elle envoya le domestique
futur à ce dernier pour fixer le salaire qui devait être
d'ailleurs soumis à l'approbation de la famille.

Mais c'était comme ayant de l'influence sur ce dernier,
et non pas à cause de l'affection du commandant pour lui,

que cette mission lui avait été donnée par sa tante.
Aussi son rôle unique fut son entretien avec Lordat ; et
quand il fallut déterminer le mode de paiement du
salaire promis, Robert s'effaça comme il devait le faire,
et l'héritier futur, c'est-à-dire le colonel, paya le sup-
plément dont la promesse même fut cachée au vieil
oncle.

Etait-ce donc le cas de s'écrier d'un air victorieux que
Robert se montre sur le premier plan, et que sa situation
grandit et s'élève !

Et tout cela parce que sur la recommandation de sa
tante il parle à un domestique que lui envoie celle-ci, et
qu'un autre va payer.

C'est de la dérision !

§. II.

Le testament produit par les Adversaires est matériellement faux, la main du commandant n'a pas tracé les
mots essentiels qui constituent l'institution. Dans tous
les cas, la date en a été altérée par une main criminelle.

Sur ces propositions diverses, les observations qui
seront soumises au Tribunal devront être d'une concision extrême. La pièce sera sous ses yeux, et l'examen
de son état matériel suffira pour édifier la conscience de
nos juges.

On voudra bien remarquer tout d'abord le soin avec
lequel le faussaire a réduit à quelques mots, ou quelques
signes seulement, un acte de cette gravité, qui destiné à
recevoir le dépôt des volontés dernières de son auteur,
est entouré en général de la solennité qu'impose à
notre âme la pensée que nous écrivons sur la pierre du
tombeau qui va recevoir notre dépouille. Dans une telle

situation, l'homme involontairement se recueille, et son écrit porte l'empreinte de ce recueillement. Ainsi ne procède pas celui qui par un acte menteur veut conquérir une succession que la volonté du mourant lui refuse. Pour échapper au châtiment suspendu sur sa tête, il faut restreindre dans un cadre étroit l'institution qu'il se donne. Et alors la sécheresse de la rédaction deviendra une condition de succès. Aussi l'expérience nous apprend qu'il n'est pas un seul testament falsifié qui n'ait été contraint d'obéir à cette loi suprême.

Ce premier indice n'est pas sans gravité.

On a voulu le combattre en fesant remarquer qu'un codicille avait été ajouté à l'institution première, et que cette addition inutile proteste contre l'existence d'un crime, car on s'exposait par ce labeur nouveau à des périls que la prudence la plus vulgaire commandait d'éviter.

La réponse est facile ! — Le codicille était une nécessité. Effacer complétement de l'acte testamentaire le nom de Mme de Clausade et celui du colonel, était une entreprise qui a effrayé le fabricateur de cet acte, après que son œuvre a été accomplie.

Aussi et après coup, avec une encre différente, et des lignes tracées au moyen d'un crayon mieux taillé que celui dont on s'était servi pour le corps de l'acte, on a fabriqué ce codicille qui se compose seulement de quelques mots dont l'addition devait être plus avantageuse que préjudiciable.

Ainsi au point de vue moral on croyait sauver l'institution.

Ainsi au point de vue matériel on la conservait tout entière, car le vice de forme dérivant du défaut de date en annulait les conséquences pécuniaires.

Ce résultat n'aurait pas pu être obtenu si les deux

legs particuliers eussent été insérés dans le corps du testament.

Qu'on n'insiste donc plus pour essayer de déduire de ce fait, qui était une nécessité impérieusement commandée par les affections trop connues du commandant, la sincérité du testament que l'on nous oppose.

Et maintenant, soumettons à une étude spéciale la charpente de cet acte, si l'on peut parler ainsi, et les mots divers que l'on y rencontre.

En ce qui touche la charpente, voyez avec quel art le fabricateur a gardé, pour les jeter à la fin de la première et de la seconde lignes, les mots *héritier universel*, et les mots *testament antérieur*.

Voyez en second lieu l'espace considérable laissé entre la seconde ligne qui contient l'institution, et la quatrième indiquant la date et le lieu où l'acte a été fabriqué.

Pourquoi cet intervalle si peu proportionné avec celui qui sépare les deux premières lignes entre elles ? N'était-ce pas un blanc qui avait été ménagé dans l'origine et auquel on avait donné des dimensions trop grandes ? — L'œil le moins soupçonneux, en considérant les choses diverses qui se dégagent de l'ensemble de cet écrit, ne peut se défendre d'une impression fâcheuse.

Ce n'est pas sur un lambeau de papier tel que celui-là que pouvaient être déposées les volontés dernières du commandant !

Que l'on examine encore la ligne qui contient la déclaration que le testament a été fait, écrit, daté, et signé par son auteur, et l'on sera frappé des tâtonnements que signale l'espace considérable laissé d'abord entre les premiers mots qui appartiennent à cette ligne, et la nécessité où l'on s'est trouvé bientôt de serrer l'un contre l'autre les mots qui la terminent. Le papier allait manquer au faussaire pour les y faire contenir, et aussi les deux derniers *ma main*, vu le défaut d'espace, n'en ont formé qu'un seul.

Ceci est d'autant plus remarquable que les habitudes du commandant étaient de laisser presque toujours un blanc à la fin de la ligne : l'écriture n'arrivait pas jusqu'au point où le papier finit.

Comment se fait-il donc que cet acte, que les considérations morales de l'ordre le plus élevé repoussent comme indigne de foi, se présente dans des conditions matérielles si étranges.

Que le Tribunal veuille bien maintenant fixer son attention sur l'état matériel des mots dont il vient d'être parlé. Ils portent tous des traces saisissantes de retouches, de repasses, de surcharges, qui accusent le travail pénible et délicat auquel ils ont été soumis. Les mots *héritier universel* de la première ligne, ceux *testament antérieur* de la seconde, et enfin celui *testament* de la troisième, sont tous dignes d'éveiller la sollicitude de la Justice. — Quand ont-ils été tracés ? Est-ce après un lavage qui a fait disparaître l'écriture antérieure ? d'où vient le bavochage que l'on y remarque ? — Les experts ne nous l'ont pas dit. Ils ont été bien frappés de ces lettres *bavochées*, qui au premier aspect étonnent et affligent ; mais pour cela seul que le papier n'aurait pas subi de *grattage*, ils ont cru pouvoir émettre l'avis qu'une écriture nouvelle n'a pas été substituée à l'écriture antérieure. Comme si le grattage, qui laisse après lui des traces si faciles à constater, était le seul moyen dont se servent les faussaires pour l'exécution de leurs desseins !

N'eût-il pas été plus prudent et plus sage d'employer les réactifs que la science indique pour faire revivre les écritures que les agents chimiques auraient pu faire disparaître ?

Disons-le sans crainte : l'expertise a été incomplète, et de l'absence du grattage elle a conclu à la vérité des mots essentiels d'un acte que dénonçait sa contexture matérielle, et qui pour ce motif même aurait dû être l'objet d'épreuves plus sérieuses.

Et puis, si l'on examine le mot *testament*, de la troisième ligne, la conviction devient plus irrésistible et plus puissante. Il n'est pas une seule lettre de ce mot repassé et bavoché comme les autres qui réponde aux habitudes du commandant. Le *t* du milieu, le *m* qui le suit, et enfin le *t* final ont été tracés et dessinés par une main autre que la sienne, car jamais sa main n'en a tracé ni dessiné de semblables.

Or, si une main criminelle est intervenue, et a laissé son empreinte sur cette partie de l'acte ou sur tout autre, c'en est assez pour que l'œuvre coupable produite par Robert soit annulée. Cet acte ne remplit plus effectivement la condition impérieusement prescrite par la loi, d'être écrit en entier de la main du testateur.

Aussi notre Adversaire se méprenait-il étrangement, lorsque d'une voix triomphante il s'écriait : Mais vous n'incriminez dans mon acte que quelques mots, quelques lettres insignifiantes, et en laissant subsister les parties que votre silence protége, vous confessez nécessairement que la main du commandant l'a écrit, et si sa main l'a écrit il n'a pu vouloir faire qu'un acte de dernière volonté.

La question ne doit pas être posée dans ces termes. Je vous dis, moi, que cet acte est faux, et que je le repousse dans toutes ses parties. J'ajoute que parmi les mots qui le composent, il en est dont la fabrication criminelle est plus facile à saisir, et c'est aussi sur ceux-là que j'insiste avec le plus de force. Je remarque qu'ils sont précisément ceux que la main du commandant, si elle eût été intelligente, n'aurait jamais tracés, et j'en conclus à bon droit que ma dénégation emprunte à cette circonstance une autorité nouvelle. Enfin je vous fais remarquer qu'un seul mot, une seule lettre jetée dans cet acte par une autre main que celle du commandant, entraîne nullité, et qu'en prouvant dès lors que les mots relevés dans mes critiques, que les lettres signalées dans mes observations ne sont pas son œuvre, j'ai satisfait à toutes les exigences de la loi.

Mon système est donc à la fois logique et légal, et le fait matériel se dénonçant lui-même à l'œil de l'observateur le moins attentif, son triomphe est assuré.

Il est un dernier mot appartenant à l'acte incriminé qui mérite une attention spéciale. C'est le mot *cinq* qui termine la date. Son importance n'a pas besoin d'être relevée. Si une intervention coupable l'a altéré, cette intervention seule suffit pour vicier le titre en son entier : on vient de l'établir.

Maintenant que révèle son état matériel ? — Une surcharge est incontestable. Le *q* qui termine ce mot a été manifestement ajouté. L'inclinaison bizarre donnée à la queue de cette lettre, prouve que ce n'est pas en écrivant au courant de la plume qu'elle a été tracée. C'est une addition ! — de qui émane-t-elle ? — Rien dans la forme n'accuse la main du commandant.

Pourquoi d'ailleurs aurait-il éprouvé le besoin de retoucher la date ?

Son œuvre une fois péniblement accomplie, il aurait laissé tomber sa plume, et ne se serait pas condamné à un nouvel et inutile labeur.

Pour le faussaire, la situation était bien différente. C'était le mot *six* qui originairement avait été tracé, et comme à cette époque l'insanité du testateur était de notoriété publique, il fallait nécessairement modifier cette date accusatrice. Il aimait mieux une institution sans cause qu'une institution sans valeur ; et alors il s'est mis à l'œuvre. Grâce à cette inclinaison étrange vers la gauche qu'il a donnée au trait perpendiculaire qui termine le *q*, il a cru pouvoir tromper la vigilance du Juge. C'est ainsi qu'il imitait le tremblement du vieillard ; mais un œil expérimenté ne se laissera pas égarer par cette ruse que suffit à démasquer son exagération seule.

Une objection pourtant a été faite, et au premier abord elle n'est pas sans gravité. Le *c* qui est en tête du mot *cinq* n'a point de surcharge, dit-on, et son existence repousse l'hypothèse du mot *six* originairement tracé par le testateur, car c'est par un *s* que nécessairement commence celui-ci.

Les pièces déposées réfutent l'argument. On y voit justement qu'en 1855 et à l'époque où l'intelligence du commandant avait subi ces rudes coups auxquels elle ne devait pas survivre, il avait, en copiant sur le carnet n° 26 un bon tiré sur le receveur général de la Haute-Garonne, écrit le mot *six* avec un *c*, comme il l'aurait fait à l'époque où Robert fit fabriquer le testament, objet du litige.

Les lois de l'orthographe seraient donc vainement appelées au secours des objections de l'Adversaire. Le malade affaibli ne s'y conformait plus. Et le mot incriminé reste avec les surcharges qui accusaient l'intervention d'une main coupable, avec l'addition de sa dernière lettre, et l'irrégularité des traits qui le composent. Il suffit à lui seul pour ruiner l'acte dans lequel une combinaison audacieuse lui a assigné une place.

Et chose bien importante ! c'est que les experts eux-mêmes après avoir étudié la matérialité de l'écriture du commandant ; après avoir comparé l'écriture de 1855 que l'on avait repoussée si inflexiblement lors du débat sur les pièces de comparaison, avec celle de 1856, ont reconnu unanimement que l'écrit incriminé appartenait à 1856 et non pas à 1855.

Ainsi ils ont restitué à l'acte la date qui lui appartenait dans l'origine, que l'altération du mot *six* auquel le mot *cinq* fut substitué avait fait disparaître, et de la sorte ils ont implicitement proclamé la vérité de notre système.

A cette dernière objection, il n'a pas été fait de réponse. Elle était effectivement insoluble.

Donc il est vrai de dire qu'au point de vue matériel l'acte incriminé a subi des altérations substantielles ; qu'une main coupable y a inscrit des mots qui ne sont pas l'œuvre du commandant ; que la date enfin a été l'objet d'une retouche qui saisit au premier examen l'œil le moins expérimenté ; et que ces circonstances diverses justifient le faux qui dès l'origine a été dénoncé par les demandeurs, et sur l'existence duquel le suicide de Robert ne permet à aucun esprit impartial de conserver du doute.

A ce titre, ce testament doit être repoussé. Moralement, il était impossible, et voilà que son état matériel est venu le condamner encore.

De telles coïncidences ne suffisent-elles pas pour dessiller les yeux les plus prévenus ?

Maintenant, il est vrai que de nombreuses signatures s'y trouvent apposées. — Il en est une, celle qui commence au bas du codicille par le mot *Alph*, dont la sincérité est plus que suspecte, et qui aurait été écrite, si l'on interroge la couleur de l'encre, à des reprises successives exécutées à des époques différentes.

Au surplus, il est facile de voir qu'en 1856, Robert faisait exécuter sur son carnet par le commandant de très nombreuses signatures ; on en trouve une sous chaque article ou sous chaque ligne, et celui qui les donnait n'en avait pas conscience. En supposant donc que celles tracées sur le testament fussent son œuvre, on ne saurait rien en conclure pour la sincérité de la pièce elle-même.

Ce qui est autrement grave, c'est que les mots tracés sur l'enveloppe, *pièce déposée*, ne sont point de la main du vieillard ; les lettres sont toutes liées entre elles, ce qui est impossible à une main tremblante, et ce qui d'ailleurs n'était pas dans les habitudes du commandant. A ce sujet, les experts ne se sont pas prononcés : le Tribunal vérifiera, et si sa conviction est conforme à la nôtre, ce testament, que tant de motifs accusent, ne pourra plus être défendu, et tombera sous le coup des flétrissures qui l'enveloppent de toutes parts.

§ III.

Dans le cas même où le testament aurait été écrit par le commandant d'Ouvrier et où la date du 10 avril 1855 serait son œuvre, dans la réalité des choses, c'est en 1856 seulement que l'acte a été fait, et à l'aide de cette énonciation mensongère on a voulu le soustraire à la nullité dérivant de l'insanité de son auteur.

Telle est la troisième proposition que nous avons à établir.

En fait, on ne conteste plus que la maladie dont le commandant était atteint a successivement ruiné ses forces physiques et ses facultés morales, et que, dans les derniers temps de sa vie, il était tombé dans un idiotisme complet. Ce ne fut que graduellement qu'il fut conduit à cette limite extrême ; mais déjà, selon les témoins mêmes des Adversaires, dès le mois de septembre 1855, l'oblitération de l'intelligence avait frappé tous les yeux, et les amis les plus intimes en témoignaient hautement leur douleur. J'ai donc un intérêt puissant à rechercher la date réelle des dispositions testamentaires dont on s'arme contre moi ; et dès l'abord, il m'est bien permis de faire remarquer à mes juges que ces dispositions se produisent au milieu de circonstances bien singulières. Voilà un homme qui, durant toute sa vie, a nourri dans son cœur des sentiments dont le caractère et la vivacité furent connus de tous ; qui, dans la plénitude de sa raison et quand il était en possession de toute son indépendance, a écrit deux fois ses volontés suprêmes, et ces volontés ont été toujours en harmonie avec les affections qui désormais ne sauraient être douteuses pour personne : puis une maladie redoutable ruine son corps et jette sur son esprit une sorte de voile funèbre, et à sa mort apparaît tout à coup, sans que rien ait pu en faire pressentir l'existence, un acte en trois lignes qui modifie et bouleverse les longues pensées du vieillard, si ferme et si persévérant dans les résolutions qu'il avait prises.

De ce simple aperçu, il se dégage une suspicion involontaire qui ne permet pas de considérer cet acte comme une émanation loyale et pure d'une volonté indépendante. La fraude et la cupidité l'ont conçu, et c'est aussi la fraude et la cupidité qui voudraient en assurer le triomphe.

J'ai donc le droit d'en discuter la date, et de le faire rentrer dans le milieu qui lui appartient, pour en apprécier la valeur au double point de vue de la morale et de la loi.

S'il faut en croire son état matériel, c'est bien le 10 avril qu'il aurait été confectionné, c'est du moins la date qui lui a été donnée par son auteur. Mais les experts interrogent à leur tour l'écriture tracée par la main débile du commandant, et ils nous répondent que celle du testament appartient à l'année 1856. A mesure que le mal dont il était atteint fesait des progrès et dans sa marche inflexible envahissait le siége de l'intelligence, les forces subissaient une diminution sensible, les mouvements perdaient à leur tour de leur liberté, et le tremblement de la main rendait l'écriture plus incertaine et plus mauvaise. Entre l'année 1855 et l'année 1856, il existe une différence profonde, et sous ce premier point de vue, l'opinion unanime des experts vient à notre aide. Ce n'est pas légèrement que cette opinion a été consignée dans leur rapport ; la question avait été soumise à leur examen, et, de leur part, elle est devenue l'objet d'une étude approfondie. Ils se sont, dès lors, rendu un compte exact de la gravité de la solution que l'on demandait à leur impartialité et à leur conscience. Aussi, ont-ils eu le soin de signaler eux-mêmes l'importance de cette appréciation.

Le Tribunal, à son tour, pourra la faire : qu'il compare l'écriture des codicilles envoyés par le commandant au colonel sous l'enveloppe du 27 avril 1855 avec celle du testament attaqué, et il demeurera convaincu que ces actes ne sont pas contemporains, et que le second, qui serait le premier selon l'ordre des dates, en réalité est et a été écrit beaucoup plus tard que les codicilles.

Une circonstance concourt à démontrer l'exactitude de cette proposition : c'est que le commandant n'a jamais écrit jusqu'en 1856 sur du papier réglé. Quoique vers la fin de 1854 et dans les rares écrits tracés par sa main dans le cours de 1855, il s'écartât de la ligne droite d'une manière assez sensible, cette précaution n'était jamais prise. Nous ne parlons pas des grandes feuilles qui étaient destinées à recevoir le détail de ses recettes et de ses dépenses pour établir la balance, parce qu'ici la nature de l'opération, sous peine d'une confusion qu'il était jaloux d'éviter, exigeait que l'on procédât d'une manière différente.

Mais pour ses écritures, encore un coup, jamais le papier réglé au crayon ne fut employé par lui.

Ce n'est qu'en 1856 que ce fait pour la première fois va se produire. Et ce sera Robert qui présidera à la confection de l'écrit qu'il impose à son oncle.

Ce sont justement les deux pièces de comparaison produites dans son intérêt, et qui, avec les codicilles du 27 avril, ont eu seules l'honneur d'être acceptées à ce titre, qui le constatent.

Ainsi voilà encore un fait emprunté à la matérialité de l'écrit, qui vient donner au testament attaqué la date de 1856.

Mais au point de vue moral, les considérations les plus graves excluent la date menteuse que le testament a reçue, et ici l'argumentation s'élève et devient plus saisissante et plus péremptoire !

Pourquoi la date du 10 avril 1855 a-t-elle été choisie par notre Adversaire, quand il a fait tracer par l'insensé le titre dont il se prévaut ?

C'est qu'il avait connaissance des codicilles destinés au colonel que ce dernier lui avait montrés à Lyon, où Robert se rendant à Paris était venu le voir dans les premiers jours de mai 1855, et que d'un autre côté il avait vu selon toute apparence son oncle péniblement travailler à leur confection.

Aussi pensa-t-il qu'en fesant remonter la date de son titre à une époque antérieure, l'exception d'insanité ne serait pas proposable au nom de celui qui avait accepté une libéralité faite plus tard. C'était si bien sa pensée que dès le début il parle avec affectation de ces codicilles : il a sommé le colonel d'avoir à les produire, et a exigé même que la remise en fût faite au greffe, les réclamant comme pièce de comparaison. Tout cela était fort habile, mais il n'avait pas vu qu'en fesant donner à son titre la date du 10 avril, il allait se heurter contre des impossibilités morales bien autrement difficiles à vaincre.

Et d'abord, le 10 avril, son institution manquait de cause, car il n'avait acquis aucun titre à l'affection du commandant.

Le 10 avril, l'exhérédation du colonel était sans motif, car sa mission en Crimée n'était pas connue, et quelques semaines avant ce neveu préféré recevait la communication du testament qui le nommait légataire universel.

Le 10 avril, l'exhérédation du colonel était impossible, car la veille de ce jour le commandant donnait à ce même neveu un témoignage non équivoque de sa confiance et de son affection, en lui transmettant une procuration pour toucher le dividende considérable qui était promis aux actionnaires du Pont Louis-Philippe.

Et cette procuration était d'une nature tellement illimitée que le mandataire avait même le pouvoir de se substituer un tiers et de garder ainsi la direction exclusive de cette affaire importante.

Est-ce le jour même où il signait un tel acte, que le commandant aurait avec la même plume écrit l'acte odieux qui retirait à ce mandataire les avantages d'une institution dont quelques jours avant il lui avait donné officiellement connaissance ?

Mais ce jour-là Robert ne pouvait être nommé légataire, car le commandant était pour ainsi dire entouré encore des parents qui avaient accompagné la noce de Mme Waldemar, et c'étaient la sœur, la nièce du colonel, Mme et Mlle Louise de Clausade, qui se trouvaient au chevet de son lit de douleur.

Voyez de plus l'inconséquence de la conduite de Robert ! — Si son oncle vient de l'instituer héritier, c'est apparemment pour l'avoir auprès de lui, pour s'appuyer sur le bras de ce jeune homme qui l'aidera à supporter les souffrances et les infirmités qu'avant le temps la maladie lui inflige, et ce ne sera pas au lendemain du bienfait que le gratifié s'exposera aux dangers d'une séparation dont on néglige même de limiter la durée. Ce nouveau fils que le commandant adopte à la place de ceux qui s'éloignent ne devra pas imiter l'exemple de ses prédécesseurs, sous peine d'être frappé d'un châtiment semblable ; il ne le devra pas surtout, si c'est l'amour du plaisir et non le devoir qui l'appelle dans une ville éloignée dont les séductions sont si irrésistibles ! — Et pourtant toutes ces choses il les fait : son oncle n'y met aucun obstacle et ne le retient pas ; et lui, peu soucieux de ses intérêts, ne s'inquiète de rien ; au lieu de veiller à ce qu'un caprice inattendu ne lui enlève pas ce qu'un caprice vient de lui léguer, il s'éloigne, et parti de Rabastens le 28 avril, il n'y rentrera qu'à la fin de novembre de la même année. Son absence sera donc de sept mois consécutifs.

Avec le testament du 10 avril 1855, cette conduite n'est pas acceptable. Voyez si à partir de 1856, époque de son retour, et lorsque sa cupidité a fait écrire par la main du défunt l'institution qu'il ambitionne, il s'est éloigné un seul jour, ou un seul instant.

Toutefois son dessein, comme l'écrivait son oncle, le 25 septembre 1854, était d'aller fixer sa résidence à Toulouse, et ce dessein il l'abandonne. Ce n'est pas son affection pour le vieillard avec lequel il se serait rencontré pour la première fois, selon son récit, au lit de mort de son père, qui le retient à Rabastens. Cette affection n'a pas mis obstacle à la longue absence dont il vient d'être parlé, et elle ne l'empêcherait pas non plus de s'établir dans la ville dont il avait fait choix. Mais à son retour de Paris, une pensée coupable s'est emparée de son âme, et tourmenté par d'indignes convoitises, il a conçu le plan de la spoliation dont on voudrait aujourd'hui assurer le triomphe. Dès ce moment il restera à Rabastens où il n'avait pas même d'appartement à lui, et il s'y établira d'une manière définitive. Le regard fixé sur la proie que sa main veut saisir, il ne la perdra jamais de vue, et cette conduite. opposée à sa conduite de 1855, prouve par le contraste saisissant qui s'en dégage, qu'alors il n'avait pas d'institution, et que cette institution n'a été écrite qu'en 1856.

Qu'a-t-on dit pour répondre à la puissance de cette argumentation ? Un mensonge ! Et il n'était réellement pas possible de la combattre avec des armes différentes.

Vous êtes étonnés, s'écrient les Adversaires, de l'éloignement de Robert au lendemain du testament qui l'institue ; et sa longue absence vous paraît une preuve de la fausseté de la date donnée à cet acte ? Mais cette absence n'a eu lieu que sur les ordres et dans l'intérêt de son oncle qui lui donna mission d'aller à Paris pour régler les affaires Baudon, et du pont Louis-Philippe, dont la solution était attendue par lui avec la plus vive impatience. Ce voyage, ajoute-t-on, motivé par une mission de confiance, établit au contraire la réalité et la sincérité de cette date dont vous contestez si énergiquement l'exactitude.

Nous en sommes d'accord. Si le voyage de Paris a été déterminé par cette cause, notre objection n'a plus de portée. Bien mieux, elle se retourne contre nous, et Robert aura le droit de s'en prévaloir pour soutenir l'institution, objet du litige.

Mais si cette assertion est contraire à la vérité et à

tous les éléments du procès, ne serons-nous pas fondés à dire qu'une cause qui s'appuie sur le mensonge et la fraude est condamnée d'avance, et qu'après avoir reçu cette double flétrissure, il n'est au pouvoir de personne de lui redonner la vie !

Robert a-t-il été envoyé à Paris par son oncle et dans l'intérêt de celui-ci ? — Tel est le problème à résoudre.

Mais est-ce que sa résolution n'est pas écrite déjà dans la procuration transmise au colonel le 10 avril, c'est-à-dire quelques jours avant le départ de Robert ?

Est-ce que l'envoi des pièces et des titres relatifs à l'affaire Baudon effectué par Mme de Mus elle-même, le 25 février précédent, ne constate pas à qui était confiée la gestion des affaires que le commandant avait encore à suivre dans la Capitale ?

Est-ce que jamais le commandant a songé à retirer au colonel le mandat dont il l'avait investi ?

Et dès lors où est le mandat de Robert, et que devient la cause menteuse assignée à son voyage ?

Il était si peu le représentant de son oncle que, dans les premiers jours du mois de mai, le colonel touchait sur le pont Louis-Philippe la somme de 4,213 fr., dont il s'est constitué débiteur par un billet qui a disparu.

Et à quelle époque pour la première fois a-t-il reçu la mission qu'il allègue en la dénaturant ?

C'est lorsque le colonel, à son départ pour la Crimée, au lieu d'user de la faculté de substituer un tiers aux pouvoirs qui lui avaient été conférés, écrivit de profiter de la présence de Robert à Paris pour faire les perceptions qu'il ne pouvait plus réaliser lui-même.

Nos adversaires ont dans leurs mains les écrits qui constatent la vérité de toutes ces choses, suffisamment démontrées d'ailleurs par les précisions qui viennent d'être faites.

Ce fut Mlle de Clausade qui transmit à Robert les instructions. Le commandant n'écrivait plus qu'avec une
peine excessive, et sur ses carnets on ne trouve effectivement, en 1855, que quelques lignes bizarres et peu
intelligibles qui attestent l'affaissement de ses facultés.
Le colonel n'était plus à Paris. M. Gustave de Clausade
n'y était pas encore : la troisième lettre de sa sœur qui
a été communiquée par les Adversaires le constate, et
d'ailleurs il ne devait y passer que quelques jours comme
le justifie la promptitude de son retour à Rabastens
prouvé par la quatrième lettre de Mlle de Clausade.

Robert était donc seul, et par cela même on pense à
lui. Sans cette circonstance il n'aurait eu jamais à jouer
le rôle dont on se montre si fier aujourd'hui. Mais ce rôle
amené par le fait imprévu de l'éloignement du colonel,
ne lui fut point confié à l'époque de son départ de Rabastens, comme on l'avait imprudemment affirmé. Il alla à
Paris pour son plaisir, et non pour déférer aux injonc-
tions du commandant. Celui-ci ne lui donna ni ordres ni
instructions ; et si durant son séjour il a reçu des fonds
appartenant à son oncle, c'est au hasard qu'il faut en
attribuer la cause. Qu'a-t-il reçu en effet ? Au mois
de juillet 1855, c'est-à-dire trois mois après son départ,
une somme de 550 francs, que M. Arnaud d'André
apporta à Rabastens. Est-ce pour atteindre un résultat
de cette importance que l'on se soumet à un déplacement
coûteux, et à un séjour de sept mois dans une grande
ville où les dépenses atteignent si vite des chiffres exor-
bitants.

N'insistons pas davantage : le mensonge est démontré,
et Robert se trouve plus que jamais dans l'impossibilité
d'expliquer un voyage qui, au lendemain de son institution, laissait entre son bienfaiteur et lui une distance de
plusieurs centaines de lieues.

Evidemment, c'est qu'alors le testament n'existait pas et que sa date est fausse.

Tout vient à l'appui de cette proposition : la matérialité de l'écriture, les considérations morales empruntées aux actes du commandant, le jour où il aurait frappé d'exhérédation le colonel son neveu, et enfin, celles résultant de la conduite de Robert, qui prend à cette époque même une attitude bien différente de celle que lui aurait imposée ce bienfait inattendu.

Une seule objection est faite ; elle est empruntée à la déposition de M. Alric. A vrai dire, ce témoignage est la pierre angulaire de la défense de nos parties adverses : s'il leur échappe, leur procès cesse de pouvoir être soutenu.

Examinons-en la valeur et la portée.

Qu'est d'abord M. Alric dans le litige, et sa situation particulière ne commande-t-elle pas au juge de se tenir en garde contre la sincérité de son langage ?

Il est débiteur de M. Robert de Falguière pour une somme de quatre mille francs, et cette dette est établie non pas par une obligation ordinaire, mais par lettre de change, ce qui le soumet, en cas d'inexactitude dans le paiement, à toutes les rigueurs de la contrainte par corps.

Lorsque le reproche dirigé contre lui fut développé à l'audience, cette circonstance ne nous était pas connue, et elle fut ignorée aussi du Tribunal dont la décision peut-être eût été différente sur l'incident.

Il est manifeste qu'une obligation de cette nature ne laisse pas aux yeux de la loi une entière indépendance au témoin qui s'y trouve assujetti. Cela est si vrai, que les instructions et les règlements défendent au notaire d'apposer sa signature sur de tels engagements, et que

M. Alric n'a pu le faire qu'en laissant en oubli ce devoir de sa profession,

A quelle époque remonte cette dette ? — On nous a dit que le prêt qui y donna naissance fut consenti en 1853. Difficilement on admettra l'exactitude d'une pareille assertion ; ce n'est pas à une échéance de quatre années que sont renvoyées en général les obligations commerciales. Le titre de M. Alric serait le seul qui se trouvât dans une condition de cette nature. Sans en avoir pris connaissance, car on a eu le soin de le tenir caché dans le portefeuille de Robert, on peut affirmer qu'il n'en est pas ainsi. Ce qu'on peut affirmer encore, c'est qu'il est échu, et que le témoin est placé sous le coup d'une dette onéreuse que sa situation le met dans l'impuissance de payer. Comment donc jouira-t-il de cette liberté absolue que la loi exige chez l'homme qui, sous la religion du serment, vient déposer en face de la justice ? Une suspicion légitime s'attache à chacune de ses paroles, et il est impossible que lui seul devienne l'arbitre souverain du débat dans lequel une partie intéressée le force d'intervenir.

D'autre part, on le sait, M. Alric a joué dans toute cette affaire un rôle bien autrement grave et qui nous est demeuré inconnu jusqu'au jour où nous ont été faites les communications des documents dont on entendait se prévaloir dans l'intérêt des Adversaires. Ces documents, dont la production avait lieu dans une tout autre pensée, nous ont appris que M. Alric était non-seulement le conseil et l'ami intime de Robert, dont il dirigeait les affaires, mais que, dans le procès actuel surtout, il avait pris en main sa défense et veillait avec la plus active sollicitude à la garde de ses intérêts.

C'est lui qui, à Rabastens, était chargé de surveiller les démarches des demandeurs, de recueillir tous les bruits, toutes les indiscrétions propres à révéler leurs desseins, et d'en instruire l'héritier du 10 avril 1855, qui préparait ses armes pour résister à l'attaque et déconcerter les plans de ses adversaires.

Toutes ces choses sont établies de la façon la plus concluante par deux lettres : l'une écrite par M. Alric à Robert, qui avait fait le voyage de Plombières, l'autre par Robert à Alric, la veille du jour où il devait se précipiter dans les eaux du Tarn. Vainement on s'est efforcé d'amoindrir sans la lire la portée de cette correspondance et de la réduire en échange de quelques paroles affectueuses qui trouveraient leur explication dans une amitié d'enfance. Il suffit du plus léger examen pour faire justice de cette appréciation. C'est l'homme d'affaires qui écrit à Robert et qui lui rend compte de la situation du procès, de l'attitude de ses parties adverses, et qui lui annonce qu'au premier mouvement, au premier acte hostile, il sera instruit par ses soins et de l'agression et de sa nature. C'est Robert qui, à son tour, plein de confiance dans cet agent zélé, lui fait part de son arrivée dans le Midi, de la course fatale qu'il se dit, le malheureux, obligé de faire à Montauban, de son prochain retour à Toulouse, où il est attendu par son avocat, et qui termine en disant : s'il y a quelque chose de nouveau pour mon procès, aie le soin de m'en donner avis.

Je le demande à tous : Quel est le caractère de ces relations ainsi constatées par une correspondance dont la production n'est pas notre œuvre ? Les signataires de ces deux lettres se seraient-ils exprimés différemment si l'un avait été le client et l'autre le conseil ? Ne faut-il pas, dès lors, franchement avouer que le second ne peut plus, en montant sur le siège du témoin, inspirer au magistrat la confiance qui lui eût été accordée s'il ne s'était pas mêlé à la lutte en se plaçant sous le drapeau de l'un des combattants. M. Alric a volontairement accepté une attitude militante qui ne lui permet plus de garder la froide impassibilité que la raison exige pour qu'une foi entière soit accordée au témoignage. Si toutes ces choses eussent été connues, la déposition eût été mise à l'écart. Donc ce que peut, ce que doit faire le juge, c'est d'y avoir, selon la formule, tel égard que de raison.

Et maintenant le récit de cet Adversaire se présente-il avec ce cachet de sincérité qui saisit la conscience et éloigne le soupçon ? — Ecoutons ce qu'il nous raconte :

A deux reprises différentes et à des époques indéter-minées, il aurait rencontré le commandant, conduit par Lordat, qui l'aurait appelé par un signe, et lui aurait annoncé qu'il avait un papier important à lui remettre.

Ceci d'abord est-il bien vraisemblable ? — Nous savons par Lordat et par Alric lui-même que le commandant, dont les facultés mentales s'affaiblissaient de jour en jour, était surtout préoccupé du paiement de sa pension, qui était devenue une monomanie véritable. Quinze jours après l'avoir touchée, il supposait une échéance nouvelle, et courait tantôt chez le percepteur, tantôt chez le notaire, qu'il accusait de trahir sa confiance, pour en réclamer la remise. Aussi ses visites étaient-elles fréquentes, et tout le monde s'accorde à le constater. Mais cette habitude une fois certaine, conçoit-on que le commandant, qui a un papier à remettre à l'officier public, attende que le hasard le lui fasse rencontrer sur la promenade pour l'instruire de ses intentions ? N'était-il pas plus simple et aussi plus convenable de profiter de l'une de ces visites si souvent répétées pour une confidence aussi grave ? Est-ce dans la rue ou sur un lieu public que l'on s'entretient de choses semblables ? — Et, d'autre part,

sur ce premier point, il s'engage entre les dires de M.
Alric et ceux de Lordat une lutte sérieuse. Celui-ci, qui
accompagnait partout le commandant dont la faiblesse
exigeait le soutien de l'assistance d'un domestique,
déclare n'avoir rencontré Alric qu'une seule fois, et il
ajoute que l'entretien fut relatif au paiement de cette
pension, objet continuel des préoccupations du malade.
Il n'a jamais entendu parler d'un papier quelconque
dont le dépôt dût être effectué dans les mains du notaire.
On a essayé, il est vrai, d'amoindrir la foi due à cette
déposition en donnant une interprétation étrange aux
mots *je ne puis pas*, suivis de quelques points qui se
trouvent dans le procès-verbal d'enquête, et dont, en
dernière analyse, la portée se résume dans cette phrase,
aussi du procès-verbal : *Je ne me rappelle rien à cet
égard.* Il s'agissait de savoir si Lordat n'avait pas
entendu le commandant parler à M. Alric du dépôt que
ce dernier prétend lui avoir été annoncé à deux différentes reprises. Déjà, une réponse très nette et très
catégorique avait été faite à cette question, et cette
réponse était négative. On revient à la charge, et la seule
chose que l'on obtient, c'est une persistance non équivoque dans la déclaration première. Voilà ce qui est
écrit et voilà ce qui doit être nécessairement accepté par
toutes les parties. Hors de ce cercle que le magistrat
enquêteur a tracé autour de nous, je ne puis apercevoir
que déclamations, caprices, ou fantaisies dont le Tribunal ne peut ni ne doit tenir aucun compte. Assez de com-
plications entourent ce débat sans nous livrer à des
allégations aventureuses que rien ne justifie et qui viendraient le compliquer encore.

En définitive le débat sur ce point se réduit à des termes fort simples.

Alric allègue avoir rencontré deux fois sur la promenade le commandant qui, dans ces deux conjonctures, l'a entretenu du dépôt d'un papier important.

Et Lordat déclare qu'une seule rencontre eut lieu, et que dans cette rencontre unique il a été question de la pension, et non pas d'un papier à remettre.

Où se trouve maintenant la vérité ? — Est-ce dans le dire d'Alric ? — Nous avons expliqué déjà pour quelle cause il fallait à son égard se tenir en défiance.

Est-ce dans le dire de Lordat ? — Les infirmités du commandant nous apprennent, et Alric le confesse d'ailleurs, qu'il assista à toutes ces entrevues. Et d'autre part son honnêteté irréprochable, la mesure qu'il a mise dans sa déclaration tout entière, ne permettent pas de révoquer en doute sa sincérité. Aucune pression n'a pesé sur lui. Et les préoccupations qui l'assiégent, et dont M. Bourniquel a rendu compte, dans la prorogation d'enquête, à propos des contradictions qui existent entre son langage et celui de M. Alric, attestent les scrupules de sa conscience. Il a interrogé de nouveau ses souvenirs avec une sollicitude extrême, et ces souvenirs l'ont confirmé dans la conviction que sa version était la seule exacte. Ceci ne doit-il pas dissiper tous les doutes, et l'erreur de M. Alric n'est-elle pas manifeste ?

Poursuivons toutefois. Ce notaire ajoute, qu'à un jour qu'il ne peut pas préciser, mais qui se placerait entre la fin de novembre 1855 et le 1er janvier 1856, le commandant dont les forces physiques et morales étaient singulièrement affaiblies, se fit traîner dans son étude, et lui remit un *pli cacheté* dont il ne fit pas connaître la nature, se bornant à dire d'une voix éteinte : Vous *réglerez cela avec Robert*. Le mot de testament ne fut pas prononcé ; aucune instruction particulière ne fut transmise, et à ce sujet le notaire nous dit qu'il aurait été le maître de briser le sceau, et de prendre connaissance de l'écrit confié à sa foi.

C'est une scène étrange vraiment que celle dont ce
récit présente le tableau. Quand un testateur s'adresse à
un officier public pour le rendre dépositaire de l'acte qui
contient la loi qu'il impose à ses héritiers et à sa famille,
l'environne-t-il de réticence et de mystère? Le désir que
naturellement il éprouve d'assurer à ses volontés une
exécution scrupuleuse, ne lui fait-il pas un devoir d'apprendre au dépositaire la gravité de la mission dont il
est investi. Le silence et le secret qui veillent constamment au seuil du sanctuaire où le client est reçu, ne le
garantissent-ils pas contre toute indiscrétion? — Et puis,
en révélant simplement le caractère de l'acte, quelles
seraient les indiscrétions que l'on aurait à craindre? —
Ce n'est pas ainsi que procédait le commandant avec
M. Faure qui avait reçu un dépôt de même nature. A
celui-ci il disait : Voici mon testament : je le remets dans
vos mains pour prévenir des soustractions ou des détournements coupables. Par là, j'assurerai son exécution à mon
décès. Si l'exemplaire que je garde était dérobé par une
main cupide, le vôtre se retrouvera et mes dispositions
seront respectées. Ce langage, je le comprends, c'est celui que l'on retrouve dans la bouche de tous ceux qui
sont placés dans une situation analogue. Mais agir
comme l'aurait fait le commandant, selon les dires de
M. Alric, n'est pas une chose vraisemblable, et à chaque pas dans cette cause on se heurte contre des bizarreries ou des impossibilités qui dans les cœurs les mieux
disposés font naître involontairement la défiance et le
soupçon.

Si l'on étudie avec soin les dires de M. Alric, il semble qu'il a bien voulu servir dans une certaine mesure les
intérêts de son client et de son ami, mais que la crainte
de s'engager trop avant dans une voie périlleuse, a enchaîné sa parole et l'a empêché de placer dans la bouche

du commandant ce mot de testament, qui, à coup sûr, se serait échappé de ses lèvres s'il avait eu conscience de l'acte qu'on lui attribue.

Ce témoin au surplus en fait lui-même l'aveu. Quand on l'interroge sur l'état intellectuel du testateur, il ne peut s'empêcher de reconnaître la décrépitude morale et physique dans laquelle il était tombé. Mais comme il faut aussi tâcher de sauver l'acte testamentaire qui est dans ses mains, il ajoute pourtant qu'à ses yeux le commandant n'était pas radicalement incapable. C'est beaucoup déjà que la confession qu'il est obligé de faire. Il franchit les limites posées à ce sujet par Robert, dans son interrogatoire. Selon celui-ci, à la veille même de sa mort le commandant était en possession de toutes ses facultés. Alric déclare ces facultés profondément atteintes à l'époque de la remise de l'acte, et sa partialité bien connue permet de supposer que dans les appréciations qui suivent cet aveu, il cède aux sympathies qui l'ont fait entrer si résolûment dans le camp de nos Adversaires. Aussi, que convient-il de déduire de tout cela ? Que le commandant, au jour de ce dépôt, ne savait pas quelle était la nature de la pièce renfermée sous l'enveloppe qu'une autre main avait scellée. S'il ne la qualifia point, cette pièce, c'est que son objet et son contenu étaient restés mystérieux pour cet esprit affaissé. Et des circonstances qui entourèrent la scène racontée par M. Alric lui-même, il résulte que l'auteur de la remise n'avait pas conscience de l'acte qu'on lui faisait accomplir.

Mais à quelle époque le commandant fut-il traîné dans l'étude du notaire ?

Alric nous affirme que ce fut dans le courant de décembre 1855 !

Où puise-t-il la certitude de cette précision ? A-t-il consigné sur un registre spécial, ou sur une main courante, la date du dépôt qu'il a reçu ? Il est forcé de reconnaître que cette précaution n'a pas été prise ; et cet oubli est grave en vérité, et ne se comprendrait pas si sa pénétration lui avait révélé, comme il l'assure, qu'il s'agissait d'un acte testamentaire.

C'est donc à ses seuls souvenirs qu'il a dû faire appel pour affirmer cette date, et dès ce moment il n'y a plus de certitude possible. Voyez les témoins les plus considérables de l'enquête, ceux même dont la bonne foi ne saurait être sérieusement suspectée. Joséphine Catala, la première, nous dit que sa mémoire ne peut la tromper. Le perte d'une nièce chérie a écrit dans son cœur la date de l'événement qu'elle raconte, et cette mort par elle fixée à l'année 1853, appartient à l'année 1852. M. de Toulouse, à son tour, ne saurait se méprendre. La mort de Mme Darmagnac, sa sœur, est un point de rappel qui ne peut l'égarer, et quand il détermine la date de ce deuil de famille, il se trompe d'une année. Rosalie Soula commet la même erreur sur l'époque de son mariage, qui remonte à 1855, d'après l'acte de l'état civil, et qui selon ses souvenirs daterait de 1856 seulement. Ces exemples suffisent pour démontrer combien est toujours grande, même avec la bonne foi la plus parfaite, l'incertitude qui règne sur ces sortes de choses. Il n'est pas un de nous qui ne fut exposé à des erreurs semblables, si au bout de deux ans on nous soumettait à cette même épreuve. M. Alric seul serait-il affranchi de cette loi commune ?

Difficilement on pourrait en son nom s'énorgueillir de ce privilége ! — Qu'il place sous ses yeux sa lettre du 22 avril 1857, et il verra qu'une attitude plus modeste doit être prise et par lui et par ceux qui s'arment de son témoignage. Dans ce document officiel dont tous les termes ont été pesés avec soin, il affirme que depuis deux années environ la remise aurait été faite ; et si son langage comme témoin est seul conforme à la vérité, c'est une erreur de huit mois qui aurait été commise. En présence de cette contradiction, est-il permis d'insister encore ?

L'Adversaire ne pouvait se dissimuler la puissance de cette argumentation, et pour y échapper il a eu recours à une subtilité qui atteste la fécondité de son esprit, mais dont le succès ne saurait être d'une durée bien longue.

Il nous fait remarquer que la remise doit toujours avoir été faite dans le courant du mois de décembre, et comme ce ne peut être ni en décembre 1854, puisque l'acte n'existait pas, ni en décembre 1856, puisque le commandant à cette dernière époque ne pouvait plus se mouvoir, ce doit être forcément en décembre 1855, comme M. Alric l'affirme.

Toutes les déductions de ce syllogisme séduisant au premier abord sont irréprochables, mais c'est la majeure que je conteste, et cette majeure une fois renversée, le raisonnement s'écroule et il ne reste plus que l'habileté de son inventeur.

Pourquoi effectivement voulez-vous que ce soit nécessairement dans le cours d'un mois de décembre quelconque? — Parce que ce mois se trouve en hiver, et que, sur la saison, M. Alric n'a pas pu se méprendre. Mais le mois de janvier et le mois de février 1856 appartiennent bien aussi à cette saison rigoureuse, et, par voie de conséquence, la remise peut avoir eu lieu à l'une ou à l'autre de ces deux époques. Or, cela me suffit pour démontrer la fausseté de la base donnée à votre argumentation et maintenir la mienne qui place la confection de l'acte dans cette année 1856 où la raison éteinte du commandant le livrait sans défense à toutes vos manœuvres.

Contre cette conclusion qui s'évince des éléments du procès que nous avons discutés déjà, le témoignage du notaire, avec ses préoccupations et ses incertitudes, ne saurait vous protéger d'une manière suffisante, et notre système reste debout et dans toute sa force.

Un fait spécial vient lui imprimer une puissance morale bien autrement irrésistible.

Savez-vous pourquoi nous disons que le testament auquel vous avez donné la date du 10 avril n'existait pas à cette époque, c'est parce qu'au mois de septembre suivant, le commandant d'Ouvrier avait encore dans son secrétaire le testament du colonel où se trouve la double institution qui nous concerne.

Or, ces deux actes ne pouvaient pas exister côté à côte; la création de l'un devait amener à l'instant la destruction de l'autre. Le jour où le commandant avait écrit le testament de Robert, sa main devait déchirer le testament du colonel et de M. de Clausade. Il ne pouvait raisonnablement les serrer à la fois dans le même portefeuille.

Et cependant nous savons, encore un coup, que le testament de 1848 était en septembre 1855 soigneusement conservé. — Qu'en conclure? Que celui du 10 avril précédent n'avait pas été fabriqué même à cette époque du mois de septembre 1855.

Mais que résulte-t-il, en outre, de la déclaration de M. Faure qui affirme ce fait considérable?

Qu'en septembre 1855, lui qui a parcouru tous les papiers du commandant, dont il était l'homme de confiance, qui les a mis en ordre, qui a dû les examiner un à un, n'a pas trouvé, n'a pas découvert, et n'a pas classé ce pli que M. Alric nous présente et dont son auteur ne s'était pas encore dessaisi.

Est-ce qu'à ce dernier trait la vérité ne se montre pas à tous les yeux avec une irrésistible puissance?

Où donc aurait été caché l'acte du 10 avril ? — Voilà un homme grave à qui tous les papiers ont été remis sans exception aucune.

Il les vérifie tous, et cet acte du 10 avril ne se trouve pas dans le bureau où il aurait dû être renfermé.

Pourquoi cela ? — Chacun a répondu : c'est qu'encore la fabrication n'en avait pas été faite et qu'au jour où cette fabrication aura lieu, il faudra, pour en assurer le succès, recourir à une anti-date.

Mais à la place de cette pièce absente, qu'a-t-il trouvé ? — Le testament de 1848, dont la conservation ne peut se concilier avec le testament nouveau.

— Et qui nous atteste toutes ces choses ?

— Un homme honorable entre tous : un officier public qui, dans le cours d'une longue carrière, a su conquérir, par une probité sévère et une intelligence peu commune, l'estime et la considération générales :

M. Faure, en un mot. Et ce témoin, dont la conscience est libre, dont le cœur est exempt de toutes préventions, ne peut pas tromper la justice, parce qu'il est profondément honnête ; il ne peut pas non plus se tromper lui-même, parce qu'il s'agit d'un fait, et que sa longue expérience le mettait à l'abri d'une erreur.

Or ceci juge le procès selon nous. La fausseté de la date ne peut plus être déniée : et alors le testament tombe, car la loi le déclare sans valeur dès l'instant où il est infecté de ce vice radical ; car en outre il ne saurait être considéré désormais que comme l'œuvre du dol et du mensonge de celui qui, reculant devant la responsabilité de son œuvre, a fui devant le combat dont sa conscience lui faisait entrevoir le redoutable dénoûment.

§ IV.

Dans le cas même où l'acte frauduleux que nous com-
battons serait du 10 avril 1855, son annulation serait
certaine, car dès cette époque les facultés mentales du
commandant étaient perdues, et le pouvoir de disposer
de ses biens avait cessé de lui appartenir.

C'est aux enquêtes et aux écrits tracés par la main
du testateur, dans les dernières années de son existence,
qu'il faut demander la preuve de cette proposition.

Nous disons que vers la fin de l'année 1854, le commandant qui portait depuis longtemps le germe du mal
auquel il devait succomber, éprouva plusieurs hémorragies successives qui attestaient la violence avec laquelle
le sang montait vers le cerveau, et qui en brisant ses
forces physiques atteignirent profondément son intelligence.

Ce n'est pas aux hémorragies, il est vrai, qu'il convient d'attribuer les désordres que constatèrent et
l'homme de l'art et ses amis les plus intimes. Elles ont
au contraire selon toute apparence contribué à prolonger la vie du malade ; mais leur apparition était le signe
extérieur de l'envahissement de la tête, et l'affaiblissement
dont elles étaient accompagnées, les actes ou les paroles
insensées qui en étaient la suite, prouvaient que ce siége
de toutes nos facultés mentales n'avait pas été épargné.

Cette prédisposition alarmante remontait à une époque
ancienne, comme on vient de le dire. On savait qu'en
1848 une attaque foudroyante l'avait frappé dans un
passage de la rue St-Honoré, et qu'on l'avait porté privé
de sentiment dans sa demeure. En 1852 et quand il
résidait à Toulouse, Joséphine Catala nous raconte que

durant la nuit où elle veillait auprès du lit de mort de sa nièce, le bruit d'une chute pesante dans la pièce occupée par le commandant éveilla sa sollicitude, et qu'elle le trouva baigné dans son sang qui coulait encore avec abondance. Il fut redevable de son salut à cette dame, par les soins de qui fut appelé le colonel dont l'intervention le décida à réclamer les soins du docteur Viguerie. Après cette seconde attaque le commandant comprit que le séjour d'une grande ville lui serait désormais défendu, et qu'il fallait demander à cette sœur Clausade que toujours il environna de tant d'affection et de tant de confiance, l'asile que depuis si longtemps il s'était ménagé. Mais à cette heure, ses forces n'étaient plus les mêmes : ses jambes affaiblies se couvrirent de plaies, et sa démarche lourde ne lui permettait plus comme autrefois de faire de longues courses.

Le mal cependant suivait toujours sa marche inflexible et fatale. Ses lettres en racontent avec détail les phases successives. Les sangsues sont souvent appliquées ; et la fatigue que lui occasionne la moindre occcupation sérieuse fait tomber la plume de ses mains.

C'est ainsi qu'il s'est traîné jusqu'en 1854, et qu'il voit ses forces s'en aller peu à peu, et ses souffrances revêtir à mesure un caractère plus alarmant.

Il sortait de l'une de ces crises, lorsque Mme Gustave d'Ouvrier lui adressa, pour employer son langage, le sermon auquel il répondit par la lettre du 21 avril de cette même année. Ce jour-là il était en possession de toute son intelligence, et la pureté de son style indique bien quelle avait été la valeur de cet homme. Et toutefois avant d'être parvenu au terme de son œuvre, il se sent harassé, et les dernières lignes le disent avec tristesse.

Ce retour devait être promptement suivi de chutes nouvelles.

Un fait qui emprunte une haute gravité aux habitudes et au caractère du commandant réclame tout d'abord notre attention. Cet homme qui tenait avec tant de scrupule et d'attention la note de ses recettes et de ses dépenses ; qui chaque six mois au moins fesait le résumé ou l'addition des unes et des autres pour établir une balance ; qui voulait à toute heure et à tout instant pouvoir se rendre compte de la situation de sa fortune, cesse d'écrire sur ce carnet précieux où nous constaterons seulement en 1855 quelques tentatives avortées qui justifieront son impuissance.

Il faut que son état ait subi une altération bien profonde pour que sa plume s'arrête, et que la tenue de ses écritures soit ainsi délaissée.

Pour ceux qui ont connu le commandant, ses goûts, son caractère, il y a dans cette circonstance toute une révélation.

D'autre part, qu'on jette les yeux sur les lettres du mois de novembre et du mois de décembre, et l'on verra si une transformation douloureuse, préparée par les progrès incessants d'une maladie implacable, ne vient pas de s'accomplir.

Il est possible que parmi ces dernières on en trouve qui accusent une dégradation plus affligeante, et que toutes ne doivent pas être placées sur la même ligne ; mais qu'importe cela ? — Ce qui se dégage de cet ensemble, c'est que le carnet n'est plus à jour ; c'est que la main ne peut plus tenir et diriger la plume ; c'est que cet homme au langage élégant et correct écrit notamment au colonel, le 10 décembre 1854, cette phrase bien peu académique :

« Je t'écris ces mots, et je désire que tu viennes, afin que je puisse *te dire ce que je veux faire à terminer pour toi.* »

C'est enfin que le commandant n'est plus ce qu'il était autrefois, et que son intelligence a faibli sous le coup de ces crises cruelles qui se pressent maintenant, et se succèdent avec une rapidité désolante.

A côté, du reste, de ces preuves empruntées aux derniers écrits de 1854, il s'en présente une autre non moins péremptoire. C'est le témoignage du médecin qui lui donnait ses soins. M. Béringuier déclare que, dès la fin de 1854, l'altération des facultés du malade avait frappé son expérience. Il constate cette altération qu'il fait remonter à cette date à deux différentes reprises, ajoutant que si pour le vulgaire il pouvait y avoir incertitude encore, l'homme de l'art ne pouvait s'y méprendre.

M, Faure et M. Bourniquel de la prorogation d'enquête rendent le même témoignage, et aux yeux de ceux-ci, comme aux yeux du docteur, la dégradation intellectuelle s'était révélée dès le même temps de la façon la moins équivoque.

En présence de cette triple déposition émanée de témoins de cette valeur et de cette importance, le débat sur ce terrain ne semble plus possible, et nous saisissons d'une main sûre l'origine, la date, et la cause de cette insanité qui à Rabastens était de notoriété publique.

On a voulu essayer d'ébranler la foi due au témoignage de M. Faure. Est-ce sa loyauté, ou simplement sa mémoire que l'on accuse? Le vague dont on s'environne prouve que le dessein de l'agresseur est de laisser flotter le soupçon sur la tête du témoin sans formuler une accusation nette. Je ne sais si cela est habile; mais à coup sûr ce procédé n'obtiendra pas les sympathies de ceux qui aiment en toutes choses la résolution et la franchise.

Que si du reste votre dessein est d'accuser M. Faure de perfidie ou de mensonge, je dédaignerai de vous répondre. Interrogez la ville de Rabastens tout entière et demandez au premier venu quelle est la loyauté de cet ancien officier public que l'estime de tous a accompagné dans sa retraite, et après cette épreuve vous désavouerez l'outrage dont la honte ne retombera pas sur celui qui en aurait été la victime. Il est des réputations que la calomnie même, avec ses détestables ressources, est impuissante à ternir. Sur ce point, nous n'en dirons pas davantage.

Est-ce la mémoire du témoin qui serait en défaut? — Il déclare, cela est vrai, qu'en 1853 le commandant n'écrivait qu'avec peine, et qu'en 1854 sa signature lui coûtait aussi à tracer de pénibles efforts. Et vous nous dites qu'en réponse à ces assertions erronées, vous montrez les lettres que nous avons nous-mêmes produites, comme le philosophe qui se contentait de marcher pour combattre ceux qui niaient le mouvement !

Prenez garde : l'assimilation est loin d'être exacte. Il est manifeste qu'à partir de la seconde portion de l'année 1854, et même aussi dans la première, les crises se répétèrent avec une fréquence dont la suite fut de gêner les mouvements de la main et même, dans certaines périodes, d'empêcher le commandant d'écrire. Les blancs signalés déjà dans le carnet destiné à la tenue de ses comptes sont là pour l'établir. Que de temps à autre, il ait pu, en s'imposant un lourd et pénible labeur, tracer quelques lignes mal assurées, on ne le conteste point. Mais ceci est loin d'établir qu'une confusion de date ait été commise ; seulement on a présenté, sous la forme d'une proposition absolue, ce qui n'avait d'autre but que de constater le changement considérable survenu dans la position du malade. Et, sous ce rapport, le témoin ne s'est pas trompé. C'est bien à la fin de 1854 que ce changement a été reconnu : il n'est pas seul à le dire,

puisque M. Béringuier et M. Bourniquel le déclarent
avec lui.

Laissons donc à ce témoignage la valeur morale qui
lui appartient, et que les Messieurs de Falguière cessent
d'attaquer un homme qu'ils savent bien au-dessus de
leurs atteintes.

Les facultés mentales du commandant viennent donc
de recevoir une blessure profonde. Est-ce un simple accident qui sera suivi d'un prompt retour à la santé? S'il
en était ainsi, le moyen n'aurait aucune force légale, et
il eût été bien inutile de fixer avec tant de sollicitude
l'époque où cette maladie cruelle a fait sa première apparition. Mais dans le cas où, à partir de son apparition, elle
se serait saisie de sa victime pour ne plus l'abandonner;
dans le cas où étendant, avec une implacable opiniâtreté,
ses ravages, elle aurait comprimé peu à peu le siége de
l'intelligence jusqu'à ce que l'idiotisme fut devenu complet, et la locomotion physique impossible, il sera vrai
de dire que l'insanité pèse sur la période comprise entre
ces deux points extrêmes, et que durant son cours l'incapacité de celui qui en était atteint n'est pas contestable.

Examinons, dès lors, les faits et les documents écrits
qui vont se produire.

Le commandant aimait la conversation : son esprit
était cultivé, son instruction étendue, sa parole nette et
facile, et son amour-propre était flatté de l'attention et
de la déférence que chacun lui accordait. Or, cet homme
si causeur tombe subitement dans un mutisme presque
absolu; c'est à peine s'il répond par une inclination de
tête aux politesses qui lui sont adressées, et par quelques monosyllabes aux questions qui lui sont faites. Est-
il bien difficile de deviner la cause de cet état nouveau?
N'est-il pas clair que l'intelligence s'affaisse, et que, dans
ce cerveau comprimé et malade, la pensée ne peut plus
éclore ?

C'est à la fin de 1854 et dans le premier mois de 1855 que cette remarque est faite. C'est M. l'abbé Bouffat qui, dans l'enquête, est venu en rendre compte et en a précisé la date. Cet honorable ecclésiastique, qui fréquentait la maison de M. de Clausade, avait établi avec le commandant des relations qu'ils étaient l'un et l'autre heureux de conserver. Il se plaisait aux entretiens du vieux militaire, qui étaient à la fois gracieux et instructifs. Mais en janvier 1855, ayant été lui rendre visite, il ne trouva plus qu'un automate; pas un mot ne sortit de sa bouche durant un intervalle de près de deux heures, et plus tard, dans deux occasions successives, ce fut le même mutisme et la même immobilité. M. l'abbé Bouffat nous déclare que, dans sa conviction, cette attitude étrange du commandant, dont l'urbanité n'était jamais en défaut et qui n'avait aucun motif de froideur envers lui, ne pouvait être attribuée qu'à la perte de son intelligence. Le regard et la physionomie du malade qu'il dut examiner avec sollicitude, ne lui auraient pas permis d'ailleurs de se méprendre. Et quand un homme tel que lui, d'une intelligence et d'une éducation au-dessus du vulgaire, qui mieux qu'un autre connaît la sainteté du serment et les devoirs qu'il impose, émet une telle conviction, on devrait s'incliner au lieu de lui jeter des sarcasmes.

L'accuser de parjure, eut été une faute, et alors on a tenté d'étouffer le témoignage sous le coup de quelques épigrammes dont l'amertume laissait entrevoir une idée de vengeance. Si l'abbé Bouffat, nous disait-on, ennuyait le commandant, celui-ci n'était-il pas en droit de le lui faire sentir par un silence obstiné qui avait sa signification et son éloquence? — Oui, sans doute, ce droit lui appartenait. Mais le prêtre l'aurait aisément compris, et les visites postérieures n'auraient pas été faites. Ce n'est pas sérieusement qu'on vient dire à un témoin de cette valeur que l'ennui occasionné par sa présence a été la seule cause du mutisme de son vieil ami. L'impolitesse et la froideur n'ont jamais été confondues avec l'insanité, et c'est l'insanité que le témoin affirme.

A cette occasion, faisons remarquer que M. Bouffat n'est pas le seul qui signale ce mutisme dont plusieurs autres témoins ont été frappés comme lui. M. Bourniquel, M. Faure, et M. de Toulouse lui-même en témoignent à leur tour, et il n'est venu à la pensée d'aucun d'entre eux que ce fut un moyen nouveau inventé au commencement de 1855 par le malade pour se débarrasser des visites importunes.

En janvier, dès lors, les signes de dégradation intellectuelle étaient devenus saisissables, même pour les profanes, et la maladie retenait sous ses terribles étreintes la victime qu'elle avait choisie.

Dans le cours de ce même mois de janvier, et le 19, le commandant veut essayer de transcrire sur son carnet un bon tiré à son ordre sur le receveur général. A quel résultat parvient-il après de longs efforts ? — Voici la copie littérale de son œuvre, empruntée au carnet numéro 26 :

« Receveur 18 janvier 1855 Toulouse. — Toulouse à « l'ordre de M. Bruniquel la somme de cix cient qua- « rante francs valeur reçue de M. Moitte payable à « Toulouse de M. Moitte par le receveur général payable « le 18 février. »

On ne commente pas ces sortes de choses : l'incohérence des mots, la place qui leur est donnée, leur répétition, les non-sens qui y abondent, et enfin aussi l'état matériel de l'écriture, tout cela parle bien mieux que les habiletés et les souplesses d'un esprit exercé. Que nos juges lisent et prononcent. Cet homme est-il le même que celui qui a écrit la lettre du 21 avril précédent ? N'est-il pas clair que ses facultés sont non-seulement amoindries, mais qu'elles ont éprouvé même une altération profonde. La raison n'est plus saine et l'oblitération se trahit par des signes ou par des actes dont l'autorité n'est pas contestable puisqu'ils émanent du malade lui-même.

Entrons dans le mois de février, et voyons si ce mal désastreux contre lequel il a soutenu durant les années antérieures cette longue lutte qui nous le montrait tantôt victorieux et tantôt abattu, n'a pas achevé sa conquête et ne le retient pas définitivement sous son empire.

Le mariage de M. Waldemar vient d'être célébré, et les jeunes époux que l'on attend à Rabastens ont retardé de huit jours leur voyage. Le commandant rédige une minute de lettre dont l'objet est d'exprimer la contrariété que lui cause ce retard inattendu. Nous sommes tous d'accord, et il eût été difficile de ne pas l'être, que les circonstances rappelées dans cet écrit en fixent la date aux premiers jours de février 1855. A ce sujet, point de discussion ; les premières lignes sont raisonnables, et il n'est pas un de nous qui n'en acceptât la responsabilité. Il parle du colonel et il semble que ce nom ravive son intelligence éteinte, comme il fait battre son cœur d'une inexprimable tendresse. Mais bientôt la lumière s'éteint, l'incohérence arrive et l'insanité se montre à découvert. Et qu'on remarque bien que ce n'est pas ici une simple faiblesse qui endort pour ainsi dire ses facultés pensantes et lui enlève toute initiative : ce phénomène se rencontre chez les vieillards et chez ceux dont les forces physiques ont été épuisées par de longues souffrances. Alors c'est une sorte de torpeur qui nous allanguit et nous jette dans un assoupissement que le réveil peut suivre ; la perversion n'existe pas encore. Mais tel n'est pas l'état du commandant : Voyez-le, en effet, saisissant la plume et écrivant dans le calme du recueillement et de la réflexion des choses insensées. Ce n'est plus l'homme fatigué qui cesse de penser et d'agir à cause des pesanteurs qui inclinent sa tête : son sommeil est suspendu, il est agissant et debout, et le trouble de sa raison se trahit à chacun des mots que vient de tracer sa plume. De là, ne me faut-il pas irrévocablement conclure que les facultés actives ont subi une lésion profonde?

Il suffit de lire pour être convaincu :

« ... Malheureusement nous n'avons pas espoir de voir Gustave pour aussi longtemps ; il est attendu à Bruniquel, mais pourrons-nous l'embrasser ce qui est toujours une grande consolation. Nous pourrons le presser dans nos bras et lui dire encore une fois toute l'amitié que nous lui portons ainsi que tout le bonheur que nous lui souhaitons; l'expiration normale a de même des effets marqués sur la circulation des sangeux. J'ai déjà parlé de l'influence quelle il faut d'abord faire le compte de ce qui reste en caisse aujourd'hui, et voir ensuite ce qu'il devrait rester et quelle différence il y a.

« Du luxe des femmes ou plutôt du luxe que les femmes introduisent dans une maison où il n'y en avait pas. Nous voyons tous les jours de jeunes personnes qui ont été élevées d'une manière simple jusqu'au moment où elles se sont mariées, et dès qu'elles ont été mariées étaler un luxe bien au-dessus de la position qu'avait sa famille dans le monde et surtout que sa famille n'aurait jamais eu l'idée d'avoir. Ces idées lui sont venues parce qu'ils ont vu chez les autres la femme surtout a entretenir ces idées de luxe au point que ces idées sont devenues une espèce d'idée fixe et tellement fixe en elle que abandonnant toute idée d'économie, elle ne pensait plus qu'a la dépense en tout genre. »

Nous ne ferons pas à nos juges l'injure de discuter un

tel écrit afin de prouver gravement la démence de son auteur. Permis à nos Adversaires d'essayer de voir dans ces paroles incohérentes et tristement ridicules une dissertation de l'ordre le plus élevé sur la circulation des *monnaies*, sur le luxe des femmes et autres questions économiques qui charmaient les loisirs du commandant.... Nous dédaignerons de répondre. A notre tour, il nous sera permis de dire que, pour combattre ceux qui nient le mouvement, il suffit de marcher. Malgré leur amour pour la succession, objet du litige, il n'est pas un seul des défendeurs qui voulût accepter pour son compte la responsabilité d'une telle élucubration et vînt en revendiquer la gloire. Nier l'évidence dans un débat judiciaire n'est peut-être pas fort habile. Que les Messieurs de Falguière restent donc sous le coup de cette évidence et de cette dénégation malheureuse !

Le 11 février, la noce dont il était question dans la lettre qui vient d'être lue et le colonel arrivent à Rabastens. La situation du commandant, nous venons de la voir sans voile et sans détour, et c'est lui-même qui nous l'a décrite.

De rapides lueurs traversaient toutefois encore cette nuit profonde ; mais sa parole était lente et embarrassée, de longs silences succédaient aux mots que sa bouche rebelle n'articulait qu'avec efforts, et son corps, brisé par la souffrance, ne pouvait se mouvoir qu'avec difficulté.

Le colonel le vit, et sa joie fut extrême. Dans le courant de cette journée du 12, il lui communiqua le testament de 1848, qui était contenu dans une enveloppe dont le sceau fut brisé, et placé, en exécution de ses ordres, dans une enveloppe nouvelle que le colonel scella avec un cachet portant les armes d'un aïeul de la famille. Mais quelles furent les impressions qui restèrent dans l'esprit du neveu après cette courte entrevue? Sa correspondance l'établit d'une manière suffisante : qu'on lise la lettre adressée à Mme de Falguière, le 22 avril suivant, avec le projet des codicilles, et l'on y verra si, à ses yeux, l'état de l'oncle n'inspirait pas et ne devait pas inspirer de bien vives alarmes. Les ménagements qui sont recommandés, l'hypothèse prévue où le malade serait dans l'impossibilité de lire, le moment à choisir pour lui soumettre l'écrit qui, d'après ses promesses antérieures et sa lettre du 10 décembre 1854, doit être copié par lui, tout démontre qu'aux yeux du colonel la situation du malade était des plus inquiétantes. Et pourtant le coup de massue du 2 mars n'était pas encore venu détruire toutes les espérances.

N'insistez plus dès lors pour faire sortir de l'entrevue du 12 février la preuve que le commandant était en possession de ses facultés mentales.

La note sur *l'expiration normale* écrite quelques jours auparavant a donné à cette assertion un énergique démenti ; et voici le commandant lui-même qui va se charger une seconde fois d'en démontrer l'inexactitude.

Nous sommes au 15 février : le colonel est parti depuis trois jours et le commandant se fait traîner par M. de Clausade chez M. Faure, son notaire et son homme de confiance ; il a des affaires importantes à lui communiquer, et la nature de l'entretien exige que personne n'y assiste. Il est en présence de l'officier public avec lequel il demeure tout seul, et son regard éteint, les sons inarticulés qui avec efforts s'échappent de sa bouche, offrent à son interlocuteur le plus affligeant spectacle. L'imbécillité et toutes ses misères se montrent à ses yeux, et lui, qui a reçu le dépôt de l'acte testamentaire du dément, il s'écrie : il est bien heureux que ses dispositions soient faites, car sans cela, il n'y serait plus à temps. Racontée par une homme que son expérience et son honnêteté mettent à l'abri de toute attaque, cette scène juge le procès. L'incapacité du malade est proclamée dans les termes les plus positifs Le procès-verbal d'enquête avait présenté sous la forme du doute cette appréciation, et le témoin, donnant à sa pensée toute son énergie première , a dit une seconde fois que, dans sa conviction le commandant était incapable.

Et nous ne sommes parvenus encore qu'au 15 février.

Il est vrai que l'on s'efforce de nous contester cette date. Ce serait au mois d'août suivant que le testateur serait venu dans l'étude du notaire et aurait montré toutes les infirmités de son intelligence ; ce qui le prouve, ajoute-t-on, c'est que M. Ebrard raconte la même scène et la fixe en août.

La confusion est heureusement impossible. Remarquons d'abord qu'après avoir décrit son entrevue du 15 février, M. Faure ajoute que dans deux circonstances postérieures le commandant est encore venu chez lui, et que les incidents de cette double visite ont été exactement les mêmes.

L'entrevue dont M. Ebrard raconte les détails appartient à l'une de celles-ci.

Et, d'un autre côté, il est un fait providentiel qui dissipe tous les doutes. En février 1855 , Lordat n'était pas attaché au service du malade, et aussi c'est M. de Clausade qui le soutient et qui l'amène. M. Faure le déclare, et à cet égard il ne peut se tromper, puisqu'il exprima le sentiment que si le testament n'existait pas, il serait devenu impossible. Ce n'est pas à un simple serviteur qu'eût été adressé ce langage.

Or, par qui était conduit le commandant à l'époque dont M. Ebrard a parlé? — Lisez sa déposition, et vous

— 458 —

verrez que son conducteur était Lordat, entré à son service le 1er avril.

Dès lors, les deux scènes sont différentes, et le témoignage de M. Faure conserve toute sa puissance.

Nous étions au mois de février quand ces choses se passaient. Transportons-nous au 2 mars....

Une attaque terrible vient fondre sur cet homme déjà brisé par les souffrances et dont la raison subissait de si fréquentes éclipses. C'était chose facile à prévoir : la brèche était faite et l'assiégeant devait bientôt s'emparer de la place.

Le commandant fut abattu sur le coup, et porté dans son lit dans un état d'insensibilité complète. Est-ce une chute accidentelle qui amena le trouble profond que l'homme de l'art nous décrira bientôt? Ce n'est pas proposable. Aux symptômes qui se manifestent, à leurs conséquences, à la chute elle-même, il est impossible de ne pas reconnaître une de ces crises que la correspondance qualifie de fausse attaque, et qui signale une invasion profonde du mal auquel le commandant était en proie. Écoutez le docteur :

Ce fut un coup de massue, dit-il, qui provoqua à l'instant même l'apparition de l'état automatique, c'est-à-dire la privation radicale de la sensibilité, du mouvement et de l'intelligence. Dès ce moment, nous déclare-t-il encore, la dégradation des facultés mentales put être aperçue et constatée par tout le monde. Le voile était levé, et tous les yeux pouvaient se convaincre de la vérité de cette situation.

Sur la date de cet événement, il n'y a plus de doute possible. M. Béringuier la fixe en rappelant la présence de Mme de Mus, venue à Rabastens à l'occasion du mariage de sa fille, et la correspondance, d'autre part, a fait sentir aux Adversaires l'impossibilité de soutenir une discussion sérieuse.

C'est donc un point convenu.

Et le 2 mars, l'altération de l'intelligence reçoit, du témoignage du médecin, une démonstration officielle.

Que se passera-t-il dans le cours de ce mois? Une guérison peut-elle être opérée? Le commandant recouvrera-t-il ses forces physiques et ses forces mentales?

Au point où la maladie est parvenue, nul ne le pense; quelques courtes et rapides lueurs pourront à de longs intervalles se produire, mais l'intelligence est vaincue, et elle ne se relèvera pas de sa défaite.

Il est dans son lit, où chacun s'empresse à l'envi de lui prodiguer des soins, et durant de longs jours il n'a aucune conscience ni de son état ni de ce qui se passe autour de lui.

Si vers la fin du mois il se lève, on est frappé tantôt de son mutisme, tantôt des rêveries ou des illusions qui ont envahi son cerveau.

Le plâtrier Escot, chargé de réparer l'appartement du premier étage dont le commandant doit prendre possession le premier avril, est étonné de son silence. Le causeur d'autrefois n'articule plus un seul mot, et assiste avec une sorte de stupeur à des travaux qu'antérieurement il aurait dirigés lui-même.

M. Béringuier un jour, mais au second étage, ce qui nous prouve que c'était en mars 1855, le trouve à la croisée, et ses discours étranges apprennent au docteur qu'il ne reconnaît pas la place de Rabastens, et qu'il croit y voir des choses qui ne s'y trouvaient pas.

Que sont devenues l'intelligence et la raison? *Les illusions* arrivent, pour employer le langage du docteur, et la maladie du cerveau se développe dans une plus large mesure.

Ainsi d'après les témoignages s'écoule le mois de mars. Pourtant on a relevé trois dépositions qui auraient pour but d'établir à cette époque l'apparition d'un rétablissement momentané. Ce seraient celles d'Ursule Delpey, de Marie Capelle et de Marguerite Massoutié. Ces trois femmes déclarent que chargées vers le milieu de ce même mois de faire des chemises pour le commandant, il venait quelquefois auprès d'elles, et leur donnait des indications pour l'exécution de ce travail…. Il est fâcheux qu'à ces dires de trois couturières attachées au service de Mme Waldemar, la correspondance vienne donner un inflexible démenti. Quand on leur fesait tenir cet imprudent langage, on ignorait sans doute la réfutation écrasante qui était dans nos mains.

Voulez-vous savoir quelle était la situation du malade dans le cours de cette seconde partie du mois de mars 1855 ? — Ecoutez la famille, et après l'avoir entendue, dites-moi ce qu'il faut croire de la sincérité de ces trois témoins dont l'un, admis à l'honneur d'une seconde déposition, a si complaisamment donné des armes pour attaquer Adèle Cadaux.

Mme de Mus, qui a accompagné sa fille à Rabastens à l'occasion du mariage avec M. Waldemar de Falguière, en est partie le 4 du mois de mars et le lendemain elle montait en diligence, comme l'atteste l'extrait du registre des messageries, pour se rendre à Béziers. Quelques jours après, elle recevait de sa fille une lettre qui lui décrivait l'état affligeant de l'oncle, et à son tour elle en fesait part à Mme de Laulanié, sa sœur, dans les termes suivants :

« L'oncle Alphonse a été *après notre départ* dans le
« plus triste état. Il avait fait deux jours avant que je
« quitte Rabastens une chute au moment où il descen-
« dait la marche de la rue chez ma tante de Clausade.
« On lui appliqua des sangsues. Il ne parut pas se res-
« sentir de cet accident plus que bien d'autres qui lui

« arrivent journellement. Cependant il était alité le jour
« que Marie écrit, et il était si faible que la veille il
« n'avait pas pu se soutenir sur un fauteuil pendant
« qu'on fesait son lit. *Il paraissait n'avoir pas le senti-*
« *ment de ce qui se passait autour de lui, car si on lui*
« *mettait une tasse à la main, il ne la portait pas à la*
« *bouche. On était obligé de lui donner le bouillon à cuil-*
« *lerées.* »

Les couleurs de ce tableau n'étaient pas assombries.
C'était bien l'état automatique dont le docteur venait de
signaler l'apparition.

Mme Waldemar de Falguière écrivait à son tour le
23 mars à Mme de Laulanié, dans des termes non moins
significatifs : « Vous avez su, je pense, ma chère tante,
« que mon oncle Alphonse a été très souffrant. *Il a eu*
« *une fausse attaque,* et il lui est resté une grande fai-
« blesse. *On est obligé de le porter comme un enfant*
« *de son lit sur son fauteuil. Il est dans un état d'infir-*
« *mité complète,* mais son état ne donne pas d'inquié-
« tude pour le moment. *Louise de Clausade est très préoc-*
« *cupée de l'état de mon oncle, elle se rend malade.* »

Enfin, le 26 mars, M. Elie de Mus écrivait à son tour :
« Nous avons eu *hier* une lettre de Rabastens qui nous
« donne des nouvelles de l'oncle Alphonse. Malheureuse-
« ment elles ne sont pas très bonnes. On est obligé de
« le porter sur son lit à tout moment, *il ne peut pas*
« *du tout se tenir sur ses jambes, ses idées sont très*
« *embrouillées et les médecins croient qu'il a eu une*
« *fausse attaque.* »

En présence de ces témoignages divers, émanés de la
famille qui était assise au chevet du lit du malade, produits à une époque non suspecte, quelle foi sera-t-il
possible d'ajouter au dire de ces couturières qui nous
le montrent exactement à la même époque dirigeant la

taille des chemises dont il a lui-même choisi et acheté la toile ?

Le mensonge ne ressort-il pas de ce rapprochement péremptoire ? Et Adèle Cadaux, qui dans cette partie de sa déposition avait dit que cet achat et ce travail avaient été accomplis sans la participation du commandant n'est-elle pas vengée ? Mais de ces documents précieux il doit s'évincer une conclusion plus grave. Nous sommes à la fin du mois de mars ; un intervalle de douze ou quinze jours à peine nous sépare de la confection du testament, et dans quelle situation se trouve celui dont la main l'a tracé ! — Voyez-le gisant dans son lit, ne pouvant pas se soutenir même sur un fauteuil, n'ayant ni la conscience ni le sentiment de ce qui se passe autour de lui ; ne sachant pas qu'il faut porter à la bouche la tasse qu'on vient de lui remettre, et en proie à un désordre d'idées que met si bien en lumière le langage énergique de M. Elie de Mus. Au milieu de ce trouble de l'intelligence, de cet abattement complet des forces physiques et morales, cet homme pourra-t-il formuler une volonté libre et saine ? Déjà son esprit était malade, ses facultés profondément atteintes, et c'est sous le coup de cette crise affreuse qui vient de l'achever, qu'on voudrait le faire renaître à la vie intellectuelle et lui rendre la capacité qu'il aurait perdue !

Contre ces faits l'éloquence est sans force, et réaliser de tels prodiges n'est au pouvoir de personne.

Et puis relisez la lettre de Mme Waldemar. Qui voyons-nous auprès du vieil oncle se consacrant à soulager ses souffrances avec une ardeur que ne décourage aucune fatigue ? — Est-ce Robert dont on vante si haut le zèle et les services ? — Non ! C'est Louise de Clausade dont les préoccupations sont si vives qu'on s'inquiète pour elle, et qui se rend malade. Est-ce donc ce moment qu'un cœur reconnaissant aurait choisi pour retirer à sa famille une institution déjà faite?

Nous sommes au mois d'avril : le commandant vient d'être descendu au premier étage, et là ses vieux amis lui rendent leur visite. M. Bourniquel se présente le premier. L'honnêteté et l'intelligence de cet ancien militaire n'ont pas besoin d'être relevées. Il est des hommes qu'il suffit de nommer pour commander le respect, et celui-ci est de ce nombre. Contre de telles personnalités l'épigramme s'émousse, et le trait blesse la main qui l'a lancé.

Or, que nous dit ce témoin? — Qu'à l'époque où le commandant abandonna le second étage, ses facultés étaient perdues, et l'insanité se trahissait par des signes certains. Dans son langage aucune équivoque n'existe : la date est précisée avec une rigueur qui ne laisse pas de place à l'objection. Il faut donc la subir.

Et comment, d'un autre coté, en serait-il différemment? les faits qui viennent d'être discutés, la correspondance qui vient d'être transcrite, les hallucinations que M. Béringuier rapporte, le coup de massue dont il a dépeint les douloureuses conséquences, tout ne se réunit-il donc pas pour établir l'incontestable vérité de ce témoignage? Seul il se défend d'une manière suffisante : rapproché de ces preuves nombreuses, puisées à des sources diverses, il doit forcer la conviction des consciences les plus rebelles.

Poursuivons toutefois, et interrogeons l'enquête et les écrits pour savoir si ce cerveau malade a recouvré, depuis, la santé et la force qu'il avait perdues.

Le 9 avril, il signe une procuration destinée au colonel pour la perception d'un dividende considérable qui doit être compté aux actionnaires du pont Louis-Philippe. — Mais que nous apprend le notaire qui a retenu cet acte ? — Que s'il s'était agi d'une obligation, d'un testament, ou d'un acte qui eût été de nature à engager la fortune du commandant, il aurait refusé son ministère. Ce jugement il l'avait porté déjà lors de la visite qui lui fut faite le 15 février, et dans cette conjoncture sa conviction ne fut ni ne dut être ébranlée. C'est lui qui le déclare.

Aussi ne donna-t-il le concours qui lui fut demandé par la famille, que parce qu'il s'agissait d'un simple acte d'administration, et que le mandataire désigné, héritier présomptif, lui présentait les garanties les plus rassurantes.

On a voulu faire un crime à l'officier public de sa complaisance. Ce rigorisme hors de saison ne saurait être pris au sérieux. Fallait-il faire provoquer l'interdiction du commandant et attendre pour agir la nomination du tuteur qui lui serait donné ? Dans la pratique de la vie, ce n'est pas ainsi que l'on procède. Les familles seraient bien malheureuses si on les contraignait de livrer au grand jour de la publicité ces plaies intérieures que chacun se fait un devoir d'envelopper d'un voile pieux, pour avoir la possibilité de gérer les intérêts pécuniaires du malade. Le notaire se ferait une idée fausse de ses devoirs, s'il les entendait ainsi. Et de même que Me Faure avait retenu la procuration de M. de Clausade le père, atteint d'une oblitération semblable, pour le mariage de son fils, de même il retint celle du commandant dont le but était d'autoriser le colonel à percevoir un capital mobilier.

Et ce mandat, au point de vue de l'intérêt de la justice, est une chose dont il convient de se réjouir ; car à la veille du testament, il a nécessité la comparution du testateur devant un officier qui l'a vu, qui l'a interrogé, et qui nous répond comme le commandant Bourniquel, comme M. Elie de Mus, comme Escot et comme tous les autres, que l'intelligence était amortie et l'incapacité manifeste.

A côté de cette déclaration, qu'il nous soit permis de placer un second écrit du commandant qui nous donnera la mesure de la force de ses facultés. Nous sommes loin déjà de la crise du 2 mars, et l'abattement physique n'a plus un caractère aussi alarmant. Le malade ne pourra pas, il est vrai, faire un pas même dans sa chambre sans le secours d'un bras ami qui le soutienne ; mais assis sur un fauteuil il y demeurera sans trop de difficulté. 18 jours se sont écoulés depuis la signature de la procuration du 9 avril. Un codicille devait être fait par le commandant pour réaliser la promesse déposée dans la lettre du 10 décembre 1854, et assurer au colonel les sommes provenant des valeurs industrielles dont le recouvrement lui avait été confié. Le modèle en avait été envoyé de Lyon, et déjà l'on a vu quelles étaient les instructions données à Mme Waldemar pour que l'on présentât ce modèle au vieil oncle, qui eût été dans l'impuissance de trouver une formule. En conséquence, il se met à l'œuvre : sa tache doit se borner à transcrire, et cette tache, il ne peut l'accomplir.

Au lieu d'un seul codicille, sans nécessité aucune, il en fait trois. La date du modèle était laissée en blanc, et il faut, dès lors, qu'il la puise dans son propre fond. La déterminer n'était pas bien difficile. Qu'advient-il, toutefois ? Que l'incohérence de ses idées l'entraîne à donner trois dates différentes : le 29, le 2, et le 25 mai. Or, aucune d'elles n'est exacte, car l'enveloppe qui a reçu le dépôt de ces trois pièces porte le timbre du 27 avril. D'où vient cela ? Les Adversaires n'ont pas essayé de nous l'apprendre.

Dans quel ordre ces trois pièces ridicules ont-elles été

écrites ? — Nous disons que la première est celle du 29 mai, la seconde celle du 2, et la troisième celle du 25. — On conteste cette précision et l'on dit qu'en supposant la feuille ouverte, le commandant a écrit d'abord et à gauche, à la suite l'un de l'autre, les codicilles du 2 et du 25, et ensuite, sur la feuille de droite, celui du 29. — C'est une erreur qui se démontre en rapprochant le fragment détaché du feuillet de gauche, où est écrit le codicille du 25, du fragment du même feuillet où est écrit celui du 2 du même mois. — A l'aide de cette opération que facilitent les nombreuses déchirures du papier qu'il faut enchasser les unes dans les autres, on voit que les deux codicilles du 2 et du 25 n'ont pas été tracés à la suite l'un de l'autre ; que chacun est placé en tête de la page, et que, pour employer cette locution vulgaire, ils se tournent le dos. Si l'on rétablit la feuille comme l'exige l'adaptation de ces déchirures, le corps d'écriture de chacun des codicilles se trouve en tête, et les deux signatures qui sont au bas se touchent presque par les paraphes.

De quelle façon le commandant a-t-il opéré ? — Il a pris une feuille de papier à lettre petit format, et sans l'ouvrir sur le *recto* du premier feuillet comme nous fesons tous, sa main a tracé le codicille du 29 mai. Puis, il a plié en deux cette feuille, et le *verso* du second feuillet se trouvait ainsi à l'extérieur. C'est sur ce *verso* qu'il a écrit ensuite le codicille du 2 mai, qui a couvert la moitié de la page pliée. Et enfin revenant une troisième fois à la charge, sur la seconde partie de ce même *verso* tourné dans l'autre sens, il a consigné son dernier codicille auquel il a donné sans motif et sans cause la date du 25.

L'examen matériel de la pièce fera mieux comprendre la justesse de cette appréciation, qui deviendra saisissante quand on l'aura sous les yeux.

A quelle cause attribuez-vous cet amalgame et cette confusion de dates et d'écrits, qui n'ont aucune raison d'être et qu'aucun esprit sage et sérieux n'aurait sans doute pris plaisir à fabriquer?

Qu'est devenu le commandant si positif, si exact, et si net dans tous ses actes et dans tous ses discours?

C'est un enfant qui erre à l'aventure, et dont la raison ne dirige plus la conduite.

Aussi voyez de quelle façon il a exécuté ce travail dont il a sous les yeux le modèle?

Le premier, celui du 29 mai, est ainsi conçu :

« Je déclare que la somme de sept mille francs dont
« M. Gustave d'Ouvrier mon neveux s'est reconnue *débite-*
« *teur que j'ai voulu lui faire sous la seule réserve à mon*
« *profit.* J'entends que *cette lui appartienne*, et que le
« billet qu'il m'a souscrit soit considéré comme nul et
« sans *effet au profit de ma succession.* Cette déclaration
« vaudra au besoin comme codi dicille. »

Le second, celui du 2 mai :

« Je desire et je veux que les sept mille francs que tu
« me dois et qui *proviennent en grande partie* de ce que
« j'avais sur le pont Louis-Philippe soient à *oi* et que tu
« en *gouisses* comme tu l'entendras, me réservant que
« dans le cas où tu viendrais à mourir avant moi ils
« feraient retour à ma succession après *mon décès et que*
« *ce fut un codicille.* »

Le troisième, celui du 25 mai :

« J'entends que tu places la somme de sept mille francs
« que tu as touché pour mon compte comme tu l'en-
« tendras, et que tu m'en payeras les intérêts tant que
« je *vivraie, après quoi tu en feras part mes héritiers*
« *si tu vis et si le capital n'est pas perdu.* »

Est-ce un homme sensé qui a enfanté toutes ces choses? — A l'incohérence des dates, succède l'incohérence des dispositions ! — C'est dans une forme étrange que les deux derniers codicilles sont rédigés. L'auteur s'adresse au légataire, et lui tient deux discours dont la conciliation sera bien difficile. Ici le colonel, dans le cas où il survivrait au testateur, doit garder l'utilité du bienfait, et la chose doit être ainsi sous peine d'enlever à la disposition son utilité ; et là, au contraire, si le capital n'est pas perdu, le légataire au lieu de le prendre ou de le retenir devra en faire compte à la succession. De la sorte, le commandant dont la raison troublée ne comprend pas les mots qui sortent de sa plume, détruit d'une main ce qu'il vient d'édifier de l'autre.

On ne discute pas l'évidence. Cet homme était insensé : il l'était en février, il l'était au commencement et à la fin de mars, il l'était au commencement d'avril, et le 27 du même mois, ses élucubrations singulières nous donnent le tableau exact de sa situation intellectuelle.

Quelle fut aussi l'impression du colonel, en recevant ces trois pièces, et en jetant les yeux sur l'enveloppe qui les accompagnait ?

Il le disait à sa mère dans une lettre du 29 avril qui est jointe au dossier : — L'oncle Alphonse est bien mal. *Il n'a pas su même copier un écrit dont je lui avais envoyé le modèle. C'est à faire de la peine.*

Et chacun éprouvera le même sentiment.

Ici, et dans le but probablement de faire perdre de vue la gravité des conséquences qui découlent des codicilles, on a dit qu'une lettre du testateur les avait accompagnés, et que cette lettre que nous cachons établirait sans doute la sanité mentale dont nous contestons l'existence.

Triste et déplorable ressource que celle-là ! — Si une lettre avait été écrite, elle nous aurait bien évidemment laissé l'impression confiée à notre mère, car sans cela nous lui aurions épargné la douleur de cette communication.

Mais, en fait, aucune lettre n'a été écrite ni reçue. Et le mot dont on abuse s'applique justement à la dépêche contenant les codicilles. De quelle façon auriez-vous exigé que le colonel s'exprimât en parlant à sa mère? — Il aurait fallu dire *un pli, un testament, un codicille*. C'est se montrer bien sévère, vraiment : car le mot *pli* n'aurait peut-être pas été parfaitement compris par une femme, et celui de *testament* eût été contraire à la discrétion que commandent les actes de cette nature. A-t-il donc commis une grande faute en disant *une lettre?* — Nous ne saurions le croire ; et son langage d'alors n'est nullement contraire à celui qu'il tient maintenant. Qui ne voit d'ailleurs que, s'il l'avait reçue, son intérêt le convierait à la produire.

Revenons dès lors au procès, et disons que le 27 avril les facultés du commandant ne s'étaient pas relevées du coup qu'elles avaient reçu.

Au mois de mai, Lordat nous raconte la visite faite au Christ qui venait d'être déposé provisoirement dans l'église de Rabastens. Il s'asseoit en face de la statue, demeure longtemps immobile et muet sans voir et sans comprendre. Et puis, n'ayant pas la conscience de la sainteté du lieu où il est venu, il se retire sans avoir porté la main à son front et rempli l'un de ces vulgaires devoirs, dont ne s'affranchissent pas les hommes, même les moins religieux. Il serait injuste de le blâmer de cette attitude étrange. Sa volonté éteinte n'y est pour rien, et Lordat, qui est avec lui, ne s'en étonne pas.

Mais j'ai hâte d'arriver au mois de juin. Ici m'attend une lettre dont on a fait grand bruit, et qu'il faut bien que je discute. Avant, toutefois, transportons-nous chez le docteur Béringuier, où va s'accomplir une scène des plus douloureuses. C'était le 7 de ce mois, pendant lequel aurait été tracé l'écrit qu'on nous oppose avec tant de fierté. Le commandant arrive, traîné plutôt que conduit dans la maison du médecin. Il vient dans l'intention de prendre ses avis. Il essaie de parler, et ses efforts ne font que témoigner de son impuissance. Son cerveau est vide, sa langue enchaînée, et son regard sans expression. Les symptômes trop significatifs de l'imbécillité et de l'idiotisme, se montrent à découvert. Il est hors d'état de comprendre les choses qui lui seront dites ; et aussi, sans tenir compte ni de sa vieillesse, ni du respect que commande la haute position du malade, le docteur, qui dédaigne de s'adresser à lui, donne l'ordre au domestique de le ramener à son domicile où lui-même se rendra plus tard.

C'est la répétition de la scène qui, en février, s'était passée dans l'étude de M⁰ Faure, et qui se reproduira au mois d'août dans celle de M. Ebrard.

Est-il donc permis de douter encore? Pourtant, sa plume a tracé cette prétendue lettre à laquelle on assigne la date du mois de juin, et que Robert affirme avoir reçue à Paris.

Nous soutenons d'abord que cet écrit n'a jamais été envoyé à Robert; que c'était une minute semblable à celle du mois de février, dont nous avons cité plus haut divers passages, et à plusieurs autres du même genre qui, à la mort du commandant, ont été trouvées dans son secrétaire. Seulement, Robert s'est emparé de celle-ci, comme il s'est emparé de plusieurs autres papiers importants, dont l'inventaire constate la disparition. Ce qui le prouve, c'est l'état même du papier où ont été écrites ces lignes ; ce qui le prouve, c'est l'absence de l'enveloppe qui l'aurait contenu, alors que Robert les conservait toutes avec un soin extrême, comme le justifient les lettres produites en son nom et qu'il aurait reçues de Mlle de Clausade ; ce qui le prouve, c'est que pour les affaires de l'oncle, c'est avec celle-ci qu'était engagée la correspondance ; ce qui le prouve enfin, c'est que cette lettre prétendue ne se termine par aucune de ces formules de salutation et d'amitié dont le commandant ne s'affranchissait jamais, et dont l'absence tranche la question.

Si cette pièce est dans vos mains, c'est donc parce que vous l'avez soustraite. L'origine en est affligeante.

Mais, lisez-la avec attention, et bientôt vous serez convaincu qu'elle établit précisément l'incohérence d'idées, l'aberration de l'esprit, et le trouble de la mémoire qui constituent l'insanité dont nous avons réuni déjà tant de preuves..

Qu'y lisons-nous, en effet ? — Il s'agit de la liquidation Baudon. — La seconde phrase est ainsi conçue :

« Je désire de savoir où en est cette affaire. D'Ouvrier
« m'a écrit lorsqu'il est parti de Paris qu'il avait tout
« arrangé, et que je pouvais être tranquille. Cela n'em-
« pêche pas que je ne sais pas quel est l'arrangement
« qu'il a fait. *J'ai su indirectement* que la ville de Paris
« payait ou avait payé une grosse somme aux actionnai-
« res, et que la caisse Baudon paiera en juillet 1855, 1
« ou 1 1/2 p. %, pour tout, pour fin de compte. Quant à
« moi, je n'ai rien reçu. M. Ra du te donner les instruc-
« tions nécessaires à l'affaire dont il s'était chargé..... »

Jusqu'ici les idées se suivent, et semblent raisonnables. Mais dans la réalité des choses, il n'est pas un mot qui soit exact dans ce récit, et tout est radotage.

Il prétend que d'Ouvrier lui a donné l'assurance que l'affaire Baudon allait s'arranger, sans lui faire connaître les conditions de cet arrangement lui-même ; et c'est là une rêverie pure. Il n'y avait pas de traité à conclure à cet égard. C'était une liquidation qui marchait, et qui à mesure de l'encaissement de l'actif écrivait aux actionnaires pour leur distribuer les dividendes. On n'avait donc qu'à se présenter et à percevoir en montrant la lettre d'avis et le mandat reçu pour souscrire les quittances.

Le commandant ajoute qu'il *a su indirectement* que la ville de Paris payait ou avait payé une grosse somme pour le pont *Louis-Philippe*, et il avait reçu le 29 mars 1855 à Rabastens la lettre annonçant la distribution dont il parle, et c'est à suite de cette lettre qu'il avait transmis au colonel la procuration du 9 avril suivant.

Toutes ces choses ne se montraient à ses yeux que vagues et confuses, et de là ce langage singulier que par voies indirectes il a appris les paiements qui ont été faits. L'on a d'autant plus lieu d'en être surpris que dans son codicille du 2 mai 1855, il déclare que la somme par lui léguée au colonel provient en grande partie de ce qu'il avait sur le pont Louis-Philippe. Où est donc cette mémoire et cette précision autrefois si exactes quand il parlait d'affaires?

Il a su indirectement encore que la caisse Baudon paiera en juillet 1/2 ou 1 p. %..... Et les pièces jointes au dossier établissent qu'un avis officiel était toujours officiellement transmis à l'actionnaire. — Et le dividende au lieu de 1/2 ou 1 p. %, était de 5 fr. 50 c.; et dans une lettre écrite par le colonel, qui est au nombre des pièces inventoriées, ce chiffre était annoncé au commandant dès la fin de l'année 1854. — Ici se reproduit l'observation dont parle Mlle de Clausade dans la lettre adressée à Robert, où, en décrivant l'état de son oncle, elle dit qu'il croit avoir à toucher 25 fr. dans cette grosse affaire. C'étaient 550 qui devaient être comptés et qui furent perçus.

« M. ra, dit-il enfin, du te donner toutes les instruc-

tions nécessaires à l'affaire dont il s'était chargé. » —
Or, M. Roger, que désignerait la lettre initiale de son nom,
ce que l'on comprend très bien dans un simple projet, n'a
jamais eu à s'occuper de l'affaire Baudon. Le seul mandat
qu'il ait reçu est celui relatif au pont Louis-Philippe.

Tout est donc illusion et rêverie dans cet étrange
écrit, dont les dernières lignes n'ont pas besoin de commentaires. Maintenant les *non-sens* et la confusion vont
se révéler d'une façon plus positive encore :

« M. ra du te donner toutes les instructions nécessai-
« res a l'affaire dont il s'était chargé, avant de de le faire
« je lui *avez parlé, et je ne lui ai parlé sérieusement de*
« *cela* qu'après qu'il m'a bien promis qu'il s'acquitterait
« avec exactitude de toute l'affaire. *Pour la réunion,*
« *pour examiner la liquidation Beaudon, il faut pour*
« *la comprendre bien concevoir en quoi elle consiste et*
« *bien comprendre toutes les affaires qu'elle embrasse.* »

Ici la netteté du langage disparaît, la répétition, les
non-sens et le vague se montrent à sa place. Le mot de
réunion y est jeté sans même qu'il en soit question. C'est
déjà le style que nous allons retrouver dans la fameuse
dissertation politique qui s'harmonise si bien avec la note
sur la prétendue circulation des monnaies.

Le projet de lettre à Robert, que nous venons de discuter, et la dissertation qui va être mise sous les yeux du
Tribunal, sont évidemment contemporains. La dégradation de l'écriture marchait vite, comme on le sait, dans
la seconde partie de l'année 1855. Nous touchons presque au moment où les Adversaires reconnaissent avec
nous que l'insanité est un fait accompli. Or la main du
commandant avait la même vigueur lorsque ces deux
écrits ont été tracés. Donc leur date est à peu près
identique.

Eh bien ! que fesait alors le commandant ? — Selon

les lois de la maladie qui le dominait, il se croyait membre d'une assemblée politique, et du haut de la tribune il laissait tomber ces paroles :

« Je passe au rapport de la commission que depuis je
« me range des membres dont plusieurs m'honorent de
« leur amitié, et dont le caractère bien connu doit doit
« inspirer doit inspirer toute de confiance, la frace sait
« ce qu'elle y a perdu surtout en confiance ; elle sait ce
« qu'elle peut y perdre encore cette majorité de la na-
« tion royaliste parce qu'elle aime la justice, l'ordre et
« le repos s'etan également contre vous et on demande
« également au ciel qu'un pouvoir assez habile et assez
« ferme pour continuer toutes ce livre a été commencé
« le 29 novembre 1829 et depuis lors y y ont inscrit les
« recettes et les dépenses 1° du mois 2° du courant de
« l'année et autres dépenses telles ce que j'ai reçu et ce
« que j'ai dépensé, toutes ces dépenses ne sont pas
« inscrites par ordre ce qui fait qu'elles sont un peu
« embrouillées et qu'il est assez difficile de la rectablir
« dans un ordre parfait. Le sac contenait le 29 juin ou
« même le 29 septembre Messieurs lorsque le projet de
« loi maintenant soumis à notre discussion fut présenté
« par ministre de Sa ma Majesté nous l'écoutames tous
« avec les préjugés les plus favorables. Dans des cir-
« constances aussi malheureuses nulle économie ne sem-
« blait devoir être rejettée et quoique celle dont on nous
« offre le tableau comme le résultait du projet de loi ne
« fusse qu'une légère différence avec le projet je serai
« bien loin d'en.

« Nous pouvons dire ce que nous obscons depuis long-
« temps c'est que nos observations tendent toutes à nous
« persuader que nous devons être persuadés que nous
« devons être rangés, et pour cela nous devons ne dé-
« penser que ce qu'il nous faut pour vivre économique-

« ment et surtout nous priver de toutes choses super-
« flues, j'entends par là des choses que l'on regarde
« comme indiffer.

« Cette question insoluble tant qu'on la posera d'une
« manière vague pour demander qu'on s'en rapporte à
« la délicatesse du clergé et non d'en faire, on peut dire
« des choses très touchantes, d'un autre côté l'idée se-
« rait encore des comme désolés, paris intervenu entre
« la volontés des testateurs et l'interais de l'Eglise, et
« si épouvantable que si elle se présente aux esprits
« elle les portera comme malgré eux à tout risquer pour
« enchère et de plus et les commis décédant et et de
« plus de choses qu'on ne se l'imaginer, etc., etc. »

Durant plus de deux pages encore il continue sur ce
ton, et de sa propre main il imprime le sceau de son
insanité complète sur cette élucubration sortie sans
aucune contestation possible d'un cerveau mortellement
blessé.

Puis au bas de ces pages, il essaie d'écrire son nom
dont il ne se souvient plus, et sa plume trace cette
bizarre signature : d'Ouvrier *Alphubert Heubert*. Je ne
sais si c'est un diminutif comme on le soutiendra plus
tard à l'occasion d'une excentricité analogue. Mais ici,
loin d'abréger, il allongeait son nom.

Que faut-il maintenant démontrer encore?

Au mois d'août, nous trouvons la seconde visite à
M. Faure, qui le reçoit en présence d'Ebrard. Il est
muet et des sons inarticulés s'échappent avec effort de
sa bouche ; c'est bien le même malade que nous avons
rencontré le 7 juin chez M. Béringuier, et il n'est pas
guéri.

Sur son carnet il veut inscrire les 550 francs que
M. Armand d'André lui apporte. Lisez la note : août 1755,
reçu d'Amandre.

Est-ce à dessein qu'il a transformé ou plutôt dénaturé ainsi le nom de M. Armand d'André, comme on l'a soutenu dans l'intérêt des Adversaires? — Personne ne le croira! L'excentricité est trop grande; la cause qui inspirait les lignes insensées que l'on vient de transcrire et qui faisait substituer au nom d'Alphonse-Hubert celui d'Alphubert-Heubert, est aussi la cause qui dirigeait sa main quand elle traçait à son insu ce mot *d'Amandre* qu'il n'aurait pas compris s'il avait voulu le relire. Voyez si avant sa maladie on rencontre dans les corps d'écriture émanés de lui ces abréviations prétendues dont la bizarrerie dénonce dans ses facultés une altération si profonde.

Le mois d'août s'écoule, et en septembre tout le monde est d'accord pour reconnaître la démence. M. de Toulouse, qui tenterait vainement de retirer les paroles que M. d'Alayrac a recueillies, ne déclare-t-il pas que le pauvre Alphonse n'y est plus, qu'il s'en va de partout? Mettez-le, effectivement, ce pauvre Alphonse, en présence de Colombano, le vieux soldat piémontais, qui depuis trente-cinq ans réside à Rabastens.... et il ne le reconnaîtra pas. Les questions qu'il lui adresse ne permettent pas de se méprendre sur sa situation. Après avoir appris une chose qui, certes, lui était bien connue, à savoir le lieu de la résidence de son interlocuteur, il termine en demandant si ce lieu, qui est *Rabastens*, est loin de celui où il cause, qui est *Rabastens* aussi.

Et maintenant les faits s'accumulent et se pressent avec une accablante énergie.

Ici c'est le perruquier Sadoul qui vient le raser en équipage et avec ses chevaux. — Là il demande à se lever au milieu de la nuit pour aller réclamer du percepteur les sommes qui lui sont dues, et Lordat ne parvient à le calmer qu'avec une peine infinie. — Tantôt M. Alric, par l'intermédiaire duquel la pension lui est payée, se sert de son argent et essaie de lui faire accepter du vin en échange ; c'est à Lordat qu'il fait la confidence de cette perfidie. — Puis c'est l'ancien percepteur Duclésieux qui lui est redevable de sommes importantes dont la privation le gêne et contre qui, malgré les exhortations de M. Bourniquel qui le raconte, il faut sans retard diriger des poursuites à moins qu'il ne se résigne à payer un à-compte. — Dans tous les actes de la vie, c'est le même trouble et le même désordre. Le sentiment de la pudeur n'est plus compris chez cet homme autrefois si sévère ; il s'étonne qu'une jeune fille se refuse à lui ôter son pantalon et la traite de bègue. S'il a un besoin à satisfaire, il se met en face de la porte vitrée de la cuisine et force les domestiques à se détourner. Ainsi le déclare Rosalie Soula, dont la déposition porte avec elle un cachet de sincérité qui défie toutes les attaques. La valeur des monnaies ne lui est plus connue : le billon pour lui se transforme en pièces d'or et ces observations provoquent les rires de la domesticité. Il ne sait plus compter, du reste, et il écrira 1,000 fr. sur un rouleau qui ne contient qu'une somme de 700 fr. dont la numération vient d'être faite.

Il serait oiseux de reproduire tous les actes géminés de démence qui sont répandus dans les enquêtes, et dont un grand nombre remonte au temps où le commandant habitait le second étage, c'est-à-dire au mois de février ou de mars 1855. Mais il en est plusieurs qui appartiennent à la fin de cette même année 1855, et qui ne sauraient être passés sous silence. C'est de Lordat que nous allons les apprendre. Le pauvre malade est dans l'impossibilité de faire seul un pas, même dans l'intérieur de sa chambre, et voilà qu'un beau soir il donne gravement à son domestique l'ordre d'arrêter trois places pour Paris, l'une pour lui, l'autre pour Lordat, et la troisième pour Mᵐᵉ de Clausade. On ne s'en étonne ni on ne s'en effraie, le lendemain il n'y songera plus. Mais si ce projet de voyage est oublié, il est une chose qui sérieusement le préoccupe. Le chirugien-major du régiment doit lui rendre visite, et pour le recevoir il convient de se lever de bonne heure ; Lordat ne doit pas manquer de prendre toutes les précautions nécessaires. Ainsi nous voilà revenus sous les drapeaux, et les obligations sévères de la discipline se présentent, au milieu du chaos qui l'environne, à son esprit en désordre. Il se préoccupe de *la grande halte* pour le lendemain, et des mesures qu'il convient d'arrêter. Lordat est averti, et l'on confie à son zèle le soin de veiller à toutes choses. Bientôt du reste ces idées seront remplacées par des idées différentes. Avec la mobilité qui se manifeste toujours chez les hommes atteints de maladies mentales, il abandonne son drapeau et revient à Paris où s'écoulèrent les plus belles années de son existence. Il est à la croisée de son appartement, et considère la place et la promenade de Rabastens. En proie à une illusion décevante, son œil voit dans cette solitaire et modeste promenade les Champs-Elysées avec leur agitation, leur mouvement et leurs mille voitures. Et ce sentiment il le communique à Lordat accoutumé déjà à tant d'autres excentricités, et qui ne se méprend pas sur leur cause. Une scène semblable, dans le mois précédent, avait eu lieu en présence du docteur, et c'est bien le même mal qui oppresse ce cerveau en délire.

Du reste, et dans ce même mois de décembre, que l'on a si singulièrement choisi pour y reporter la date de la remise du testament, M. Robert disait à M. Faure qui en témoigne, que le commandant n'y était plus, et M. Faure lui répondait : — Je m'en suis aperçu.

Ainsi se clot l'année 1855 ; en 1856 la maladie s'aggrave, et il n'est personne à Rabastens qui ne connaisse et son existence et sa nature. M. Lombard de Sagnes en a présenté le tableau ; mais naturellement c'est son domestique surtout qui nous initiera à ces faits intimes que l'on dérobe à l'œil des étrangers, mais que celui-ci doit nécessairement connaître. Interrogez-le de nouveau, et il vous dira que lorsqu'on le porte dans sa chambre, il ne sait pas la reconnaître, et qu'il se plaint de ce que, sans son adhésion, on le change d'appartement. Quand l'heure est venue de se déshabiller, il s'y refuse et l'on est obligé de soutenir à deux une lutte contre lui pour vaincre, par la force et non par la raison qui est éteinte, une résistance insensée. Comme le dit M. Elie de Mus dans sa lettre, s'il ouvre la bouche et si sa langue peut articuler quelques mots, c'est pour un radotage. Ici, il veut que le colonel achète des chemins de fer protestants ; là, avec une gravité qui ne permet pas de supposer une plaisanterie, il émet le sentiment que les marchandises voyageront bientôt par le télégraphe électrique. La démence enfin ressort de toutes parts, et le cerveau envahi est frappé de cette torpeur qui annonce l'idiotisme.

Telle est la situation : en réunissant dans un même faisceau les preuves écrites et les preuves morales, la démonstration est irrésistible. Nous avons pris le commandant par la main, et à compter de la fin de l'année 1854 qui nous est signalée, par le médecin, comme le point de départ de cette dégradation intellectuelle, nous lui avons fait traverser cette année 1855 tout entière, et à chaque pas, presque à chaque jour, nous avons saisi un témoignage écrit ou oral de cette insanité. L'insanité était donc son état permanent qui s'aggravait sans cesse, qui jamais ne s'est dessaisi de sa victime, et peu à peu l'a amenée jusqu'au jour où la vie matérielle s'est éteinte.

Dans ce résumé, nous avons voulu laisser à l'écart toutes les dépositions que le puritanisme de nos Adversaires a écartées comme suspectes. C'est l'abbé Bouffat, c'est M. Fauré, c'est M. Béringuier, c'est Lordat, c'est M. Bourniquel, qui protégent nos affirmations de leur moralité. Or ces seuls témoignages suffisent pour dissiper tous les doutes, et juger le procès. A côté des révélations qu'ils ont fournies à la justice, se place l'appréciation des membres de la famille déposée dans la correspondance, et enfin le commandant lui-même qui est venu à cette barre raconter ses souffrances, et nous dire que la main qui avait tracé les notes que nous transcrivions naguère n'avait pas pu écrire un testament valable.

Que pourra la contraire-enquête en présence de preuves aussi invincibles ?

Elle s'efforcera de saisir dans le cours de cette longue période qui vient d'être l'objet de notre étude approfondie, quelques faits isolés qui nous présenteront le malade agissant dans certaines conjonctures exceptionnelles comme un homme sensé.

En avril 1855 il achètera des socques dont il a débattu le prix, et chose merveilleuse ! lui qui ne pouvait marcher sans un auxiliaire dans l'intérieur de sa chambre, il se promènera seul dans le magasin du marchand avec cette chaussure.

En juin 1855, il achète un chapeau, ne l'accepte qu'après s'être assuré qu'il va bien à sa tête, et le marchand n'a saisi sur ses lèvres aucune parole déraisonnable.

Chez Sarrasi, libraire, sans discuter les prix qui étaient fixés d'avance, il fait deux ou trois visites avec Lordat, et ni ses actions ni son langage ne révèlent le trouble de ses facultés intellectuelles.

En décembre 1855 devant Lomières, et en présence

du docteur Béringuier qui assigne à ce fait une date erronée, il donne de son bandage et des accessoires qui le constituent une description parfaitement lucide.

Enfin en juin 1856, debout à côté du témoin Renaud, il demande sur le mécanisme d'une pompe des explications qu'il paraît très bien comprendre.

Voilà tout ce que dans la période de deux ans on a pu réunir pour repousser les preuves écrasantes dont nous sommes armés.

Admettons tout cela, et dites-moi ce qu'il faut en conclure?

Que certaines lueurs peuvent de temps à autre traverser la nuit profonde qui enveloppe l'esprit du dément? — Qui le conteste? Mais tous les savants qui ont étudié la marche et les effets de ces maux redoutables qui viennent ravir à l'homme le rayon divin que la Providence avait mis sur son front le disent et l'enseignent. « Le « passage du délire à la raison et de la raison au délire, « est un de ces phénomènes mystérieux qui apparais- « sent, même au sein de la subversion totale des facul- « tés, et quand l'homme déjà n'offre plus au moral que « des ruines, au physique que des organes flétris. Il ne « saurait équivaloir à l'usage régulier de l'intelligence, « au réveil des sentiments moraux, à une sorte de gué- « rison. Il n'annonce pas le retour de la raison. Il ne « doit être pour les Tribunaux qu'un vain et capricieux « accident ; qu'un reflet insaisissable de cette raison elle- « même qui aurait besoin *d'être assise et consolidée* pour « justifier le rétablissement d'une capacité dont elle est « l'origine, dont elle donne la mesure. »

Ainsi s'exprime M. le conseiller Sacase dans son beau travail sur la folie, considérée dans ses rapports avec la capacité civile. On ne saurait mieux dire.

De quelle importance sont dès lors les faits acciden-

tels, si rares, si peu concluants qu'ont ramassés avec
tant de peine, malgré leur influence à Rabastens, les
Messieurs de Falguière? — Ils n'établissent certes pas
que la maladie mentale dont l'existence est aujourd'hui
à couvert de toute contestation ait été vaincue. Car voyez,
si en avril le commandant achète des socques, en avril
M. Faure le voit et le juge, et ses codicilles le jugent à
leur tour plus sérieusement encore. Si en juin il achète
un chapeau, en juin il va chez le docteur, et montre sa
dégradation mentale dans toute son affligeante nudité.
Si en décembre 1855, il s'exprime si bien sur le bandage, c'est en décembre 1855 aussi que se produisent
les faits relatifs à la visite du chirurgien-major, à la
grande halte, au voyage à Paris, à la promenade de
Rabastens prise pour les Champs-Elysées, et à tant
d'autres dont l'énumération est inutile. Si, enfin, au mois
de juin 1856 il s'entretient de la pompe avec Renaud,
tous les témoins, même ceux de nos adversaires, nous
disent qu'alors l'idiotisme était complet. M. Andrieux
était pris à cette époque pour le curé de Bruniquel, et
en effet, à partir d'avril ou tout au moins de mai, il le
trouva constamment au milieu des incohérences d'idées
qui accusent la perte de la raison. Que deviennent dès
lors les circonstances relevées dans votre intérêt?

Elles appartiennent à ces mystérieux reflets d'une
intelligence éclipsée, et laissent à notre démonstration
toute sa force.

D'Aguesseau l'a dit, et cette vérité saisissante a été
acceptée par tous les hommes sérieux : « Un fou peut
faire des actes raisonnables, un homme raisonnable ne
peut jamais faire des actes de folie. » Dès lors un acte
raisonnable ne prouve rien contre la démence, alors surtout que cette démence est justifiée par des documents
péremptoires. Et, ici, l'objection est d'autant plus facile à

combattre, qu'il s'agit d'achats ou de choses qui entraient dans les habitudes ordinaires de la vie et qui n'exigeaient chez le dément ni initiative, ni combinaison d'idées assujettissant l'esprit à une méditation quelconque.

M. Troplong a donc raison de dire avec le grand chancelier dont il adopte la doctrine :

« Mais comme l'esprit est un instrument merveilleu« sement organisé, il lui arrive de raisonner juste, « même quand il est mal dirigé. Un rêve rempli de délire « et d'illusions est souvent traversé par des idées sages. « Un homme agonisant laisse échapper du milieu des « ténèbres qui l'environnent des éclairs de bon sens « comme dans les jours de sa plus ferme intelligence ; « mais ces lueurs n'empêchent pas l'esprit d'être trou« blé et vaincu. C'est un esclave qui ne s'appartient « plus. »

Voilà comment s'expriment les princes de la science, et après eux nous n'ajouterons rien.

Mais M. de Toulouse, qui s'entretient avec le commandant sur la promenade et ne remarque chez lui aucun signe d'aliénation, ne renversera-t-il pas à lui seul tous les témoignages et tous les faits ramenés dans notre enquête ? — Non, assurément, car sa mémoire est trop incertaine. Il ne se souvient pas de la date précise de la mort de sa sœur, et puis, les entretiens dont il parle, remontent à l'époque où le commandant se promenait seul, c'est lui qui le déclare. Or, Lordat nous a appris que déjà, au 1er avril 1855, le malade était dans l'impossibilité de marcher dans sa chambre sans le secours d'un bras ami. — C'en est assez pour que la déposition soit sans influence sur le sort du procès.

Quant à MM. Renaud de Combalade et Henri de Carrière, ils nous disent l'un et l'autre que les entrevues dont ils rendent compte datent d'une époque antérieure à

1855. — Pourquoi les discuter ? — Est-ce que nous n'avons pas dit nous-même combien était élevée alors l'intelligence de notre oncle ? — Mais remonter ainsi est un anachronisme qui n'échappera pas à l'attention de nos juges.

Reste M. Tristan de Lafitte. — Deux entrevues sont signalées par lui. — L'une serait de 1854 : on discuta sur l'alliance anglaise. Je n'ai rien à en dire ; elle n'appartient pas à la période qui seule doit être l'objet de nos préoccupations. La seconde, postérieure de six mois, ne précise pas de date, elle fut rapide et se borne à quelques mots échangés entre les deux interlocuteurs. Le commandant termina cette courte conversation par ces mots : *je f... le camp, grand train, au cimetière.* Soit, il était souffrant, écrasé par le mal qui avait envahi sa tête tout entière, et cette parole est sortie de sa bouche. Cet homme pour avoir dit cela a-t-il ressaisi ses facultés perdues ? Il serait peu sérieux de le dire, en présence des faits qui ont précédé et suivi ces propos.

Pour M. de Pressac, ce sont de simples salutations de politesse qui ont été échangées à des dates que même l'on n'indique pas et qui, s'accomplissant d'une manière pour ainsi dire automatique, n'ont jamais rien prouvé ni aux yeux de la justice, ni aux yeux de la loi.

Vient enfin M. le curé Andrieux. Cet honorable ecclésiastique a confessé le commandant en mars ou en avril 1856, et lui a donné deux fois la communion : la première à cette époque d'avril 1856, la seconde la veille ou l'avant-veille de sa mort. Il le trouva lucide lors de la première solennité, mais un mois plus tard, l'imbécillité était continue, et jamais, nonobstant ses nombreuses visites, il n'eut le bonheur de le rencontrer jouissant de sa raison. Pourtant il fut admis, comme on vient de le voir, aux honneurs de la Table sainte.

Mon dessein n'est point de discuter ce témoignage au point de vue religieux. Je sais tous les trésors d'indulgence que recèle la doctrine du Sauveur des hommes : il appelle à lui les enfants et les infirmes ; à douze ans, il nous admet au banquet sacré ; et à douze ans, le Code ne voit en nous qu'un être faible, incapable de se conduire dans la vie, et à qui ne pourrait appartenir la libre disposition de ses biens.

C'est dès lors d'un tout autre point de vue que doivent être faites les appréciations quand c'est d'un acte religieux ou d'un acte légal qu'il faut rechercher la valeur. M. le marquis de Lordat dont la piété, en apparence, était si vive, communiait fréquemment ; douze ou quinze ecclésiastiques d'une honorabilité parfaite vinrent rendre témoignage en sa faveur, et toutefois son testament fut brisé par la justice comme l'œuvre d'un insensé. Les conséquences qui résultent de cette décision solennelle ne seront pas perdues.

Qu'a-t-il maintenant dû se produire ? — De même qu'on n'appelait le médecin du corps qu'au moment où des souffrances plus vives réclamaient son assistance, de même on n'appelait le médecin de l'âme que lorsque un peu de calme était rentré dans l'esprit troublé du vieillard. Saisissant avec bonheur ces éclaircies fugitives, le pardon divin a été accordé, et Dieu, nous l'espérons, ratifiera la sentence.

Mais, si de ces hauteurs nous descendons à la question purement humaine qui s'agite entre nous, le doute est-il possible ?

Est-ce que, en 1856, l'idiotisme n'était pas complet ? — M. de Toulouse a prononcé sur ce point et vous vous êtes incliné devant ce témoignage. Dès le mois de septembre 1855, la déraison se révélait à tous sans voile et sans mystère. Avez-vous oublié ce que Lordat nous a

dit de la fin de cette année elle-même ? Rappelez-vous la
visite au chirurgien-major, la grande halte, les 5 c. destinés à la société de bienfaisance qu'on ne fait pas connaître, les trois places prises pour Paris, la visite au
percepteur au milieu de la nuit, la promenade de Rabastens qui devient les Champs-Elysées, la question de Colombano, le discours préparé pour la tribune, et dites-
moi si, en 1856, cet homme dont le mal empire chaque
jour avait son intelligence.

Il est des choses qu'on ne démontre pas; il est des
vérités qui s'imposent. Si le commandant, en 1856,
avait eu sa raison, vous n'auriez pas donné à l'acte testamentaire la date de 1855 qui, précédant vos services,
semble vous remercier de soins que vous n'avez pas
donnés encore. Mais l'incapacité que proclamait votre
bouche dès le mois de décembre 1855 se présentait à vos
yeux menaçante et certaine, et voilà pourquoi l'altération
a été commise.

§ V.

*Quel était le genre de maladie dont le commandant était
atteint et dont l'invasion eut pour résultat l'extinction
de ses facultés mentales ?*

Ce n'est pas à son grand âge qu'il convient d'attribuer
les désordres dont on vient de dérouler le triste tableau.
M. Alphonse d'Ouvrier était un homme doué d'une constitution robuste : sa taille était élevée, son tempéra-
ment vigoureux, ses forces physiques remarquables;
tout en un mot révélait chez lui une de ces organisations
puissantes qui semblent destinées à braver les rigueurs
de l'âge. Il avait soixante-dix ans à peine lorsque la maladie qui devait le conduire au tombeau se manifesta par

les symptômes extérieurs qu'a décrits dans sa déposition le docteur Béringuier. L'heure de la décrépitude était loin d'avoir sonné pour lui, et si ses facultés s'affaiblissent, si sa raison s'obscurcit, il ne faudra pas demander à la vieillesse compte de ces désordres, la cause est tout entière dans le mal qui vient de le saisir.

Ce mal a dans la science un nom bien connu : il s'appelle la paralysie générale progressive ; c'est le cerveau, siége de l'intelligence, qu'il choisit pour son domaine. La pression qu'il exerce sur cet organe, le plus essentiel et le plus noble de notre nature intellectuelle et physique, est incessante. Des temps d'arrêt se produisent néanmoins et des lueurs intermittentes viennent les signaler ; mais bientôt la maladie reprend inflexiblement sa marche, et son incurabilité absolue est constatée par tous les docteurs. Elle détache et nous enlève une à une toutes les facultés mentales et physiques qui fesaient notre orgueil ; nos jambes ne peuvent plus supporter le poids de notre corps ; la démarche est d'abord vacillante et incertaine. Plus tard, les pieds attachés au sol ne peuvent ni n'osent s'en séparer, et le malade se traîne soutenu par un bras ami. Des chutes nombreuses accompagnent cette infirmité qui se révèle également à ce symptôme. Bientôt il devient impossible de se tenir debout, et, assis sur un fauteuil ou couché sur son lit, le malade est condamné à une immobilité absolue. Les bras et les mains éprouvent un affaiblissement égal ; un tremblement singulier se déclare, et l'on n'a plus ni la liberté ni la direction de ses mouvements. La sensibilité s'émousse, et d'autres désordres plus affligeants se déclarent. La bouche n'articule plus qu'avec une sorte de bégaiement et des efforts qui bien souvent sont frappés d'impuissance. Les résultats de la digestion et les urines s'échappent à l'insu du malade et le souillent de saletés dégoûtantes dont il a si peu conscience qu'il refuse les soins et les mesures de propreté que son état impose.

Au physique, voilà quels sont ses ravages.

Au moral, la mémoire s'éteint, la volonté s'efface. Dans les écrits, le malade tantôt répète inutilement des syllabes comme il le fesait en s'efforçant de parler, tantôt il omet des lettres, quelquefois des mots entiers ; il se plaint des fatigues qu'il éprouve, la moindre occupation suffit à l'abattre. Des illusions étranges saisissent son esprit et son regard : il croit voir et distinguer des choses qui n'existent pas et que le trouble de son cerveau lui montre avec une certitude matérielle qui provoquerait son irritation s'il trouvait un démenti ou une résistance. Fatalement des idées ambitieuses envahissent son esprit. Celui-ci a composé les œuvres de Racine ; l'autre est un grand ministre qui tient dans ses mains les destinées du monde ; un troisième domine par la puissance de son génie oratoire les agitations d'une assemblée politique et conquiert chaque jour des lauriers nouveaux. Singulier résultat de ce mal toujours semblable à lui-même et qui amène constamment la manifestation de phénomènes identiques !

En veut-on une preuve positive ? — Qu'on lise les œuvres de tous ceux qui ont traité cette matière si intéressante, et sans exception aucune ils nous tiendront le même langage.

M. le docteur Regnier dont l'autorité est si considérable dans la science, fait de cette maladie cruelle une description non moins concise que saisissante, et qui doit être mise en entier sous les yeux du Tribunal :

« En règle générale, les premiers signes de l'affaiblis-
« sement consistent dans un certain embarras, une
« certaine lenteur, une certaine altération de la pro-
« nonciation, et cela n'a rien que de très naturel, tant la

« parole exige de prestesse et de précision dans le mou-
« vement de la langue et des lèvres. Puis les membres
« abdominaux commencent à ployer sous le poids du
« corps dans leur pénible tache de station et de marche.
« Puis à mesure que la prononciation devient de plus en
« plus lente et confuse, à mesure que les jambes faiblis-
« sent jusqu'à refuser leur service, les bras et les mains
« se trouvant à leur tour aussi frappés d'inertie sentent
« leur agilité et leur force s'amoindrir. En même temps
« la sensibilité tactile s'engourdit. Par le progrès du mal
« le rectum et la vessie participent à la paralysie; de là,
« d'une part, une opiniâtre constipation, ou bien la
« sordide incommodité des selles involontaires ; et
« d'autre part, l'ischurie ou bien un écoulement conti-
« nuel et involontaire des urines. Au milieu de tout
« cela l'intelligence baisse, la mémoire décline et
« s'abolit; en un mot, la démence vient ou comme pre-
« mier dérangement de l'état mental, ou comme trans-
« formation de la manie, si tant est que le sujet frappé
« de paralysie soit déjà maniaque. »

M. le docteur Jules Delaye, dans une thèse remarquable, a décrit à son tour les symptômes extérieurs et
les phases successives de cette maladie dont aucun
mystère n'a échappé aux investigations de la science.

« Au deuxième degré, dit-il, l'embarras de la parole
« est très manifeste et peut être constaté par tout le
« monde. Le malade prononce les mots en séparant les
« syllabes telles que je vou-oudrais m-m'en a-aller.
« etc....

« Le troisième degré arrive, et alors il n'y a plus seu-
« lement embarras, mais *par moment la parole est com-
« plétement abolie.* Il y a des efforts considérables de la
« part du malade pour arriver à articuler quelques sons,
« efforts impuissants qui le rendent malheureux au

« point de lui arracher quelquefois des larmes, et qui se
« manifestent par des mouvements convulsifs de tous
« les muscles de la face.

Faiblesse des jambes. — « Au deuxième degré les
« malades vacillent sur leurs jambes : ils tremblent en
« marchant, les chutes deviennent plus fréquentes.

« Au troisième degré ils ne peuvent plus marcher....
« Ces malheureux sont obligés d'être alités ou de passer
« les jours de leur triste existence fixés dans des fau-
« teuils d'où ils feraient des chutes le plus souvent
« mortelles si on les laissait livrés à leurs propres
« forces.... »

M. le docteur Cameil a traité aussi dans le Dictionnaire
général de médecine cette maladie, qui de sa part a été
l'objet d'une étude complète. Nous n'empruntons à ce
travail d'un homme dont le nom fait autorité dans la
science que le passage suivant :

» Inclinaison du corps pendant la progression ; écri-
« ture mauvaise ; jambages des lettres mal formés ;
« lettres inégales confondues, mal alignées ; diminution
« de la sensibilité tactile, de la finesse du goût et de
« l'odorat ; progrès de la démence qui restreint le cercle
« des idées. Le malade oublie maintenant des mots
« entiers, la moitié d'un mot dans ses écrits, ses habits
« sont malpropres, et il mange de manière à inspirer le
« dégoût offrant le tableau d'une dégradation morale et
« intellectuelle qui s'effectue rapidement. Cependant
« c'est dans le cours de cette période qu'il s'abandonne
« sans aucune réserve aux illusions d'une vanité ridicule,
« qu'il se croit Pape, Empereur, grand dignitaire.
« etc., etc. »

Tel est l'ensemble des symptômes que signalent les
savants dont nous avons cité les noms, et il n'en est
pas un seul qui ne se retrouve chez le pauvre commandant.

Les embarras de sa parole vous sont connus. — M. Béringuier, M. Ebrard, M. Faure, ont raconté la triple scène de février, de juin, et d'août 1855. Dans cette triple circonstance, malgré les efforts les plus violents, il ne put faire sortir de sa bouche que des sons inarticulés et dépourvus de sens.

La faiblesse des jambes, l'incertitude de la démarche, la fréquence des chutes, et puis enfin l'impossibilité d'une locomotion quelconque, sont attestés par tous les témoins des enquêtes dont l'unanimité à cet égard interdit jusqu'à la possibilité d'une controverse. La fabrication du fauteuil à roulettes qui lui fut donné dans les derniers temps de sa vie, en serait au besoin une démonstration matérielle, que ne récuserait pas Robert, qui se glorifiait d'en être l'inventeur.

Le tremblement des bras et des mains résulte aussi des mêmes dépositions; M. de Bussi nous raconte notamment que cette infirmité était la cause selon lui de l'impuissance où était le malade de compter le numéraire dont la remise lui était faite dans les bureaux de la perception.

La paralysie du sphincter qui laisse échapper les matières fécales, et de la vessie qui laisse à son tour les urines s'écouler involontairement, est indiquée par le médecin quand il parle des infirmités dégoûtantes du malade, et du dévoûment dont fesaient preuve les dames de Clausade en ne laissant refroidir ni leur sollicitude ni leur zèle. On fit faire un tuyau de caoutchouc, et un matelas garni d'un bassin, pour remédier aux malpropretés et aux souillures qui étaient la conséquence de ce double relâchement.

L'écriture avec ses fautes d'orthographe inaccoutumées, comme on peut s'en convaincre en lisant les écrits antérieurs à l'invasion du mal, la forme des lettres, l'obliquité des lignes, l'omission de certaines syllabes et la répétition de certaines autres, l'oubli de mots entiers, tout se rencontre ici avec un irrésistible ensemble pour compléter le tableau que nous a présenté la science.

Restent les hallucinations d'une part, et les surexcitations d'une vanité ridicule qui nous étaient encore signalées comme les symptômes habituels de cette maladie redoutable.

Or, Béringuier et Lordat nous ont dit que tantôt il croyait voir sur la place et la promenade de Rabastens, qu'il ne reconnaissait plus, des choses qui étaient le rêve d'une imagination en délire ; et que tantôt il prenait cette promenade pour les Champs-Elysées, qui certes ont bien peu de rapport avec elle.

Un dernier trait manquait encore : c'est celui de la vanité et de l'orgueil ; et le discours préparé pour la Tribune Nationale est venu nous le fournir.

La démonstration n'est-elle pas complète ? Et pour avoir saisi avec la justesse et la sûreté de son coup d'œil une vérité aussi certaine, M. le docteur Marchant méritait-il de susciter contre lui tant de colère et tant d'outrages ? Il est des hommes dont la haute position commande à ceux qui veulent les combattre une mesure de langage et une courtoisie dont il est de bon goût d'ailleurs de se montrer toujours observateur fidèle. La cause n'y perd rien. Quant à nous, le Tribunal nous permettra de ne point relever ces emportements dont l'irritation du plaideur trompé dans ses espérances, pourrait être l'excuse. Le rapport se défend par lui-même. La maladie et ses funestes conséquences s'y trouvent résumées avec une vigueur et une concision peu communes ; et pour le procès, il ne faut pas autre chose. Les magistrats ont sous les yeux tous les éléments propres à éclairer leur cons-

cience, et cela nous suffit. Leur expérience saura bien
démêler la vérité de l'erreur, et le bruit de toutes les
déclamations que nous avons entendues, cessera de
résonner à leurs oreilles, lorsque dans le calme de
la réflexion ils arrêteront leur sentence.

Disons seulement, pour répondre à des dénégations
imprudentes, que lorsque le docteur Marchant s'est
livré aux études qui étaient demandées à sa droiture bien
connue, et à sa conscience seule, il a eu sous les yeux
toutes les pièces du procès complétées par un récit scien-
tifique de la marche de la maladie dont il devait déterminer la nature. Ce rapport émanait justement du médecin qui en avait suivi les phases diverses, et dont les
affirmations avaient l'autorité d'une certitude ! Par l'effet
de quelles tristes influences, cet homme est-il venu se
donner un démenti à lui-même, et essayer dans un certificat que l'importunité a arraché à sa faiblesse, de
modifier même sa déposition que la justice avait reçue
sous la religion du serment ? Jetons un voile sur toutes
ces manœuvres, que d'autres flétriront peut-être, et qui
dans tous les cas font naître dans le cœur un profond
sentiment de tristesse.

§ VI.

Le testament a-t-il été fait durant un intervalle lucide ?

Quand cette question a été posée, l'Adversaire a mani-
festé sa surprise. Il a cru, ou feint de croire qu'elle
cachait un piége. — Pourquoi, s'écriait-il, porter le débat
sur un terrain semblable ? Si la raison du commandant
n'a jamais été atteinte, il est clair qu'un débat sur l'intervalle lucide ne saurait se comprendre. Or, comme
j'affirme qu'à l'époque du testament, cette raison était

parfaitement saine , il ne saurait y avoir place à une
discussion de cette nature.

L'observation est juste : mais c'est précisément dans
l'hypothèse inverse que nous nous sommes placés. Nous
avons dit : l'altération des facultés mentales à partir de
la fin de l'année 1854 est constante ; les enquêtes, les
écrits, les réponses de la science , tout le prouve , et
alors vous n'avez pour sauver votre titre qu'une seule
ressource , c'est de prétendre qu'il a été fait dans un
intervalle lucide. Cette objection qui nécessairement doit
se trouver dans votre bouche , je m'empresse de la saisir
et de la combattre.

Je vous fais observer tout d'abord que l'aliénation étant
permanente et se trouvant établie par des faits qui ont
précédé et par des faits qui ont suivi l'acte testamentaire , je ne suis pas tenu de prouver qu'à l'heure où a
été fabriqué cet acte , son auteur était sous l'influence du
délire qui avait jeté la perturbation dans ses facultés.

C'est à vous de rapporter cette preuve. Défendeur ,
vous devez établir le fondement de votre exception. Ainsi
l'enseigne la doctrine des anciens et des nouveaux jurisconsultes , ainsi le proclame la jurisprudence de la Cour
suprême.

Avez-vous essayé de satisfaire à cette exigence de
votre position ? — Oui, sans doute ; mais il convient
d'ajouter que vous n'y êtes pas parvenu. Il n'est pas un
seul de vos témoins qui parle de l'état du commandant
le 10 avril ; la lettre de Mme de Laulanié que vous aviez
réservée pour la réplique, qui porte cette date, il est vrai,
mais qui se réfère à des nouvelles antérieurement reçues,
vous échappe , puisque après avoir parlé de l'amélioration dont on se réjouit , elle contient ce passage significatif : *sauf les tournoiements de tête qui donnent toujours
de sérieuses inquiétudes.*

La seule déposition dont il soit possible de se prévaloir, au nom des Adversaires, sur ce point du débat, est
celle du docteur Béringuier. Il déclare que d'un état
automatique, le malade passait rapidement à un état
raisonnable, et que ces changements se produisaient ou
devaient se produire à de courts intervalles.

A ces caractères peut-on reconnaître ce que la jurisprudence et la doctrine entendent par intervalles lucides? — Non, assurément; et il n'est pas un homme
sérieux qui puisse adopter une thèse semblable. Ces
lueurs plus ou moins rapides qui sont suivies d'une nuit
profonde à laquelle succèdent d'autres éclaircies qu'efface une obscurité nouvelle, constatent le combat engagé entre la démence et la raison; mais loin d'établir
que celle-ci a vaincu, il en résulte que son adversaire a
ressaisi son empire. Ce n'est point là ce que les Romains
appelaient *perfectissima intervalla*, c'est à dire une
guérison véritable qui rendait à l'esprit toute sa puissance.

Comme le disent les hommes de l'art, même en supposant une guérison, il faut attendre, avant de proclamer la capacité du malade, qu'un temps moral s'écoule
depuis cette guérison elle-même. Quand on sort de ce
trouble profond où s'était abîmée l'intelligence, le calme
ne renaît pas tout à coup, et le malade, comme l'enfant
à qui l'on enseigne à former les premiers pas, a besoin
d'être soutenu par une main amie et d'essayer ses forces
avant de rentrer dans la pleine possession de son indépendance. C'est ce qu'enseigne M. le conseiller Sacase.
En s'appuyant sur l'autorité de *Falret*, il fait observer
que les sentiments de l'aliéné qui marche vers sa guérison conservent une faiblesse relative dont il serait facile
d'abuser. Au sortir de cette tempête, dit le savant médecin dont il invoque la doctrine, les facultés mentales ne

recouvrent pas tout à coup la rectitude et l'étendue qui leur étaient habituelles. Or, il est évident que si des chutes nouvelles se reproduisent, la guérison était trompeuse, et, comme le dit Troplong, que l'assiégeant n'avait pas cessé d'être maître de la place.

Le grand chancelier a défini avec une admirable hauteur de vue, et un rare bonheur de langage, les conditions de l'intervalle lucide. Sa théorie a obtenu à la fois l'adhésion des aliénistes et celle des jurisconsultes. Ce sont les règles posées par lui qui sont encore admises comme d'incontestables axiômes. Interrogeons, dès lors, ses admirables enseignements :

« L'intervalle lucide ne doit pas être une tranquillité « superficielle, une ombre de repos (*inumbrata quies*), « mais, au contraire, une tranquillité profonde, un re- « pos véritable. Il faut, pour nous exprimer autrement, « que ce soit, non une simple lueur de raison qui ne sert « qu'à mieux faire sentir son absence quand elle est « dissipée, non un éclair qui perce les ténèbres pour « les rendre plus sombres et plus épaisses, non un « crépuscule qui joint le jour à la nuit, mais une lu- « mière parfaite, *un éclat vif et continu*, un jour plein « et entier qui sépare deux nuits..... Enfin, sans cher- « cher tant d'images différentes pour rendre notre « pensée, il faut que ce soit non pas une simple diminu- « tion, une rémission du mal, mais une espèce de *guéri-* « *son passagère*, une intermission si clairement mar- « quée, qu'elle soit entièrement semblable au retour « de la santé. *Voilà ce qui regarde sa nature. Et comme* « *il est impossible de juger en un moment de la qualité de* « *l'intervalle, il faut qu'il dure assez de temps pour pou-* « *voir donner une entière certitude du rétablissement pas-* « *sager de la raison*, et c'est ce qu'il n'est pas possible de « définir toujours en général..... *Mais il est toujours cer-*

« tain qu'il faut un temps considérable en ce qui con-
« cerne la durée.

« Vous voyez ce que c'est qu'un intervalle lucide. Sa
« nature est un calme réel, non apparent; sa durée
« doit être assez longue pour pouvoir juger de sa vé-
« rité. Rien de plus distinct *qu'une action de sagesse*
« et un *intervalle lucide* : l'un est *un acte*, l'autre est
« un *état*. L'acte de sagesse peut subsister avec l'habi-
« tude de démence. Autrement on ne pourrait jamais
« prouver la folie. »

Et plus loin, développant cette thése, il ajoute :

« S'il était vrai qu'il suffit d'avoir prouvé quelques
« actions sages pour faire présumer des intervalles lu-
« cides, il faudrait en conclure que jamais ceux qui arti-
« culent la démence ne pourraient gagner leur cause,
« et que jamais ceux qui soutiennent la sagesse ne
« pourraient la perdre. Pourquoi cela? — *Parce qu'il*
« *faudrait qu'une cause fût bien déplorée pour ne pas*
« *trouver au moins quelques témoins qui parlassent*
« *d'actions de sagesse. Or, si de cela seul on tirait*
« *la conséquence des intervalles lucides, et que les sup-*
« *posant prouvés on voulût en conclure que le testament*
« *était censé fait dans un de ces intervalles, le succès*
« *ne pourrait jamais être douteux, la conséquence*
« *serait absurde : le principe ne peut donc pas être*
« *véritable.* »

Qu'ajouter à cette haute raison et à des paroles aussi
éloquentes ? Il semble vraiment que d'Aguesseau avait
sous les yeux les enquêtes soumises aujourd'hui au tribunal de Gaillac. Il ne veut pas , et il a raison de ne pas
vouloir que quelques actes isolés de sagesse qui ne sont
pas liés les uns aux autres, de manière à constituer par
leur durée et par leur nature un état de lucidité parfaite,
puissent conférer au testament de l'insensé une valeur

que la loi lui refuse. Il n'est point de cause, pour si désespérée qu'elle soit, où des justifications de ce genre ne soient aisément produites, et si elles étaient réputées suffisantes, il faudrait effacer le texte qui déclare que l'homme sain d'esprit a seul le pouvoir de disposer de ses biens. Sur la vérité du principe, aucune controverse n'est à redouter. Et maintenant, si on examine les preuves, on trouvera en 1855, l'achat des socques en avril ou en mai; celui du chapeau au mois de juin; l'entretien sur le bandage en décembre. Et en 1856, au mois de juin, les observations sur la pompe. Tout cela remplit-il les conditions d'un intervalle lucide, ou ne constitue-t-il pas présisément ces faits accidentels et isolés dont nous connaissons maintenant la valeur et la portée légale ?

Il suffit encore une fois de rapprocher la théorie dont on vient d'entendre les magnifiques développements des preuves produites par les Adversaires pour réfuter victorieusement cette exception qui, du reste, n'a pas été produite.

Comment y insister en présence de la cause maintenant connue du trouble des facultés mentales du commandant ? C'était une paralysie générale progressive, comme on l'a démontré, et ce mal, qui n'a pas un seul instant abandonné le malade, n'a pas permis à son intelligence de reprendre ses forces. La guérison était impossible, nous disent les docteurs. Le cerveau placé toujours sous le poids qui l'oppresse ne peut pas secouer ce joug importun, et l'oblitération, qui en est la suite, brave à son tour les efforts de l'homme de l'art. Des rémissions accidentelles dans les deux premières phases peuvent se produire, mais la guérison jamais. Ce sont aussi des lueurs trompeuses et éphémères qui viennent traverser cette nuit profonde. Le malade n'a plus d'initiative, ni de volonté, ni de mémoire. Timide et craintif, il subit sans résistance l'empire de celui qui exploite ses alarmes et s'abandonne à sa discrétion. Voyez ce que Lordat raconte des méfiances du commandant, des soupçons que lui inspiraient les allées et les venues de Robert et du bienveillant accueil qui lui était accordé néanmoins dès qu'il se présentait dans sa chambre. Cet homme, mortellement atteint, n'a plus retrouvé sa force ni le sentiment de son droit. Et, pour lui, l'intervalle lucide non-seulement n'est pas prouvé, mais il est impossible.

Que si l'on essayait de trouver dans la sagesse de l'institution un argument pour la défendre, la réponse serait facile, et d'avance elle a été faite. Au 10 avril 1855 surtout, Robert ne pouvait y prétendre. Les affections loin de pencher vers lui, appartenaient exclusivement à ses Adversaires qui jamais n'ont démérité. L'insanité résulterait donc au besoin de l'institution elle-même.

De la sorte, toutes les objections sont combattues, et le testament ne résistera pas aux légitimes attaques dont il est devenu l'objet.

Le testateur n'avait pas capacité pour l'écrire; de plus c'est Robert qui l'a imposé au pauvre malade dont il conduisait la main, et dont il dominait la volonté.

§ VII.

Le testament n'a pu être fait par le commandant seul : un tiers était placé à côté de lui pour l'aider dans cette œuvre; ce tiers ne peut être que le légataire universel.

Quel est l'état du commandant? — Nous savons qu'il n'écrit qu'avec une peine infinie. Il cesse de tenir ses comptes dont il était si jaloux. La copie incomplète des codicilles envoyés au colonel atteste son impuissance.

Il va néanmoins commencer cette grave entreprise. Quel sera le papier qui recevra le dépôt de ses volontés dernières? — C'est une feuille à grand format qui paraît avoir été coupée vers le milieu. Chez le testateur, il n'en existe pas de ce genre. Tous ses papiers ont été conservés avec soin, et les investigations faites n'ont amené aucune découverte. Si l'achat en avait été fait par lui, il ne se serait pas contenté d'une feuille unique, ou plutôt d'une demi-feuille, et comme il n'écrivait plus, les autres auraient été retrouvées. C'est donc un tiers complaisant qui en a fait la remise, et le nom de ce tiers ne saurait être douteux pour personne.

D'autre part, ce papier a été réglé au crayon... Qui a tracé ces lignes? — Est-ce le commandant? — Ses mains sont si débiles que, d'après M. de Bussy, il est incapable de compter quelques pièces de monnaie. — Si on met dans sa main une tasse, nous dit Mme de Mus, il ne sait et ne peut la porter à sa bouche. Comment lui serait-il possible de tenir à la fois le carrelet et le crayon, et de tracer sa ligne sans qu'aucune déviation se produise? Personne ne l'admettra. On ne l'admettra pas surtout si l'on examine avec attention les deux lignes crayonnées où a été écrit le codicille. Elles sont d'une pureté remarquable, et le crayon taillé avec soin a laissé un trait d'une netteté peu commune. Ceci ne peut être l'œuvre du vieillard maladif dont l'état physique nous est bien connu. À côté de lui se trouvait un auxiliaire dont la présence est accusée par ces graves indices.

Mais chose remarquable! Jusqu'en 1856 jamais le commandant n'a écrit sur du papier rayé au crayon, la direction des lignes l'inquiétant assez peu. Dans le cours de cette dernière année, au contraire, deux écrits sont confectionnés par lui, et pour l'un et pour l'autre cette précaution insolite a été prise. C'est d'abord la

procuration dont le but apparent est d'autoriser Robetr
à toucher le montant de la pension militaire. Rien n'était
plus inutile que cet acte, et Alric a décliné la responsabilité du conseil qui selon Robert en aurait fait comprendre
la nécessité. Mais toujours il résulte de sa déclaration
qu'il en a dicté les clauses et la formule ; et de là il
résulte aussi que sa main a tenu le crayon qui en a tracé
les lignes. Sa participation active ici n'est ni contestée, ni
contestable. En second lieu, une quittance d'intérêts pour
le colonel a été également écrite en entier, en 1856, par
le commandant, auquel il eût été plus humain d'éviter
cette fatigue. Pourquoi la lui faire subir, effectivement?
Il était si simple pour Robert d'écrire cette pièce, et d'y
faire apposer la signature de son oncle. Plus tard on procéda ainsi, mais alors on avait des raisons pour procéder
d'une manière différente.

Et ici je trouve encore le papier rayé au crayon
comme pour le document qui précède. Or c'est le même
individu qui l'a fait confectionner ; et c'est le même aussi
qui a dû accomplir cette opération inaccoutumée. Je
l'affirme avec d'autant plus de certitude que cette quittance n'était pas destinée au colonel, et que Robert a eu
le soin de la retenir dans son portefeuille. C'est lui qui
l'a montrée au jour où les débats se sont engagés sur le
choix des pièces de comparaison.

Maintenant donc, sur trois écrits réglés, deux sont
manifestement son œuvre, et le troisième dès lors ne
peut avoir que cette même origine. Quel autre que lui
avait intérêt à veiller à sa confection? Ce ne sont pas
apparemment les membres de la famille Clausade que
cet acte allait dépouiller ? Si ç'eût été un étranger, son
nom serait connu, car il n'aurait aucun intérêt à dissimuler son intervention. Mais comment s'arrêter à une
hypothèse de ce genre? Aucun étranger ne s'est immiscé

jamais dans les affaires du commandant ; et par suite le seul dont la main se montre à l'observateur attentif, malgré les ténèbres que prudemment il appelle à son secours.., c'est Robert qui s'est trahi en crayonnant la procuration et la quittance.

Là ne s'est point bornée sa participation ! Le testament a été plié en forme de lettre, et sur la cire bouillante un sceau a été apposé. Les plis du papier servant d'enveloppe, et qui ne consistait pas en une enveloppe toute faite, sont d'une pureté irréprochable. La main qui a laissé tomber la cire et imprimé le sceau était ferme et sûre. Ce n'était donc pas celle du commandant, dont les tremblements et les incertitudes sont si bien décrits par les témoins des enquêtes. Près de lui se trouvait une personne complaisante ou plutôt une personne intéressée qui seule a accompli ces opérations diverses. Et cette personne, nous la connaissons tous, son nom est inscrit sur le testament que l'on vient de clore.

Ce n'est pas tout : il a fallu au commandant une formule ; l'état de son esprit ne lui permettait pas de se soustraire à cette nécessité impérieuse. Voyez le 26 avril, quand à propos des codicilles destinés au colonel, il s'abandonne à ses seules inspirations, à quel résultat il arrive. C'est le discours direct qu'il adresse à son légataire, et après un long travail il fait si bien que sans en avoir conscience il annihile la disposition qui depuis le 19 décembre au moins était arrêtée dans son esprit. Une formule donc lui a été donnée. Il avait sous sa main, il est vrai, le testament de 1848 : mais il n'a rien emprunté à la forme ou à la rédaction adoptée pour celui-là. Entre eux aucune analogie n'existe ; et par suite c'est d'un travail distinct et nouveau que la remise lui a été faite.

Mais par qui cette remise a-t-elle été opérée ? — Ce

n'est point par M. Alric, qui n'aurait fait faute de révéler une chose de cette importance. Ce n'est pas non plus par M. Faure dont le silence n'est pas moins significatif. Par qui donc encore une fois ? — Par Robert, qui seul y avait intérêt, et qui toujours à côté de son oncle avait seul les facilités nécessaires pour réussir dans cette entreprise en se dérobant à tous les yeux.

Ainsi partout, sa personnalité se présente avec ce cachet de certitude qui doit triompher de toutes les hésitations. Il semble que sur ce point la Providence se soit fait un plaisir d'écarter toutes les ombres, et de montrer à la Justice la vérité qu'aucune combinaison ne parviendra à obscurcir. Cette formule a été si bien donnée par Robert que je la trouve dans une institution antérieure dont il fut l'objet, et qui suscita contre son honorabilité la suspicion la plus violente. Mme Pigeron qui ne savait pas écrire, qui pendant le cours de sa longue vie avait donné péniblement quelques signatures et s'en était tenue là, laisse en mourant un testament olographe qui instituait M. Robert légataire. Grande fut la surprise de tous, et grande fut également l'irritation du mari, qui ne pouvait pas y croire. Néanmoins on parvint à calmer sa colère, et les Tribunaux ne furent pas saisis de ses réclamations. Mais il se rencontre que le commandant qui à son tour aurait institué Robert, a justement suivi la formule que copia madame Pigeron. Ces deux testateurs dont les habitudes et l'instruction avaient si peu d'analogie, ont exprimé leur pensée, ou plutôt la pensée d'un autre presque exactement dans les mêmes termes. A quelle cause attribuer cette merveilleuse coïncidence ? Chacun l'a dit déjà : c'est qu'ils avaient le même secrétaire.

Notre dessein n'est pas de transcrire ces deux actes pour démontrer de nouveau leur parfaite similitude. Le mot : *Je déclare*, qui précède l'institution dans l'un et dans l'autre, comme il précède aussi la mention que le testament a été écrit, daté et signé par son auteur, n'est pas ordinaire, et ce n'est pas ainsi que parlait le commandant, lorsque en 1848 il écrivait ses volontés dernières. Les termes de l'institution sont à leur tour identiques, et la formule de la révocation également. Le commandant ainsi que Mme Pigeron dit : J'annule tout *testament antérieur*, et en 1848 se servant d'une expression plus exacte, il disait : *je révoque*. D'où vient qu'il adopte le langage de la tante de Robert au lieu de conserver le sien ?

A ce sujet, nous n'insisterons pas davantage. Ces sortes de choses se sentent plutôt qu'elles se démontrent. Le Tribunal aura ces deux pièces sous les yeux, et après les avoir lues sa conviction sera faite.

Nous n'en avons pas fini avec Robert. Il a fourni le papier, il a tracé au crayon les lignes destinées à maintenir la main défaillante du commandant; il a plié et scellé l'enveloppe; il a donné la formule, et le voici qui m'apparaît encore derrière le testateur dont il dirige et surveille l'ouvrage.

Deux mots effacés dans l'acte incriminé sont la révélation écrasante de ce rôle éminemment actif qu'il repousse avec effroi.

Arrivé à la date, le malade écrivait en chiffres le mot *dix* indiquant le quantième du mois. Aussitôt celui qui veille à son côté l'arrête, efface ou fait effacer ce chiffre, et exige que la date soit écrite en toutes lettres, ce qui a lieu.

Le commandant va commettre plus tard une erreur de même nature. Il s'agit du codicille. Sa main écrivait encore en chiffres le mot *dix* qui se référait aux dix mille francs légués au colonel et à Mme de Clausade. Mais une sentinelle mystérieuse est là qui l'arrête de nouveau, et le chiffre est effacé pour faire place au mot écrit en toutes lettres.

N'est-il pas vrai que l'on assiste en quelque sorte à l'opération et que, grâce à ces circonstances matérielles, nous sommes initiés à des détails intimes que l'on espérait couvrir d'un voile impénétrable ? Lordat nous le disait : Robert derrière son oncle, lui disait : Mettez un *o*, mettez un *n*, et puis quand la chose était faite, il ajoutait : *ça va bien*. Nous venons de le saisir exécutant un travail de cette nature, et désormais toute dénégation lui sera impossible.

L'évidence de la démonstration était si invincible que, sur ce terrain, aucune lutte n'a été engagée. Mais on nous a dit que cette participation n'était pas un crime ; qu'en cédant au vœu de son oncle, et en lui prêtant une loyale assistance, il n'avait méconnu ni les prescriptions de la loi, ni les devoirs de l'honneur ou de la probité la plus sévère ; que par conséquent aucune déduction utile à la solution du procès ne peut sortir de cette participation du légataire à l'acte qui l'institue.

Il est trop tard pour tenir ce langage. Lisez l'interrogatoire de Robert ! avec quelle insistance et quelle énergie il soutient que l'acte a été fait à son insu, qu'il est demeuré entièrement étranger à sa confection ; et que son existence lui a été révélée par M. Alric, qui en avait reçu le dépôt. Désormais donc il lui est interdit de revenir sur ses pas, et de confesser une coopération qui ne peut pas avoir été innocente. S'il a repoussé avec tant de chaleur et aussi avec tant d'audace toute la responsabilité de cet acte, c'est que le trouble de sa conscience lui a fait entrevoir les dangers qu'un aveu appellerait sur sa tête. Le mensonge qui sortait de sa bouche naguère était une défense : aujourd'hui qu'il est démasqué, cette défense est vaincue, et la culpabilité irrévocablement acquise.

Mais son œuvre serait demeurée incomplète si, pour en assurer le succès, d'autres mesures n'avaient pas été prises.

Il fallait, premièrement, que l'incapable portât au notaire le testament qui venait d'être fabriqué, et à cet incapable on ne dit pas même quelle était cette pièce, que dans la plénitude de sa raison il aurait déchirée avec colère. Aussi de sa bouche inintelligente ne s'échappe-t-il que ces mots : *vous règlerez cela avec Robert!* Locution étrange s'il avait eu conscience de l'acte qu'on lui fesait accomplir.

Il fallait, en second lieu, supprimer un acte dont la conservation eût découvert toutes les fraudes : c'était le testament de 1848. En septembre 1855 encore, il était dans le bureau du vieillard avec la suscription que le colonel y avait mise. M. Faure le vit, et, chose bien importante, il était réuni aux obligations souscrites en faveur du commandant par ses deux légataires ; c'était justement la place qu'il devait occuper. Et, comme immédiatement après le décès, le soupçon d'une soustraction frauduleuse ne pouvait tomber dans l'esprit de personne, on en demanda naïvement la recherche. Il y fut procédé par M. le juge de paix, et toutes les investigations restèrent infructueuses. La surprise fut grande, et Robert était triomphant.

Pour lui, c'était un coup de maître. La disparition du testament de 1848 assurait le triomphe de son audacieuse entreprise. Il ne se trouvait plus en présence d'un héritier rival qui ne consentirait pas aisément à faire le sacrifice de ses droits. La succession du commandant se répandait alors sur douze têtes différentes, et l'intérêt devenait trop minime pour qu'en leur nom fût engagée une lutte judiciaire. La majeure partie des parents que la loi aurait appelés à la recueillir n'y faisait pas grand compte, et pour eux ce n'était pas une déconvenue. Ils se seraient résignés sans se plaindre. Le colonel d'Ouvrier et les Clausade seuls auraient pu prendre une attitude différente : mais à eux on avait destiné un legs de dix mille francs, dont l'importance équivalait au lot qui leur eût été dévolu dans la succession *ab intestat*, et sans beaucoup d'efforts on aurait obtenu leur silence. L'usurpateur des biens du commandant aurait eu la générosité de faire le sacrifice de la nullité de forme qu'il avait perfidement glissée dans le codicille. C'étaient des actions de grâce qui lui seraient rendues.

La Providence et la sagesse du commandant ont déconcerté toutes ces mesures. Il ne faut pas que les projets du méchant soient toujours couronnés de succès : à l'insu de Robert un autre testament existait. Prévoyant la possibilité d'une soustraction qui aurait rendu ses dispositions éphémères, un second exemplaire de cet acte avait été confié à une main amie, et à l'heure voulue la production en a été faite. Ce fut pour Robert une cruelle déception, et dès ce moment son œil aurait dû entrevoir les dangers que sa coupable entreprise allait appeler sur sa tête. C'est ainsi que dans un autre procès, qui a eu de tristes et douloureux retentissements, la Providence vint ruiner les combinaisons du spoliateur. On vit le testament détruit renaître de ses cendres, et l'apparition du second original frapper de stupeur celui qui, au milieu des ténèbres de la nuit, à côté du cadavre à peine refroidi de son parent, avait cru anéantir en les livrant aux flammes des dispositions qui ne lui étaient pas favorables. De tels exemples, *grand Dieu!* devraient-ils demeurer stériles, et les hauts enseignements qui en découlent n'arrêteront-ils pas sur les bords de l'abîme ceux dont un amour effréné des richesses trouble le sens moral ?

Ce pli contenant le testament de 1848 a donc disparu, et l'auteur de la soustraction ne pouvait être que celui qui avait intérêt. Mais Robert ne s'est pas contenté de cette seule soustraction : d'autres papiers importants ont été dérobés ; ce sont les billets souscrits par le colonel et par M. de Clausade, ce sont les annuités du pont Louis-Philippe, c'est le modèle du codicille imparfaitement transcrit en 1855 ; la lettre qui fut en même temps adressée au commandant et dont on montre l'enveloppe : toute la correspondance du colonel depuis le 19 janvier 1855 jusqu'au mois d'août 1856. Dans ces lettres, pleines d'abandon, il était question à la fois et de la communication faite lors de l'entrevue du mois de février et des sentiments de reconnaissance qu'exprimait le colonel pour cette communication, comme plus tard pour l'envoi des codicilles ; et du commandement qui appelait le colonel à Constantinople ; et des démarches faites auprès de M. Lévêque, pour toucher certains dividendes. Or tout cela a disparu.

Qui est l'auteur de ces enlèvements ?

Nous disons que c'est Robert et que ce ne peut être que lui. Nos Adversaires s'indignent de cette imputation. Ici nous ne dirons rien des antécédents de cet homme : il a été assez douloureux de les raconter à l'audience, où la nécessité de répondre à une absurde récrimination nous en a fait un pénible devoir. Mais qui donc se serait rendu coupable de ce méfait ? — Le colonel ? Il était absent. Lors de son arrivée à Rabastens, les scellés avaient été mis, et aucun détournement n'était possible. Quel intérêt aurait-il eu d'ailleurs à commettre cette soustraction ? Il était sans inquiétude. L'institution générale qui le concernait lui avait été communiquée, et avant l'ouverture du testament il en avait révélé les dispositions à M. Marti ainsi qu'à plusieurs membres de sa famille.

Pourquoi d'ailleurs faire disparaître sa correspondance? Elle était un témoignage vivant de son affection pour le vieillard et de la tendresse du vieillard envers lui. Cette hypothèse ne supporte pas l'examen.

Serait-ce M. de Clausade, par hasard? — Mais d'abord il n'en avait pas la facilité. C'est Robert seul qui, durant l'année 1856 et l'année 1857, s'est occupé exclusivement des affaires du commandant. A lui était remise la procuration déposée chez Me Alric ; sous sa dictée le malade écrivait les articles qui figurent sur le carnet pour l'année 1856. Lordat nous l'a raconté, et son récit est encore présent à tous les souvenirs. C'est donc la main, c'est donc l'œil de Robert qui pénètrent librement dans le secrétaire où tous les papiers sont déposés. Aisément il peut s'en saisir sans avoir à craindre ni réclamation, ni surprise. Mais si un autre tentait un acte de cette nature, sa vigilance le lui révèlerait aussitôt, et la honte serait le seul prix de cette odieuse tentative.

Donc, accuser M. de Clausade n'est pas sérieux non plus. A celui-ci, d'autre part, quel mobile assignez-vous? — Le désir de retirer du secrétaire, où il était soigneusement serré, le testament qui l'institue.... Mais ne vaut-il pas mieux mille fois le laisser dans les papiers du testateur et éviter ainsi qu'on en attribue la confection à une pression répréhensible? Voyez, en outre, quel était son sentiment à l'heure du décès. Il a la confiance que cet acte solennel est encore dans le secrétaire, et il requiert le juge de paix d'en faire la recherche; recherche infructueuse, comme on l'a déjà dit. Mais aurait-il tenu ce langage et provoqué ces investigations si déjà il en eût été le détenteur? Tant de dissimulation et tant de perfidie ne sauraient être acceptées.

Donc ce n'est pas à lui non plus que remonte la responsabilité du méfait.

Mais les obligations souscrites par MM. d'Ouvrier et de Clausade, qui les aura prises ? — Ce ne peut être , disent nos parties adverses, que les débiteurs, car, seuls, ils avaient intérêt à les faire disparaître,

Le colonel d'Ouvrier, dans tous les cas, ne saurait être atteint par l'incrimination, il était absent. Dans quel but aurait-il supprimé ses billets ? L'un , celui de 7,000 fr., fait l'objet du codicille d'avril ; il n'a pas à craindre qu'on lui en demande compte ; l'autre, celui de 4,213 fr., est connu de tous : c'est par Waldemar de Falguière que les intérêts en sont remis à Robert, qui est censé en verser le montant dans la caisse du commandant. La soustraction ne peut donc pas le conduire à des résultats bien avantageux.

Pour M, de Clausade , la situation est la même. Il ne s'amusera pas d'abord apparemment à supprimer les obligations du colonel. Son intérêt n'est point d'amoindrir la masse héréditaire, et , de sa part, cet acte serait insensé. Pour ses engagements personnels, les carnets de son oncle en contiennent la mention trop souvent répétée, pour que la dénégation de la dette soit possible. Ce serait une action inutile qu'il aurait commise, et sous ce double rapport elle est marquée au coin d'une manifeste invraisemblance.

Cette invraisemblance est d'autant plus saisissante que personne avant la mort de l'oncle, et dans les premiers jours qui suivirent le décès, ne connaissait l'institution de Robert. Le soupçon ne s'en était présenté à l'esprit d'aucun des membres de la famille, et comme l'écrivait un d'entre eux, on aurait cru plutôt à l'institution du Grand Turc.

A quoi bon détourner ? Ç'eût été prendre son bien et pas autre chose.

Voyez aussi quelle est l'attitude de MM. de Clausade et

d'Ouvrier, lors de l'inventaire dont on cherchait si habilement à dénaturer le sens. Ils se présentent, et tout d'abord ils déclarent quelles sont les sommes dont ils sont débiteurs, ajoutant que leurs billets doivent être dans les papiers de la succession. Ils fixent le chiffre de leurs obligations respectives, et le colonel ajoute qu'il est encore en possession de titres au porteur dont il n'existe aucune trace et qu'il s'empresse de déclarer. Est-ce ainsi que se posent des hommes indélicats qui ont dérobé la preuve écrite de leurs engagements? Des perquisitions ont lieu, et ces engagements ne sont pas retrouvés. Une interpellation est adressée à M. de Clausade par M. Delbreil, qui lui demande si c'est bien de quatre mille francs qu'il s'est reconnu débiteur. La réponse ne se fait pas attendre, et le chiffre de cinq mille francs déclaré au début est immédiatement rétabli. Les perquisitions continuent, et elles sont encore infructueuses. Les actions du pont Louis-Philippe réclamées par les demandeurs ne sont pas découvertes non plus, et Robert, présent, à qui l'on en demande compte, ne répond pas. Ce silence était significatif. Il fallait le contraindre à le rompre ; il fallait établir qu'une main coupable s'était introduite dans le secrétaire du défunt, et le moyen le plus naturel et le plus sûr d'atteindre ce résultat, c'était d'exiger que les titres constituant la dette fussent représentés. La représentation rendue ainsi nécessaire décèlerait l'auteur de la soustraction. C'est alors que M. de Clausade fait son dire et déclare que la reconnaissance consignée en tête du procès-verbal ne saurait équivaloir à un aveu, et qu'il ne se considérera comme débiteur que si son obligation est représentée. Est-il personne qui puisse se méprendre sur la portée de cette déclaration et sur les motifs qui l'ont inspirée? C'en est assez pour faire justice des déclamations auxquelles on s'abandonnait avec tant de violence.

Reste donc que le soupçon ne peut pas s'arrêter non plus sur la tête de M. de Clausade.

Mais Robert avait-il donc, lui, intérêt à supprimer ces titres? En se les appropriant il ne les supprimait pas : à son jour et à son heure il était assuré de les retrouver sous sa main pour les faire valoir. Cette première considération n'a donc pas de valeur.

Remarquez bien surtout une chose : c'est que ces titres étaient dans la liasse même qui contenait le testament de 1848, c'est M. Faure qui nous l'apprend. Tout cela a été pris ensemble, et l'intérêt qu'on avait à supprimer celui-ci explique d'une manière suffisante l'action audacieuse qui a été commise. On n'a pas séparé ce qui était réuni, et la disparition des titres vient dès lors démontrer que la disparition du testament a eu la même cause. C'est une seule opération qui, en même temps, les a supprimés. Or, pour le testament, c'est manifestement Robert, et pour les titres, c'est Robert encore. Il connaissait très bien, lui, cette institution mystérieuse pour tous, dont il était le fabricateur téméraire. Il agissait en conséquence avec réflexion et calcul, tandis que les autres, entretenus dans une confiance trompeuse, ne pouvaient pas se tenir sur leur garde.

Mais le doute sur la culpabilité de Robert est impossible, puisque nous trouvons dans ses mains plusieurs de ces pièces détournées, que les nécessités de la défense l'ont contraint de produire.

C'est le projet du codicille du 20 avril, et l'enveloppe partie de Lyon, adressée par le colonel à son oncle.

Pourquoi ces deux pièces sont-elles en son pouvoir?

Le commandant les avait reçues avant le départ de
Robert, de Paris, et il n'est pas vraisemblable qu'à
l'époque de ce voyage le neveu les ait serrées dans
son portefeuille. C'est plus tard qu'il les a prises
dans le bureau où elles se trouvaient déposées, dans
l'espérance d'y puiser une argumentation à l'appui de
sa défense. — L'auteur de la soustraction se trouve
pris en flagrant délit. — Les actions du pont Louis-
Philippe, il les détient également, et la détention n'a
pour cause qu'un détournement coupable. J'en atteste
le silence gardé par lui dans son inventaire. Si, lors
de son interrogatoire, il a été contraint de rompre ce
silence, il faut convenir qu'il n'a pas été heureux dans
les explications produites. C'est un don manuel qui lui
aurait été fait par son oncle ; et comme ces actions
consistent dans de simples annuités, non productives
d'intérêts, et qui sont destinées à éteindre successivement le capital, la déclaration par lui faite, que les
annuités venant à échéance durant la vie du dona-
teur, devaient être retenues par celui-ci, le gratifié
ne devant profiter que des annuités postérieures, vient
rendre le prétendu don inutile et invraisemblable.
L'institution écrite dans le testament dont il était armé,
était pleinement suffisante et aurait produit les mêmes
résultats.

Enfin la minute ou le projet de lettre, qui a reçu de
nos Adversaires la date du mois de juin ou de juillet,
n'est à son tour dans ses mains que par l'effet de l'une
de ces soustractions dont je l'accuse. Lui qui conservait
avec tant de soin l'enveloppe des lettres que justement à
cette époque lui adressait Mlle de Clausade, aurait-il
égaré celle qui contenait cette lettre précieuse ? Pour
s'édifier complètement à ce sujet, que le Tribunal daigne
lire la réponse faite par Robert dans son interrogatoire à

la question qui lui demandait compte de sa correspondance avec son oncle. Pour l'œil expérimenté du magistrat, il y a toute une révélation.

Sur ce point, la démonstration est donc portée jusqu'au
dernier degré d'évidence, et maintenant sera-t-on en
droit de se déchaîner contre la déclaration d'Adèle
Cadaux qui a vu dans les mains de Robert la preuve
matérielle du détournement affirmé par nous?

Avant de discuter ce témoignage que l'on proscrivait
avec un courroux si peu contenu, nous étions jaloux
d'établir par d'autres preuves non moins irrésistibles,
la réalité du fait que le témoin constate.

C'est ainsi que nous avons constamment procédé, et
de la sorte on ne nous adressera pas le reproche d'avoir
assis notre système sur la base trompeuse de quelques
dépositions complaisantes.

Le fait de la soustraction étant établi, qu'y a-t-il
d'étrange à ce que Adèle Cadaux qui demeurait dans la
maison en ait eu connaissance?

Robert, dites-vous, cachait sous son habit les papiers
enlevés, et il était impossible de savoir quelle était leur
nature?

Prenez garde : le commandant avait ses papiers divisés par liasse, et ils étaient contenus dans une poche de
papier aussi dont Adèle avait elle-même cousu et réuni
les bords.

A ce signe, pour elle, la reconnaissance n'était pas
difficile. Mais la date! — Le témoin assigne le mois de
septembre 1855, et alors Robert de Falguière était à
Paris.

Vous êtes bien sévère pour cette pauvre fille, vous qui
avez des trésors d'indulgence pour M. de Toulouse! Et
cependant elle n'avait pas, elle, la mort d'une sœur pour
fixer ses souvenirs.

Mais votre rigorisme aurait dû s'adoucir en présence de la double précision qui vient immédiatement rectifier cette erreur involontaire. Elle a dit deux choses en effet : que le colonel était revenu de Crimée, et que M. de Clausade était aux eaux. Or le retour de Crimée est de 1856, et le voyage aux eaux, comme l'établissent les documents nouveaux qui ont été versés au procès, a eu lieu en septembre de cette même année.

Désormais il n'y a donc plus de place à votre colère, et l'objection est détruite.

Qu'il me soit permis de vous dire maintenant que cette fille est d'une honnêteté irréprochable ; que ses longs services dans la maison Clausade font de sa probité le meilleur et le plus incontestable éloge ; que sa piété connue repousse l'hypothèse d'un parjure ; qu'enfin on n'invente pas des faits et des scènes semblables aux faits et aux scènes dont sa déposition a rendu compte.

Ainsi toutes les preuves nous restent ; et ce dernier acte de Robert, en démontrant sa culpabilité, doit rassurer toutes les consciences.

Mais cette culpabilité résulte d'un document plus concluant encore. Il l'a écrit lui-même en caractères éclatants dans son interrogatoire.

§ VIII.

De l'interrogatoire.

Ce document est l'un des plus graves du procès. Il est recommandé à toute la sollicitude du Tribunal. Si le fabricateur de l'acte attaqué a eu recours au mensonge pour étayer sa défense, la cause est jugée et sa condamnation inévitable. C'est lui-même qui aura prononcé sa défaite.

Or, il n'est !pas une seule de ses réponses qui ne soit contraire à la vérité.

Il nie d'abord la prédilection du commandant pour le colonel, et cette tendresse exclusive qui se révélait dans les paroles, dans les écrits et dans les actes du vieil oncle, l'importune. Les préoccupations de sa conscience troublée lui font entrevoir les conséquences qui doivent nécessairement sortir de ce fait que la famille, la domesticité, et l'opinion publique proclament de concert, et dès lors il se met en lutte avec tous, et répond par une dénégation non moins audacieuse qu'imprudente. Plusieurs fois cette question lui est posée et sa déclaration est toujours la même. Et maintenant, que le Tribunal se rappelle cette longue série de témoignages qui nous ont unanimement montré le colonel comme l'héritier présomptif désigné par tous sans exception, et qu'il apprécie la loyauté de cette réponse.

Si on lui demande quels sont les témoignages de confiance qu'il a reçus du commandant avant le départ du neveu préféré pour Constantinople, et s'il a été chargé de la direction de quelques affaires intéressant le vieil oncle? — Il n'hésite pas à répondre affirmativement. Avant comme après ce départ, dit-il, il me chargeait des affaires qu'il avait à traiter soit à Rabastens, soit dans les environs. Or, cette assertion est un mensonge. Le défi lui a été jeté d'en rapporter la preuve, et cette preuve il ne l'a pas rapportée. Le premier mandat dont il ait été investi, est celui que motiva sa présence à Paris, d'où le colonel venait de partir pour prendre possession de son commandement.

C'est le même motif qui lui inspire ce langage.

Où est, lui demande-t-on encore, sa correspondance avec l'oncle dont il aurait été le confident et le mandataire? — Dans les papiers de la succession il n'en existe pas de traces, et à ce sujet des explications lui sont demandées.

Ecoutez-le : — Ses lettres n'ont pas été découvertes, il est vrai, mais il les retrouvera. Quant à celles de son oncle, il ne les a pas conservées, comme il aurait dû le faire. Mais il retrouvera l'un des rares billets qui lui ont été écrits; ce billet auquel il fait allusion est justement cette minute ou projet de lettre qui a été soustrait du bureau du commandant et dont on vient de discuter la valeur. Mais comment Robert a-t-il osé dire que son habitude n'était pas de conserver les lettres qui lui étaient écrites ? Rappelez-vous celles de Mlle de Clausade et leurs enveloppes ; rappelez-vous le carnet si soigneusement tenu à Plombières de tout ce qui se rattachait à sa correspondance, et dites-moi si cette déclaration peut être acceptée.

A quels déplorables écarts conduit fatalement une situation fausse !

Sur les actions du pont Louis-Philippe on le somme de s'expliquer maintenant ; le silence gardé lors de l'inventaire doit être rompu, et c'est alors qu'il allègue ce don manuel impossible qui vient d'être l'objet de notre examen.

L'affaiblissement des facultés mentales du vieillard, il les dénie avec une audace et une imprudence qui affligent. Jusqu'à sa mort, cet infortuné, dont la situation est maintenant connue, a joui de la plénitude de son intelligence ; à peine si cette intelligence a été environnée de quelques ombres à l'heure fatale où il a rendu le dernier soupir. — Pour oser parler ainsi, il fallait être dominé par des nécessités bien impérieuses.

Entré dans cette voie fatale, il sera contraint de tout nier. La chute du 2 mars et le coup de massue qui vint abattre à la fois le corps et l'esprit du commandant, s'il faut l'en croire, sont une rêverie inventée par la perfide imagination de ses Adversaires. Sans doute le malade fesait quelques chutes qui étaient la suite de sa faiblesse physique, mais ces chutes étaient sans gravité ; et au 2 mars, il ne s'est produit aucun accident qui ait motivé une attention spéciale.

Est-il nécessaire d'insister pour confondre de nouveau une telle imposture. Nos Adversaires aujourd'hui sont contraints eux-mêmes de désavouer ces dires, et ce désaveu est de toutes les réfutations la plus puissante.

Et maintenant il veut à tout prix écarter de son front la responsabilité qui s'attacherait à son intervention active dans la confection de l'acte attaqué. Il n'en a jamais eu connaissance ; il n'a point fourni le papier, n'en a pas crayonné les lignes, et ne l'a ni clos, ni scellé ; tout s'est fait à son insu. Le testateur ne lui avait fait aucune communication à cet égard. Et si dans ses conversations intimes il a pu pressentir un bienfait, ce n'était qu'une vague conjecture qui, pour devenir certaine, attendait les confidences du notaire Alric.

Or, nous avons démontré déjà cette participation active vainement déniée ; et d'autre part, il se rencontre qu'après la mort du commandant, il réunit chez le notaire les trois domestiques pour leur annoncer qu'il a reçu du défunt la mission verbale de leur distribuer une somme de mille francs. Mais alors le défunt, avant de s'éteindre, lui avait fait part du titre de légataire universel qui lui était donné, car cette mission ne pouvait puiser sa source que dans ce titre ; et alors aussi il a trahi la vérité quand il a prétendu qu'aucune révélation ne lui avait été faite avant le décès. Il se trouve ainsi enserré dans un cercle inflexible qui ne lui permet pas de concilier ses assertions contradictoires. Le seule chose qu'il y ait de vrai dans tout cela, c'est que le testament était son œuvre exclusive, et que, pour assurer son exécution, il voulait s'assurer la bienveillance et le concours des trois domestiques.

Il n'est pas du reste un seul mot dans cet interrogatoire qui ne soit un mensonge.

On lui parle de la procuration qu'il a fait écrire par le commandant pour la perception des quartiers de la pension militaire. On lui en demande la cause. Pourquoi faire cet acte singulier ? Son inutilité n'est point contestable, du moins en ce qui touche le but qu'en apparence on se proposait d'atteindre.

Troublé par cette question, il va sortir d'embarras par une assertion que le tiers dont il invoque le témoignage, malgré son amitié, sera contraint de démentir. C'est Alric qui en a donné le conseil. Lisez la déposition d'Alric et vous y trouverez une dénégation formelle.

Ainsi partout, partout ce déplorable système. Qui pourrait admettre que, si son titre eût été franc et loyal, il eût tenu un pareil langage ? Supposez dans ses mains le testament de 1848, et demandez-vous quelle sera son attitude. De tous les moyens de connaître la vérité, le plus sûr, celui qui n'égare jamais, et dont la Justice, soit au criminel, soit au civil, s'arme avec le plus de confiance, c'est l'interrogatoire de la partie incriminée.

Elle devient, en effet, juge dans sa propre cause. Qu'elle soit fidèle à la vérité et à l'honneur, le triomphe est certain. Mais si de ses lèvres il ne s'échappe que des paroles menteuses ou combinées avec un art perfide, la main souveraine du magistrat arrache le masque dont on cherche à se couvrir, et il frappe et flétrit à la fois l'homme déloyal qui voulait le tromper.

§ IX.

Suicide.

Ici, Robert n'a pas attendu cette flétrissure suspendue sur son front. La lutte était devenue impossible ; le remords qui troublait son âme a égaré sa raison ; poursuivi par une fatalité implacable, son cœur a éprouvé des défaillances suprêmes, et il s'est donné la mort.

N'essayez plus de le nier ; son voyage à Plombières et les incidents dont vous avez présenté le récit ne démentent pas cette vérité douloureuse. Le malheureux portait à ses flancs la flèche empoisonnée qui devait le conduire sur les bords du Tarn, destiné à recevoir sa dépouille.

Voyez ses adieux à Philippine et le triste baiser qu'il lui donne en se séparant d'elle.

Voyez l'empressement fébrile qui l'entraîne à Montauban à peine arrivé à Toulouse, et dont les insistances d'un frère ne peuvent le détourner.

Le faux prétexte qu'il invoque pour légitimer ce voyage ne suffirait-il pas pour dessiller vos yeux ? C'est une somme à recouvrer qui le force de partir avec cette promptitude. Et à Montauban il n'a point de débiteur, et dans son portefeuille on n'a découvert aucun titre de créance.

Et puis, dites-moi pour quelle cause il emporte la clef de la chambre qui lui a été donnée à l'hôtel, et pour quelle cause il laisse un passeport où son nom se trouve inscrit.

Au mois de novembre, il va se promener sur les bords du Tarn où aucune raison ne l'appelle et où il ne s'est pas rendu apparemment pour jouir de la fraîcheur de l'eau.

Enfin, quand le fleuve rendit à sa famille le cadavre de l'infortuné qu'il retint bien des jours, la justice émue provoqua des investigations solennelles, l'homme de l'art demanda à ces restes refroidis les causes de la catastrophe.

Le silence du ministère public nous dit assez quelle fut la réponse.

Et sur ce tombeau désormais aucune dénégation n'est possible.

Nous ne dirons rien de plus. Une conscience pure n'aurait pas été en proie à ce profond désespoir. Quand Robert se donnait la mort, il déchirait le testament que ses frères, égarés par les tristes suggestions de l'intérêt pécuniaire, essaient en vain de défendre aujourd'hui. Il en a emporté les lambeaux sous la pierre qui le couvre ! C'est troubler sa mémoire et violer ses intentions dernières que de vouloir le ressaisir et le faire revivre !

La Cour a rendu un arrêt par lequel elle annule le testament produit par les MM. de Falguière, et déclare MM. d'Ouvrier et de Clausade seuls légataires du commandant d'Ouvrier.

FIN DU SECOND VOLUME.

TABLE DES MATIÈRES

CONTENUES DANS CE VOLUME.

TOULOUSE, IMP. PH. MONTAUBIN, PETITE RUE SAINT-ROME, 1.

www.ingramcontent.com/pod-product-compliance
Lightning Source LLC
Chambersburg PA
CBHW060909220326
41599CB00020B/2896